Bauwelt Fundamente 119

Herausgegeben von
Ulrich Conrads und Peter Neitzke

Beirat:
Gerd Albers
Hansmartin Bruckmann
Lucius Burckhardt
Gerhard Fehl
Thomas Sieverts

BODEN -
Wem nutzt er?
Wen stützt er?

Neue Perspektiven des Bodenrechts

Herausgegeben von
Beate und Hartmut Dieterich

Auf dem Umschlag: Eingehängte Holzläden vor einem Schaufenster, Lübeck 1986.
Hintere Umschlagseite: In einem Hof zwischen teilweise noch bewohnten Miethäusern hinter dem Nordbad in Dresden, Februar 1991.
Fotos: Beate und Hartmut Dieterich.

Alle Rechte vorbehalten
© Friedr. Vieweg & Sohn Verlagsgesellschaft mbH, Braunschweig/Wiesbaden, 1997

Der Verlag Vieweg ist ein Unternehmen der Bertelsmann Fachinformation GmbH.

Umschlagentwurf: Helmut Lortz
Satz: ITS Text und Satz GmbH, Herford
Druck und buchbinderische Verarbeitung: Lengericher Handelsdruckerei, Lengerich
Gedruckt auf säurefreiem Papier

Printed in Germany

ISBN 3-528-06119-7   ISSN 0522-5094

Inhalt

Auf dem Weg zu einer sozialverträglichen Bodenordnung
Dr. Michael Vesper
Minister für Bauen und Wohnen des Landes Nordrhein-Westfalen   9

Vorwort
Beate und Hartmut Dieterich 13

I Eine neue Bodenrechtsdiskussion? Meinungsbild aus dem Deutschen Bundestag

Zielkonflikte ausdiskutieren!
Dietmar Kansy (CDU/CSU) 18

Ein soziales Bodenrecht – eine ungelöste/unlösbare Aufgabe?
Peter Conradi (SPD) 26

(Nicht engagiert? Ohne Standpunkt?)
Die Bundestagsfraktion der F.D.P. antwortet nicht 35

Nachhaltige Siedlungspolitik
braucht einen starken politischen Willen
Franziska Eichstädt-Bohlig und Helmut Wilhelm
(Bündnis 90/Die Grünen) 37

Politische Macht schützt das Eigentum
und schafft die Bedingungen zu seiner Mehrung
Klaus-Jürgen Warnick und André Nowak (für die PDS) 48

II Boden hat immer Konjunktur

Einführung
Beate und Hartmut Dieterich 64

III Der Bodenmarkt

Marktverhalten, Bodenpreisbildung, Planung, qualitative Faktoren, Instrumente der Bodenpolitik
Helmut Güttler 78

IV Blicke ins Ausland

Dänemark
Beate Dieterich-Buchwald 94

Niederlande
Winrich Voß 109

Großbritannien
Egbert Dransfeld 124

V ... fern einer „echten" Bodenreform

Die Bodenrechtsdebatte in Deutschland nach der Verabschiedung des Städtebauförderungsgesetzes 1972 bis 1996
Wolfgang Göllner und Tanja Finkbeiner 138

VI Neue Perspektiven

Boden und Wohnen. Auswirkungen des Bodenrechts auf die Siedlungsstruktur der Städte und Gemeinden
Hans-Dieter Krupinski 164

Boden und koloniale Verstädterung. Zur Diskussion über die Entwicklung von Agglomerationen: bodenlos?
Marlene Zlonicky 174

Boden und Ökologie: Naturschutzrechtliche Eingriffsregelung als Instrument nachhaltiger Entwicklung?
Monika Teigel 190

Boden und Kommunalfinanzen
Burkhard Hintzsche und Frank Steinfort 203

VII Neue Instrumente

Die städtebauliche Entwicklungsmaßnahme
als Regelinstrument der Baulandbereitstellung
Franz-Josef Lemmen 220

Mehr Konsens innerhalb fester Rahmenbedingungen
Hartmut Dieterich 229

Abschöpfung von Bodenwertsteigerungen
Sabine Nakelski 240

Grundlagen und Auswirkungen einer Bodenwertsteuer
Fritz Andres 247

VIII Zum Bild einer künftigen Bodenordnung

Ordnungspolitische Leitlinien und konkrete Gestalt
einer künftigen Bodenordnung
Jobst v. Heynitz 266

Die Autoren 283

Auf dem Weg
zu einer sozialverträglichen Bodenordnung

Dr. Michael Vesper
Minister für Bauen und Wohnen
des Landes Nordrhein-Westfalen

Nach der Umweltkonferenz in Rio 1992 und der UN Konferenz Habitat II 1996 in Istanbul wurde ein zunächst nur von Fachleuten benutzter Begriff ein Thema der öffentlichen Diskussion: Die Zielsetzung der „nachhaltigen Entwicklung" ist mittlerweile in aller Munde und über die Parteigrenzen hinweg konsensfähig. Aber was verbinden wir im Detail mit diesem übergeordneten Ziel der „Nachhaltigkeit"? Auf einen einfachen Nenner gebracht heißt Nachhaltigkeit: Verbrauche nur so viel, wie wieder nachwächst oder wie das System Erde verkraften kann.

Diese Maxime gilt für alle unsere natürlichen Lebensgrundlagen: die Luft, das Wasser, die Bodenschätze, alle nachwachsenden Rohstoffe und nicht zuletzt den Boden.

Als Wohnungsbauminister eines dicht besiedelten Bundeslandes habe ich an der nachhaltigen Entwicklung der Ressource Boden ein besonderes Interesse: Der Anteil der besiedelten Fläche an der Gesamtfläche ist mit 20 % in Nordrhein-Westfalen fast doppel so hoch wie im gesamtdeutschen Durchschnitt (alte Bundesländer: 12,7 %; neue Bundesländer 7,9 %). Gleichzeitig hat Nordrhein-Westfalen – vor allem durch Zuwanderungen – mit annähernd 18 Mio Einwohnern die höchste Bevölkerungszahl seiner Geschichte. Die Bevölkerungsprognosen gehen davon aus, daß die Einwohnerzahl in den nächsten 10 Jahren noch steigen wird. Außerdem ist zu erwarten, daß die Anzahl der 1- und 2-Personenhaushalte weiter zunehmen wird, was zusätzlichen Flächenverbrauch erfordern kann.

Wir müssen deshalb in unserem Land von einer anhaltenden Nachfrage nach Wohnraum ausgehen, die allein im Bestand nicht zu befriedigen sein wird, sondern Wohnungsneubau erforderlich macht. Vor dem Hintergrund,

daß in den letzten 40 Jahren in Nordrhein-Westfalen genauso viel Fläche verbaut wurde wie in der 4000jährigen Siedlungsgeschichte zuvor, erfordert eine nachhaltige Nutzung des Bodens die Beachtung folgender Prämissen:
* sparsamer Umgang mit Boden, d.h. flächensparende Bauweisen und flächensparende Erschließungssysteme;
* Wiedernutzung ehemals gewerblich oder militärisch genutzter Brachflächen;
* Konzentration der Wohnungsbauentwicklung auf die Innenbereiche der Städte im Interesse des Schutzes größerer zusammenhängender Freiflächen.

Neben den ökologischen Vorteilen, die eine derartige Wohnungsbaupolitik bietet, liegen auch die volkswirtschaftlichen Vorteile auf der Hand. Die bereits vorhandenen Infrastruktureinrichtungen, wie Schulen, Kindergärten, Kultur-, Freizeit- und Sportangebote, Verwaltungseinrichtungen, und nicht zuletzt das Angebot des öffentlichen Personennahverkehrs werden besser ausgelastet und in ihrer wirtschaftlichen Tragfähigkeit stabilisiert. Auch im Bezug auf die öffentlichen Haushalte handelt es sich hier also um eine nachhaltige Entwicklung, denn es liegt auch im Interesse der nachwachsenden Generation, mit finanziellen Ressourcen sparsam umzugehen.

Einer spürbaren Trendwende, einer deutlichen Abkehr von der anhaltenden Zersiedlung der freien Landschaft steht allerdings eine Reihe von Hindernissen entgegen. Einmal sind es die „Hindernisse in den Köpfen": Noch immer ist der Traum vom freistehenden Einfamilienhaus das erklärte Ziel eines großen Teiles der Bevölkerung. Ebenso wie der Wunsch nach immer größeren, repräsentativeren Räumen, der die Wohnfläche pro Einwohner von ca. 20 m^2 im Jahr 1965 auf ca. 36 m^2 im Jahr 1993 hat ansteigen lassen.

Ein freistehendes Einfamilienhaus ist eindeutig die flächenintensivste Wohnform. Wir müssen also einen Umdenkungsprozeß in den Köpfen einleiten. Auch in Doppel- oder Reihenhäusern, auch in Geschoßwohnungen mit einem menschenfreundlichen Wohnumfeld läßt es sich gut leben, und gleichzeitig schonen diese Bauweisen die freie Landschaft.

Ein weiteres zentrales Hemmnis gegen die Konzentration des Wohnungsbaues auf die Innenbereiche der Ballungskerne besteht in der Situation des Bodenmarktes. Die an sich gewünschte Innenentwicklung scheitert häufig an den Gesetzen des Marktes. Da, wo die Nachfrage groß und das Angebot knapp ist, sind die Baulandpreise besonders hoch.

In den Groß- und Mittelstädten der Ballungskerne besteht nicht nur eine beträchtliche Nachfrage nach Wohnbauland, es besteht auch eine Konkurrenz zu anderen Nutzungen. Gewerbliche Betriebe, Verwaltungseinrichtungen großer Konzerne, Verkehrsflächen, Geschäfts- und Freizeiteinrichtungen und die für das Stadtklima notwendigen Freiflächen konkurrieren um die verfügbaren Flächenangebote. In vielen Großstädten gibt es nur noch eine begrenzte Anzahl von Flächen, die überhaupt für größere Wohnungsbauvorhaben in Frage kommen. Die Marktgesetze lassen die Preise für diese Flächen in astronomische Höhen steigen.

Um auch in den Ballungskernen weiterhin Wohnungsbau für mittlere und untere Einkommensgruppen zu ermöglichen, die auf preiswertes Bauland angewiesen sind, ist es erforderlich, daß den Kommunen ein Instrument zur Verfügung gestellt wird, das es auch bei angespannter Haushaltslage ermöglicht, preisdämpfend auf den Bodenmarkt einzuwirken und Wohnbauflächen zu erschließen. Die städtebauliche Entwicklungsmaßnahme gemäß § 165 ff BauGB ist ein prinzipiell für diese Zwecke geeignetes Instrument. Allerdings sind mit deren Anwendungen erhebliche kommunalpolitische Konflikte vorprogrammiert, da es sich um die Lösung von Einzelfällen handelt. Der Widerstand der betroffenen Grundeigentümer gegen die Durchführung einer städtebaulichen Entwicklungsmaßnahme ist in der Regel groß, da natürlich nur schwer nachzuvollziehen ist, daß an anderen Standorten des Stadtgebietes die Bodenwertsteigerungen durch die Grundeigentümer vereinnahmt werden können.

Das Land Nordrhein-Westfalen hat deshalb eine Bundesratsinitiative zur Einführung eines „Planungswertausgleichs" ins Baugesetzbuch eingebracht, mit dem Ziel, diesen geteilten Bodenmarkt beim Wohnbauland aufzuheben. Der Planungswertausgleich ist keine neue „Erfindung"; bereits mehrfach diskutiert, fand er bisher jedoch noch keine politische Mehrheit. Dennoch haben wir diese Gesetzesinitiative eingebracht, denn es ist an der Zeit, die längst überfällige Bodenrechtsdiskussion wieder in Gang zu setzen.

Wir brauchen eine neue, gerechtere Bodenordnung. Ein Bodenrecht, das es auch den wirtschaftlich Schwächeren ermöglicht, ihre Wohnbedürfnisse dort zu befriedigen, wo es ökologisch, städtebaulich, raumordnerisch und volkswirtschaftlich sinnvoll ist: in den Schwerpunktgebieten der Siedlungsentwicklung. Der Planungswertausgleich stellt auf diesem Weg zu einer sozialverträglichen Bodenordnung einen ersten Schritt dar. Die Beiträge dieser Veröffentlichung geben einen Überblick über den derzeitigen Diskussionsstand und eröffnen darüber hinausgehende Perspektiven. Es ist an der Zeit, daß wir hierüber in eine breit gestreute Diskussion eintreten.

Wer es ernst meint mit dem Ziel und vor allem der Umsetzung der „nachhaltigen Entwicklung", kommt um eine Bodenrechtsdiskussion nicht herum. Mit den nachstehenden Beiträgen wird hierfür eine Grundlage gelegt.

Vorwort

Beate und Hartmut Dieterich

Schon in der Schule haben wir davon gehört: Bei den Gracchen-Brüdern im alten Rom, bei den Bauernkriegen zu Luthers Zeiten, bei den Stein-Hardenbergschen Reformen in Preußen – die Rechte an Grund und Boden waren immer auch Herrschaftsrechte, die Spannungen auslösten, soziale Spannungen vor allem. Eigentum an Grund und Boden bedeutete nicht nur Recht und Macht, sondern auch Würde und Wahlrecht. Wie häufig in der Geschichte aller Staaten Europas waren die, die kein Grundeigentum hatten, die Recht- und Machtlosen, aber auch die vom politischen Leben Ausgeschlossenen, weil sie keine stabilen Vermögenswerte aufzuweisen hatten. Allzu leicht galt der, der nichts hatte, als ein Habenichts – und das war (und ist?) auf jeden Fall ein Negativ-Image. Der größte Teil des Bodens wurde nicht vom Eigentümer selbst genutzt, sondern an andere – unter Auflagen und Bedingungen – weiterverliehen.
Aber auch Habenichtse sind darauf angewiesen, sich auf der Erde, auf Grund und Boden zu bewegen: Menschen sind keine Engel. Sie können weder fliegen noch auf den Wolken oder gar auf Stecknadeln sitzen und brauchen deshalb Grund und Boden zum Stehen und Gehen, zum Arbeiten und Schlafen, zur Ernährung und zum Erholen.
Immer scheinen die, die Bodeneigentum besitzen, Macht über andere, die Boden auch benötigen, zu haben, damit ist Machtmißbrauch nicht ausgeschlossen. Nur eigengenutztes Eigentum kann diesen Teufelskreis durchbrechen. Auch wenn heute die Teilhabe an den Leistungen des Sozialstaats für die menschliche Existenz wichtiger geworden ist als eigener Grund und Boden, so zeigt doch das Zurückschneiden der Sozialleistungen, daß das Eigentum seine Bedeutung keineswegs verloren hat und zu recht von der Verfassung in Artikel 14 Grundgesetz geschützt – gleichzeitig aber auch seine Sozialpflichtigkeit statuiert wird. Nicht Bodeneigentum an sich, sondern dessen Konzentration in wenigen Händen (auch in denen des Staates!) löst soziale Spannungen aus.

Grund (und Boden) hat ganz elementar mit Menschenrecht und Menschenwürde zu tun. Grund ist das, was uns Halt gibt unter den Füßen. Wir stehen auf festem Grund – das meinen wir nicht nur, wenn wir sicher auf der Erde stehen, sondern auch, wenn wir in Meinung, Geist und Sinn uns sicher fühlen. Wir gründen einen Haushalt, eine Fabrik, eine Familie oder sogar eine Religion. Wir bilden Grundlagen und akzeptieren Grundwahrheiten. Unsere Verfassung heißt Grundgesetz und legt zu allererst unsere Grundrechte fest. Wir sind von Grund auf zufrieden – oder auch nicht.

Die Reihe dieser Begriffe – noch etliche wären hinzuzufügen – macht deutlich: Sinngehalt des Wortes „Grund" hat immer zu tun mit Festmachen, Festhalten, Stabilität verleihen, einen Ausgangspunkt finden oder beschreiben. Dieses Wort setzt Maßstäbe in unserem Denken wie in unserem Empfinden.
Diese Wertigkeit des Begriffs läßt sich ableiten aus den elementaren Bedürfnissen des Menschen und verbinden mit seinem Bedarf an Grund und Boden. Dann läßt sich erahnen, wie sehr die Grund- und Bodenfrage verquickt ist mit der Suche nach Beständigkeit, Sicherheit, Verläßlichkeit überhaupt. Ganz ursprünglich verleiht eigener Grund ein Gefühl von Unabhängigkeit und Freiheit: Ich kann mein Haus auf meinem Grund bauen zum Schutz gegen Wetter und Welt, („My home is my castle"). Ich kann meinen Boden bestellen und ihm abgewinnen, was ich zum Leben brauche, und wenn sich der moderne Mensch von diesen Vorstellungen ziemlich weit entfernt zu haben scheint, so trügt doch wohl der Schein: Ein deutscher Planer steht mit einem japanischen Kollegen auf der Terrasse im 52. Stock eines Wolkenkratzers in Tokio und versucht die unüberschaubar große Agglomeration zu überblicken. Er fragt seinen japanischen Kollegen, wie es denn komme, daß bei der doch offensichtlich sehr großen Bodenknappheit und dementsprechenden Bauformen überall auch kleine Holzhäuschen zu sehen seien. Der Japaner erklärt, eigentlich wolle jeder Japaner gerne in einem solchen ein- bis anderthalb-stockigen Häuschen aus Holz in direkter Verbindung mit dem Boden wohnen. Aber das gehe ja nun einmal nicht. Und er fährt fort, die Vorzüge des Lebens in dem Verdichtungsgebiet und des Planens und Bauens von Hochhäusern zu erklären.
Auch in Deutschland, das zeigen Umfragen seit Jahrzehnten, würden gerne 80 % der Bevölkerung im eigenen Haus, mindestens in einer Eigentumswohnung wohnen. Der Übergang zur Demokratie hat nicht dazu geführt, daß dieser Wunsch der Bevölkerung eher erfüllt wird. Unsere Politiker reden zwar viel von der Eigentumsförderung. Erreicht haben sie mit ihren Maßnahmen bisher nicht viel. Absichtlich?

Auch heute – hier und überall – sind an der Bodenfrage gesellschaftliche, wirtschaftliche, politische, ökologische und menschliche Bezüge festzumachen: Kreditwürdigkeit, Prosperität, Erhaltung von Natur und Umwelt oder auch schlicht das Mieter-/Vermieterverhältnis werden beeinflußt. Trotz zeitlicher Veränderungen in all diesen Bezügen hat die Bodenfrage immer Konjunktur gehabt. Es war immer notwendig, sich mit Boden zu beschäftigen, insbesondere in Zeiten von Wohnungsnot. Waren genügend Wohnungen vorhanden, so ließ allerdings das Interesse an Grund und Boden im politischen Bereich sehr schnell nach, um erneut aufzuwachen, wenn Wohnungen oder Gewerbegrundstücke wieder knapp wurden. Die Beschäftigung mit der Bodenfrage scheint ähnlichen Regeln zu folgen wie der Schweinezyklus. Es ist nicht zu erkennen, daß heute oder in Zukunft die Bodenfragen ein für alle Mal gelöst werden könnten, schon deshalb nicht, weil auch Veränderungen in den Lebensumständen nicht aufhören werden. Jede Generation ist aufgerufen, sich selbst ihre Bodenordnung zu schaffen und dafür zu sorgen, daß die Bezüge zwischen Mensch und Boden hergestellt werden, die unter gegebenen gesellschaftlichen Bedingungen angemessen erscheinen.

Mit dem vorliegenden Buch versuchen wir, Problemaufrisse, Denkanstöße und Lösungsansätze zu vermitteln nach Erfahrungen in Deutschland und im Ausland, um die Aspekte der Bodenfrage, wie sie sich gegenwärtig stellt, umfassend zu beleuchten. Ein Sammelband kann kein geschlossenes Konzept vermitteln. Ein gutes Dutzend Autoren aus Politik, Verwaltung, Wirtschaft und Wissenschaft muß sowohl verschiedene Problemwahrnehmungen haben als auch unterschiedliche Lösungsansätze empfehlen (es wäre schlimm, wenn es anders wäre). Uns allen ist aber gemeinsam, daß wir überhaupt die Probleme des Bodens sehen und sie durch Bodenrecht lösen wollen. Die unterschiedlichen Sichtweisen der Autoren geben Anregungen in alle denkbaren Richtungen.

Wir haben die Lande gemessen,
die Naturkräfte gewogen,
die Mittel der Industrie berechnet,
und siehe, wir haben herausgefunden:
daß diese Erde groß genug ist;
daß sie jedem hinlänglich Raum bietet,
die Hütte seines Glückes darauf zu bauen;
daß diese Erde uns alle anständig ernähren kann,
wenn wir alle arbeiten und nicht einer
auf Kosten des anderen leben will;
und daß wir nicht nötig haben,
die größere und ärmere Klasse
an den Himmel zu verweisen.

Heinrich Heine
Die romantische Schule, Drittes Buch, 1833

I
Eine neue Bodenrechtsdiskussion?

Meinungsbild aus dem Deutschen Bundestag

Zielkonflikte ausdiskutieren!

Dietmar Kansy (CDU/CSU)

Die Diskussion über Bodenpolitik, insbesondere über die Notwendigkeit zusätzlicher Instrumente aus dem steuerlichen Bereich, begleitet die Entwicklung des Planungs- und Baurechts seit rund 25 Jahren. Die Auseinandersetzung hat sich in diesem Zeitraum teilweise verlagert weg von einer eher ideologisch geprägten Sicht des Bodenmarkts – Stichworte: Versagen des Marktes, Bekämpfung volkswirtschaftlich schädlicher Spekulanten, Verhinderung bzw. Abschöpfung leistungslos erworbener Planungsgewinne etc. – hin zu einer eher pragmatischen Abfrage effizienter und praktikabler Lösungsansätze. Zumindest für CDU und CSU schlägt sich dies in der Beobachtung nieder, daß sich gegenwärtig die Auseinandersetzung über die wünschenswerten Bodenmarkt-Funktionen nicht mehr, wie noch in den siebziger Jahren, in der Parteien-Programmatik wiederfindet, sondern in der jeweiligen Gesetzgebungsarbeit von Bundesregierung und Parlament.
Die hauptsächlich auf die Angebotsseite abstellende Wohnungspolitik der Union zur Dämpfung der Wohnungsversorgungs-Engpässe in der ersten Hälfte der neunziger Jahre durfte, wenn sie mehr als ein Strohfeuer bewirken wollte, die Fragen der Baulandausweisung und Baulandbereitstellung nicht als nebensächlich abtun. Der Wohnungsbau-Boom in den letzten Jahren wäre ohne eine solche rechtzeitige Flankierung durch aktive Bodenpolitik nicht möglich geworden, von der Mengen- wie der Preisseite her gesehen. Nach Angaben der Bundesforschungsanstalt für Landeskunde und Raumordnung (in: Raumordnungsprognose 2010, Bonn 1996) haben sich im früheren Bundesgebiet die Preise für baureifes Land in den neunziger Jahren nur leicht erhöht, im Durchschnitt um 1,6 % jährlich gegenüber 1,4 % zwischen 1985 und 1993; für Rohbauland waren sogar Preisrückgänge zu verzeichnen. Fazit der Forschungsanstalt: „Im Vergleich mit anderen wesentlichen Preis- und Kostenwerten wie den Lebenshaltungskosten, den Wohnungsmieten, den Bauwerkskosten und insbesondere dem verfügbaren Einkommen sind

die Baulandpreise, auch für das baureife Land, damit nur unterdurchschnittlich angestiegen."

Diese Wirklichkeit – zu der auf der Nachfrageseite ein stufenmäßiger Anstieg der Baugenehmigungen von knapp 200.000 (1987) auf fast 600.000 Wohnungen (1994) gehört – gibt selbst dann für eine Aufgabe marktwirtschaftlicher Grundpositionen und den (in den sechziger und siebziger Jahren oft vernommenen) Ruf nach staatlicher Planung und Regulierung sich vermeintlich erschöpfender Bodenreserven keinen Anlaß, wenn in den Ballungsräumen spektakuläre Einzelfälle bekannt werden.

Für wohnungspolitische Weichenstellungen sind zwei über die Durchschnittsbetrachtung hinausgehende Entwicklungen von Bedeutung. Erstens: Das schon für die achtziger Jahre charakteristische Bild der Bodenflächen-Inanspruchnahme in den weniger dicht besiedelten Teilräumen hat sich unverändert fortgesetzt (Bundesministerium für Raumordnung, Bauwesen und Städtebau, Baulandbericht 1993). 1993 beispielsweise entfielen drei Viertel der Grundstücksveräußerungs-Fälle auf diese Räume des früheren Bundesgebiets. Zweitens: es gibt eine Verlagerung der Grundstücks-Umsatztätigkeit in den verdichteten und hochverdichteten Räumen vom individuellen Wohnungsbau zum flächensparenden Geschoßwohnungsbau. „Besondere Bedeutung kommt dabei auch der Baulandpolitik der Gemeinden zu. Überall dort, wo sie durch Baulandbereitstellung aktiv auf den Markt einwirken können, entspannt sich die Baulandsituation und führt zu sozialverträglichen, d.h. auch für einkommensschwächere Bevölkerungsschichten erschwinglichen Preisen" (Bundesforschungsanstalt, ebenda).

Es wird zu fragen und zu prüfen sein, ob diese Entwicklungslinien auch in der zweiten Hälfte der neunziger Jahre und im nächsten Jahrtausend anhalten können und erwünscht sein werden. Die Antworten darauf werden auch zeigen, ob der von Union und der von ihr getragenen Bundesregierung eingeschlagene Weg über eine planungsrechtlich ausgerichtete Bodenpolitik auch in Zukunft mit Erfolg angewandt werden kann. Stationen dieses Weges sind im wesentlichen das Wohnungsbauerleichterungsgesetz von 1990 und das Wohnbaulandgesetz von 1993; die Bundesregierung hat bereits für sich entschieden, die dadurch verbesserten, teilweise noch befristeten Rahmenbedingungen im Kern beizubehalten. In der 1996 beschlossenen Neuregelung des Baugesetzbuchs (die 1998 in Kraft treten soll) verzichtet die Bundesregierung insbesondere auf die Einführung neuer Bodenrechts-Instrumente. Diese Absage muß man aus Unions-Sicht allerdings um einen wichtigen Verfahrens-Hinweis ergänzen. Bereits bei der parlamentarischen Beratung des Wohnbaulandgesetzes hat die CDU/CSU-Fraktion Anfang 1993 die Auffassung zum Ausdruck gebracht, daß auf den Bodenmarkt abzielende steuerrechtliche Vorschläge eine Lösung „nur im Zusammenhang mit der Reform der Einheitsbewertung" finden können (Bundestags-Drucksache 12/4340). Auch die Bundesregierung hat ein Jahr später in ihrer Stellungnahme zum Gutachten der Expertenkommission Wohnungspolitik, die den Umbau der auf dem Grundeigentum liegenden steuerlichen Belastungen durch die Einführung einer Bodenwertsteuer vorschlug, sich dieser Vorgehensweise angeschlossen und eine abschließende Meinungsbildung zurückgestellt, bis die Entscheidung des Bundesverfassungsgerichtes im Zusammenhang mit der Überprüfung der Einheitswert-Besteuerung vorliege (Bundestags-Drucksache 13/159). Dies ist jetzt der Fall.

CDU/CSU werden – dem Vorschlag der Bundesregierung folgend – die mit den vorgenannten Gesetzen bei der städtebaulichen Planung eingeführten Instrumente zur Steigerung des Baulandangebots zum baurechtlichen Dauerrecht ausgestalten. Auch wenn in diesem Zusammenhang nie von „Wunderwaffen" die Rede war, so ist doch daran zu erinnern, daß die hinter ihrer Einführung stehende Grundphilosophie, daß es bei der Ende der achtziger Jahre notwendigen Trendwende in der Wohnungsbaupolitik über viele Jahre um mehr als Baulücken-Schließung in innerstädtischen Bereichen gehen werde, sich als die richtige herausgestellt hat.

Im Vordergrund steht dabei die gesetzlich neuangelegte Möglichkeit der städtebaulichen Entwicklungsmaßnahme, die sowohl bei der erstmaligen Entwicklung von Bauflächen genutzt werden kann als auch bei der städtebaulichen Neuordnung, um Gebiete einer neuen Entwicklung zuzuführen. Fazit eines Experten-Symposiums vom Juni 1995: „Das Entwicklungsrecht leistet unbestritten einen wichtigen Beitrag zur Mobilisierung von Bauflächen, zur Bodenpreisdämpfung und zur kommunalen Finanzierung der Siedlungsentwicklung" (Ergebnisbericht des Deutschen Instituts für Urbanistik, Bonn 1996).

In der Praxis bewährt und durchgesetzt hat sich eine Vielzahl von weiteren Verfahren, mit denen auf planungsbedingte Bodenwerterhöhungen eingewirkt werden kann. In erster Linie sind zu nennen: Das neugeschaffene Institut städtebaulicher Verträge, die Baulanderschließung im Wege des gemeindlichen Zwischenerwerbs, freiwillige Umlegungsverfahren, die Erhebung von Erschließungsbeiträgen, Ausgleichsleistungen im Umlegungsverfahren und nicht zuletzt auch die Regelungen über Ausgleichs- und Ersatzmaßnahmen für Eingriffe in Natur und Landschaft, durch die betroffene Grundeigentümer im wirtschaftlichen Ergebnis kostenmäßig zur Baulanderschließung herangezogen werden können.

"Weitergehende Überlegungen" – aus Unions-Sicht zu Recht das Fazit der Expertenkommission Wohnungspolitik (Bundestags-Drucksache 13/159) – „sollten erst dann Platz greifen, wenn sich herausstellt, daß diese Instrumente nicht ausreichen. Allgemeine Anreize zur Ausweisung von Bauland durch die Kommunen erscheinen der Kommission wichtiger als die Perfektionierung spezieller Instrumente der Kostenanlastung und Finanzierung und allein auf Investoren bezogene Finanzierungsinstrument."
Gleichwohl ist zu registrieren, daß bereits vor Beginn der parlamentarischen Beratungen über eine Novellierung des Baugesetzbuches Forderungen nach steuerrechtlichen Eingriffen und Flankierung wie nach weitergehender Abschöpfung von Bodenwertsteigerungen wiederholt werden. In erster Linie ist auf den Gesetzesantrag der nordrhein-westfälischen Landesregierung zur Einführung des Planungswertausgleichs und Vorschläge des Präsidiums des Deutschen Städtetages zur Wiedereinführung der Grundsteuer C, Einführung eines zonierten Satzungsrechts sowie zur zwei Drittel-Abschöpfung von Planungsgewinnen zugunsten der Gemeinden hinzuweisen. Ankündigungen Bonner Parteien, von SPD über Bündnis 90/Die Grünen bis hin zur PDS, sich diese Vorschläge ganz oder weitestgehend zu eigen zu machen, liegen bereits vor.
Bemerkenswert erscheint, daß diese bodenpolitischen Forderungen in schöner Regelmäßigkeit wieder auftauchen, mehr oder weniger unverhohlen nur noch in sich begründet werden, ohne einen glaubhaften Bezug auf wohnungsbaupolitische Perspektiven, auf die sie ja eigentlich positiv einwirken sollten. Wer wie CDU/CSU zwar zielgerichtet, aber mit Pragmatismus die Diskussion führen will, muß aber die Frage in den Vordergrund rücken: Welche Perspektiven können beim Übergang in das nächste Jahrtausend für die Fortentwicklung des Bodenrechts gewonnen werden?
Die Haupttrends dieser Entwicklung können an dieser Stelle natürlich nur bruchstückhaft und pauschalierend skizziert werden. Nach den demographischen Prognosen ist bis zum Jahr 2003 mit einem weiteren, wenn auch schwächeren Bevölkerungszuwachs sowie mit einer deutlichen Alterung und Singularisierung der Bevölkerung in Deutschland zu rechnen. Vom Bevölkerungswachstum wie von den Strukturveränderungen gehen Anstöße zur weiteren Ausdehnung der Wohnfläche pro Kopf aus, im Ausmaß von der ungewissen Einkommensentwicklung abhängig. Die Bundesforschungsanstalt für Landeskunde und Raumordnung (im folgenden zitiert aus: Raumordnungsprognose 2010, Materialien zur Raumentwicklung Heft 74, Bonn 1996) schätzt in ihrer Prognose bis zum Jahr 2000 die jährliche Wohnungsnachfrage auf rund 470.000 Wohnungen, davon 400.000 im früheren Bundesgebiet

und davon wiederum 350.000 durch Neubau. Gegenüber den Fertigstellungszahlen der Jahre 1994 bis 1996 bleibt diese Prognose deutlich zurück.
Als Folge der von der Union angestrebten und mit der Umstellung der Förderungssystematik auf die Eigenheimzulage 1996 eingeleiteten Verstärkung der Wohneigentumsbildung – Ziel ist die Anhebung der Eigentumsquote auf mindestens 50 % – würde sich diese Abschwächung kaum auf den „Bodenverbrauch" auswirken; Begründung: Der flächenaufwendigere Ein/Zweifamilienhausbau werde gegenüber dem flächensparsameren Mietwohnungsbau an Bedeutung gewinnen. Allerdings sei angesichts der Strukturveränderungen in der Bevölkerung auch eine Gewichtsverschiebung zugunsten des selbstgenutzten Stockwerkeigentums nicht auszuschließen.
Per Saldo hat damit die Nachfrage nach Bauland ihren Höhepunkt bereits überschritten „und nimmt seit Mitte des Jahrzehnts ständig ab und liegt im letzten Prognosezeitraum um ein Drittel unter dem Niveau, das sie im ersten Prognosezeitabschnitt erreicht hatte".
Dieses erwartete Wohnungs-Nachfrageniveau scheint nicht den Ruf nach völlig neuen Steuerungsinstrumenten zu rechtfertigen, zumal die Bundesforschungsanstalt aufzeigt, daß der prognostizierte Durchschnitt von 51 ha Bauland-Verbrauch täglich sich bei flächensparender Bauweise um 30 % bzw. (bei Ausschöpfung höchstzulässiger Nutzungsdichten) um rund 50 % reduzieren ließe. Auch von daher zeigt sich eher die Bedeutung des kosten- und flächensparenden Bauens für die Zukunft, zu dem die Bundesregierung in dieser Legislaturperiode zahlreiche Handlungsfelder erarbeitet hat und zu dem es auch aus CDU/CSU-Sicht keine Alternative gibt.
Aus dieser Sicht erscheint die seit den siebziger Jahren erhobene Forderung nach Einführung eines Planungswertausgleichs nicht nur entbehrlich, sondern auch wohnungspolitisch kontraproduktiv. Mit seiner Einführung wäre nach CDU/CSU-Auffassung eher die Gefahr preistreibender Wirkungen auf Wohnbauland verbunden, da die davon betroffenen Grundstückseigentümer versuchen würden, den Planungswert-Ausgleichsbetrag auf die Käufer zu überwälzen. Der gesetzestechnisch von Nordrhein-Westfalen ausformulierte Vorschlag, in bestimmten Wohn-Baugebieten planungsbedingte Bodenwerterhöhungen abzuschöpfen und diese für Infrastrukturmaßnahmen zu verwenden, wirft daneben eine Reihe von kaum lösbaren Vollzugsproblemen bis hin zu schwerwiegenden verfassungsrechtlichen Fragen aufgrund Ungleichbehandlung des Grundstücksmarkts auf.
Als Planungswertausgleich „durch die Hintertür" muß die vom linken Parteienspektrum vertretene Forderung bewertet werden, die nach geltendem Planungsrecht als ultima ratio ausgestaltete städtebauliche Entwicklungsmaß-

nahme zum bauplanerischen „Regelfall" zu machen. Im Kern würde dies darauf hinauslaufen, daß künftig jeder Baulandausweis mit der Möglichkeit des gemeindlichen Durchgangserwerbs bei erleichterter Enteignung zum entwicklungsunbeeinflußten Grundstückswert einhergehen würde und bei allen Baulanderschließungen die maßnahmenbedingten Bodenwerterhöhungen abgeschöpft werden könnten. Nach Auffassung von CDU/CSU standen die Überlegungen zur Einführung des Entwicklungsmaßnahmenrechts von vornherein unter engen verfassungsrechtlichen Anwendungsvoraussetzungen, was u.a. darin zum Ausdruck kommt, daß das Wohl der Allgemeinheit die Durchführung der Maßnahme erfordern muß und andere städtebauliche Instrumente nicht greifen. Im übrigen stützt sich der bisherige Erfolg der städtebaulichen Entwicklungsmaßnahme gerade darauf, daß die Gemeinden die Möglichkeit einer einvernehmlichen Kooperation mit den privaten Grundstückseigentümern suchen und nützen müssen, die letzteren aber nicht „alles oder nichts" spielen können.

Losgelöst von der Neuordnung des Planungs- und Bauordnungsrechts wird auch in der Union, wie bereits oben ausgeführt, die Diskussion über steuerliche Lenkungsabgaben fortzuführen sein. Handlungsbedarf wird allgemein schon deshalb unterstellt, weil nach vollzogenen gesetzgeberischen Konsequenzen aus dem Bundesverfassungsgerichts-Urteil zur Vermögens- und Erbschaftsbesteuerung des Grundbesitzes die aufwendige Beibehaltung des Systems der Einheitsbewertung nur noch für die Grundsteuer (nach Abschaffung der Gewerbekapitalsteuer) mittelfristig als wenig sinnvoll erscheint. Eine aus steuersystematischer Sicht ohnehin anstehende Reform der Grundsteuer wird dann sicherlich einen aus wohnungspolitischer und ökologischer Sicht angemeldeten Prüfungsbedarf nicht außer acht lassen können.

An die Grundsteuer knüpft eine Vielzahl von Reformvorschlägen an: Von der Wiedereinführung der Grundsteuer C, Einführung eines zonierten Satzungsrechts über eine Bodensteuer bis hin zur Bodenwertsteuer und einer kombinierten Bodenwert- und Bodenflächensteuer. Die Bodenwertsteuer hat in letzter Zeit Befürwortung von sachverständiger Seite gefunden, so der Expertenkommission Wohnungspolitik, der Bundesforschungsanstalt für Landeskunde und Raumordnung und dem Bundesministerium für Raumordnung, Bauwesen und Städtebau (so in einer Stellungnahme für die öffentliche Anhörung der Enquête-Kommission des Deutschen Bundestages „Schutz des Menschen und der Umwelt", Juni 1996).

Während bei Modellen wie Grundsteuer C und zoniertes Satzungsrecht für Gemeinden noch ausschließlich das Ziel der Mobilisierung von baureifen Grundstücken für den Angebotsmarkt im Vordergrund stand, erscheint bei

den fiskalischen Steuerungskonzepten aus jüngerer Zeit die wohnungspolitische Stoßrichtung weniger ausgeprägt. Mehr oder weniger offen wird mit der Kongruenz oder Konkurrenz mehrerer Lenkungsziele argumentiert, die hauptsächlich auf ökologischen, verkehrspolitischen und sozialpolitischen Leitbildern beruhen. Die Selbstverständlichkeit, mit der noch 1994 die Expertenkommission Wohnungspolitik ihren Berichtsteil Bau- und Bodenpolitik mit der Aussage einleitete „Ohne Baugrundstücke kein Wohnungsbau", wird inzwischen, nachdem Entspannungstendenzen auf den Wohnungsmärkten auftraten, durch eine ökologisch motivierte Zielvorstellung „Ohne Wohnungsneubau kein Flächenverbrauch und keine Bodenversieglung" relativiert. Unübersehbar sind zumindest Zielkonflikte auszudiskutieren, die sich noch in widersprüchlichen bzw. unsicheren Aussagen über die Bodenpreiswirkung, Effizienz und Lenkungsfunktion der vorgeschlagenen Abgaben widerspiegeln (siehe dazu insbesondere: Apel und Hencke, Möglichkeiten zur Steuerung der Siedlungs- und Verkehrsentwicklung, in: Der Städtetag, Heft 5/1996). Immerhin räumt selbst ein engagierter Befürworter der Bodenwertsteuer, die dem Bundesbauminister unterstehende Bundesforschungsanstalt für Landeskunde und Raumordnung, ein: „Ob und wie weit sich diese oder ähnliche Vorschläge als brauchbar erweisen, muß jedoch noch ausführlicher diskutiert werden ... Die Diskussion einer Steuerung der Flächennutzung über Abgaben und Steuern steht noch relativ am Anfang. Der Weg erscheint sinnvoll, aber gerade auch auf der Wirkungsseite gibt es noch Unsicherheiten. Es wird vor allem davor gewarnt, die prinzipiell möglichen Lenkungseffekte einer Flächenbesteuerung – bei realistisch angesetzten Steuersätzen – zumindest kurz- und mittelfristig zu überschätzen" (in: Städtebaulicher Bericht „Nachhaltige Stadtentwicklung", Bundestags-Drucksache 13/5490).
Die weiter zu führende Diskussion innerhalb der Union wird sicher auch das Umfeld der von CDU/CSU für 1999 angestrebten Steuerreform einzubeziehen haben. Die Vorstellung wäre jedenfalls unrealistisch, die Grundpositionen dieser Steuerpolitik für das nächste Jahrtausend – die Steuervereinfachung, niedrigere Steuerbelastung bei mehr Steuergerechtigkeit, investitionsfreundliche Rahmenbedingungen – durch steuerrechtliche Einzelregelungen mit bodenrechtlichem Bezug zu konterkarieren.
Die bislang im Zusammenhang mit der Steuerreform bekannt gewordenen Konzepte stellen in einem erheblichen Maße auch steuerrechtliche Regelungen, die in toto die Attraktivität von Wohnungsbauinvestitionen herbeiführen, auf den Prüfstand, um die Gegenfinanzierung der angestrebten Absenkung der Einkommenssteuersätze zu erreichen. Es wird in letzter Konsequenz um nicht weniger als die neue Austarierung der Wohnungsbauförderung zwischen

Steuerbegünstigung einerseits und direkter Förderung andererseits gehen. Vielfach ist die Sensibilität für die daraus erwachsenden gravierenden Probleme des bedeutsamsten Sektors unserer Volkswirtschaft noch nicht vorhanden. Entscheidungen über neue Bodenmarkt- (Be-)Steuerungsansätze müssen sich an der Großen Steuerreform messen, besser noch: in die Steuerreform integrieren lassen.

Ein soziales Bodenrecht –
eine ungelöste/unlösbare Aufgabe?

Peter Conradi (SPD)

Eine neue Bodenrechtsdiskussion?

Anlässe für eine neue Bodenrechtsdiskussion gäbe es genug, zum Beispiel die 1997 anstehende Novellierung des Baugesetzbuchs und die beiden Entscheidungen des Bundesverfassungsgerichts vom 22.6.1995 zur Vermögen- und Erbschaftsteuer. Vor allem aber legt die Entwicklung in vielen Städten – nicht nur in Ostdeutschland – eine kritische Überprüfung des bodenrechtlichen Instrumentariums nahe: Der Bau neuer Einkaufszentren auf der grünen Wiese und der Niedergang des innerstädtischen Einzelhandels. Die soziale Segregation, das heißt die Ausgrenzung ganzer Bevölkerungsgruppen in vielen Städten. Die Fehlinvestitionen im Bauboom nach der Vereinigung der beiden deutschen Staaten und die leerstehenden Büros und Läden in fast allen deutschen Großstädten. Die wachsenden Probleme des Autoverkehrs – Dauerstau, anhaltende Lärm- und Abgasbelastung. Nicht zuletzt die Finanznot der Gemeinden. Das alles müßte eine neue Diskussion des Bodenrechts rechtfertigen.

Ökonomie frißt Demokratie

Ich habe jedoch Zweifel, ob es zu einer breiten öffentlichen Diskussion des Bodenrechts kommt. Die politische Diskussion wird zur Zeit von anderen Themen bestimmt.
Überall in Europa nimmt die Arbeitslosigkeit zu. Die Steuereinnahmen der Staaten sinken, die Soziallasten steigen. Die Staatsverschuldung wächst in allen europäischen Staaten. Die weltweit agierenden Unternehmen entziehen sich der Besteuerung und verlagern ihre Gewinne in die Staaten, in denen sie am geringsten besteuert werden. Die öffentlichen Finanzmittel für eine aktive Arbeitsmarkt- und Strukturpolitik, für die Förderung von Forschung

und Entwicklung, für die Eingliederung von Randgruppen, für den Ausbau der Infrastruktur fehlen.
Diese Entwicklung führt zu einer Verengung der politischen Diskussion. Es wird nicht mehr darüber geredet, wie wir zusammen leben wollen, wie wir in unserem Gemeinwesen Freiheit, Gleichheit und Brüderlichkeit ermöglichen können, was uns soziale Gerechtigkeit bedeutet, wieviel Kultur uns wert ist. Es wird nur noch über angebliche Standortnachteile und über das Sparen gesprochen; in Wirklichkeit findet eine verhängnisvolle ökonomische und soziale Umverteilung von unten nach oben statt.
Kein vernünftiger Mensch bestreitet, daß der Staat sparen muß, doch darüber, wie gespart werden muß, wird zu wenig gestritten. Die Optionen einer gerechteren Steuerpolitik, beispielsweise einer Besteuerung der großen Vermögen, und die Umverteilung der Lasten von unten nach oben werden nicht ernsthaft diskutiert, weil angeblich die „Leistungsträger" mit den hohen Einkommen nicht mehr investieren, würde der Staat ihnen ihren gerechten Anteil an den öffentlichen Lasten abverlangen. Eine abenteuerliche Argumentation: der Verzicht auf eine wirksame Bekämpfung des Steuerbetrugs und der Steuerhinterziehung – geschätzte staatliche Mehreinnahmen 100 Mrd DM im Jahr – und auf eine Besteuerung der privaten Großvermögen soll neue Arbeitsplätze schaffen. Das Gegenteil ist richtig: Wird der Staat fiskalisch weiter ausgehungert, dann wird er unfähig zu einer arbeitsplatzorientierten Wirtschaftspolitik, zur Förderung neuer Technologien, zur Modernisierung der öffentlichen Institutionen, zu Stärkung von Bildung, Wissenschaft und Forschung.
Nach dem Zweiten Weltkrieg war Deutschland zu einem Lastenausgleich in der Lage; die Menschen, die als Folge des Krieges ihr Vermögen verloren hatten, bekamen einen Ausgleich von denen, die ihr Vermögen behalten hatten. Das war vernünftig und gerecht, und es trug zum sozialen Frieden bei. Zu einem „Lastenausgleich Deutsche Einheit", bei dem die großen Vermögen dazu beitragen, die Staatsverschuldung zu reduzieren und die Handlungsfähigkeit von Bund, Ländern und Gemeinden zu stärken, ist die Bundesrepublik Deutschland zur Zeit moralisch und politisch nicht fähig.
Die Ökonomie frißt die Demokratie – auch in der Stadtplanung. In den 70er Jahren war die Stadtentwicklung zentrales Thema städtischer Politik. In allen Städten wurden Stellen für Stadtentwicklung eingerichtet, oft unmittelbar dem Oberbürgermeister unterstellt. Niemand bezweifelte die Notwendigkeit einer planvollen, sozialgerechten und wirtschaftlich vernünftigen Stadtentwicklung. Ende der 70er Jahre kamen die ökologischen Forderungen hinzu. Stadtentwicklung und Stadtplanung jedoch verloren nach der kon-

servativ-liberalen Wende 1982 schrittweise an Bedeutung. Das Planungsrecht wurde liberalisiert, die planerischen Instrumente der Städte wurden beschnitten. Die überfällige Gewerbesteuerreform unterblieb.
Die Stadtplanung wird den Wirtschaftsförderern unterstellt, sie wird damit zur Magd der wirtschaftlichen Entwicklung: Jeder Unternehmer, der zusätzliche Arbeitsplätze verspricht oder mit der Abwanderung vorhandener Arbeitsplätze droht, bekommt seinen Bebauungsplan und seine Baugenehmigung. Das Gebot des § 1 Abs 6 BauGB „Bei der Aufstellung der Bauleitpläne sind die öffentlichen und privaten Belange gegeneinander und untereinander gerecht abzuwägen" wird mißachtet: die Interessen der Wirtschaft regieren die Stadt. Hinweise auf das Baugesetzbuch werden achselzuckend beiseite gewischt.
In dieser Situation vom Bodenrecht und seinen notwendigen Reformen zu reden, erscheint wirklichkeitsfremd. Don Quijote reitet gegen die Windmühlen. Ein Träumer, wer glaubt, den Gemeinden das Gesetz des planerischen Handelns wieder zurückgeben zu können. Ein Phantast, wer eine sozialgerechte Bodenbesteuerung fordert. Ein Narr, wer das Bodeneigentum in seiner heutigen Form in Frage stellt. Ich gebe gleichwohl die Hoffnung nicht auf, daß es eines Tages eine politische Mehrheit für ein soziales Bodenrecht gibt. Was könnte also heute, und was müßte später bei anderen Mehrheiten geändert werden?

Verbesserungen im Planungsrecht

Das Planungsrecht des Baugesetzbuchs ist kompliziert, überinstrumentalisiert und schwer lesbar. Die Übernahme einzelner Bestimmungen des Wohnungsbauerleichterungs- und des Investitionserleichterungs- und Wohnbaulandgesetzes in das Baugesetzbuch bringt eine Vereinfachung. Wünschenswert wäre eine kritische Überprüfung aller Instrumente, vor allem des Städtebaulichen Vertrags und des Vorhaben- und Erschließungsplans, mit dem Ziel der Zusammenfassung und Straffung des planerischen Instrumentariums. Die Bauleitplanung sollte sich wieder auf ihr wichtigstes Instrument, den Bebauungsplan, konzentrieren. Es steht allerdings zu befürchten, daß die Bauleitplanung der Gemeinden weiter zugunsten der Investoren geschwächt wird.
Eine gerechte Abwägung der öffentlichen und der privaten Interessen in der Bauleitplanung ist nach wie vor unverzichtbar. Doch die Regierungskoalition in Bonn will die kommunalen Planungsmöglichkeiten weiter einschränken. Ihr Motto heißt nicht „besser planen", sondern „weniger planen",

obwohl wirtschaftliche Umstrukturierung, Altlastenbeseitigung, Baulücken- und Brachflächenbebauung und der ökologische Stadtumbau verstärkte Eingriffsrechte der Kommunen erfordern.
Im Sinne des „besser Planens" wäre eine Ausweitung der Bauleitplanung auf das gesamte Gemeindegebiet, also auch auf den unbeplanten Außenbereich wünschenswert, verbunden mit einer Erweiterung der Baunutzungsverordnung zu einer Flächennutzungsverordnung. Anders ist ein wirksamer Schutz des Außenbereichs gegen die anhaltende Zersiedlung nicht zu schaffen. Wer den innerstädtischen Einzelhandel erhalten will, muß die Errichtung großflächiger Einkaufszentren auf der grünen Wiese erschweren. Ich fürchte jedoch, daß es wie bei allen früheren BauGB-Novellen seit 1976 zu einer weiteren Erleichterung des Bauens im Außenbereich kommt.
Im unbeplanten Innenbereich wäre ein Stärkung der Einfügungsregel vernünftig. Es ist abenteuerlich, was heute in vielen Städten ohne Bebauungsplan „eingefügt" wird. Notwendig ist auch eine Klausel, mit der die Einfügung in unzureichende oder schlechte Wohn- und Arbeitsverhältnisse erschwert wird. Eine Stärkung der Gebotsrechte der Gemeinden, nicht nur aus städtebaulichen, sondern auch aus sozialen und wohnungswirtschaftlichen Gründen, wäre hilfreich.
Schließlich sollte der Gesetzgeber ein generelles Vorkaufsrecht der Gemeinde bei der Neuerschließung von Bauland mit anschließender Privatisierungspflicht einführen – am besten in Form von Erbbaurechten –, also ein kommunales Durchgangseigentum zur Abschöpfung der planungsbedingten Bodenwertzuwächse. Alternativ zu diesem Verfahren sollte ein Planungswertausgleich geschaffen werden, mit dem die planungsbedingten Bodenwertzuwächse von der Gemeinde zur Finanzierung ihrer Infrastrukturaufgaben abgeschöpft werden. Die Gemeinden müßten sich dann entscheiden, ob sie den Bodenwertzuwachs über das kommunale Durchgangseigentum oder über den Planungswertausgleich abschöpfen wollen. Ob sich die Bundesratsmehrheit sich auf einen Vorschlag dieser Art einigen kann? Ohne ihre Zustimmung ist eine Änderung des Baugesetzbuches nicht möglich.
Das Baugesetzbuch sollte nicht investorenfreundlicher, sondern bürger- und praxisfreundlicher werden. Es muß entrümpelt und vereinfacht werden, damit es anwendungstauglicher wird. Das Gesetz sollte auch vom derzeit fast unlesbaren Juristen-Deutsch in eine allgemein verständliche Sprache umformuliert werden.
Doch was nützt das beste Planungsrecht, wenn die Gemeinden es nicht anwenden? Es macht keinen Sinn, das Planungsrecht immer weiter auszudifferenzieren, wenn die Gemeinden von den angebotenen Instrumenten

keinen Gebrauch machen. Solange das Vollzugsdefizit der Gemeinden nicht abgebaut wird, ist der Ruf nach Gesetzesänderungen nicht überzeugend. Anstelle von Kann- und Soll-Vorschriften sollte das Baugesetzbuch deshalb zwingende Verfahrensregeln einführen, an denen die Gemeinden nicht vorbei können. Geschieht das nicht, dann wird am Ende die Ökonomie auch die Stadtplanung erwürgen.

Eine gerechte Bodenbesteuerung

Obwohl das Einheitswertgesetz 1965 alle sechs Jahre eine neue Hauptfeststellung der Einheitswerte vorschreibt, gab es von 1964 bis heute – also 30 Jahre lang – keine neue Hauptfeststellung der Einheitswerte durch die Finanzverwaltung. Immerhin beschloß die sozialliberale Koalition 1971 für die Vermögen-, Erbschaft- und Schenkungsteuer ab 1.1.1974 einen pauschalen Zuschlag von 40 Prozent auf die Einheitswerte von 1964.

Das System der Einheitswerte und die unterlassene Aktualisierung dieser Werte führten zu einer beispiellosen Privilegierung des Bodeneigentums gegenüber anderen Eigentumsarten. Ein Beispiel: Ein Bürger besitzt Haus und Grundstück mit einem Verkehrswert von 600.000 DM und zahlt dafür bisher Vermögensteuer (oder im Erbfall Erbschaftsteuer) für einen Einheitswert von nur 28.000 DM; das ist der aus dem Ertragswert berechnete Einheitswert von 1964 zuzüglich dem Zuschlag von 40 Prozent. Besitzt der gleiche Bürger Aktien zum Börsenwert von 600.000 DM, dann zahlte er bislang für diesen Wert Steuern.

Jahrelang hat das Bundesverfassungsgericht diese offenkundige steuerliche Ungleichbehandlung unterschiedlicher Eigentumsarten hingenommen und Aufforderungen, das geltende System für verfassungswidrig zu erklären, mit windigen Begründungen abgelehnt.

Mit seiner Entscheidung vom 22.6.1995 untersagte das Bundesverfassungsgericht die Anwendung der steuerlichen Einheitswerte für Grundstücke und Gebäude für die Vermögen- und Erbschaftsteuer als einen Verstoß gegen den Gleichheitssatz der Verfassung und damit als verfassungswidrig untersagt. Das Gericht verpflichtete den Gesetzgeber, bis zum 31.12.1996 eine neue Regelung für beide Steuern zu treffen. Allerdings unterließ es das Gericht, bei der Vermögensteuer eine Regelung für den Fall zu treffen, in dem der Gesetzgeber nicht handelt.

So spielte das Bundesverfassungsgericht der Bundestagsmehrheit die Möglichkeit zu, die den Ländern zustehende Vermögensteuer durch Nichthandeln zum 31.12.1996 abzuschaffen, ohne daß der Bundesrat sich dagegen wehren kann. Ein in der Verfassungsgeschichte der Bundesrepublik Deutschland einmaliger Vorgang!

Die Mehrheit des 2. Senats schrieb außerdem eine Reihe von gesetzgeberischen Vorgaben in die Entscheidung des Bundesverfassungsgerichts hinein, die mit der Kontrolle der Verfassungsmäßigkeit von § 10 Vermögensteuergesetz nichts zu tun hatten. Aus dem Grundgesetz sind diese Vorgaben nicht zu begründen. Wo steht in der Verfassung, die Vermögensteuer müsse eine „Sollertragsteuer" sein? Wo steht im Grundgesetz, daß die Erträge von Arbeit und Vermögen zusammen höchstens zur Hälfte besteuert werden dürfen? Diese Vorgaben waren nicht entscheidungserheblich; ihre rechtliche Bindungswirkung für den Gesetzgeber ist fraglich. Das Bundesverfassungsgericht ruiniert mit solchen Entscheidungen seinen Ruf.

Die FDP und die CDU/CSU haben die Hilfe aus Karlsruhe dankbar angenommen und die Vermögensteuer abgeschafft. Statt die Arbeit steuerlich zu entlasten, werden die Vermögen entlastet. Der Prozeß der Umverteilung schreitet fort. Eine Reform der Bodenbesteuerung müßte die Bodenspekulation erschweren, leistungslose Gewinne aus Bodenverkäufen reduzieren, das Horten von bebaubaren Grundstücken erschweren und die plangerechte Nutzung von Baugrundstücken fördern. Sie sollte ein sparsamen, ökologisch vernünftigeren Umgang mit dem knappen Gut Boden erleichtern und die Zersiedlung bremsen.

Der Gesetzgeber kann die Bodenbesteuerung durch Freigrenzen, Freibeträge, Abschläge und Hebesätze so ausgestalten, daß die große Mehrheit der selbstnutzenden Hauseigentümer weder Vermögen- noch Erbschaftsteuer bezahlen muß. Unstrittig ist, daß es keine konfiskatorische Besteuerung des Bodeneigentums geben darf, denn Grundvermögen ist schwerfälliger – immobiler – als Aktienvermögen. Der Aktionär kann im Bedarfsfall ein paar Aktien verkaufen, der Grundbesitzer kann nicht in gleicher Weise rasch ein paar Quadratmeter veräußern. Insoweit sind bei der Besteuerung des Grundvermögens Differenzierungen gerechtfertigt.

Ein neues Bewertungs- und Besteuerungsverfahren sollte bei geringem Personalaufwand einfach, verständlich und nachprüfbar sein. Es darf die Steuerwerte nicht auf lange Zeit festschreiben, sondern muß eine zeitnahe Fortschreibung der Bodenwerte ohne großen Aufwand ermöglichen. Dazu wäre es vernünftig, die Bewertung der Grundstücke und der Gebäude voneinander zu trennen und bei der Grundsteuer zukünftig nur noch den Grundstückswert, nicht mehr den Gebäudewert zu besteuern. Die Gebäudewerte könnten dann für die Vermögen-, Erbschaft- und Schenkungsteuer in einem vereinfachten Sachwertverfahren pauschal ermittelt werden.

Die Grundstückswerte sollten sich an den Verkehrswerten, das heißt den im normalen Grundstücksverkehr zu erzielenden Preisen, orientieren, die seit vielen Jahren von den selbständigen und unabhängigen Gutachterausschüssen ermittelt werden, die nach §§ 192 ff BauGB von den Landkreisen oder Gemeinden zu bilden sind. Bei den Gutachterausschüssen werden Kaufpreissammlungen geführt, die als Grundlage der Wertermittlung dienen. In regelmäßigen Abständen werden diese Werte in der Form von Bodenrichtwertkarten veröffentlicht.

Zur Vermeidung von Streitigkeiten über die Bewertung der Grundstücke könnte der Gesetzgeber für die Besteuerung einen großzügigen Abschlag von etwa zwanzig Prozent des Verkehrswertes vornehmen. Es wäre zu prüfen, ob zur Vermeidung von Härten weitere Abschläge nach sozialen Kriterien, etwa für selbstnutzende Hauseigentümer oder Landwirte ermöglicht werden können.

Würde die Grundsteuer der Gemeinden sich nur noch auf die Bodenwerte beziehen, dann hätten die Gemeinden für ihre Hebesätze erhebliche Gestaltungsspielräume, zum Beispiel für Kleingrundstücke, für Landwirte, für neu anzusiedelnde Betriebe, oder für unbebaute bebaubare Grundstücke. Voraussetzung dafür wäre, daß der Gesetzgeber den Gemeinden das Recht einräumte, zur planerischen Steuerung und zur sozialen Ausgestaltung der Bodennutzung ihre Hebesätze für die Grundsteuer zu variieren.

Eine derartige Reform der Bodenbesteuerung würde die nicht realisierten Bodenwertzuwächse steuerlich nicht erfassen. Bei einer jährlichen oder zweijährigen Fortschreibung der Bodenwerte würden Bodenwertsteigerungen jedoch rasch zu einer höheren Besteuerung über die Grundsteuer und – sofern es sie noch oder wieder gäbe – über die Vermögensteuer führen.

Wegen der theoretischen und praktischen Probleme sollte die Forderung nach der Besteuerung nicht-realisierter Wertzuwächse nicht weiter verfolgt werden. Die realisierten Wertzuwächse hingegen sollten grundsätzlich besteuert werden, das heißt die derzeitige Schamfrist von zwei Jahren, nach der diese Wertzuwächse beim Verkauf steuerfrei bleiben, sollte aufgehoben und durch eine zeitlich degressive Besteuerung ersetzt werden; je länger der Eigentümer das Grundstück vor dem Verkauf in Besitz hat, um so niedriger sollte der Steuersatz für den beim Verkauf realisierten Gewinn sein.

Die Parteien haben zu diesem Thema jahrelang geschwiegen, weil sie ihre WählerInnen nicht verschrecken wollten. Die Realisierungschancen einer Reform der Bodenbesteuerung sind deshalb gering.

Ein soziales Bodeneigentumsrecht

In Artikel 14 Grundgesetz heißt es „Eigentum verpflichtet. Sein Gebrauch soll zugleich dem Wohle der Allgemeinheit dienen". Manche glauben, das sei ein Zitat aus der Verfassung der ehemaligen DDR. Bis jetzt ist diese Forderung des Grundgesetzes im Bodenrecht nicht erfüllt.
Eine Umwandlung des Bodeneigentums in ein Obereigentum der Gemeinde und ein Nutzungseigentum der Bürger wäre wünschenswert. Doch für eine derart radikale Umgestaltung findet sich heute keine Mehrheit, nicht einmal in der SPD, die bei ihrem Bodenrechtsparteitag in Hannover 1973 ein Modell in dieser Richtung forderte.
Es geht also um die kleinen Schritte, die eine qualitative Veränderung des Eigentumsrechts am Boden bewirken können. Da wäre zuerst das Erbbaurecht, von den Gemeinden wie vom Gesetzgeber jahrzehntelang vernachlässigt. Dabei hat sich das Erbbaurecht seit 1919 in vielen Städten als eine soziale, gerechte und spekulationsfeindliche Eigentumsform bewährt. Was hindert den Gesetzgeber daran, das Erbbaurecht umzugestalten und anwendungsfreundlicher zu machen, zum Beispiel die Beleihungsmöglichkeiten des Erbbaurechts zu verbessern? Warum binden nicht wenigstens die SPD-regierten Länder die Subventionen für den sozialen Mietwohnungsbau an die Auflage der Grundstücksvergabe im Erbbaurecht und unterbinden damit die Spekulation mit diesen Wohnungen, wenn später die Mietpreis- und Belegungsbindungen auslaufen?
In anderen europäischen Ländern ist das Erbbaurecht häufiger anzutreffen als bei uns. Es ist erstaunlich, daß diese in Deutschland von den Kirchen, vom adligen Großgrundbesitz und von einigen Städten früher bevorzugte Eigentumsform sich nicht weiter durchsetzen konnte. Selbst die SPD, die immer wieder das Erbbaurecht als die vernünftigste Eigentumsform herausgestellt hat, hält sich in ihrer Praxis nicht an die eigenen Programme. Sogar das neue Parteihaus in Berlin wurde nicht im Erbbaurecht, sondern auf einem vom Berliner Senat teuer gekauften Grundstück gebaut.
Bei der Vereinigung der beiden deutschen Staaten 1990 gab es die Möglichkeit, einen Teil der Eigentumsprobleme mit dem Erbbaurecht zu lösen. Es wäre denkbar gewesen, den Alteigentümern das Obereigentum zurückzugeben und sie zu verpflichten, den heutigen Benutzern ein auf 50 Jahre befristetes Erbbaurecht einzuräumen. Das hätte viele Konflikte und viel menschliches Leid vermieden. Doch die CDU/CSU/FDP-Koalition war dazu nicht bereit.
Neben einer Reform des Erbbaurechts könnte der Gesetzgeber auch den gemeinschaftlichen, nichtspekulativen Grundbesitz gesetzlich stärken, zum

Beispiel die Baugenossenschaften. Das gemeinsame Wohneigentum in einer Genossenschaft gibt Wohnungssicherheit. Die Genossenschaftssiedlungen aus den ersten Jahrzehnten unseres Jahrhunderts zeigen heute noch eine soziale und ästhetische Qualität, die vielen Neubausiedlungen nach dem Zweiten Weltkrieg abgeht. Man kennt sich, man weiß voneinander, man hilft einander. Die Gärten sind gepflegt, die Häuser gut erhalten. Vandalismus ist ein Fremdwort. Die Siedlervereine feiern ihre Sommerfeste, das Vereinsleben blüht, bei Wahlen ist die Wahlbeteiligung hoch. In vielen deutschen Städten sind die Genossenschaftssiedlungen soziale Oasen. Allerdings scheint die Baugenossenschaftsbewegung zu stagnieren. Der Entzug der steuerlichen Gemeinnützigkeit hat offensichtlich ihren sozialen Elan gebrochen, auch hier verdrängt die Ökonomie den Gemeinsinn.

Die Konservativen klagen über das Fehlen von Gemeinsinn, doch sie tun nichts dafür, die Institutionen zu stärken, die Gemeinsinn schaffen, zum Beispiel die Genossenschaften. In Deutschland fehlt es zur Zeit nicht nur in der Wissenschaft und in der Wirtschaft an Innovationskraft, es fehlt auch an sozialer und kultureller Kreativität. Es ist Zeit für eine neue Reformpolitik.

Bilanz

Die Reform des Bodenrechts ist unter anderem auch ein Prüfstein für die Leistungsfähigkeit unserer parlamentarischen Demokratie. Welches Maß an ökologischen und sozialen Schäden muß sich aufsummieren, bevor die Öffentlichkeit ein Problem wahrnimmt? Muß es erst zu Krisen kommen, bevor wir handeln?

Unter den Fachleuten ist die Notwendigkeit einer Reform des Bodenrechts unbestritten. Konrad Adenauer sagte 1920 als Oberbürgermeister der Stadt Köln: „Wir leiden nach meiner tiefsten Überzeugung in der Hauptsache in unserem Volke an der falschen Bodenpolitik der vergangenen Jahrzehnte."

Für eine wirksame Reform des Bodenrechts gab es in Deutschland seit 1949 keine parlamentarische Mehrheit. Die FDP war die Lobbyistin der Großgrundbesitzer; die CDU/CSU redete am Sonntag über christliche Grundsätze und machte die Woche über Umverteilungspolitik von unten nach oben, und die SPD war ängstlich und unentschlossen.

Für einen Bundestagsabgeordneten, der vor fast 25 Jahren auszog, das Bodenrecht zu reformieren, ist das eine betrübliche Bilanz. Aber es hat wenig Sinn, sich etwas vorzulügen.

So warten wir auf bess're Zeiten. „Rettet unsere Städte jetzt", forderte der Städtetag Ende der 60er Jahre. Jetzt?

(Nicht engagiert? Ohne Standpunkt?)

Die Bundestagsfraktion der F.D.P. antwortet nicht

Dr. Burkhard Hirsch MdB
Vizepräsident des Deutschen Bundestages
53113 Bonn
Bundeshaus

Herrn
Prof. Dr. jur. Hartmut Dieterich
Universität Dortmund
August-Schmidt-Straße 10
44221 Dortmund

Bonn, 29.05.1996/vK

Betr.: Publikation „Neue Perspektiven des Bodenrechts"

Sehr geehrter Herr Professor Dieterich!

In dieser Sache beziehe ich mich auf Ihr Schreiben vom 14.05.1996, das ich mit Interesse gelesen habe. So gerne ich an Ihrer Publikation mitwirken würde, so muß ich doch leider zugeben, daß ich mich schon seit geraumer Zeit nicht mehr mit diesen Fragen befaßt habe. Ich bin daher nicht mehr auf dem aktuellen Stand der gegenwärtigen Lage und müßte mich erst völlig neu in das Gebiet einarbeiten, wozu mir leider die erforderliche Zeit fehlt. Darum bedauere ich sehr, von Ihrem freundlichen Vorschlag keinen Gebrauch machen zu können.
Mit freundlichen Grüßen
Ihr
gez. Burkhard Hirsch

Herrn MdB
Dr. Guido Westerwelle
Generalsekretär der FDP
Bundeshaus
53113 Bonn

Dortmund, 2.8.1996

<u>Betr.</u>: Publikation „Neue Perspektiven des Bodenrechts"

Sehr geehrter Herr Westerwelle,

ob Sie als Generalsekretär daran interessiert sind, daß die FDP ihren Standpunkt auch darlegt? Herr Dr. Hirsch und Herr Dr. Baum haben leider abgesagt, von Frau Dr. Leutheuser-Schnarrenberger habe ich bislang keine Antwort erhalten. Können Sie mir jemanden nennen?

Mit freundlichen Grüßen
gez. Hartmut Dieterich
(Univ.-Prof. Dr. jur. Hartmut Dieterich)

Nachhaltige Siedlungspolitik braucht einen starken politischen Willen

Franziska Eichstädt-Bohlig und Helmut Wilhelm (Bündnis 90/Die Grünen)

Die fortschreitende Zersiedlung ist ökologisch und volkswirtschaftlich verantwortungslos

Unsere Gesellschaft nutzt den Boden, als wäre er ein unbegrenzt vermehrbares Gut. Täglich werden in Deutschland etwa 80–100 ha Freifläche in Siedlungs- und Verkehrsfläche umgewandelt. Ihr Anteil ist von 7 % im Jahre 1950 auf heute über 13 % an der Gesamtfläche gestiegen. Der stetig wachsende Flächenverbrauch bildet den Kern einer Fehlentwicklung, die irreversible ökologische Schäden auslöst und regionale, ökonomische und soziale Ungleichgewichte verstärkt.

Zug um Zug setzt sich die Amerikanisierung unserer Siedlungsräume durch mit den Merkmalen Entstädterung, soziale Segregation, auto-affine Siedlungsstrukturen und progressiv wachsende Zersiedlung, Zerschneidung und Zerstörung von Freiräumen. Die schon lange als schädlich erkannte Trennung der Funktionen verfestigt und verstärkt sich immer mehr zu Monostrukturen. Innenstadtkerne werden zu monotonen Bürozentren mit Einkaufs- und Touristen-„Malls", ersticken im Autostau und verlieren an Wohnqualität, wodurch die Stadtflucht forciert und die Auto-Abhängigkeit verfestigt wird. Die traditionelle Parzellenstruktur mit kleinteiliger Eigentumsmischung wird schrittweise durch Solitärbauten in anonymem Immobilienbesitz ersetzt.

Der Autobesitz ist für die meisten Menschen unabdingbar. Ein Leben ohne Auto macht die Teilhabe am gesellschaftlichen Leben vielerorts unmöglich. Zwingend ist folglich ein Einkommen, das den Besitz und Betrieb des Autos ermöglicht. Dabei steigen Kosten und Zeitaufwand für Mobilität kontinuierlich und proportional zur ausfernden Suburbanisierung.

Die ökologischen Folgen von Zersiedlung und Auto-Mobilitätszwang sind längst bekannt und werden in vielen politischen Sonntagsreden über nach-

haltige Entwicklung ausführlich zitiert. Doch im politischen Alltag werden sie genauso systematisch ignoriert; jede neue Baulanderschließung treibt die Zerstörung von Klima und Atmosphäre, von Boden, Wasserhaushalt, Natur- und Artenvielfalt weiter voran. Gleichzeitig treibt die permanente Siedlungsausdehnung die Kosten für Neubau und Unterhalt von Infrastruktur in unerträgliche Höhen. Viele Kommunen sind längst an die Grenzen ihrer finanziellen Belastbarkeit gestoßen. Wir siedeln uns nicht nur ökologisch, sondern auch volkswirtschaftlich zu Tode.
Diese Entwicklung korrespondiert mit einem dramatischen Anstieg der Bodenpreise und des Bodenpreisgefälles. Nach dem Baulandbericht 1995 leben bereits 45 % der Bevölkerung in „Hochpreisniveauräumen", die durch ständige Verkleinerung und Übernutzung der verbliebenen Freiräume und sich ausweitende Suburbanisierung gekennzeichnet sind.[1] In den Niedrigpreisgebieten herrscht dagegen ein Überangebot an billigem Bauland. Dort ist ein rasant ansteigender Flächenverbrauch, die Versiegelung von klima- und wasserschutzrelevanten Freiflächen und eine fortschreitende Zerschneidung und Vernichtung der Landschafts- und Naturräume zu verzeichnen.

Die Politik verschärft die Probleme, statt gegenzusteuern

Seit der Nachkriegszeit betreibt die Bau- und Wohnungspolitik die Siedlungsexpansion auf der Grundlage der drei Ziele Angebotsausweitung, Förderung der Bauwirtschaft und Förderung der Vermögensbildung. Das Prinzip der Angebotsausweitung, das nur in den 70er Jahren nach der Ölkrise durch das Motto „Die Innenstadt als Wohnort" für einige Jahre infragegestellt wurde, wird von Bund, Ländern und Kommunen und von konservativen und sozialdemokratischen Regierungen gleichermaßen verfolgt, aber auf verschiedene soziale Zielgruppen ausgerichtet. Die forcierte Baulandausweisung soll zur Senkung der Bodenpreise führen und im Gefolge davon zu sinkenden Wohn- und Gewerbemieten.
Der Wohnflächenverbrauch ist in Westdeutschland auf 36,9 m^2 pro Person angewachsen, in Ostdeutschland auf 29,3 m^2 pro Person – Tendenz weiter steigend. Doch hinter diesem Durchschnittswert steht ein extrem hoher Flächenverbrauch der einkommensstarken Schichten bei gerade aktuell wieder anwachsender Wohnungsnot von Haushalten mit niedrigem Einkommen und bei sozial stigmatisierten Haushalten. Arbeitslosigkeit, Abhängigkeit von Sozialhilfe und die allgemeine wirtschaftliche und soziale Instabilität lassen den Bedarf an preiswerten Wohnungen stark ansteigen, während die Politik auf Verteuerung des Wohnens als Investitionsanreiz setzt. Das Mietrecht

enthält vielfältige überproportionale Mietsteigerungsmöglichkeiten, insbesondere mit der Neuvertragsklausel und dem Recht auf Modernisierungsumlage. Die Fortschreibung der Mietspiegel auf der Grundlage der Neuvertragsmieten ermöglicht permanente Mietsteigerungen auch in Zeiten stagnierender Einkommensentwicklung.
Ergebnis: Die Mieten steigen sehr viel schneller als die allgemeinen Lebenshaltungskosten. Nach der 1 %-Wohnungs- und Gebäudestichprobe sind die Mieten in Westdeutschland von 1988 bis 1993 um 58,2 % gestiegen, von durchschnittlich 6,35 DM/m^2 auf 9,53 DM/m^2. Die Einkommenssteigerung betrug im gleichen Zeitraum 20 % (nominal, Netto).
Das Recht zur Umwandlung von Mietwohnungen in Eigentumswohnungen ist eine Art Gelddruckmaschine und hat eine besonders extreme Verzerrung der Bodenrichtwerte von Mietwohngrundstücken zur Folge. Gleichzeitig wird der Bodenmarkt durch vielfältige Steuersubventionen für Immobilienbesitz und Immobilienwirtschaft beeinflußt, so die steuerliche Sonderabschreibung für den Mietwohnungsbau, die Absetzbarkeit von Verlusten aus Vermietung und Verpachtung und die Förderung des Eigenheimbaus durch das seit Herbst 1995 geltende Eigenheimzulagengesetz, das den § 10e Einkommensteuergesetz abgelöst hat.
All diese Steuersubventionen sind Anreize zur Bodenpreissteigerung ebenso wie zur Zersiedlung und forcierten Baulandausweisung.
Generell gilt bis heute, daß Immobilienbesitz durch die Erfassung nach Einheitswerten wesentlich niedriger besteuert wird als anderes Vermögen. Dies wird inzwischen mit der Neuregelung der Erbschafts- und Vermögenssteuer punktuell verändert; aber erst mit einer Reform der Grundsteuer wird voraussichtlich eine generelle zeitnahe Bewertung von Grundbesitz durchgesetzt werden.
Auch auf der planungsrechtlichen Ebene unterstützt die Bundesregierung durch Deregulierung den fortschreitenden Flächenverbrauch. Dies gilt für die im Sommer 1996 beschlossenen „Beschleunigungsgesetze", ebenso wie für den Kabinettsentwurf zur Novellierung des Baugesetzbuchs, der die mit dem Investitions- und Wohnbaulandgesetz von 1993 eingeführten Regelungen in Dauerrecht überführen will. Der Regierungsentwurf schwächt die ökologischen Belange, leistet der Zersiedlung durch weitere Privilegierungen von Bauvorhaben im Außenbereich Vorschub und erschwert Einsprüche und Bürgerbeteiligung bei der Aufstellung neuer Bebauungspläne.
Da die Länder ihre Raumordnungskompetenz nur sehr schwach wahrnehmen, wird das Planungsrecht auf kommunaler Ebene extensiv ausgeschöpft in der Hoffnung auf künftige Steuereinnahmen. Die Bürgermeisterkonkurrenz führt

zu überzogener Ausweisung und Erschließung neuer Gewerbegebiete, Verbrauchermärkte und Wohngebiete. Die Bonner Koalition unterstützt dies durch ein spezielles Bauland-Förderprogramm.

Die falschen Weichenstellungen in Ostdeutschland

In den „neuen" Ländern haben die vom Einigungsvertrag vorgegebenen Eigentumsregelungen und die Privatisierungspolitik der Treuhand bzw. heute der BvS im Zusammenwirken mit den besonderen Subventionen des Fördergebietsgesetzes geradezu verheerende Auswirkungen auf die Stadtentwicklung, auf die Eigentumsstruktur und auf die Bodenpreise.

Die Treuhand/BvS hat die ihr anvertrauten Grundstücke überwiegend an westdeutsche Investoren verkauft ohne Rücksicht auf stadtentwicklungspolitische und regionalwirtschaftliche Bedingungen und Ziele. Das Investitionsvorranggesetz hat westdeutschen Developern und Kapitalanlegern das Recht gegeben, sich die besten Grundstücke wie Rosinen aus dem Kuchen zu picken. Das Vermögensgesetz mit dem Prinzip „Rückgabe vor Entschädigung" führt dazu, daß über 80 % der restitutionsbehafteten Grundstücke den Eigentümer wechseln.

Zum Problem sind aber alle diese Weichenstellungen erst durch die Verknüpfung mit den exorbitanten Steuervorteilen nach dem Fördergebietsgesetz seit 1991 bzw. 1993 geworden. Bis Ende 1996 konnten Investoren – in der Praxis überwiegend westdeutsche Kapitalanleger – bauliche Investitionen für Mietobjekte bis zu 50 % im ersten Jahr (die auf fünf Jahre verteilt werden können) steuerlich geltend machen. Zusätzlich können die regulären Steuerabschreibungen nach dem Einkommensteuergesetz (2% im Jahr linear) geltend gemacht werden. Bei Modernisierung können so 100% der Kosten in den ersten 10 Jahren steuerlich geltend gemacht werden. Obwohl die steuerlichen Rahmenbedingungen für Modernisierung also etwas günstiger waren als die für Neubau, sind die Investitionen nach dem Fördergebietsgesetz wegen der ungeklärten Eigentumsverhältnisse und längeren Planungsfristen in den Innenstädten überwiegend in Miet- und Gewerbeobjekte auf der grünen Wiese geflossen.

Viele Investoren haben – wie der Rechnungshof unlängst feststellte – diese üppigen Abschreibungsmöglichkeiten noch freimütig überschritten, und im Einzelfall mehr als 100 % der Investitonskosten dem Finanzamt in Rechnung gestellt.

Für die Jahre 1997/98 werden die Sonderabschreibungen für Modernisierungen auf 40 %, für Mietwohnungsneubau auf 25 % abgesenkt, so daß

sich ab 1997 ein harter Einbruch in der Neubautätigkeit und eine befristete Verlagerung auf die Altbauerneuerung vollziehen wird.
Mit diesen Übersubventionen wurden die Weichen für eine in dreifacher Hinsicht falsche Stadtentwicklung gestellt:
- Es wurde die einseitige Ausrichtung der Großstadtzentren auf Büropaläste, Shopping-Center und Hotels gefördert. Dadurch stiegen bis 1993 die Bodenpreise in der Dresdner Innenstadt auf 5.000 bis 11.000 DM/m^2, im Leipziger Zentrum auf 14.000 DM/m^2, in Ostberlin Mitte auf 10.000 bis 25.000 DM/m^2. Die Grundstückspreise sind auch für hochwertige Büronutzung und gehobenen Einzelhandel völlig überteuert. Normales Wohnen, Wohnfolgeeinrichtungen, bescheidener Einzelhandel und Kleingewerbe haben in diesen Stadtzentren gar keine Zukunft. Und auch den Büros, den Shoppingzentren und Hotels fehlen die Nutzer, massenweiser Leerstand und der kalte Glanz anonymen Kapitals prägen das neue Gesicht der ostdeutschen Großstadtzentren. Doch die Bodenrichtwerte geben nur marginal nach und verhindern eine sinnvolle Zentrumsentwicklung.
- Ebenso unsinnig war – und ist – die massive Ansiedlung von Verbrauchermärkten und gewerbelosen Gewerbeparks auf der Grünen Wiese. Der Effekt ist das massenweise Sterben des kleinen Einzelhandels in den Städten und der kleinen Handwerks- und Gewerbebetriebe, die sich nach 1989 voller Zuversicht auf den Weg in die Marktwirtschaft begeben haben. Damit fehlt den Innenstädten nicht nur lebendige Vielfalt, sondern auch ein wichtiger Träger von kleinteiliger Stadterneuerung.
- Drittens wurde, völlig losgelöst vom Bedarf, der Wohnungsneubau auf der Grünen Wiese gefördert, obwohl die Bevölkerungszahlen durchweg rückläufig sind und in den Innenstädten bereits vielfacher Wohnungsleerstand Probleme bereitet. Um den Leerstand dieser Neubauten abzubauen, werden zahlungskräftige Mieter aus den verfallenden Innenstadtquartieren und aus den Plattenbausiedlungen zu Dumpingpreisen geworben. Soziale Segregation und Entwertung der Innenstädte und Großsiedlungen sind die Folge. Und auch hier sind ein einseitiger Vermögenstransfer von Ost nach West, eine anonyme Eigentumsstruktur und das unnötige Hochtreiben von Immobilienpreisen die Folge von Fehlsubvention.

Die Instrumente für eine nachhaltige Siedlungsentwicklung müssen geschärft werden

Um dem Ziel des sparsamen und umweltschonenden Umgangs mit dem Boden in West und Ost wirklich näher zu kommen, müssen auf verschiedenen

Ebenen neue Weichenstellungen vorgenommen werden. Dies gilt aus Sicht der Grünen insbesondere für
- planungsrechtliche Maßnahmen,
- bodenrechtliche Instrumente
- die Besteuerung von Boden
- eine allgemeine Steuerreform mit einem Umbau der geltenden Steuersubventionen.

Erforderlich wird nicht nur ein Zusammenwirken der verschiedenen politischen Maßnahmen sein, sondern vor allem ein grundsätzliches Umdenken weg von der wachstumsorientierten Angebotsausweitung hin zu einer sparsamkeitsorientierten Optimierung der bereits besiedelten Bereiche.
Unsere Vorschläge sind:

1. Stärkung der planungsrechtlichen Instrumente

Im Rahmen der Novellierung des Baugesetzbuchs ist uns die Durchsetzung folgender Maßnahmen wichtig:

Ökologische Belange
müssen auf allen Ebenen in die Planung integriert werden
Die behutsame Weiterentwicklung des Bestandes, die bauliche Erneuerung und angemessene Verdichtung sind die Schwerpunktaufgaben zukünftiger Städtebaupolitik. Landschaftsplanung und Umweltschutz werden in verbindlicher Weise in die Bauleitplanung einbezogen und durch eine konsequente naturschutzrechtliche Eingriffsregelung unterstützt.

Die Priorität für die Bebauung von Lücken und Brachen ist sicherzustellen
Gemeinden sollen nur dann neues Bauland ausweisen und erschließen dürfen, wenn sie im Rahmen eines schlüssigen Konzeptes einen Prüfnachweis erbracht haben, daß und wie sie gleichzeitig städtebauliche Brachen und ausgewiesene Baulücken im bereits besiedelten Bereich nutzen.

Die Bildung von Siedlungsschwerpunkten ist notwendig
Öffentliche Verkehrserschließung hat Vorrang vor dem motorisiertem Individualverkehr. Auf allen Planungsebenen ist sicherzustellen, daß beplante Gebiete an den öffentlichen Verkehr, vornehmlich an den Schienenverkehr, angeschlossen werden. Um die weitere Zersiedlung und Zerschneidung der Landschaft zu vermeiden, haben die Gemeinden in Zusammenarbeit mit den Nachbargemeinden und den übergeordneten Planungsebenen städte-

bauliche Schwerpunkte vornehmlich dort festzulegen, wo bereits Anbindungen an den Schienennahverkehr existieren.

Einrichtungen des Einzelhandels dürfen grundsätzlich nur im Zusammenhang mit bereits besiedelten Bereichen genehmigt werden
Sie müssen mit dem öffentlichen Nahverkehr erreichbar sein und dürfen bestimmte Größen nicht überschreiten.

Der Schutz des Außenbereichs muß wieder durchgesetzt werden
Der Außenbereich ist besser zu schützen, um ungeregelte Zersiedlungsprozesse in der Landschaft zu verhindern. Das Baugeschehen in der freien Landschaft ist angesichts des fortschreitenden Landschaftsverbrauchs und der rapiden Verringerung und Verkleinerung relativ ungestörter Räume problematisch. Die Weiterentwicklung von Höfen und Weilern und die Umnutzung von bestehenden Gebäuden und Scheunen muß aber möglich sein.

Die Regionalisierung der Entscheidungsprozesse muß verbindlich geregelt werden
Die Abstimmung mit der Landesplanung und die interkommunale Abstimmung muß so verbindlich organisiert werden, daß konkurrierende Planungen verhindert werden, kein Überangebot an Bauland entsteht und die Planungsentscheidungen einer Kommune nicht zur Schwächung des ökonomischen, ökologischen und sozialen Gleichgewichts von Nachbargemeinden führen.
Die Gemeinden sollen verpflichtet werden, in Zusammenarbeit mit den Nachbargemeinden Siedlungsschwerpunkte mit entsprechender Infrastrukturausstattung zu bestimmen, ebenso wie Freiräume, die aus ökologischen Gründen freizuhalten sind.

2. Stärkung der bodenrechtlichen Instrumente

Die Vorschriften über die Wertermittlung von Grundstücken erzeugen die Festschreibung und Verallgemeinerung von hohen Bodenpreisen und enthalten Anreize zur kontinuierlichen Bodenpreissteigerung.
Bodenrichtwerte und Verkehrswerte sind am Neubaugeschehen und an der Durchsetzung von höherwertiger Nutzung orientiert. Das Wertermittlungsverfahren setzt per Definition auf Abriß des Bestandes und auf ertragssteigernde Neubebauung. Grunderwerb, der auf Bestandspflege und Bestandserneuerung ausgerichtet ist, wird erschwert.
Bei bebauten Miets- und Geschäftsgrundstücken führt die Systematik der Wertermittlung zur Grundstückspreisüberhöhung durch eine getrennte Er-

mittlung von Gebäudeertragswert und Bodenwert. Auch berücksichtigt das geltende Bewertungsrecht nicht in angemessener Weise die Wertminderungsfaktoren durch Instandsetzungsbedarf an baulichen Anlagen, durch Altlasten, durch Auflagen nach dem Naturschutz, durch Immissionsschutzauflagen.
Im Effekt führen die Bewertungsregeln zu systematischer Überteuerung der Grundstücke im besiedelten Bereich, während das jungfräuliche Neubauland seinen Preis aus der Spekulation auf planungsbedingte Wertsteigerung ableitet. Wir wollen dem starken Bodenpreisgefälle zwischen innen und außen entgegenwirken durch eine Dämpfung der Bodenpreise im besiedelten Bereich bei gleichzeitiger Abschöpfung der Planungswertsteigerung für neu erschlossenes Bauland.

Die bewertungsrechtlichen Regelungen im BauGB sollen geändert werden
Bei der Wertbildung von bebauten Grundstücken, deren Bebauung im wesentlichen unverändert bleiben soll, ist der Grundstückswert für Gebäude und Boden gemeinsam aus dem aktuellen Ist-Ertrag abzuleiten. Soll der Ertrag durch neue bauliche Maßnahmen gesteigert werden, so ist für die gemeinsame Wertermittlung von Gebäude und Boden der nachhaltig erzielbare Ertrag zugrunde zu legen (Soll-Ertrag).
Bodenrichtwerte und Bodenrichtwertkarten sollen in bereits bebauten Gebieten grundsätzlich zwei unterschiedliche Richtwerte darstellen:
a) einen Grundstücksrichtwert für bebaute Grundstücke, deren Nutzung im wesentlichen beibehalten werden soll und
b) einen Bodenrichtwert für unbebaute und teilbebaute Grundstücke, für die Art und Maß der zulässigen Bebauung sich nach § 34 BauGB oder nach den Maßgaben eines Bebauungsplans ergibt.

Für die Erstellung von Bodenrichtwertkarten sind kleine Gebietseinheiten festzulegen, die nach einheitlichen Merkmalen in Parzellierung und Bebauung abzugrenzen sind.
Für Siedlungsgebiete mit heterogener Parzellenstruktur und/oder differenzierter Baustruktur ist nach dem Vorbild des dänischen Bodenrechts schrittweise ein parzellenscharfes Grundstückswertkataster aufzubauen und fortzuschreiben.

Planungswertausgleich soll für die Erschließung und Ausstattung von bislang unbebauten Flächen erhoben werden
Ein Planungswertausgleich wird heute schon in Sanierungs- und Entwicklungsgebieten erhoben und soll unseres Erachtens immer dann anfallen, wenn

Kommunen für unbebaute Flächen einen Bebauungsplan realisieren. Die Gemeinde wird verpflichtet, die Einnahmen aus dem Planungswertausgleich ausschließlich für Ausgaben zur Entwicklung des Baugebiets und zur Bereitstellung von baugebietsbezogener Infrastruktur zu verwenden. Der Anspruch auf Planungswertausgleich kann auch durch einen städtebaulichen Vertrag geltend gemacht werden.

Mit diesem Instrument werden folgende Ziele verfolgt: Der Anreiz, auf landwirtschaftlichen Flächen neu zu siedeln, soll gemindert werden. Die interkommunale Flächenkonkurrenz soll gedämpft werden, indem alle Gemeinden eine vergleichbare Wertabschöpfung vornehmen. Da wo die Baulanderschließung notwendig ist, soll es zu einer gerechten Lastenverteilung zwischen Kommune und Bauherren kommen. Schließlich soll auch die Flächenhortung und die Spekulation auf die „vierte Fruchtfolge" unterbunden werden.

Die Umwandlung von Miet- und Eigentumswohnungen erschweren
In das Baugesetzbuch soll eine Regelung aufgenommen werden, nach der Kommunen in Gebieten mit erhöhtem Wohnbedarf die Eigentumsumwandlung erschweren oder ganz untersagen können. Damit soll der Erhalt preiswerter Mietwohnungen in den Innenstädten gesichert, der Druck zur Ausweisung von Neubauland gemildert und den überhöhten Preisen von Mietwohngrundstücken begegnet werden.

3. Angemessene und ökologisch orientierte Besteuerung von Boden und Immobilien

Die bisherige Bewertung von Immobilien ist bereits im Ansatz zwiespältig. Bei der steuerlichen Erfassung des Grundstücks beruft sich der Eigentümer auf einen möglichst niedrigen „Einheitswert", bei Beleihung oder Verkauf ist er an einem möglichst hohen Verkehrswert interessiert. Wir sind der Ansicht, daß – unabhängig von der faktischen Ausgestaltung der Besteuerung – die Rechtsinstrumente so gestaltet werden müssen, daß der Eigentümer selbst Interesse an einer angemessenen Bewertung seines Grundstücks hat. Darum muß der steuerlichen Bewertung grundsätzlich eine zeitnahe Wertermittlung zugrunde gelegt werden, wie dies beispielsweise in Dänemark der Fall ist. Gleichzeitig muß die Steuer Anreiz zu sparsamem Umgang mit Grundbesitz geben.

Mit der im Dezember 1996 im Rahmen der Novellierung der Erbschafts- und Schenkungssteuer beschlossenen Änderung des Bewertungsgesetzes ist der erste Einstieg in eine zeitnahe Bewertung ermöglicht worden. Im Rahmen

der für 1998 anstehenden Grundsteuerreform müssen diese Regelungen zur Grundlage der allgemeinen Grundstücksbewertung gemacht werden.
Auf der Basis von zeitnahen Verkehrswerten wollen wir die jährliche Grundsteuer durch eine Bodenwertsteuer ersetzen, die aus einer Kombination von bodenwertabhängiger und flächenabhängiger Abgabe ermittelt wird. Damit soll die verdichtete Grundstücksausnutzung begünstigt werden. Über ein zoniertes Satzungsrecht soll es der Gemeinde ermöglicht werden, für unbebaute oder für zur Verdichtung vorgesehene Grundstücke über höhere Hebesätze Bauland zu mobilisieren. Dies setzt allerdings klare planerische Festlegungen der Kommune voraus.

Einer gesonderten Umlage der Grundsteuer/Bodenwertsteuer auf die Mieten widersetzen wir uns aber entschieden, denn diese Steuer ist eine Abgabe auf das beim Eigentümer verbleibende Vermögen und den Wertzuwachs und darf nicht separat als Betriebskosten überwälzt werden. Darum fordern wir, daß diese Steuer als Teil der allgemeinen Grundmiete betrachtet wird.
Darüber hinaus ist uns die Besteuerung der Veräußerungsgewinne von Immobilienverkäufen wichtig. Denn hier wird der Wertzuwachs realisiert. Wir stellen uns aber gegen die Anhebung der Grunderwerbssteuer von 2 % auf 3 %, denn der Grunderwerber soll baulich investieren.

4. Umbau der Steuersubventionen und Einstieg in eine ökologische Steuerreform

Im Rahmen der nun endlich von allen Parteien gewollten Einkommensteuererreform stehen auch die bisherigen Steuersubventionen für die Immobilienwirtschaft auf dem Prüfstand.
Speziell als Alternative zu den falschen Subventionen des Fördergebietsgesetzes hat unsere Fraktion die Vergabe von zinsverbilligten und steuerbegünstigten „Förderdarlehen" für die Altbauerneuerung der Wohnungsgesellschaften, Genossenschaften, Alteigentümer und Kleinunternehmer in Ostdeutschland beantragt. Dieses Darlehensmodell soll im Rahmen der Steuerreform ausgeweitet werden, um darüber in großem Umfang ökologisch sinnvolle und arbeitsplatzwirksame Investitionen in die Stadterneuerung in Ost und West zu lenken.
Doch erst ein Einstieg in eine ökologische Steuerreform, die über eine deutlich und progressiv steigende Energiebesteuerung den Energieverbrauch und CO_2-Ausstoß bei der Gebäudenutzung und bei der Auto-Mobilität spürbar macht, wird einer neuen Siedlungs- und Verkehrspolitik zum Durchbruch verhelfen. Dabei soll die Ökosteuer kein aufgesatteltes System zusätzlicher Steuern

werden, sondern ein wirkliches Instrument des Umsteuerns, indem die Mehreinnahmen verwendet werden für die Senkung der Einkommensteuer und der Lohnnebenkosten, für die verstärkte Einführung regenerativer Energien, für Förderprogramme für besonders betroffene Regionen und Wirtschaftszweige etc.

Fazit: Die Grenzen des Wachstums anerkennen

In den vergangenen Jahrhunderten und vor allem in den letzten 40 Jahren haben wir der Natur viel Siedlungsraum geraubt. Wir müssen akzeptieren, daß wir längst bis an und über die Grenzen der Belastbarkeit der Erde vorgestoßen sind. Städte sind kein Konsumgut, das nach den Regeln von Angebot und Nachfrage beliebig vermehrt werden darf. Wir müssen die Grenzen des Wachstums und die Begrenztheit unserer Siedlungsräume endlich anerkennen und uns der großartigen Aufgabe der Erhaltung und Weiterentwicklung der bestehenden Städte und Siedlungen stellen – ohne den ständigen Ruf nach mehr.

---

1 Bundesforschungsanstalt für Landeskunde und Raumordnung, Bericht zur Entwicklung der Bauland- und Immobilienmarktverhältnisse in der Bundesrepublik Deutschland, Arbeitspapiere Nr. 8/1995, Bonn 1995

Politische Macht schützt das Eigentum und schafft die Bedingungen zu seiner Mehrung

Klaus-Jürgen Warnick und André Nowak (für die PDS)

„Ich bin soweit, ich werde mein Leben opfern, damit meine Familie und andere Familien in den sogenannten Beitrittsgebieten ihr Leben friedlich dort verbringen können, wo sie heute leben.
Eine einfache Umschichtung ist im Gange, eine eigenständige Politik wird wohl auf Jahre bei uns und ich denke im gesamten östlichen Raum nicht mehr stattfinden. Das ist nach meiner Auffassung auch der Kern bei den sogenannten ‚offenen Vermögensfragen'.
Ein Vermögensabfluß von Ost nach West größten Ausmaßes wurde von Ihrer Partei, den Kräften, die hinter dieser Partei stehen und Ihnen persönlich eingeleitet. Setzen Sie bitte die gesamte Autorität Ihres hohen Amtes ein, diesen Abfluß zu stoppen und sorgen Sie dafür, daß im politischen Handeln das Prinzip ‚Rückgabe vor Entschädigung' nicht in so verheerendem Maße durchschlägt.
Ja, Herr Bundeskanzler, es gibt in der ehemaligen DDR Reinemachefrauen, Müllmänner, Maurer, Angestellte, also ganz einfache Leute, die ein Haus mit Grund und Boden darum besitzen. Und die überwiegende Masse dieser Leute waren weder hohe Parteibonzen noch Stasispitzel.
Ich bin selbst Betroffener, und der ‚Alteigentümer' operiert mit dem lächerlichen Vorwurf, ich hätte Haus und Grundstück unredlich erworben ..."

Dies schrieb der Bürgerrechtler Dr. Detlef Dalk aus Zepernick in seinem Abschiedsbrief am 3. März 1992 an Bundeskanzler Helmut Kohl.[1]
Wohl kaum jemand von den Bürgerinnen und Bürgern der DDR, die im Herbst 1989 für eine bessere DDR eintraten, glaubte so richtig an die „Risiken und Nebenwirkungen". Höhere Mieten und größere Unsicherheit des Arbeitsplatzes – ja, das sah man –, aber daß es zu einer großangelegten Umwälzung der Besitzverhältnisse an Grund und Boden (samt aufstehender Häuser) kommen könnte, das ahnten nur wenige. Zu sehr hatte man sich an die in der DDR vorherrschende und vom Zivilgesetzbuch gestützte Rechts-

auffassung gewöhnt, daß der Nutzung ein höherer Rang einzuräumen ist als dem Eigentum.
In der DDR war der Bau eines eigenen Hauses sicher ein großes Problem. Dabei stand jedoch üblicherweise das Problem der Finanzierung nicht im Vordergrund. Das Grundstück wurde in der Regel kostenlos bereitgestellt; die Kredite für Baumaterial gab es unverzinslich mit 1 Prozent Tilgung p.a., Kredite für Handwerkerleistungen wurden mit 5 Prozent verzinst. Nachbarschaftshilfe und Unterstützung durch den Betrieb waren gesellschaftliche Norm. Weniger idyllisch war die Jagd nach Zement, Fliesen, Schnittholz und hilfswilligen Klempnern. Aber wer genügend Muskelhypothek einzubringen hatte, der schaffte es. Die Baukosten lagen um die 70.000 bis 80.000 Mark.
In der DDR war der Grundstücksmarkt der Spekulation entzogen, obwohl sich rd. zwei Drittel des Bodens in Privathand befanden. Wenn ein Verkauf von Bauland von Privat an Privat stattfand, dann nur mit staatlicher Genehmigung (jede/r Bürger/in durfte nur ein Grundstück sein eigen nennen) und zu äußerst niedrigen Preisen (max. ca. 10 DM/m^2). An diesen Bodenpreisen orientierten sich auch die Entschädigungen, die bei Inanspruchnahme von Privatgrundstücken entsprechend Aufbaugesetz, Baulandgesetz, Berggesetz u.a. vom Staat gezahlt wurden.
Grund und Boden galten in der vorherrschenden Meinung im Grunde als wenig werthaltig. Sogar die Tatsache, daß bei erschlossenem innerstädtischen Bauland gewaltige Werte in Form von Anlagen und Netzen der Infrastruktur investiert worden sind, wurde bei der Vorbereitung und Projektierung von Bauvorhaben kaum zur Kenntnis genommen. Baulandverschwendung war die Folge.
Dann wandelten sich die Verhältnisse in der DDR, und mit dem Einigungsvertrag kam das verhängnisvolle Prinzip „Rückgabe vor Entschädigung", einer der Grundfehler der Deutschen Einheit.
Das Zusammenleben von Millionen Deutschen ist dadurch auf Jahrzehnte zutiefst belastet. Nirgends werden das unterschiedliche Wertekonzept und die unterschiedlichen Moral- und Rechtsverständnisse zwischen Ost- und Westdeutschen so deutlich wie beim Problem der offenen Vermögensfragen. Auf rund 2,2 Millionen Häuser und Grundstücke in Ostdeutschland sind Rückübertragungsansprüche gestellt, allein in Brandenburg sind es ca. 600.000 Ansprüche. Insgesamt waren bzw. sind damit ca. 4 bis 5 Millionen Ostdeutsche betroffen. Die Abarbeitungsquote liegt nach 6 Jahren (je nach Bundesland) bei 55 bis 70 %. In der Regel betrifft dies vor allem die „leichteren Fälle".

Dabei werden z.B. in Brandenburg 97 Prozent aller Rückübertragungsansprüche nicht von den sogenannten Alteigentümern, sondern von deren Erben oder großen Immobilienfirmen, die die Ansprüche bereits aufkauften, gestellt. Es geht nicht um persönliche Bindungen zu Haus und Garten, sondern in der Regel um den schnellen Zugriff auf einen unverhofft zugefallenen Geldsegen.

Mit immer neuen juristischen Tricks und dem Ideenreichtum cleverer Anwälte wird Jahr für Jahr neues Öl ins Feuer der deutsch-deutschen Vermögensauseinandersetzungen gegossen.

Der rechtmäßige (und von allen politischen Parteien der frei gewählten Volkskammer im Frühjahr 1990 gewollte) Kauf von ca. 800.000 ehemals volkseigenen Gebäuden und Grundstücken wird genauso torpediert, wie die Enteignungen von 1945–1949 rückgängig gemacht werden sollen. Das Sachenrechtsbereinigungs- und das Schuldrechtsänderungsgesetz haben die Probleme nur teilweise entschärft. Viele Betroffene sind weiterhin nur ungenügend vor dem Verlust ihres Heimes bzw. ihres Grundstücks geschützt.

In vielen Fällen klafft das Eigentum an Gebäuden und Boden weiterhin auseinander, Pachtbeziehungen sind mitunter verworren, Eigentumsverhältnisse ungeklärt, Grundbücher unvollständig und nicht aktuell. Der laxe Umgang der DDR mit Grundbucheintragungen und Verträgen erweist sich für viele Ostdeutsche als Bumerang.

Nicht übersehen werden darf die volkswirtschaftliche Seite der Vermögensproblematik. Finanzexperten gehen davon aus, daß die öffentlichen und privaten Kosten im Zusammenhang mit der Klärung von offenen Vermögensfragen im Jahr etwa eine Milliarde DM betragen. Dazu kommen noch die riesigen Investitionsausfälle, da die ungeklärten Eigentumsverhältnisse trotz Investitionsvorranggesetz noch immer, vor allem beim einheimischen Mittelstand, schwere Schäden verursachen.

Volkswirtschaftlich entsteht pro Jahr mindestens ein Verlust von zwei bis vier Milliarden DM. Wären diese Gelder nach dem Prinzip „Entschädigung vor Rückgabe" eingesetzt worden, so hätte die Bundesrepublik Deutschland in den letzten vier Jahren schon ca. ein Drittel der Rückübertragungsansprüche durch Entschädigung lösen können, und bis zum Jahr 2005 wären auch die letzten Probleme vom Tisch gewesen.

Nach Auffassung der betroffenen Menschen, ihrer Interessenverbände wie auch der PDS ist es notwendig, die Rechtssicherheit für EigentümerInnen und NutzerInnen in Ostdeutschland zu verstärken und zu verhindern, daß deren Rechte finanziell ausgehebelt werden. Das erfordert u.a.:

- die Verhinderung von Versuchen, Verwaltungsentscheidungen der Ämter zur Regelung offener Vermögensfragen auf zivilrechtlichem Wege unwirksam zu machen;
- detaillierte Änderungen im Sachen- und Schuldrecht sowie der Vermögensgesetzgebung;
- die Streichung der verschiedensten, völlig willkürlich getroffenen Stichtagsregelungen in der Vermögensgesetzgebung;
- die Realisierung von vor dem 1. Juli 1990 angebahnten Grundstückskäufen zu den damals gültigen Bedingungen und Preisen;
- die Begrenzung der Nutzungsentgelte für Erholungsgrundstücke und Kleingärten.

Niemand sollte sich durch die relative Ruhe, mit der deutsch-deutsche Vermögensfragen derzeit in den Medien behandelt werden, zu der Meinung verführen lassen, es wäre alles in Ordnung und auf dem richtigen Wege. Die Auseinandersetzungen haben sich nur von politischen Aktivitäten und öffentlich wirksamen Aktionen zu privaten juristischen Grabenkämpfen jedes einzelnen verlagert. Hunderttausende wurden und werden leise und unspektakulär, jeder für sich allein, vom jahrzehntelang genutztem Haus oder Grundstück vertrieben.

Detlef Dalk und die Hilferufe vieler anderer Menschen aus Ostdeutschland blieben bis heute in Bonner Regierungskreisen ungehört. Der Kampf um Grundstücke und Häuser geht weiter.

Eigentumsverhältnisse nach 1945 in Ostdeutschland

In letzter Zeit häufen sich die Forderungen auch von Politikern der Regierungskoalition, die Enteignungen auf besatzungsrechtlicher und besatzungshoheitlicher Grundlage (1945–1949), welche völkerrechtlich, verfassungsrechtlich und verfassungsgerichtlich festgeschrieben wurden, rückgängig zu machen.[2]

Zu den verbindlichen Aufgaben und Zielen, die das Potsdamer Abkommen vom 2. August 1945 für „Deutschland als Ganzes" festlegte, gehörten die Beseitigung des Einflusses der Großgrundbesitzer und Junker sowie die Vernichtung der bestehenden übermäßigen Konzentration der Wirtschaftskraft. Bei einem Volksentscheid am 30. Juni 1946 stimmten 77,6 Prozent für die Enteignung der Kriegs- und Naziverbrecher und die Übergabe dieser Betriebe „in das Eigentum des Volkes". Eine ähnliche Mehrheit gab es für den Sozialisierungsartikel 41 der Hessischen Verfassung. Allerdings kam es nur in Ostdeutschland zu einer Änderung der Eigentumsverhältnisse.

Mit der Bodenreform wurden in Ostdeutschland 3,3 Millionen ha land- und forstwirtschaftlich genutzter Fläche enteignet. 2,2 Millionen ha wurden an 560.000 Landbewerber, vor allem landlose Bauern, Landarbeiter und Umsiedler aufgeteilt. Der restliche Teil diente der Gründung von volkseigenen Gütern und der Erweiterung staatlicher Forste. Mit der Verstaatlichung der Rüstungsindustrie gingen auch die damit verbundenen Immobilien in das Volkseigentum über.

Nichts hatten die herrschenden Kreise der Bundesrepublik den „Machthabern der Zone" so sehr verübelt wie die Tatsache, daß sie an den ehernen Fundamenten der bürgerlichen Gesellschaft gerüttelt hatten, am Eigentum an Fabriken und Betrieben, an Grund und Boden, an Immobilien.

1990 setzte ein wahrhaft gigantischer Umverteilungsprozeß des Eigentums von Ost nach West ein, der einmalig in der deutschen Geschichte ist. Ohnegleichen in der Geschichte ist auch, daß der Raubzug für die Beraubten als Wohltat, für die Räuber als Opfer, die reiche Beute als Last, als „Erblast", dargestellt werden. Der Prozeß der Umverteilung des Eigentums verläuft in vielfältigen Formen und auf verschiedenen Ebenen.

Der Kern der Wiedervereinigung bestand in der Wiederherstellung bürgerlicher, privatkapitalistischer Eigentumsverhältnisse. Die Verfolgung dieses Zieles prägte die Entwicklung in den zurückliegenden Jahren mehr als alles andere. Es bestätigte sich ein weiteres Mal: Politische Macht schützt das Eigentum und schafft die Bedingungen zu seiner Mehrung.[3]

Am 16. Oktober 1990 schrieb der damalige bayrische Ministerpräsident Max Streibl an den „sehr geehrten Herrn Bundesfinanzminister" und „lieben Theo" und forderte mit Blick auf die Bodenreform, der Tatsache Rechnung zu tragen, „daß das Eigentum eine Grundfeste unseres Rechtsstaates und der sozialen Marktwirtschaft ist". Wörtlich formulierte er weiter: „Ein großer Teil des bis 1949 enteigneten Vermögens unterliegt dem Zugriff der Treuhandanstalt nach Artikel 25 des Einigungsvertrages. Die Aufsicht über diese Treuhandanstalt obliegt seit dem 3. Oktober 1990 Dir in Deiner Funktion als Bundesminister der Finanzen. Ich bitte Dich sicherzustellen, daß die in den Jahren 1945 bis 1949 Enteigneten durch Zwischenverfügungen und Verpachtungen keinen Schaden erleiden und nicht vor vollendete Tatsachen gestellt werden."

Am 13. Mai 1993 erklärte der parlamentarische Staatssekretär des Bundesfinanzministeriums Jürgen Echternach: „Für die Opfer der Bodenreform hat die Bundesregierung außerhalb der formalen Gesetzesebene die Möglichkeit eines Rückerwerbs im Rahmen des Landerwerbs- und Siedlungsprogrammes geschaffen. Soweit der enteignete Boden noch für den Bund verfügbar ist,

erhalten damit die Opfer die Chance, wieder in der angestammten Heimat als Landwirte tätig zu werden und das zu besonders günstigen Bedingungen ..."
Im Januar 1997 schrieb Bundesjustizminister Schmidt-Jortzig (FDP) – verheiratet mit Marion Maria Sophie von Arnim – an den „lieben Onkel Herbert" von Arnim sowie an weitere Betroffene der Bodenreform. „Bei aller verständlichen Ungeduld", heißt es in dem Schriftstück, sei „nach meiner Einschätzung politisch wenig aussichtsreich, schon jetzt parlamentarisch-direkt eine Änderung der Regelungen des Entschädigungs- und Ausgleichsgesetzes zu betreiben ... An der parlamentarischen Lageeinschätzung hat leider auch mein Anstoß in der *Frankfurter Allgemeinen Zeitung* nichts Wesentliches geändert. Er trägt nur – aber immerhin – dazu bei, die Diskussion neu zu beleben und den breiten Sperrkonsens im Bundestag aufzuweichen."[4]
Die Bürgerinnen und Bürger der DDR waren Miteigentümer an dem der Treuhand unterstellten volkswirtschaftlichen Vermögen, also u.a. an 8.500 Unternehmen, 20.000 Einzelhandelsgeschäften, 3,68 Millionen ha land- und forstwirtschaftlicher Fläche sowie 25 Milliarden qm Immobilien. Aus diesem Vermögen wurde in vier Jahren ein Schuldenberg von 275 Milliarden DM gemacht. Der Treuhand wurde jedoch nur ein Teil des Gesamtvermögens übertragen, die restlichen 60 Prozent (Wohnungen, Gebäude und Grundstücke staatlicher Einrichtungen einschl. Post, Bahn, Armee, Botschaften u.a., Auslandsvermögen usw.), die ebenfalls den Bürgerinnen und Bürgern der DDR gehörten, werden einfach unterschlagen. Unter Verletzung des Einigungsvertrages weigert sich die Bundesregierung nach wie vor, eine Bestandsaufnahme des volkseigenen Gesamtvermögens vorzulegen.
Daß die Mehrheit der Ostdeutschen diese Enteignungen anfangs fast widerstands- und widerspruchslos hinnahm, hatte seine Ursache vor allem darin, daß das zentral-administrative Wirtschaftssystem sie von ihrem gemeinsamen Eigentum weitgehend entfremdet hatte und das kollektive Eigentümerbewußtsein stark deformiert war. Das allerdings änderte nichts an den Eigentumsrechten, die den Ostdeutschen nach der Vereinigung genommen wurden.[5]

Bodenansichten, Bodenfunktionen und Bodennutzung

Die Antworten auf die „Bodenfrage" sind immer in die konkrete historische Situation eingeordnet, und wie die Geschichte selbst werden sich auch die Antworten ändern. Ob Antworten gefunden werden, die zukunftsorientiert und gesellschaftlich konsensfähig sind, das hängt vor allem davon ab, ob

es gelingt, die Wirklichkeit so zu betrachten, wie sie ist und wie sie sich verändert. Ausgangspunkt und Ziel sollte sein, daß Bodennutzung dem Wohlstand des ganzen Volkes heute und in Zukunft dienen muß.
Unendlich viele Beziehungen haben die Menschen und die Gesellschaft zum Boden. Er ist der Schoß, aus dem alles Leben kommt und in den es zurückkehrt. Der Boden war und ist Gegenstand von ökonomischen, juristischen und militärischen Machtkämpfen. Bodenbesitz entstand in seiner ursprünglichen Form durch das „Raubrecht"[6]. Mit dem Wechsel der Herrschaftsformen änderte sich in der Regel auch in großem Umfang das Eigentum am Boden. Seine Nutzung als Privatbesitz wird in der heutigen Gesellschaft zum Symbol der Freiheit hochstilisiert ohne Rücksicht darauf, wo Millionen Besitzlose ihr müdes Haupt betten können.
Die Art und Weise der Bodennutzung hat biologische, technologische, ökonomische, ökologische, rechtliche und politische Aspekte. Die Schwierigkeit in der Diskussion über eine optimale Bodennutzung besteht darin, den wechselseitigen Zusammenhang zwischen diesen verschiedenen Aspekten sowie ihr Gewicht in bezug auf die erstrebenswerten Ziele zu erfassen und zu berücksichtigen. Dabei sind die Ziele der Bodennutzung selbst umstritten. So hat zwar das gewachsene ökologische Bewußtsein in der Bundesrepublik dazu geführt, daß die Natur und der Boden vor Schädigungen geschützt werden müssen. Ausgeklammert bleibt jedoch die Frage, was sich in der Gesellschaft ändern müßte, damit aus ökonomischen und rechtlichen Gründen durch die Bodennutzung eine Schädigung der Natur gar nicht erst auftritt und damit die Gesellschaft mit der Natur in Einklang lebt.
Für die Lösung der Probleme gibt es verschiedene Herangehensweisen. Die Hauptmethode war in der Vergangenheit die Fixierung von Rahmenbedingungen in Form von Gesetzen, Vorschriften und entsprechenden Verwaltungsverfahren, um eine Lösung der Interessenkonflikte im Konsens zu erreichen. Die Vorschriften reichen von den besonderen Bestimmungen über den Erwerb über die Planungs- und Genehmigungsverfahren bei Änderung der Bodennutzung, die Verfahren der Flurordnung und der Regionalplanung bis zu den Ge- und Verboten für die Bodennutzung aus Gründen des Natur- und Umweltschutzes.
Gesetzliche Grundlage dieser Rahmenbedingungen bilden Artikel 14 und 15 des Grundgesetzes, durch die der Schutz des Eigentums, seine Gemeinwohlpflichtigkeit und die entschädigungspflichtige Enteignungsmöglichkeit geregelt werden.

Die Rahmenbedingungen der Bodennutzung charakterisieren damit zugleich die spezifische Art und Weise, in der die Eigentümerrechte verwirklicht werden können. Mit den gegenwärtig in der Diskussion befindlichen Novellierungen des Bau- und des Bundesnaturschutzgesetzes sowie durch die Einführung eines Bodenschutzgesetzes sollen die Rahmenbedingungen weiterentwickelt werden, um die Entwicklungsprobleme zu lösen. Dabei erweisen sich die Eigentümerinteressen, die auf eine maximale Kapitalverwertung gerichtet sind, als die entscheidenden. Bestimmungen des Natur- und Bodenschutzes, der Bauleitplanung und Regionalpolitik u.a. werden daran gemessen, inwieweit sie Einfluß auf die Kapitalverwertung haben.
Der Kernkonflikt darf nicht auf den „Konflikt zwischen Ökonomie und Ökologie" verengt werden. Die Art und Weise der Bodennutzung muß sich einordnen in eine gesellschaftliche Entwicklung, die zu einem wachsenden Wohl der Allgemeinheit beiträgt. Doch welche Möglichkeit gibt es zu bestimmen, worin das Gemeinwohl besteht und wie es zu erreichen ist? In verschiedensten Gesetzen läßt sich nachlesen, wodurch Gemeinwohl charakterisiert ist. Weitgehend ausgeklammert bleiben soziale Ziele des Gemeinwohls, die durch die Art und Weise der (kapitalistischen) Bodennutzung und des Umgangs mit den Naturgütern nachhaltig beeinflußt werden.
So erheben sich z.B. folgende Fragen:
- Welchen Einfluß hat die gegenwärtige Bodennutzung auf das Recht auf Wohnen?
- Welcher Zusammenhang besteht zwischen dem Agrarstrukturwandel und dem Recht auf Arbeit insbesondere der im ländlichen Raum Wohnenden?
- Wie können alle heute lebenden Bürgerinnen und Bürger und die zukünftigen Generationen gerecht an dem Ergebnis beteiligt werden, das aus der Nutzung der Naturreichtümer entsteht?
- Wie kann die Entwicklung von Unternehmen mit sozialer Gerechtigkeit, gleichberechtigter Entwicklung von Regionen und freier Selbstverwirklichung aller Menschen verbunden werden?

Als Ostdeutsche können die Verfasser folgende Fragen nicht verdrängen: Gab es keinen anderen Weg der Wiedervereinigung als einen, der die Existenz von über 700.000 Genossenschaftsbauern zerstörte, ihre Vermögen entwertete und sie so enteignete, der den Tierbestand um über 50 Prozent reduzierte und zur Stillegung von über 600.000 Hektar führte? Ist die Privatisierung des Bodenreformlandes eine zwingende Bedingung dafür, daß die Pächter das Land effizient und ökologisch bewirtschaften? Warum muß durch den Verkauf des Bodenreformwaldes der Anteil des Staats- und Körperschafts-

waldes an der gesamten Waldfläche unter das Niveau in Bayern gedrückt werden? Ist es erforderlich, Nahrungsgüter durch ganz Europa zu transportieren, um Wohlstand für alle zu erreichen?[7]
Ein wirklich neues Verhältnis zwischen Mensch und Natur und eine daraus erwachsende Art und Weise der Bodennutzung erfordern zuerst ein neues Verhältnis zwischen den Menschen, dem ein zukunftsorientiertes Gesellschaftskonzept zugrunde liegt.

Wohnungsnot in einem reichen Land

Nach der Statistik ist in der Bundesrepublik Deutschland im Hinblick auf die Wohnraumversorgung alles in Ordnung. Im Maßstab des Landes entspricht die Anzahl der Wohnungen der Anzahl der Haushalte. Nur sind eben statistische Durchschnittswerte das eine – die gesellschaftliche Wirklichkeit das andere! Zur Wirklichkeit gehören zunehmend von Wohnungsnot und Obdachlosigkeit bedrohte bzw. betroffene Menschen.
Eine dpa-Meldung vom 4. Dezember 1996 begann mit folgendem Satz: „Berlin wird bis zum Jahr 2010 etwa 300.000 Einwohner an Brandenburg verlieren, die sich dort ihren Traum vom Wohnen im Grünen erfüllen wollen." Diese Meldung ist symptomatisch für die gegenwärtige Entwicklung.
Wir haben in der Bundesrepublik einen wachsenden Wohnflächenverbrauch, eine zunehmende Bodenversiegelung und eine drastische Zunahme des Pkw-Verkehrs. Daraus resultierende Umweltbelastungen sind Folgen einer falschen Siedlungs-, Verkehrs- und Steuerpolitik sowie einer wirkungslosen bzw. halbherzigen Raumordnungs- und Stadtentwicklungspolitik. Von einer nachhaltigen Entwicklung im ursprünglichen Sinne kann in unserem Land keine Rede sein.
Es gibt zahlreiche wissenschaftliche Gutachten zur gegenwärtigen Situation. Selbst die Berichte der Bundesregierung, sowohl der für die HABITAT-Konferenz[8] als auch der Bericht zur nachhaltigen Stadtentwicklung[9], treffen insgesamt realistische Einschätzungen. Nur die Schlußfolgerungen, die die Bundesregierung daraus zieht, sind eine einzige Katastrophe.
Dieser Bericht macht u.a. deutlich, daß in Ostdeutschland das genaue Gegenteil von nachhaltiger Entwicklung eingetreten ist – es sei denn, man rechnet sich die Zerstörung der ostdeutschen Industrie und die dadurch verringerten Emissionen als Erfolg an. Tatsache ist, daß gigantische Großmärkte im Umkreis der Großstädte und entlang der Autobahnen dazu geführt haben, daß die Innenstädte zunehmend veröden, von der Zerstörung der

kulturellen Infrastruktur und der Versorgungseinrichtungen auf dem Lande gar nicht zu reden.

Das Fördergebietsgesetz und andere phantastische Abschreibungs- und Steuersparmodelle, die gießkannenartig von der Bundesregierung an Besserverdienende verteilt werden, haben maßgeblichen Anteil an den zu hunderten auf der „Grünen Wiese" gebauten Betonburgen. Die Schäden sind inzwischen zum großen Teil nicht mehr reparabel.

Die Neuregelung der Eigenheimzulagen ist zwar unbestreitbar besser als der Paragraph 10e EStG. In bezug auf nachhaltige Stadtentwicklung ist sie aber ebenfalls fatal, weil damit die Zersiedlung gefördert wird.

Die Stellung des Wohneigentums

Die Erhöhung der Wohneigentumsquote ist erklärtermaßen eines der Hauptziele der Bundesregierung. Dabei müssen aber aus unserer Sicht zwei Dinge grundsätzlich auseinander gehalten werden:
a) Das selbstgenutzte Wohneigentum und
b) Wohneigentum und Immobilienbesitz als Kapitalanlage.

Daraus abgeleitet, sollte jede Maßnahme zur Förderung der Wohneigentumsbildung bewertet werden: Ist sie einzuordnen unter Vermögenspolitik oder unter Wohnungspolitik?

Für die „alte" BRD wurde nach der letzten Wohnraumzählung (1987) eine Wohneigentumsquote von 39,3 Prozent ausgewiesen, hinzu kommen ca. 4 Prozent Genossenschaftswohnungen. In der DDR waren per 31.12.1989 laut Statistik 41,3 Prozent der Wohnungen im Volkseigentum, 17,6 Prozent genossenschaftlicher Wohnungsbestand und 41,2 Prozent in Privat- und sonstigem Eigentum. Geht man davon aus, daß von den Wohnungen, die als Privat- bzw. sonstiges Eigentum ausgewiesen sind, etwa zwei Drittel selbstgenutzt waren, d.h. ca. 27 Prozent des Gesamtbestandes, und betrachtet man die genossenschaftlichen Wohnungen ebenfalls als im Eigentum der NutzerInnen befindlich, so kommt man zu dem überraschenden Ergebnis, daß die Wohneigentumsquote in der DDR mit etwa 44 Prozent fast gleich hoch wie in der „alten" BRD war.

Aufschlußreich ist auch, daß in der „alten" BRD von 1.827.856 Eigentumswohnungen 1987 nur 42,9 Prozent vom Eigentümer selbst bewohnt waren. 57,1 Prozent dieser Wohnungen dienten dagegen als Kapitalanlage und/oder der Steuerersparnis.

Nach Abschluß der Restitutionsverfahren in Ostdeutschland wird der Anteil der kommunalen (früher volkseigenen) Wohnungen am Gesamtbestand von 41 Prozent auf etwa 29 Prozent absinken.[10]
Unter der Überschrift „Eigene Werte" fährt das Bundesbauministerium seit Jahren eine breit angelegte Kampagne, mit der die Wohnungsprivatisierung in Ostdeutschland vorangetrieben wird. Anstatt den kommunalen und genossenschaftlichen Wohnungsunternehmen in Ostdeutschland mit ihrem wahrlich problematischen Erbe die Chance zu geben, ihre Kräfte auf eine ökologische Sanierung der Wohnungen und Wohnumfelder zu konzentrieren, zwingt die Koalition die Unternehmen sowie den darin lebenden Menschen, eine wohnungspolitisch unsinnige Zwangsprivatisierung mittels Altschuldenhilfe-Gesetz auf.
Im Ergebnis gelangt die Mehrzahl dieser Wohnimmobilien in die Hände (westdeutscher) Banken, Immobilienfirmen und privater Kapitalanleger, und dies wird mit Milliarden DM staatlich gefördert. Nicht einmal ein Drittel der seit 1990 privatisierten Wohnungen in Ostdeutschland sind in das Eigentum der Mieterinnen und Mieter übergegangen.

Für eine soziale, ökologische und demokratische Bodenpolitik[11]

Grund und Boden sind nicht vermehrbar. Auf kaum einem anderen Gebiet sind die Interessenwidersprüche so scharf ausgeprägt wie die zwischen EigentümerInnen von Boden und den NutzerInnen bzw. denen, die für die Verwirklichung ihres Rechtes auf Wohnung oder ihres Traumes vom eigenen Heim Bauland brauchen. In diesem Spannungsverhältnis muß auch das Baurecht sowie das Raumordnungsrecht diskutiert werden.
Um keine Mißverständnisse aufkommen zu lassen: Privater Immobilienbesitz ist und bleibt auch nach Auffassung der PDS geschützt. Aber im Artikel 14 des Grundgesetzes steht: „Eigentum verpflichtet. Sein Gebrauch soll zugleich dem Wohl der Allgemeinheit dienen." Dies erfordert auch, eine spekulative Verwertung von Grund und Boden durch einschneidende Maßnahmen zu unterbinden.
Dies erfordert auch, statt in Folge einer katastrophalen Haushaltspolitik der Bundesregierung die Städte und Gemeinden zu zwingen, kommunales Bauland zu verscherbeln, alles dafür zu tun, damit kommunales Bodeneigentum erhalten, ausgeweitet und als zweckgebundenes Bauland unter Nutzung von Erbpacht-Modellen für Wohnungsbau und Gemeinbedarfseinrichtungen zur Verfügung gestellt werden kann. Zur Verbilligung und Verstetigung des Wohnungsbaus ist öffentliches Bauland auszuweisen. Vorhandene boden- und

baurechtliche Instrumentarien (Entwicklungsrecht, Sanierungsrecht, Zweckentfremdungsverbot, Baugebot, Umlageverfahren, städtebauliche Verträge, gemeindliches Vorkaufsrecht usw.) sind mit einem neuen Baugesetzbuch zu stärken und konsequent anzuwenden. Der notwendige Neubau muß vor allem im Innenbereich durch Nutzung von Brachen und behutsame Nachverdichtungen anstelle extensiver Stadterweiterungen erfolgen. Eine umweltverträgliche Baupolitik kann aber nur durch ein konsequentes Umsteuern vom Neubau auf den Umbau vorhandener Flächen erreicht werden. Damit sind Maßnahmen zur Verkehrsvermeidung zu verbinden, das heißt „Stadt der kurzen Wege", autofreie bzw. -arme Wohngebiete, die Förderung und der Ausbau des öffentlichen Personennahverkehrs sowie durchgängige Radwegenetze.

Die PDS plädiert für eine am Wert orientierte, zeitgemäße Besteuerung des Grundeigentums anstelle der überholten fiktiven Einheitswerte. Dazu gehört nach unserer Auffassung, die Grundsteuer nur noch auf Grund und Boden, aber nicht mehr auf die (Wohn-)Gebäude zu erheben. Eine Aufkommensneutralität kann durch höhere Steuersätze bei kleinerer Erhebungsbasis gesichert werden. Dabei sind Härten für wirtschaftlich Schwache zu vermeiden. Zudem muß die Wertermittlungsverordnung, die als Teil des Baugesetzbuches die Berechnung für den Verkehrswert eines Grundstücks festlegt, das Grundstück so behandeln, als sei es unbebaut (jetzt werden Kaufpreissammlungen von allen Grundstücksverkäufen zugrunde gelegt, die spekulative Preise enthalten). Eine hohe Wertermittlungsgrundlage forciert den Abriß und die Neubebauung, um höchstmöglichen Nutzen zu erwirtschaften. In die Wertermittlung sollten auch Wertminderungsfaktoren (Altlasten, Instandsetzungsauflagen, Immissionsschutzauflagen und Naturschutzauflagen) eingehen, was im bisherigen Gesetz nicht vorgesehen ist.

Mit der Einführung einer Baulandsteuer und eines zonierten Satzungsrechts kann der Hortung von baureifem Land wirkungsvoll begegnet werden. Wertsteigerungsgewinne, die ohne besonderen Arbeits- bzw. Kapitalaufwand der EigentümerInnen entstehen, z.B. in Folge staatlicher Baulandplanung, sowie Spekulationsgewinne durch das Zurückhalten von baureifen Grundstücken, sind abzuschöpfen bzw. hoch zu besteuern.

Voraussetzung für eine wirksame Bodennutzung ist eine vorausschauende, demokratisch erarbeitete, ständig fortzuschreibende Landschafts-, Flächennutzungs- und Bereichsentwicklungsplanung nach ökologischen Kriterien in den Kommunen.

Anstelle der weiteren Beschneidung von Bürgerbeteiligungen, wie es der Regierungsentwurf vorsieht, sind wir für eine Stärkung der (lokalen) Demokratie im Bau- und Raumordnungsrecht.

Die gegenwärtige Diskussion zur Erstellung von lokalen Agenden 21 in den Kommunen sehen wir als Chance, die soziale und ökologische Dimension in der Raumplanung und Stadtentwicklung einzufordern.

In allen Phasen der Stadt- und Dorfplanung muß eine breite und kontinuierliche Mitbestimmung der Bürgerinnen und Bürger gesichert bleiben. Auch für Investoren hat es sich als vorteilhaft erwiesen, bereits bei Investitionsabsichten, also vor Bauvoranfrage und Projektbearbeitung, die Bürgerinnen und Bürger – vor allem aber die unmittelbar Betroffenen – zu informieren. Die Bürgerbeteiligung ist als „aufsuchendes Verfahren", also vor Ort durchzuführen.

In Anerkennung dessen, daß Mietverhältnisse Besitzstand darstellen, ist es zwingend erforderlich, gesetzliche Regelungen dahingehend zu ergänzen, daß neben den Eigentümern auch Mieter die gleichen Möglichkeiten des Einspruches wie die Eigentümer erhalten und ihre Interessen gleichberechtigt berücksichtigt werden.

Das Ziel der Regierung, Gesetze und Verordnungen zum Baurecht sowie zur Raumordnung in einem Gesetz zusammenzufassen, ist begrüßenswert. Die Vorschläge zu inhaltlichen Veränderungen werden aber den Zielsetzungen, „eine ganzheitliche, die nachhaltige Entwicklung fördernde Planung zu ermöglichen", nicht gerecht. Die PDS fordert eine konsequente Novellierung des Baugesetzbuches, des Raumordnungsgesetzes und der Baunutzungsverordnung, in dem Nachhaltigkeit mit Grundsätzen von lokaler Demokratie und Nutzungsmischung sowie globaler Verantwortlichkeit im Mittelpunkt stehen. Diese Ziele erfordern integrative Ansätze mit vernetzten Perspektiven, veränderte Prioritäten und ressortübergreifende Strategien. Sie stehen im Widerspruch zur herrschenden Planungspraxis und -politik, die auf die freie Verfügbarkeit des privaten Grund und Bodens, private Standortentscheidungen (und das kommunale Buhlen um diese) und die Orientierung auf kurzfristige Erfolge innerhalb einer Legislaturperiode ausgelegt ist.

1 Siehe Neues Deutschland vom 7./8.03.1992, S. 1.
2 Siehe Antrag der PDS-Bundestagsgruppe 13/6528 und MdB Rupert Scholz, stellv. Vorsitzender der CDU/CSU-Fraktion in Berliner Zeitung vom 29.11.1996 sowie Bundesjustizminister Dr. Schmidt-Jortzig (FDP) in FAZ vom 9.12.1996.
3 Vgl. Dr. Hans Modrow (Ministerpräsident und MdB a.D.), Referat „Der Prozeß der Enteignung in Ostdeutschland wird beschleunigt fortgesetzt" auf der Konferenz „Gegen Vereinigungsunrecht – gleiche Rechte für die Ostdeutschen" am 30.04.1994 in Leipzig, in Broschüre Blickpunkt Eigentum, S. 13 ff., Herausgeberin: PDS/Linke Liste im Deutschen Bundestag.
4 Siehe Der Spiegel 8/1997, S. 35/36.
5 Dr. Hans Modrow, a.a.O.
6 Im Latein bedeutet privatio: Befreiung (einer Sache vom Zugriffsrecht eines anderen), Beraubung.
7 Vgl. Aspekte einer neuen Agrarpolitik in: „Mehr Spreu als Weizen" – Kritischer Kommentar zum Agrarbericht 1996 der Bundesregierung, Prof. Dr. Erika Cwing, Dr. Günter Maleuda (MdB), Prof. Dr. Wolfram Triller, Herausgeberin: Bundestagsgruppe der PDS, Bonn 1996.
8 Siedlungsentwicklung und Siedlungspolitik – Nationalbericht Deutschland (Habitat II), Unterrichtung der Bundesregierung, Drs. 13/3679.
9 Städtebaulicher Bericht 1996 – Nachhaltige Stadtentwicklung. Unterrichtung der Bundesregierung, Drs. 13/5490.
10 Vgl. Zwischenbericht „Wohnen ist Menschenrecht" in: Broschüre Blickpunkt Wohnen, Herausgeberin: PDS/Linke Liste im Bundestag. Bonn August 1994.
11 Vgl. „Wohnungspolitische Leitlinien der PDS". Beschluß des Magdeburger Parteitages der PDS vom 18.01.1996.

II
Boden hat immer Konjunktur

Einführung

Beate und Hartmut Dieterich

Zur Geschichte

Die Bodenfrage ist zu allen Zeiten, in allen Ländern und Gesellschaften Gegenstand von Regelungen gewesen. Die ständige staatliche Intervention zeigt, daß Nutzung und Verwendung des Bodens immer staatlicher Regelung bedurfte und bedarf.
Das ist kein Wunder wenn bedacht wird, daß Boden keine Ware ist wie andere auch, sondern ein besonderes Gut. Boden ist nicht vermehrbar, Bauboden nur unter hohen Kosten und durch Zurückdrängen anderer Bodennutzung. Boden kann nicht dorthin transportiert werden, wo man ihn gebrauchen würde. Wir alle sind auf Bodennutzung angewiesen, Boden ist aber gleichzeitig das einzige Medium, mit dem sich Werte über Generationen und über Jahrhunderte hinwegretten lassen. Das Würzburger Julius-Echter-Hospital, gestiftet im 16. Jahrhundert, ausgestattet mit Wiesen, Feldern und Weinbergen, besteht heute noch. Eine Stiftung, die nur mit Geld ausgestattet worden wäre, hätte die wirtschaftlichen Zeitläufte und Inflationen nicht überstanden.
Regeln über den Umgang mit Grund und Boden waren ursprünglich in religiösen Vorstellungen verwurzelt. Boden wurde nicht als Eigentum des einzelnen und schon gar nicht als verkäuflich angesehen. Die freie Veräußerlichkeit von Grund und Boden war in primitiveren Gesellschaften so gut wie unbekannt. Grundbesitz stellte keinen Wert dar. Land stand im Besitz der Gruppe und wurde von dieser den ihr Angehörigen zugewiesen. Lange hielt sich ein Rückkaufsrecht der Familie an Grundstücken, die verkauft wurden – ein Rückstand des früheren Grundsatzes der Unveräußerlichkeit. Bodenrechts-Ordnungen dieser Art sind für das alte Israel in Kap. 25 des 3. Buches Mose (Levitikus) enthalten. Nach 50 Jahren sollte verkauftes Grundeigentum wieder an den Verkäufer bzw. seine Sippe zurückfallen. Die grundsätzliche Unverkäuflichkeit auf Dauer war theologisch begründet: Der

Boden gehörte Gott, nicht den Menschen. Ähnliche Vorstellungen gab es bei den Indianern. Und auch die Germanen kannten, der allgemeinen Entwicklungslinie[1] folgend, kein frei verfügbares Eigentum an Boden. Das wurde erst anders, als die Kirche Land brauchte und es erlaubt wurde, auch Grundvermögen einer Kirche zu übertragen.[2]
In Afrika lassen sich vielerorts noch Rückstände ähnlicher Bodenverfassungen feststellen, die im ländlichen Gebiet nur sehr oberflächlich von europäischen Eigentumsformen überdeckt sind.

Immer aber berührte die Bodenfrage auch die soziale Frage und fand ihren Niederschlag in Überlegungen der Philosophie, die bis zu der Feststellung von Rousseau und Proudhon führten: „Eigentum ist Diebstahl". Von Thomas Morus wird (in der Schrift Utopia) der Satz überliefert:

„So bin ich denn fest überzeugt, daß der Besitz durchaus nicht auf irgendeine billige oder gerechte Weise verteilt und das Glück der Sterblichen nicht begründet werden kann, solange nicht vorher das Eigentum aufgehoben ist."

Und Tolstoi[3] schrieb:

„Es werden viele kommen und sagen, daß sie dies und das für euch unternehmen. Hört, ob sie vom Boden reden. Reden sie nicht vom Boden, so sind sie Scharlatane oder schlimmeres. Immer und ewig wälzt diese Kulturmenschheit den furchtbaren Block der Bodenrechte vor sich her".

Wegen unbefriedigender Regelungen über Eigentum und Besitz an Grund und Boden gab es immer wieder Revolutionen und Aufstände, aber in den lezten 150 Jahren wurde nicht an Revolution, sondern eher an Reform gedacht: Ricardo, von Stein und Hardenberg, Damaschke – alles Namen von Bodenreformern, die den Habenichtsen unblutig zu ihrem Recht, auch am Boden, verhelfen wollten.

Wie in den meisten europäischen Ländern war auch in Deutschland jahrhundertelang Grundbesitz ein Nutzungsrecht am Boden, das mit vielerlei Abgaben und Dienstverpflichtungen gegenüber dem Grundherrn verbunden und in der Stadt durch detaillierte Bau- und Nutzungsvorschriften eingeschränkt war.

Grundeigentum war unterteilt in Ober- und Untereigentum. Nur der Obereigentümer hatte Verfügungsrechte, der Untereigentümer war auf Nutzungsrechte beschränkt und abhängig vom Obereigentümer, eine Regelung, die sich in Rußland lange hielt und im kommunistischen Bodenrecht weitergeführt wurde: statt des Feudalherren war nunmehr der Staat Obereigentümer, der nur Nutzungsrechte vergab. Auch das Bodenrecht der Deutschen Demokratischen Republik war dabei, zu solchen Grundsätzen zurückzufinden. Das kommunistische Bodenrecht war keine Weiterentwicklung, sondern ein Rückfall in die Feudalzeit. Der Begriff Volkseigentum besagte tatsächlich nichts.

Als in der französischen Revolution vor 200 Jahren Freiheitsrechte auf die Fahnen geschrieben wurden, wurde auch das Grundeigentum in diese Forderungen einbezogen. Die Zivilgesetzgebung in Frankreich befreite das Eigentum aus allen mittelalterlichen Bindungen. Das blieb im Nachbarland Deutschland nicht ohne Folgen. Die Richter begannen, in der Rechtsauslegung der noch vielfach geltenden alten Stadtrechte neue Maßstäbe anzulegen.

In der wirtschaftlichen Blütezeit in der zweiten Hälfte des 19. Jahrhunderts wurde von der nun errungenen Baufreiheit Gebrauch gemacht. So entstanden nicht nur die schönen und z.T. prunkvollen Gründerzeitbauten an Wohn- und Geschäftsstraßen, sondern auch enge und düstere Hinterhöfe, umgeben von Wohnbauten, in die Licht und Luft kaum Zutritt hatten.

Als nach jahrzehntelanger Vorbereitungszeit am 1. Januar 1900 das Bürgerliche Gesetzbuch in Kraft trat und für ganz Deutschland ein einheitliches Zivilrecht begründete, wurden die alten Beschränkungen für das Eigentum an Grund und Boden nicht wieder eingeführt. Im § 903 BGB heißt es, daß der Eigentümer einer Sache (und zwar jeder Sache, auch des Bodens!) mit der Sache nach Belieben verfahren und andere von jeder Einwirkung ausschließen kann; allerdings nur insoweit, als nicht Rechte Dritter oder das Gesetz entgegenstehen.

Seither sind unzählige Gesetze in Kraft getreten, die ausschließen, daß der Eigentümer mit seinem Grundstück nach freiem Belieben umgeht. In erster Linie sind die Vorschriften des Bau- und Planungsrecht zu nennen, wie sie heute im BauGB und der Baunutzungsverordnung, ergänzt durch das BauGB-MaßnahmenG festgelegt sind und im neuen Bau- und Raumordnungsgesetz niedergelegt sein werden. Der Grundstückseigentümer kann heute zwar insoweit frei verfügen, als er sein Grundstück – fast immer – verkaufen und vererben kann wie er will. Aber sein Grundstück nutzen, insbesondere bauen wie er will, kann er nicht. Art. 14 des GG, die wichtigste öffentlich-rechtliche Bestimmung des Bodenrechts garantiert zwar Eigentum und Erbbrecht, auch an Grund und Boden, schreibt aber zugleich vor, daß der Inhalt des Eigentums durch die Gesetze bestimmt wird und vor allem, daß Eigentum verpflichtet und sein Gebrauch zugleich dem Wohle der Allgemeinheit dienen soll.

Die Ausgestaltung des Eigentumsrechts, und damit auch des Bodenrechts, ist Sache des Gesetzgebers, der das gewährleistete Eigentum zwar nicht aufheben kann, aber durch einfache Gesetze (nicht etwa im Wege der Verfassungsänderung!) dafür sorgen muß, daß der Boden den gesellschaftlichen Erfordernissen entsprechend verwendet wird.

Boden in unserer Rechtsordnung

Ist damit, daß die Ausgestaltung des Bodeneigentums, des Bodenrechts, dem demokratischen Gesetzgeber übertragen ist, die Bodenfrage gelöst? Leider nicht.
Seit dem Entstehen der Bundesrepublik im Jahre 1949 hat die Bodenfrage immer wieder die Gemüter erregt. Das Baulandbeschaffungsgesetz, ein strenges Enteignungsgesetz für den Wohnungsbau, sorgte dafür, daß der Wohnungsbau in den 50er Jahren im notwendigen Umfang vorangetrieben werden konnte. Die Schaffung des Bundesbaugesetzes 1960, das die Bodenpreiskontrolle aufhob (und in dessen Begründung schon darauf hingewiesen wurde, daß das deutsche Planungssystem zu Bodenpreissteigerungen führen würde[4]), war Grundlage für Stadterweiterungen, aber bedingte auch enorme Bodenpreissteigerungen. Vor 25 Jahren hatte Boden deshalb Hochkonjunktur. Die Wohnungsnot war immer noch nicht beseitigt, Boden und Wohnen waren aber teuer geworden. Die strukturellen Probleme, die sich in unseren Städten ergaben, konnten mit dem BBauG alleine nicht bewältigt werden. Auf der Grundlage der Arbeit der großen Koalition von 1968 konnte 1971 das Städtebauförderungsgesetz in Kraft treten, das zur Finanzierung von Sanierungsgebieten und Entwicklungsbereichen die Abschöpfung unverdienter Bodenwertsteigerungen bestimmte, andererseits aber für Maßnahmen dieser Art finanzielle Förderung vorsah.
Da durch Planung neue Baurechte geschaffen werden, neue Wohnbaulandausweisungen aber immer wieder knapp gehalten werden, bleiben soziale Fragen nicht unberührt. Die Verknappung des Baulandes führt zu hohen Grundstückspreisen und Vermögenszuwächsen bei den Immobilienbesitzern.[5] Der „kleine Mann" aber kann diese Preise nicht zahlen. Dazu kommt, daß fast über die gesamte Nachkriegszeit der Mietwohnungsbau zur Schaffung von Wohnraum stärker begünstigt wurde als der Einfamilienhausbau, ohne zu bedenken, daß damit einseitige Verteilungswirkungen erzielt wurden. Der kleine Mann betreibt keinen Mietwohnungsbau. Erst die neue Eigenheimzulage führt zu einer gleichmäßigeren Begünstigung beim Bau von Wohnungen.

Die Demokratie will Machtmißbrauch durch Einzelne oder Gruppen verhindern, indem sie *alle* an der politischen Macht beteiligt. Ließe sich Machtmißbrauch durch Bodeneigentum vielleicht dadurch verhindern, daß man alle am Grund und Boden beteiligt und tatsächlich Wege zu breitgestreutem Eigentum findet und nicht, wie seit Jahrzehnten, eher Lippenbekenntnisse ablegt?

Der richtige Zeitpunkt für die Schaffung von Gesetzen zur Lösung der Bodenfrage wird bei uns immer wieder entweder verschlafen oder durch bewußtes Wegsehen verpaßt. Sowie die drängendsten Probleme gelöst sind und insbesondere der Wohnbedarf gedeckt ist oder gedeckt zu sein scheint, wird Bodenrecht von unseren Parlamentariern eher widerwillig und nebenbei diskutiert.

Andererseits muß anerkannt werden, daß der Gesetzgeber dreimal, beraten von „Juristen aus Freiheitsliebe",[6] zu echten „Freiheitsschlägen" im Bodenrecht ausgeholt hat: mit der Schaffung des Bundesbaugesetzes, das die Zwangsbewirtschaftung und Preisbindung aufhob, mit dem Städtebauförderungsgesetz, das auf den strukturellen Verfall unserer Städte reagierte und mit dem MaßnahmenG zum BauGB 1990 bzw. 1993, mit dem außerordentlich schnell auf die veränderten gesellschaftlichen Bedingungen nach der Wende reagiert wurde.

Die Probleme heute

Seit kurzem hat sich die Situation auf dem Boden- und Wohnungsmarkt (wieder einmal) etwas entspannt. Die Bodenpreisentwicklung stagniert. In manchen Bereichen ist sogar ein moderater Rückgang zu verzeichnen. Auch die Mieten steigen nicht mehr so schnell und geben angesichts plötzlich vorhandenen Angebots eher nach. Wir können allerdings ebensowenig wie 1976 oder 1986 davon ausgehen, daß die Probleme nun gelöst seien. Wir haben – wie schon öfter – wohl nur eine kurze Verschnaufpause, die dazu genutzt werden sollte, ohne akuten Druck durch Wohnungsnot die Weichen so zu stellen, daß eine in wenigen Jahren sicher zu erwartende erhebliche weitere Nachfrage nach Wohnbauland nicht auf einen völlig unvorbereiteten Bodenmarkt trifft, für dessen Funktionieren die notwendigen Instrumente nicht vorhanden oder gar nicht bekannt sind.

Allokationsprobleme
Angebot und Nachfrage decken sich beim Bauboden nicht. Zumindest Wohnbauland ist in weiten Teilen Deutschlands zu knapp und zu teuer. Der

Bodenmarkt, der dafür sorgen soll, daß für jede akzeptable Nutzung jederzeit ein geeignetes Grundstück am richtigen Ort zu einem vernünftigen Preis zur Verfügung steht, kann das nicht leisten. Unser Bodenrecht bietet ihm nicht die dafür erforderlichen Rahmenbedingungen.
1994 kostete ein Quadratmeter baureifes Land im Durchschnitt 108,86 DM/m² (alte Länder 133,35 DM/m², neue 65,40 DM/m²).[7] Durchschnittspreise sind jedoch nur sehr bedingt aussagekräftig. In Deutschland hängen Bodenpreise erheblich von der räumlichen Lage ab. Hohe Bodenpreise sind vornehmlich ein Problem der Ballungsräume, der Großstädte, in denen die Nachfrage nach Wohnraum für Einpersonenhaushalte wächst. In ländlich geprägten Regionen gibt es kaum Bodenmarktprobleme. Außerdem besteht ein ausgeprägtes Gefälle zwischen hohen Werten in Süddeutschland und eher erträglichen Preisen im Norden; ebenso besteht ein Gefälle zwischen den westlichen und den östlichen Bundesländern.
Interessant ist, daß das hohe Bodenpreisniveau in Verdichtungsräumen vornehmlich ein nationales Problem ist. Der Blick über die Grenzen, z.B. nach den Niederlanden, zeigt, daß ein hohes Bodenpreisniveau nicht unabdingbar in jedem Verdichtungsraum vorhanden ist.[8] Wir aber haben uns daran gewöhnt und halten es schon beinahe für ein Naturgesetz, daß in einem dichtbesiedelten Land Bodenpreise hoch sein müssen.
Bodenpreise sind bei uns z.T. so hoch, daß sie die Baukosten der Häuser übersteigen (Stuttgart, München). Ein Bodenanteil am Wohnbaugrundstück in Höhe von 30 bis 40 % ist heute keine Ausnahme mehr.
Die Bodenpreise sind aber vornehmlich deshalb hoch, weil Baurechte in Deutschland künstlich knapp gehalten werden. Eine Wohnbaulandumfrage der Bundesforschungsanstalt für Landeskunde und Raumordnung im Jahre 1995[9] ergab, daß in etwa 80 % der Städte, die sich an der Umfrage beteiligten, Engpässe in der Wohnbaulandversorgung bestehen, daß Baulandmangel vorrangig ein Problem der Großstädte ist, daß aber mittelfristig in der Mehrzahl aller Städte Engpässe in der Wohnbaulandversorgung erwartet werden, und daß es vornehmlich an Flächen für sozialen Wohnungsbau und für individuellen Ein- und Zweifamilienhausbau mangeln wird.
Zu solchem Mangel kommt es z.B. dadurch, daß in vielen kleineren Städten im Umkreis von Großstädten kein Bauland mehr ausgewiesen wird. Als Beispiel diene die Region München: viele Münchener sind aufs Land gezogen, nachdem das öffentliche Nahverkehrssystem so gut ausgebaut worden war, daß sie ihrer Arbeit weiter in der Stadt nachgehen konnten, obwohl sie nicht mehr in München wohnten. Nachdem sie in den Gemeinderäten ihrer Wohnstädte Einfluß gewonnen haben, wollen sie nicht durch den Zuzug

Abbildung 1: *Typische Baulandpreise 1994 (in DM/m^2)
für individuelle Bauweise, mittlere Wohnlage*[7a]

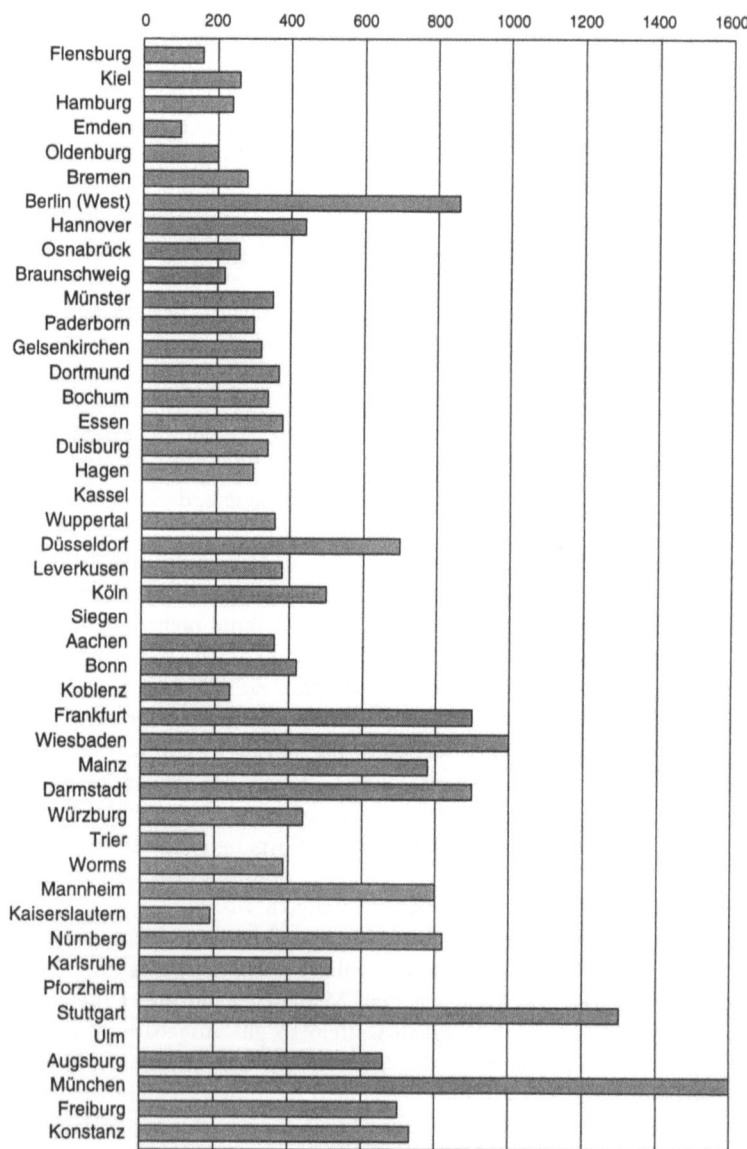

Abbildung 2: *Typische Baulandpreise 1994 (in DM/m²)*
Geschoßwohnungsbau, mittlere Wohnlage[7a]

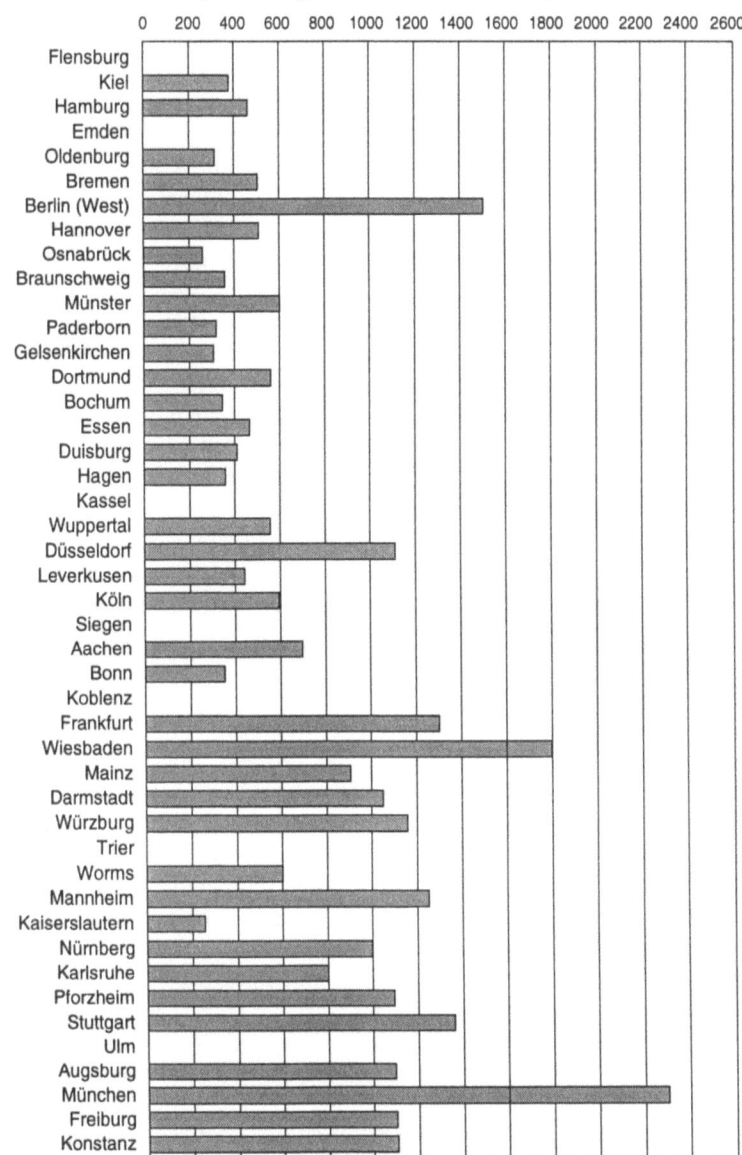

von noch mehr Münchenern gestört werden. Unter Angabe vorgeschobener oder tatsächlicher ökologischer Bedenken wird die Baulandausweisung gestoppt. Die Alteigentümer sind des zufrieden. Steigen doch die vorhandenen Grundstücke und die noch wenigen unbebauten Grundstücke so weiter im Wert.

Diese Blockadehaltung müßte überwunden werden können. Immer wird nach preiswertem Bauland gerufen. Solange Bauland aber – aus welchen Gründen auch immer – knapp gehalten wird, kann es nicht billig sein. Auch nur 5 % Knappheit bewirken erheblichen Mangel. Das ist in der Volkswirtschaft eine bekannte Tatsache (z.B. bei Nahrungsmitteln!). Und dieser Mangel an Bauland wird immer die wenig Begüterten treffen, weil die Begüterten sich leichter etwas beschaffen können.

Dazu kommt, daß in allen Städten zwar Wohnbaulandreserven im Flächennutzungsplan ausgewiesen sind, nur sind sie bloß zu einem knappen Drittel baureif und in der Regel erst mittelfristig nutzbar. Aber selbst wenn diese Gebiete mit Vorrang weiter überplant und mit Baurechten versehen werden, kann auf die Realisierung der Baurechte kaum Einfluß genommen werden. Wird Bauland im normalen Bebauungsplanverfahren entwickelt, so handelt es sich bei den geschaffenen Baurechten um Angebote an die Eigentümer, die sie nicht wahrnehmen müssen. Sie können die Grundstücke auch horten und warten, bis sie noch teurer werden. Auch an diesem Punkt müßte durch Gesetz oder Verwaltungspraxis angesetzt werden, um Allokationsprobleme zu lösen.

Verteilungsprobleme
Verteilungsprobleme sind im Gegensatz zur Bodenrechtsdiskussion früherer Jahrzehnte heute eher in den Hintergrund getreten. Man hat sich daran gewöhnt, daß die Segnungen der Planung will heißen: Bodenpreiserhöhung durch Baurechte – manchen Eigentümern zufallen und anderen eben nicht; aber Neid allein wäre allerdings keine gute Richtschnur für politische Maßnahmen. Bedenklich wird es aber, wenn es immer wieder dieselben sind, die vom Planungssegen profitieren. Und noch bedenklicher ist, daß die Schere zwischen Eigentümern und Nichteigentümern immer weiter auseinander klafft. Wohneigentum ist i.d.R. das Ergebnis eines langen Prozesses von Spaarleistungen, Konsumverzicht, Eigenarbeit, Nachbarschafts- und Verwandtschaftshilfe: Es geht nicht um den Wert des Grundstücks, sondern um seinen Gebrauch für die Familie. Diese Art des Wohneigentums hat aber geringere Chancen zur Verwirklichung, gegenüber Wohneigentum als Ergebnis hoher Einkommen. Auch das durch hohe Einkommen und steu-

erliche Anreize geschaffene Wohneigentum mag der Verbesserung der eigenen Wohnbedingungen dienen, es dient aber vornehmlich der Vermögensbildung. Allerdings: Auch dieses Eigentum bedeutet eine Dezentralisierung von Macht.[10]
„Ohne Baugrundstücke kein Wohnungsbau". So lautete der erste Satz des 4. Kapitels des Berichts der (von der Bundesregierung eingesetzten) Expertenkommission Wohnungspolitik. Unbezahlbare Grundstücke sind nicht nur ein Allokations-, sondern auch ein Verteilungsproblem. In einer Gesellschaft, in der der Wunsch nach Wohneigentum groß ist, müßte das beachtet werden. Dies um so mehr, als hinsichtlich der Wohneigentumsquote Deutschland vor der Schweiz am Ende aller europäischen Staaten steht. Auch aus verteilungspolitischen Gründen muß für bessere Rahmenbedingungen gesorgt werden, um für alle bezahlbares Bauland anbieten zu können.

Boden-Verteilungsprobleme besonderer Art, auch Allokationsprobleme, spielen, von westdeutschen Autoren kaum wahrgenommen und selten problematisiert, in den östlichen Bundesländern eine große Rolle. Es ist zu bedenken, daß, auch hinsichtlich der Bodennutzung viele der alten Bewohner der neuen Länder einen Strich unter die – unbewältigte – Vergangenheit machen mußten, während Westdeutsche diesen bereits gezogenen Strich wegradieren durften.

Es gibt keinen Ostdeutschen, der Ansprüche auf westdeutschen Boden anmelden könnte, aber unzählige Westdeutsche, die in ostdeutschen Städten Boden unter die Füße bekommen.

Ökologische Probleme
Die Debatte um das Bodenrecht muß heute noch unter einem weiteren Gesichtspunkt geführt werden, der in der Vergangenheit allenfalls untergeordnete Bedeutung hatte: ökologische Aspekte, die Sorge für Natur und Landschaft haben eine Rolle zu spielen.

Zunächst müssen wir erkennen, daß Boden nicht so unzerstörbar ist, wie das noch vor kurzem gelehrt werden konnte. Boden ist zerstörbar, z.B. durch Kontamination mit giftigen Abfällen. Aber ganz so neu ist das Problem auch wieder nicht: die Griechen (und andere Anrainer des Mittelmeers) haben schon im Altertum ihre Wälder bedenkenlos abgeholzt, z.B. um Schiffe zu bauen. Der Boden ist unfruchtbar geworden, die Erdkrume wurde durch Wind und Regen dezimiert. Der so geschädigte Boden kann nur mit großem Aufwand, vergleichbar mit dem, der für die Dekontamination bei der Wiedernutzung von alten Zechengeländen anfällt, wieder gebraucht werden.

Bodennutzung muß die Belange des Umweltschutzes berücksichtigen. Auch das ist kein neuer Gedanke. Im ersten Buche Mose Kapitel 1 Vers 28 wird zwar berichtet, daß Gott zu den Menschen sagte, sie sollten sich die Erde untertan machen, aber im zweiten Kapitel Vers 15 ist davon die Rede, daß der Mensch den Garten Eden bauen *und bewahren* sollte. Es muß erreicht werden, daß Boden individuell wirtschaftlich genutzt werden kann, ohne daß dadurch seine ökologischen Funktionsbedingungen aufgehoben werden. Es wird kaum möglich sein, vorhandene Wohnbedürfnisse zu befriedigen, ohne weiter Boden zu gebrauchen. Die Lösung kann nicht sein, den Menschen berechtigte Ansprüche auf Wohnen zu versagen. Manche Vergrößerung der Wohnfläche wird uns auch indirekt vorgeschrieben: Wer vier Mülleimer in seiner Küche aufstellen muß, braucht eine größere Küche, und bei rund 26 Mio. Wohnungen sind das 26 Mio. mal 1 qm mehr. Die von uns erwartete Nutzung moderner Kommunikationsmittel wie PC und Fax, fordert Flächen, um sie aufzustellen, d.h. größere Wohnzimmer, vielleicht sogar eigene Medienzimmer, insbesondere für Leute, die zuhause arbeiten. Die Zwänge der technischen Entwicklung lassen sich nicht mit dem Hinweis auf überzogene Ansprüche beiseite wischen.

Dazu kommt, daß auch der Mensch Teil der Natur ist. Er hat sich als seine „Biotope" Städte und Dörfer geschaffen. Verhaltensforscher haben beobachtet und dargelegt, wie viele Hektar Wald ein Hirsch oder ein Reh braucht, wie groß das Revier eines Fuchses sein muß. Verstoßen wir nicht auch gegen ökologische Bedingungen, wenn wir zu bestimmen versuchen, wie dicht die Menschen aufeinander wohnen sollen? Wir müssen dem Menschen ebenso wie Blumen und Tieren Lebensrechte einräumen und das auch ohne Bedauern akzeptieren! Die Erde ist groß genug, damit jeder die „Hütte seines Glücks" darauf bauen kann; von Villen oder gar Schlössern allerdings hat Heinrich Heine in dem diesem Buch vorausgeschickten Wort nicht gesprochen.

Aufgabe bei der Schaffung von Bodenrecht ist es allerdings nach Lösungen zu suchen, die, obwohl das Recht des Menschen auf den ihm gemäßen Bodenanteil anerkannt wird, die Natur nicht über Gebühr belasten. Die Konkurrenz zwischen menschlicher Bodennutzung und Leistung des Naturhaushaltes ist unübersehbar, und Regeln in dieser Hinsicht gehören zum modernen Bodenrecht – auch wenn die Gewichtungen noch keineswegs geklärt sind und ein Konsens mehr im politischen Raum besteht als zwischen denen, die Grenzwerte bestimmen sollten und denen, die die Zeche zu bezahlen haben.

Lösungsmöglichkeiten

Zur Durchsetzung öffentlicher Interessen – d.h. zugleich, Interessen der Allgemeinheit – im Bodenrecht gibt es grundsätzlich drei Möglichkeiten: Inhaltsbestimmung bzw. Beschränkung des Eigentums, Planungsvorbehalt für Bodennutzung und Staatseigentum bzw. Obereigentum des Staates. Wir wissen seit dem Zusammenbruch des Ostblocks, daß die dritte Möglichkeit, die dort praktiziert wurde, ein Fehlschlag war. Die Bodennutzung war im Ostblock weder für die Wirtschaft, noch für den Menschen, noch für Natur und Umwelt effizient und befriedigend. Staatseigentum ist, von aller Ideologie abgesehen, kein praktikables Mittel, um eine sinnvolle Bodenallokation, eine gerechte Verteilung und eine Erfüllung von Umweltqualitätszielen zu erreichen. Marx und seine Anhänger waren sicher nicht böswillig, aber unrealistisch. Die Behandlung von Grund und Boden als Allgemeingut führt in unserer komplizierten Gesellschaft des 20. Jahrhunderts nicht zu einer rationellen Bodennutzung. Auch in England wurde erkannt, daß die fast vollständige Kommunalisierung des sozialen Wohnungsbaus nicht die erhofften positiven Ergebnisse für die Bevölkerung hatte. Angesichts dieser Erfahrungen wäre es unsinnig, beim Bodenrecht das Heil im Staatseigentum zu suchen.

Lösungen müssen im Rahmen des privaten Eigentums gesucht werden. Es muß nicht öffentlichen Interessen zuwiderlaufen, was auch privaten Interessen dient. Privates Eigentum führt zu Zufriedenheit und Stabilität, zu einem Sicherheitsgefühl und zur freien Entfaltung der Persönlichkeit[11]. Gleichzeitig führt Eigentum zur Konsumeinschränkung zugunsten von Wertbildung. Das Instandhalten der eigenen Wohnung nimmt dem Staat Lasten und Fürsorgepflichten ab.
Zur freien Entfaltung der Persönlichkeit gehört auch die wirtschaftliche Entfaltungsmöglichkeit, die durch Kreditwürdigkeit, die ein Grundstück verleiht, für Gewerbe, Handel und Industrie unterstrichen wird.
Daraus erwächst nicht nur dem individuellen Eigentümer Nutzen, sondern auch der Gesellschaft. Damit aber Eigentumsrechte nicht mißbräuchlich ausgeübt werden können, ist der Gesetzgeber sowohl nach § 903 BGB als auch nach Art. 14 Abs. 1 und 2 GG dazu aufgerufen, den Inhalt des (Privat-)Eigentums zu bestimmen und Grenzen zu setzen. Dadurch Mißstände zu verhindern, sind unsere Gesetze noch weit entfernt. Die Chance, die das geplante Bau- und Raumordnungsgesetz bietet, sollte nicht erneut verschlafen werden.

Wir haben nicht den Anspruch, Vorschläge vorzulegen, die vom Gesetzgeber so übernommen werden könnten. Dazu sind die Ansichten der Autoren über Bodenrecht allgemein, auch über Notwendigkeiten und die Möglichkeiten zu Veränderungen wohl zu verschieden. Wir sind uns aber alle darüber einig, daß es an der Zeit wäre, Bodenrecht und Bodenmarkt befriedigender, effizienter, gerechter zu gestalten und endlich „den Stier bei den Hörnern zu nehmen".

Wir würden gerne unsere Politiker als siegreiche Toreros feiern und nicht den Eindruck haben wollen, daß sie dem Schauspiel auf dem Bodenmarkt nur als Zuschauer beiwohnen.

1 Seagle, Weltgeschichte des Rechts, München und Berlin 1958, Seite 82 ff.
2 Vgl. Hattenhauer, Freiheit und Pflicht in der Geschichte des Bodeneigentums, in: Die neue Ordnung 1976, Seite 254.
3 Zitiert nach „Vaterland" 1983, Heft 1 Seite 1.
4 BT Drucks III/336, Seite 105/106.
5 vgl. den Bericht „Eigentum im Wertewandel", auch über das Referat von Oberhauser im I.D. des VHW Nr. 19, 20 vom 15.10.1996, Seite 233, 236 f.
6 Der Ausdruck geht auf einen der bedeutenden Rechtslehrer der ersten Hälfte des 20. Jahrhunderts, Gustav Radbruch, zurück aus: Einführung in die Rechtswissenschaft, 1911.
7 Angaben des Statistischen Bundesamtes, Kaufwerte für Bauland.
7a s. Schaar, H.W.: Preise für Wohnbauland 1994, in: Der Städtetag 10/1995, S. 690.
8 Vgl. Dransfeld und Voß, Funktionsweise städtischer Bodenmärkte in Mitgliedsstaaten der europäischen Gemeinschaft, ein Systemvergleich, herausgegeben vom BMBau, Bonn, 1993, Seite 194 ff.
9 Wohn- und Gewerbebaulandreserven – Ergebnis der BfLR Baulandumfrage 1995, Materialen zur Raumentwicklung Heft 77, Bonn 1996.
10 Vgl. dazu Häussermann, zitiert in „Eigentum im Wertewandel" in I.D. des VHW Nr. 19, 20 1996, Seite 233, 236.
11 So das Bundesverfassungsgericht in BVerfG 50, 290, 339; 68, 193, 222; siehe auch BVerfG in NJW 1992, 36.

III
Der Bodenmarkt

Marktverhalten, Bodenpreisbildung, Planung, qualitative Faktoren, Instrumente der Bodenpolitik

Helmut Güttler

Die Beschäftigung mit dem Bodenmarkt, die sog. „Bodenfrage", findet im immerwiederkehrenden Rhythmus das Interesse der breiten Öffentlichkeit und wird dann – insbesondere im Zusammenhang mit vermeintlicher oder tatsächlicher Bodenspekulation – als ein Kernproblem der Wohnungs- und Städtebaupolitik angesehen. Die Bodenfrage stand so schon immer im Blickfeld der Wirtschafts- und Gesellschaftspolitik.[1]
Allerdings muß man bei der Betrachtung der verschiedenen Vorschläge zur Lösung der Bodenfrage und Beeinflussung des Bodenmarktes sehen, daß es ein umfassendes theoretisches Konzept zum Bodenmarkt nicht gibt. Dies liegt vor allem daran, daß entgegen dem Begriff „Markt" ein in sich konsistenter einheitlicher Bodenmarkt nicht existiert. Vielmehr zerfällt der Bodenmarkt in zahlreiche sachliche und räumliche Teilmärkte für Grundstücke annähernd gleicher Qualität. Dies erschwert generelle Lösungsmöglichkeiten und erfordert auf die jeweiligen Problemlagen zugeschnittene Lösungsschritte.
Vor allem am Beispiel vieler städtebaulicher Problemsituationen läßt sich unter dem Gesichtspunkt der Verfügbarkeit von Grund und Boden am richtigen Ort zur richtigen Zeit und zu angemessenen Preisen die Frage nicht eindeutig beantworten,
- ob und inwieweit planerische Maßnahmen die Höhe der Bodenpreise bestimmen oder
- ob der Bodenpreis bzw. die Erwartung einer bestimmten Grundrente als Folge nutzungsspezifischer Erträge bzw. Ertragserwartungen Planungsentscheidungen beeinflussen.

Der Grund ist im wesentlichen darin zu suchen, daß zwischen Bodenmarkt bzw. Marktverhalten, der Bodenpreisbildung und städtebaulichen bzw. gebietsstrukturellen Entwicklungen Rückkoppelungen auftreten, die zu städtebaulichen Problemsituationen führen können.

Nun könnte man meinen, daß sich die Bodenproblematik durch Abschaffung des Marktes für Grundstücke lösen läßt. Dies wäre eine der Grundpositionen, die darauf hinausläuft, die Bodennutzung und die Zuweisung an die Nutzer allein durch Planungs- und Standortentscheidungen der öffentlichen Hand festzulegen. Der Bodenmarkt würde als Regulativ ausgeschaltet. Der Markt würde durch administrative Steuerungs- und Verteilungsmechanismen ersetzt werden. Der Gemeinde bzw. den politischen Entscheidungsgremien würde allerdings hierbei eine weitaus umfangreichere Verantwortung zufallen als bisher, wären sie doch gehalten, z.b. die wirtschaftliche Kalkulation von Investoren mit Präferenzen für bestimmte Grundstücke durch eigene Standortentscheidungen zu ersetzen. Es leuchtet ein, daß hier Politiker und die Administration überfordert wären, zumal mit Sicherheit davon auszugehen ist, daß sachfremde Erwägungen in die Planung einfließen.

Durch die Planung werden Bodennutzungen festgelegt; eng mit diesem allokationspolitischen Aspekt ist der Verteilungsaspekt verbunden, die Frage also, welchem Eigentümer bzw. Grundstückskäufer aufgrund von Nutzungsfestsetzungen Vermögenszuwächse zufallen. Jede Planung, insbesondere aber die Stadtplanung, verteilt Vermögen. Dies ist Planern (merkwürdigerweise) nicht immer bewußt. Oft bewirkt dies einen Druck von Interessenten auf Politiker und die planende Verwaltung, für sie vorteilhafte Entscheidungen zu treffen. Damit ergeben sich folgende Fragen:

- im Hinblick auf den Einsatz marktregulierender Instrumente, wie erreicht werden kann, daß bestimmte Bodeneigentümer nicht von Vermögenszuwächsen, zu denen sie nichts beigetragen haben, profitieren, weil dies als ungerechtfertigt angesehen wird,
- wie der Druck von Interessenten auf die planende Verwaltung vermieden werden kann, für die eine oder andere Gruppe von Bodeneigentümern vorteilhafte Entscheidungen zu treffen (z.B. Ausweisung von Baugebieten in bestimmter Lage, Erteilung von Dispensen u.ä.)
- und inwieweit vermieden werden kann, daß Vermögensumverteilungen zu einer Konzentration des Grundeigentums in der Hand weniger Personen bzw. Gesellschaften führen, die nun um so besser ihre Vorstellungen gegenüber der Gemeinde durchsetzen können.

Deshalb sind Steuerungsinstrumente erforderlich, um einen funktionsfähigen Bodenmarkt auszugestalten, z.B.
- Bodensteuern mit dem Ziel, die Bodenmobilität zu erhöhen, d.h. Baugrundstücke für eine plangemäße Nutzung verfügbar zu machen. Der Grund-

eigentümer wird laufend veranlaßt, seine bisherige Nutzung daraufhin zu überprüfen, ob sie den Standortbedingungen gerecht wird;
- bodenrechtliche Abgaben mit dem Ziel, die durch städtebauliche Planungen und Maßnahmen bewirkten Bodenwertsteigerungen auszugleichen und die Gemeinde finanziell in den Stand zu versetzen, die notwendige Ausstattung an materieller Infrastruktur zu schaffen;
- konsequente Anwendung des planungs- und bodenrechtlichen Instrumentariums zur Beeinflussung respektive Steuerung der räumlichen Verteilung der städtebaulichen Nutzung.

Marktverhalten und Bodenpreisbildung

Bei der Betrachtung der Verhältnisse auf dem Bodenmarkt kann nicht von dem Verhalten der Marktteilnehmer (Käufer, Verkäufer) abstrahiert werden. Erst in der Summe der Verhaltensweisen von Marktteilnehmern kristallisieren sich die Marktverhältnisse heraus.
Es bilden sich aus einer Vielzahl subjektiver Preis- und Wertvorstellungen der Marktteilnehmer ein intersubjektiver Preis und – davon abgeleitet – Wert, der als der Bodenpreis und -wert in der Öffentlichkeit bekannt wird. Der im Baugesetzbuch definierte Verkehrswert berücksichtigt diese Umstände: In der entsprechenden gesetzlichen Bestimmung (§ 194 BauGB) heißt es u.a., daß der Verkehrswert durch den Preis bestimmt wird, der im gewöhnlichen Geschäftsverkehr ... ohne Rücksicht auf ungewöhnliche oder persönliche Verhältnisse zu erzielen wäre. Zwar soll der Verkehrswert – i.d.R. als Mittelwert mehrerer Bodenpreise vergleichbarer Grundstücke – nur *einem* bestimmten Preis entsprechen, gleichwohl handelt es sich hier um einen fiktiven Preis aus einer Preisspanne, der als der „plausibelste" Wert angesehen werden kann.
Andererseits üben der Verkehrswert und davon abgeleitete Bodenrichtwerte und entsprechende Entschädigungszahlungen Einfluß auf die Preisvorstellungen der Marktteilnehmer aus. So haben Untersuchungen zu Marktverhältnissen und zum Marktverhalten von Eigentümergruppen auf dem Bodenmarkt[2] ergeben, daß Verkehrswerte und Bodenrichtwerte zumindest vielen Grundstücksanbietern bekannt sind. Sie werden aber eher als Preisuntergrenze angesehen, die man in den Kaufverhandlungen zu übertreffen trachtet. Was ist die Folge? Steigende Bodenpreise: Sie entstehen durch das allmähliche Sich-Aufschaukeln solcher Untergrenzen-Preise. Dies gilt für den Anbietermarkt – und um einen solchen handelt es sich i.d.R. beim Bodenmarkt – in besonderem Maße, da die Anbieter das Preisgeschehen weitgehend be-

stimmen. Hinzu kommt ein anderes Phänomen, nämlich die Tatsache, daß Bodenrichtwerte und Verkehrswerte die im Vergleich zur Vielzahl von Grundstücken nur wenigen Verkaufsfälle und -preise verallgemeinern. Jeder kennt diese Erscheinung aus der Praxis. Es werden einige Grundstücke (z.B. in guten Stadtlagen) u.U. mehrfach gehandelt mit steigenden Verkaufspreisen. Alsbald sind auch andere Anbieter der Meinung, daß ihre Grundstücke ebensoviel wert seien. Hohe Bodenpreise schweben über dem Stadtviertel und geben zur Spekulation Veranlassung („floating values"). Nell-Breuning bezeichnete diese Erscheinung als „Kollektives Meinungsmonopol", wonach Grundstückseigentümer oft bestimmte Vorstellungen vom Wert ihrer Grundstücke besitzen, die von anderen Eigentümern übernommen werden.[3] Dies wird z.B. bei Bauland sehr oft gestützt durch eine zwar nutzungsintensive, gleichwohl aber – was die Art der Nutzung anbelangt – weitgehend unbestimmte Planung, z.B. in Misch- und Kerngebieten. In der Regel richten sich die Bodenpreise nach der höchstmöglich zulässigen Ausnutzung. Dies gilt auch dann, wenn auf dem Grundstück an sich weniger ertragreiche Nutzungen realisiert werden sollen.

Die Planung ist also ein wesentlicher bestimmender Faktor für die Bodenpreisbildung. Sie kann aber auch andererseits, wie dargelegt wurde, durch gezahlte Kaufpreise beeinflußt werden. Wer für sein Grundstück einen hohen Bodenpreis bezahlt hat, wird versuchen, die Nutzungen mit der höchstmöglichen Rendite zu realisieren. Die Folge ist, daß ertragreichere Nutzungen ertragschwächere verdrängen, eine Erscheinung, die in den Innenstädten oder in Stadtteilzentren, vor allem mit Misch- und Kernnutzung, vielfach zu beobachten ist.

Bodenmarkt und Planung

Die grundlegende Bestimmung für das Eigentum und damit auch Bodeneigentum in Deutschland findet sich in Art. 14 des Grundgesetzes: Danach sind Eigentum und das Erbrecht gewährleistet. Inhalt und Schranken werden durch Gesetze bestimmt. Das Eigentumsrecht umfaßt hierbei ein doppeltes Recht, nämlich einmal die Erwerbsfreiheit und zum anderen, soweit nicht durch gesetzliche Regelungen eingeschränkt, die Verfügungsfreiheit über Grund und Boden. Auf der anderen Seite verpflichtet das Eigentum: Sein Gebrauch soll zugleich dem Wohl der Allgemeinheit dienen. Durch das Baugesetzbuch wird das Bodenrecht im kommunalen Verantwortungsbereich ausgeformt.

Zur Inhaltsbestimmung des Eigentums an Grund und Boden gehört das Recht zur baulichen Nutzung. Gleichwohl herrscht keine unbeschränkte Baufreiheit. Vielmehr besteht gegenüber der baulichen und sonstigen Nutzung der Grundstücke ein Planungsvorbehalt. Die Bauleitplanung formt die Nutzung am Grund und Boden inhaltlich aus und beschränkt sie. Maßgeblich ist die Situationsgebundenheit, u.a. die konkrete Lage des Grundstückes und seine Eingebundenheit in die städtebauliche Situation.

Der Bodenmarkt ist also kein „freier ungebundener Markt", sondern ein durch die öffentliche Hand, namentlich durch deren Planung und die bodenrechtlichen Instrumente bestimmter Markt. Der Marktpreis wiederum ist als Korrektiv zu den städtebaulichen Instrumenten anzusehen. Nutzungen, die keine Rendite versprechen, werden von den Investoren nicht angenommen. Am falschen Standort geplante Vorhaben finden nur schwer einen Investor, der Bodenpreis bleibt im Verhältnis zu attraktiveren Standorten niedrig.

Das wechselseitige Verhältnis zwischen *Planung und Bodenmarkt* läßt sich wie folgt kennzeichnen:

Städtebauliche Planung (Bauleitplanung) und baurechtliche Bestimmungen legen die Grundstücksnutzung nach Art und Maß der baulichen Nutzung und für sonstige Nutzungen fest. Insoweit werden auch Art und Umfang des möglichen Angebotes an Baugrundstücken bestimmt. Hierdurch entstehen unter Verteilungsgesichtspunkten vorteilhafte, aber auch nachteilige Auswirkungen für die Grundstückseigentümer.

Das Bild von der Verteilung „schwarzer und weißer Lose" ist hinreichend bekannt: Für die einen Grundstückseigentümer wird z.B. aus Agrarland Bauland, die anderen gehen als Folge planerischer Standortentscheidungen leer aus. Es ist verständlich, daß sie ebenfalls Bauland erhalten möchten. Sie werden u.U. die Gemeindeverwaltung zu beeinflussen versuchen, ihre Grundstücke in die Bebauungsplanung mit einzubeziehen. Ähnlich, z.B. in Stadtgebieten, wo für Grundstücke eine höhere Ausnutzung als vorgesehen verlangt wird oder sich als Folge einer generell gegebenen hohen Ausnutzung (etwa in Misch- und Kerngebieten) von vornherein das Bodenpreisniveau erhöht. Die scheinbare planerische Flexibilität durch Ausweisung von Mischgebieten oder auch durch Nichtüberplanung des Innenbereiches (§ 34-Gebiete) wird also durch ein höheres Bodenpreisniveau erkauft. Die vielfach beklagte Verdrängung von ertragsschwächeren durch ertragreichere Nutzung in der Innenstadt ist nicht zuletzt eine Folge falscher, undifferenzierter Planung, die sich zwar nicht sofort, aber doch mittelfristig nachteilig auswirkt.

Eine wesentliche Voraussetzung für die Steuerung bzw. Beeinflussung des Bodenmarktes ist eine kommunalpolitisch glaubwürdige Planung. Dabei ist zu sehen, daß die Mehrzahl aller Steuerungsinstrumente einschließlich förderrechtlicher Bestimmungen überwiegend auf die Angebotsseite abzielen. Wir haben es in der Regel mit einer *Angebotsplanung* zu tun: Die Gemeinde oder der Planungsträger stellen Grundstücke als Angebot zu bauen dem Markt zur Verfügung. Über den Markt hingegen wird entschieden, wer die Grundstücke nutzt (entweder der Eigentümer selbst oder ein Käufer). Wird das Grundstück weder bebaut noch verkauft, entstehen Baulücken und „Stadtbrachen", was wiederum den Einsatz von bodenrechtlichen Instrumenten erfordert.

Die Nachfrageseite wird für eine Marktsteuerung noch zu wenig genutzt. Dies könnte dadurch geschehen, daß die Nachfrage auf solche Grundstücke resp. Standorte gelenkt wird, auf denen die städtebaulich gewünschten Investitionen getätigt werden sollen. Die Nachfrageseite in der Planung wird auch bei vertraglichen Vereinbarungen mit Investoren über Aufstellung und Durchführung von städtebaulichen und sonstigen Plänen berücksichtigt (Beispiel: Vorhaben- und Erschließungsplan). Würde allerdings der Markt als Regulativ einer ökonomischen Bodenverwendung ausfallen, wäre auch kein Korrektiv für die Planung gegeben. Man könnte sich denken, daß Grund und Boden nichts oder nur wenig kosten: Könnte dann trotzdem eine planerisch sinnvolle Entscheidung getroffen werden? Wird dann auch flächensparend und bodenschonend gebaut? Dies alles sind Fragen, die ohne Beachtung des ökonomischen Stellenwertes des Bodens nur schwer zu lösen sind. Deshalb spielt der Bodennutzungspreis, letztlich der Bodenpreis für die Planung eine entscheidende Rolle.

Grundstücksqualität als bodenpreisbestimmender Faktor

Zu den grundstückswertbestimmenden Faktoren gehören in erster Linie Merkmale der Grundstücksqualität, nämlich Lage, Beschaffenheit und Nutzbarkeit. Ferner haben regionale Faktoren und Gebietsfaktoren Einfluß auf den Bodenpreis bzw. das Bodenpreisniveau:
– Regional-, Gebiets- und Grundstücksmerkmale lassen sich zwar soweit wie möglich objektiv beschreiben, sie werden aber von den Marktteilnehmern subjektiv wahrgenommen und bewertet.
– Dies bedeutet, daß Grundstücksmerkmale allenfalls in durchschnittlicher Betrachtungsweise verschiedener Marktteilnehmer und deren subjektiver Einschätzung preisbestimmend werden. Welchen Einfluß sie ausüben, kann man

z.B. durch Korrelationsanalyse anhand vieler Bodenpreise ermitteln. Es ergibt sich ein intersubjektiver Bodenpreis.

In erster Linie werden von den Marktteilnehmern die Grundstücksfaktoren wahrgenommen. Vor allem die Lage läßt sich i.d.R. gut beurteilen. Zu den Lagemerkmalen gehören
– die Verkehrslage, gemessen an der Erreichbarkeit örtlicher und überörtlicher Infrastruktureinrichtungen, von Geschäften, Dienstleistungseinrichtungen und des Arbeitsplatzes;
– die Nachbarschaftslage, d.h. die Lage in der Umgebung; hier wiederum die Lage zur benachbarten Bebauung, zu Immissionsquellen u.ä.;
– als qualitativer Faktor die Ansehnlichkeit der näheren Umgebung, also die sog. „Gesellschaftslage" und die städtebauliche Gestaltqualität.

Zur planungs- und baurechtlichen Bestimmtheit zählen insbesondere die Regelungen der Baunutzungsverordnung. Sie legen Art und Maß der baulichen Nutzung sowie die Bauweise fest (z.b. offene, geschlossene Bebauung). Zwar sind die zulässige Art und das zulässige Maß der baulichen Nutzung bestimmend; das zulässige Maß wird aber z.b. bei der Wohnnutzung – wie Untersuchungen bei Ein- und Zweifamilienhäusern ergeben haben[4] – nicht immer erreicht. Das liegt daran, daß bei der Wohnnutzung andere Präferenzen gelten als bei gewerblicher Nutzung und bei Renditeobjekten. Deshalb wird die reale Gebäudenutzung bei bebauten Grundstücken als Wertmaßstab herangezogen. Des weiteren Baualter, Gebäudezustand (modernisiert, nicht modernisiert), wirtschaftliche Lebensdauer und bestimmte Auflagen (z.B. Denkmalschutz u.ä.).

Die Beschaffenheit des Grundstückes wird durch folgende Faktoren bestimmt: die Grundstücksgröße, die Grundstücksgestalt (Grundriß und Geländeform), die Beschaffenheit des Baugrundes sowie dingliche Rechte, Lasten und Beschränkungen.

Ein wesentlicher Gesichtspunkt ist ferner der Erschließungszustand des Grundstückes. Erschließung und infrastrukturelle Vorleistungen erhöhen den Grundstückswert und Grundstückspreis, allerdings nur insoweit, als entsprechende Aufwendungen unmittelbar auf die Grundstückseigentümer gesetzlich oder vertraglich umgelegt werden können.

Die genannten Grundstücksmerkmale beeinflussen weitgehend das Kaufverhalten, während regionale und gebietsbezogene Faktoren allenfalls Einfluß auf die generelle Entscheidung für oder wider einen bestimmten Standort haben. Ein wesentlicher Gesichtspunkt ist hierbei die Funktion des Gebietes innerhalb der Stadt, die Lage im Stadtgebiet (z.B. in der Innenstadt, am

Stadtrand oder in einem Stadtteilzentrum) oder im Außenbereich. Von Bedeutung ist auch die Frage, ob es sich um ein städtebauliches Problemgebiet handelt oder Sanierungsmaßnahmen durchgeführt werden.
Bei der Wohnbebauung haben Untersuchungen zu Kaufmotiven Privater u.a. ergeben, daß ihre wesentlichen Gründe für einen Grundstückskauf in erster Linie bei der Wahrnehmung eigener Wohnwünsche und bei familiären Gründen liegen. Persönliche Gründe überwiegen bei der Eigennutzung, während bei Renditeobjekten i.d.R. die erwarteten Erträge resp. Mieteinnahmen eine Rolle spielen. Dementsprechend ist auch die Präferenz bei der Standortwahl unterschiedlich. Hinzu kommt der geforderte Bodenpreis. Wird z.B. im suburbanen Raum für ein vergleichbares Grundstück ein wesentlich niedriger Preis gefordert als im Stadtgebiet, so weicht der Käufer dorthin aus. Mit anderen Worten: das „Wohnen im Grünen", im Eigenheim, ist nach wie vor präferierte Wohnnutzung, selbst unter Inkaufnahme anderer Nachteile an der Stadtperipherie, z.b. des täglichen Pendels zur Arbeitsstelle.
Die Marktkonstellation als weiterer bodenpreisbestimmender Faktor wird gekennzeichnet durch das Mengenverhältnis von Angebot und Nachfrage. Der Grundstücksmarkt ist – wie oben erwähnt – vielfach ein Angebotsmarkt, d.h. die Nachfrage ist größer als das Angebot. Umfang von Angebot und Nachfrage lassen sich nur schwer ermitteln. Die Kaufvertragsabschlüsse stellen lediglich einen Ausschnitt aus dieser Größe dar. Letztlich kann man allerdings im Hinblick auf die Marktkonstellation auch sagen, daß jedes Grundstück eine individuelle Einheit darstellt. Erst durch das Zusammenfassen von Grundstücken annähernd gleichen Zustandes lassen sich quantitative Werte angeben.
Um den Angebotsmarkt (oder auch Verkäufermarkt) weitgehend zu regulieren, werden Überlegungen angestellt, zur Angebotsvermehrung seitens der Gemeinden oder des Staates Grundstücke in größerem Maße als bisher zur Verfügung zu stellen. Dies ist *ein* Instrument der kommunalen Bodenpolitik. Ob und in welchem Umfange dies gelingt, hängt allerdings von der Stellung der Öffentlichen Hand auf den Bodenmarkt und von der verfügbaren Menge der in ihrem Eigentum befindlichen Grundstücke ab. Weiterhin ist zu bedenken, ob es in Stadtregionen mit bereits hohem Siedlungsflächenanteil sinnvoll ist, die Siedlungsfläche durch zusätzliche Baulandausweisung noch zu erhöhen. Auch ist es von entscheidender Bedeutung, daß Bauland an städtebaulich geeigneten Standorten zur Verfügung steht. Allein aus dieser Sichtweise heraus wird man nicht beliebig und in unbegrenztem Umfang Bauland ausweisen können.

Instrumente der Bodenpolitik

Bodenpolitische Instrumente haben das *Ziel,*
- den Boden für eine plankonforme städtebauliche und sonstige Nutzung aufzubereiten und
- dazu beizutragen, daß der Boden den aus städtebaulicher Sicht geeigneten Nutzern verfügbar ist.

Im Vordergrund der Bodenpolitik steht der zuerst genannte Aspekt, während die Verteilung des Bodens auf Bau- und Nutzungsinteressenten prinzipiell über den Bodenmarkt geregelt ist. Allerdings kann das Problem der Verteilungsgerechtigkeit nicht losgelöst von der Bodenverwendung betrachtet werden. Im ungünstigsten Fall bleibt Bauboden zunächst unbebaut liegen (z.B. Baulücken). Tatsächlich spielte zu allen Zeiten, namentlich in der Bodenreformbewegung der 20er und 30er Jahre, die Verteilungsgerechtigkeit die Hauptrolle, während die Bodenverwendung nur nachgeordnet behandelt wurde.
Heute ist es eher umgekehrt: dies, obwohl in der politischen Debatte, so auch bei den Überlegungen in den 50er und 60er Jahren zum Bundesbaugesetz, oft der Verteilungsaspekt im Vordergrund stand. Insbesondere im Zusammenhang mit der sog. Bodenspekulation wurde und wird auch heute noch die ungerechtfertigte Bereicherung mit Gewinnen aus dem Bodeneigentum und -verkauf kritisiert. Auch die Vorschläge für eine Bodenwertabschöpfung und Bodensteuer zielen in der öffentlichen Diskussion eher auf den Verteilungs- als auf den Verwendungsaspekt ab. Gleichwohl hat die Bodenpolitik unter regionalen und städtebaulichen Aspekten zuvorderst die richtige Bodenverwendung zum Gegenstand. Deshalb soll sie auch hier unter diesem ordnungspolitischen Gesichtspunkt behandelt werden.
Abgesehen von dem „Normalfall", daß nämlich die Gemeinde Grundstücke ankauft, erschließt und wieder verkauft, spielen bei der kommunalen und staatlichen Bodenpolitik öffentlich-rechtliche und privatrechtliche (auf vertraglichen Vereinbarungen beruhende) Verfahren eine Rolle; hierbei rücken im Zusammenhang mit der Ausgestaltung städtebaulicher Verträge die privatrechtlichen Vereinbarungen mehr in den Vordergrund. Durch städtebaulichen Vertrag kann die Gemeinde die Vorbereitung und Durchführung städtebaulicher Maßnahmen nach dem BauGB oder dem (noch geltenden) BauGB-MaßnahmenG auf Dritte übertragen oder hierüber andere Vereinbarungen treffen. Interessant ist im übrigen, daß sich der städtebauliche Vertrag in Anlehnung an bereits früher mögliche vertraglich vereinbarte Bodenordnungsmaßnahmen herausgebildet hat. Schon früher wurde die ver-

tragliche Bodenordnung oft angewendet, da einvernehmliche Regelungen zwischen Gemeinde und Privateigentümern angestrebt wurden. Insoweit ist z.B. die sog. freiwillige Umlegung in vielen Gemeinden von Bedeutung, insbesondere dann, wenn sie sich in der kommunalen Praxis durchgesetzt und bewährt hat.[5]
Im folgenden wird ein kurzer Überblick über die kommunale Boden-(vorrats-) und Baulandpolitik[6] gegeben. Sie berücksichtigt Träger, Verfahren bzw. die Tätigkeit des Trägers und die Finanzierung. Gegenüber der herkömmlichen Darstellungsform hat die Übersicht den Vorteil, daß sie von der Praxis her aufgebaut ist und auf empirischen Erkenntnissen beruht.[7]

Träger, Baureifmachung
Zu unterscheiden ist zwischen der Gemeinde als Trägerin der Bodenpolitik und eingeschalteten Gesellschaften (z.B. Entwicklungs-/Sanierungsgesellschaften, Wohnungsbaugesellschaften u.ä.), wobei die Gemeinde alle in ihrem hoheitlichen Verantwortungsbereich liegenden Aufgaben der Planung und Bodenordnung wahrnimmt. Generell lassen sich zwei Ausgangssituationen für die Bodenpolitik unterscheiden, nämlich
– die Gemeinde oder ein anderer Träger der Bodenpolitik haben bereits den Grundbesitz langfristig oder mittelfristig als Bodenvorrat erworben, oder
– die Grundstücke bzw. das werdende Bauland befinden sich in privater Hand. Dies ist am häufigsten der Fall. Hier geht es darum, die Verwendung des Baulandes für bestimmte Zwecke zu sichern, z.B. durch vertragliche Vereinbarungen mit den Eigentümern, etwa einen Teil des Baulandes *vor* Planreife an die Gemeinde oder andere Bauinteressenten abzutreten. Durchsetzungsstrategie ist in diesem Falle die Verbindung der Bauleitplanung mit der vertraglichen Bodenordnung.
Wegen des Koppelungsverbotes der Bauleitplanung an sachfremde Ziele müssen in diesem Falle auch Voraussetzungen dafür gegeben sein, daß die Gemeinde ohne Verknüpfung bodenpolitischer Ziele mit dem Bebauungsplan auf anderweitige Planungsstandorte ausweichen kann. Eine Zwangslage, daß nur an einer bestimmten Stelle der Bebauungsplan aufgestellt werden kann und nur hier vertragliche Vereinbarungen getroffen werden können, darf nicht eintreten.
Der darauffolgende Schritt ist die Baureifmachung der Grundstücke, bei Grundeigentum in Privathand z.B. durch eine amtliche (behördliche) oder eine freiwillige Umlegung. Hierdurch sollen die Grundstücke nach Lage, Form und Größe für die bauliche und sonstige Nutzung zweckmäßig gestaltet werden.

Grundstücksvergabe
Die Grundstücksvergabe erfolgt bei Grundeigentum in Hand der Gemeinde oder des Trägers durch Verkauf, u.U. mit Auflagen und Bedingungen (wie Bauverpflichtung) oder im Wege der Zuteilung im Rahmen der Baulandumlegung. Die Baulandumlegung ist ein privatnütziges Verfahren. Deshalb kann die Gemeinde vorab lediglich Grundstücke für Erschließungs- und Ausgleichsflächen aus der Umlegungsmasse ausscheiden; die restlichen Flächen müssen auf die Eigentümer verteilt werden ggf. gegen Zahlung eines Geldbetrages (Ausgleichsleistung).

Finanzierung
Finanziert wird bei zweckgebundenem Bodenvorrat durch den ordentlichen Haushalt, bei nichtzweckgebundenem Bodenvorrat i.d.R. durch Bodenfonds. Werden vertragliche Vereinbarungen eingegangen, kann die Finanzierung auch entfallen, nämlich dann, wenn mit den Privateigentümern ein Ankaufsvorbehalt für den Fall der nichtvertraglichen Verwendung des Bodens vereinbart wird, ansonsten aber direkt zwischen Privateigentümern und von der Gemeinde benannte Kauf- und Bauinteressenten ein Kaufabschluß getätigt wird.

Sonderfall Entwicklungsmaßnahme
Bei der städtebaulichen Entwicklungsmaßnahme besteht eine Grunderwerbspflicht. Der erworbene Boden muß wieder privatisiert werden. Das Besondere an dieser Maßnahme ist die sog. Wertabschöpfung (fälschlicherweise auch Planungswertausgleich genannt). Sie erfolgt dadurch, daß die Gemeinde die Flächen zu einem Wert ohne Aussicht auf Entwicklung erwirbt und die Grundstücke nach tatsächlicher und rechtlicher Neuordnung zum Neuordnungswert an Bauinteressenten abgibt. Die Wertdifferenz wird abgeschöpft. Sie wird zur Finanzierung der Entwicklungsmaßnahme verwendet.

Bodenpolitik für eine zukunftsfähige Stadtentwicklung

Zukunftsfähige Stadtentwicklung bedeutet zugleich nachhaltige Stadtentwicklung. Nachhaltigkeit ist in dem Sinne zu verstehen, daß Flächen- und Ressourcenverbrauch in den Städten und durch die Stadtbewohner reduziert werden. Letztlich soll nicht mehr verbraucht werden, als an erneuerbaren Ressourcen vorhanden ist. Gegebenenfalls sind Kompensationsmaßnahmen zu treffen, z.B. in Form von Ausgleichsflächen für baulich in Anspruch genommene Grundstücke.

Die *räumlichen Ordnungsprinzipien* einer nachhaltigen Stadtentwicklung sind Dichte, Mischung und Polyzentralität[8]. Dichte bedeutet nicht nur dichtere bauliche Nutzung, sondern auch die Anordnung städtischer Nutzungen in der Weise, daß das Erfordernis der Pkw-Mobilität in der Stadt verringert wird („Stadt der kurzen Wege"). Dies kann allerdings im Bestand erst über einen längeren Zeitraum erreicht werden. Mischung bedeutet Nutzungsmischung, insbesondere, um die urbanen Funktionen der Innenstädte und von Stadtteilzentren zu erhalten, die Städte zu vitalisieren und dort, wo bereits Funktionsschwächen eingetreten sind, zu revitalisieren. Einer Nutzungsentmischung mit getrennten Stadt- und Siedlungsfunktionen soll im regionalen Maßstab die Polyzentralität entgegenwirken. Hierdurch wird eine disperse Siedlungsentwicklung vermieden. Es handelt sich um räumliche Anforderungen, die
- auf den Vorrang der bestandsorientierten Stadtentwicklung vor der Neuausweisung von Bauland,
- Wiedernutzung vor Neubau und
- Flächeneinsparung statt extensivem Flächenverbrauch hinauslaufen.

Haushälterische Bodenpolitik
Eine nachhaltige Stadtentwicklung erfordert neben einer stadtverträglichen Verkehrspolitik und einer vorsorgenden Umweltpolitik eine *haushälterische Bodenpolitik*. Sie soll dem Gebot „Freiräume für Siedlungs- und Verkehrszwecke sparsam und schonend in Anspruch zu nehmen" Genüge leisten. Das Gebot des sparsamen und schonenden Umganges mit Grund und Boden ist im § 1 BauGB gesetzlich verankert, ebenso wie die Bestimmung, „eine menschenwürdige Umwelt zu sichern und die natürlichen Lebensgrundlagen zu schützen".
Die Bodenpolitik leistet so einen Beitrag
- zur deutlichen Reduzierung des Flächenverbrauchs,
- zur effizienteren Flächennutzung durch verdichtetes, qualitätvolles Bauen und durch Nutzungsmischung,
- zum Ausgleich der mit weiterem Siedlungswachstum verbundenen Belastungen.
Die haushälterische Bodenpolitik ist die unmittelbar flächenbezogene Komponente einer geordneten städtebaulichen und stadtregionalen Entwicklung. Im Städtebaulichen Bericht „Nachhaltige Stadtentwicklung" der BfLR, aber auch in den Baulandberichten des BMBau, zuletzt im Baulandbericht 1993, werden diese Ziele und die daraus folgenden Aufgaben der Bodenpolitik im einzelnen thematisiert.

Der Grundsatz „Vorrang der Innenentwicklung vor der Außenentwicklung" ist schon seit Mitte der 80er Jahre Leitlinie im Städtebau und in der Stadtentwicklung. Vorzugsweise Aufgabe der Bodenpolitik ist hierbei die Wiedernutzung von Bauland: eine ökonomisch wie ökologisch sinnvolle Maßnahme, da hierdurch zum einen Freiflächen geschont werden und zum anderen vorhandene Infrastruktur wiedergenutzt bzw. ausgelastet wird. In diesem Zusammenhang sind z.B. die Wiedernutzung von Brachflächen und die Baulückenschließung durch ein entsprechendes Bodenmanagement zu sehen. Eine weitere Aufgabe der Bodenpolitik ist es, dafür Sorge zu tragen, daß mit Grund und Boden sparsam und schonend umgegangen wird. Es kann der Flächenverbrauch vermindert werden, indem durch Ausschöpfung des in der Baunutzungsverordnung festgelegten zulässigen Maßes der baulichen Nutzung ein erheblicher Beitrag zur Reduzierung der Siedlungsfläche geleistet wird. Ökologische Kompensation der baulichen Flächeninanspruchnahme ist ebenfalls eine Aufgabe, zu der die Bodenpolitik beitragen kann. Insbesondere betrifft dies die Bereitstellung von Ausgleichsflächen innerhalb der Baugebiete (etwa in der Baulandumlegung) oder außerhalb an anderweitigen ökologisch sinnvollen Standorten.

Auswirkungen auf das Bodenpreisgefüge
Es darf allerdings auch nicht verkannt werden, daß die Forderung nach mehr Kompaktheit und Innenentwicklung negative Auswirkungen auf den Bodenmarkt und die Bodenpreisbildung hat. Je intensiver das vorhandene Bauland ausgenutzt wird und je weniger Bauflächen anderweitig bereitgestellt werden, desto mehr steigen die Grundrente und der daraus resultierende Bodenpreis. Dabei ist der Liegenschaftszinssatz, zu dem sich die Baugrundstücke langfristig in ihrer Rentierlichkeit verzinsen, von Bedeutung. Bei unbebauten Grundstücken tritt an die Stelle des tatsächlichen Ertrages der erwartete Ertrag. Es leuchtet ein, daß von der erwarteten oder tatsächlich verbesserten Grundstücksausnutzung in erster Linie die Eigentümer profitieren, während Kauf- und Bauinteressenten zunächst die nachteiligen Folgen der Preisgestaltung zu tragen haben. Hier wird wieder die andere Seite der Bodenpolitik, nämlich der Verteilungsaspekt deutlich: Was von der Bodenverwendung her gesehen wünschenswert ist, kann nachteilige Verteilungswirkungen mit sich bringen.
Zu den Aufgaben der Bodenpolitik, insbesondere der Steuerung von Baulandangebot und -nachfrage und zu den Wirkungen bodenpolitischer Instrumente auf den Bodenmarkt werden an anderer Stelle im Zusammenhang mit der Darstellung neuer Perspektiven und Instrumente Hinweise gegeben.

Diese Wirkungen sind sowohl allokations- wie verteilungspolitisch zu beurteilen, wenngleich – wie eingangs erwähnt – die ordnungspolitischen Gesichtspunkte im Vordergrund stehen. Von Bedeutung sind planungsrechtliche Festlegungen, planungssichernde Bestimmungen und planvollziehende Maßnahmen des BauGB. Hervorzuheben sind die städtebaulichen Sanierungs- und Entwicklungsmaßnahmen und die (verschiedenen) steuerrechtlichen und beitragsrechtlichen Lösungen (z.b. der Infrastrukturbeitrag) sowie planungsrechtlichen Abgaben (etwa der insbesondere in den frühen 70er Jahren diskutierte „Planungswertausgleich"). Im Abschnitt „Neue Instrumente" werden solche Vorschläge aufgegriffen und unter bodenpolitischen Gesichtspunkten diskutiert.

Zusammenfassend läßt sich sagen, daß die Geschehnisse auf dem Bodenmarkt und ihre Beeinflussung durch Bodenpolitik bestimmende Faktoren der Stadtentwicklung und Stadtplanung sind, die im Städtebau vorrangig beachtet werden sollten.

1 Einen ausführlichen Überblick geben z.b. die Bände 1-4 der Veröffentlichung „Boden, eine Dokumentation", Hrsg.: Deutscher Verband für Wohnungswesen, Städtebau und Raumplanung, Köln 1968; in ihr sind die verschiedenen Gesetzesvorschläge, Stellungnahmen der Parteien, von Institutionen und Verbänden dokumentiert. Zu nennen sind des weiteren die Jahrbücher zur Bodenreform, die als Vierteljahreshefte nach 1900 bis in die späten dreißiger Jahre unter der Herausgeberschaft von A. Damaschke erschienen. In ihnen sind anschaulich viele bodenpolitische Vorschläge der damaligen Zeit enthalten, die heute durchaus wieder aktuell sein könnten.
2 Vgl. u.a. Güttler, Ruppert, Dierl: Fallstudien zu Marktverhältnissen und zum Marktverhalten von Eigentümergruppen auf dem Bodenmarkt. In: Dieterich (Hrsg.), Fragen der Bodenordnung und Bodennutzung, Dortmunder Beiträge zur Raumplanung, Band 18, 1980, S. 53 ff.
3 Nell-Breuning, v.: Die Preisbildung am Bodenmarkt. In: So planen und bauen, 1965.
4 Hierzu siehe u.a. Baulandbericht 1993, Nachverdichtungspotentiale S. 65 ff., Bundesministerium für Raumordnung, Bauwesen und Städtebau.
5 Zur freiwilligen Umlegung siehe Dieterich, Baulandumlegung, Recht und Praxis, S. 265 ff., Verlag C.H. Beck. 1985. Zu einer möglichen Weiterentwicklung des Umlegungsrechts i.S. einer sog. „Rechtsumlegung" im Bestand (z.b. im Innenbereich der Städte) siehe auch Stellungnahme der Bundesvereinigung der kommunalen Spitzenverbände, zum Referentenentwurf für ein Gesetz zur Änderung des BauGB vom 18.7.1996 (unveröffentlicht).
6 Siehe u.a. Baulandbericht 1993, a.a.O., S. 171 ff.
7 U.a. Krautzberger, Güttler: Bodenpolitik der Gemeinde. In: Städte- und Gemeindebund, 1983, H. 1. Zur Bodenpolitik generell siehe u.a. Borchard, Seele (Hrsg.), Bodenpolitik in Stadt und Land, Beiträge zu Städtebau und Bodenordnung, Band 6, Schriftenreihe des Instituts für Städtebau, Bodenordnung und Kulturtechnik der Universität Bonn, 1984, und Borchard, Weiß (Hrsg.), Bodenpolitik in Vergangenheit und Gegenwart. Ausgewählte Schriften von Walter Seele, Schriftenreihe, a.a.O., Bonn 1994.
8 Vgl. Städtebaulicher Bericht, Nachhaltige Stadtentwicklung, Bearbeiter und Herausgeber: Bundesforschungsanstalt für Landeskunde und Raumordnung, Bonn 1996.

IV
Blicke ins Ausland

Dänemark

Beate Dieterich-Buchwald

Deutschlands Nachbar im Norden ist das kleine (nur ca 43.000 qkm große) Dänemark mit seinen gut 5 Mio Einwohnern. Gewöhnlich übersieht man die Kleinen. Aber der zunehmend akzeptierte Slogan ‚small is beautiful' sollte uns neugierig machen zu sehen, wie unsere „kleinen" Nachbarn mit Bodenproblemen umgehen.
Viele (Nord-)Deutsche würden in Dänemark allzu gerne Grund und Boden für ein Sommerhaus erwerben, denn sie müssen in Deutschland für ein Grundstück dreimal soviel bezahlen wie in Dänemark: Grundstücke kosten in Dänemark in etwa soviel Dänische Kronen (Dkr), wie sie bei uns in DM kosten. Die Deutschen dürfen aber dänischen Boden nicht kaufen. Der dänische Staat schottet seinen Bodenmarkt (noch) ab, denn er hat Sorge, daß Dänemarks Boden von den Deutschen sonst aufgekauft würde.
Da stellt sich wie von selbst die Frage: warum kann ein Grundstück in Deutschland im Verhältnis nicht ebenso günstig erworben werden wie in Dänemark? Diese Frage lohnt die Beschäftigung mit dem dänischen Bodenrecht.[1]

Daten und Fakten zu den Grundbedingungen

Aus Dänemarks Größe und Einwohnerzahl ergibt sich eine Bevölkerungsdichte von 119 EW/qkm. Das bedeutet: Dänemark ist nur etwa halb so dicht besiedelt wie die Bundesrepublik Deutschland. Gut 4 % der Fläche Dänemarks sind bebaut (Siedlungsfläche).
Obgleich die *Städte in Dänemark* wie überall in Europa im Laufe dieses Jahrhunderts gewaltig gewachsen sind, gibt es außer dem Agglomerationsraum Kopenhagen nur wenige Großstädte. Seit den 70er Jahren ist auch in Dänemark die Phase der Desurbanisation spürbar. Kopenhagen verliert an Einwohnern, während kleine Städte wachsen.[2]

Dänemarks viele kleinere und größere Provinzstädte machen einen gemütlichen Eindruck. Niedrige Bauweisen sind vorherrschend. Selbst die Hauptstadt Kopenhagen hat nur wenige Hochhäuser, sie sind seit langem nicht mehr im Planungstrend. In Kopenhagens Kommuneplan 1993 heißt es, die Hochbauten der 60er und 70er Jahre seien ein Bruch mit der architektonischen Tradition gewesen; als einzig mögliche Ausnahme und Zugeständnis an die Moderne könnten noch Hotel- und Büro„kästen"(!) gelten.[3]
Der *Lebensstandard* der Dänen gehört zum höchsten in Europa. Die sozialen Bedingungen gelten als vorbildlich. Er zeigt sich insbesondere in öffentlichen Einrichtungen für Kinder- und Altenfürsorge. Die Quote selbstgenutzten Wohneigentums beträgt etwa 52 %, in Deutschland nach der Wiedervereinigung nur ca. 36 %. In Kopenhagen wie in den übrigen größeren Städten liegt der Mietwohnungsanteil natürlich wesentlich höher als in den Mittel- und Kleinstädten. 10 % der Familien haben ein Sommerhaus. Mieter, die i.d.R. in schlechteren sozialen und finanziellen Verhältnissen leben als Eigentümer, haben – wenn sie es wünschen – wenigstens einen ‚kolonihave', d.h. einen Schrebergarten mit Häuschen. Für Familien mit Kindern ist in der Mehrzahl Wohneigentum Realität.
Obgleich die Dänen eine beträchtliche Einkommensteuer (bis zu 68 %) zu bezahlen haben, kann sich praktisch jeder, der ein einigermaßen sicheres Einkommen hat (selbst ein Arbeitsloser!) *Wohneigentum* leisten, wenn er sich entsprechend finanziell einrichtet. Für die eigene Wohnung muß man sich zwar hoch verschulden, aber Schuldzinsen sind von der Steuer absetzbar.[4]
Der *immaterielle Wert des Wohneigentums* wird auch in Dänemark hoch eingeschätzt. Anders als in Deutschland ist aber das Verhältnis zum Erbrecht am Haus. Die Erbschaftssteuern sind auch für Wohnhäuser hoch. Die Dänen sagen: wer will, kann mit 25 Jahren ein eigenes Haus haben; da braucht er doch mit 40 oder 50 Jahren das Haus der Eltern gar nicht – zudem steht es meist am falschen Ort.
Dänemarks Geldwert (Dkr) ist seit Jahren stabil. Die *durchschnittlichen Preise für unbebaute Grundstücke* haben sich seit 1985 kaum verändert; sie sind für Einfamilienhäuser leicht gefallen, für Mehrfamilienhäuser gestiegen. Von den Wohnbauten sind ca 53 % Einfamilienhäuser (freistehend oder als Reihenhaus), ca 39 % Mehrfamilienhäuser, ca 6 % Bauernhäuser.[5]

Boden- und Planungsrecht

Wie in Deutschland ist auch in Dänemark das Eigentum verfassungsrechtlich geschützt. Zum Bodeneigentum gehört aber nicht auch das Recht zum Bauen.

Baurecht entsteht erst auf Grund der Landnutzungsentscheidungen der Gemeinde durch die Planung und eine entsprechende Bauerlaubnis. *Planungsgesetzgebung* gibt es seit 1938. 1970 wurde eine Verwaltungsreform mit Einschränkung der Anzahl von Gemeinden und Kreisen (heute 14 Amtskommunen) durchgeführt. Gleichzeitig wurde eine Planungsrechtsreform begonnen, die ein klares Planungssystem auf drei Ebenen – der nationalen, der regionalen und der kommunalen – brachte, den Schwerpunkt auf die kommunale Ebene legte und Bürgerbeteiligung vorsah.
1991 wurden diverse Planungsgesetze der 70er und 80er Jahre in einem allgemeinen Planungsgesetz[6] zusammengefaßt. Dieses Gesetz soll sicherstellen, daß die Interessen der Allgemeinheit bei der Bodennutzung sowie Natur und Umwelt geschützt werden, damit die gesellschaftliche Entwicklung eine tragfähige Grundlage im Hinblick auf die Lebensbedingungen der Menschen und die Bewahrung der Tier- und Pflanzenwelt erhält.[7]
Planungsgrundlage bildet die Einteilung sämtlicher Flächen in Stadtzonen, Sommerhausgebiete und Landzonen. In Stadt- und Sommerhauszonen ist Bauen entsprechend der planmäßigen Ausweisung und den Bauvorschriften erlaubt. Alle Gebiete, die weder Stadtzone noch Sommerhauszone sind, sind Landzonen, in denen nur mit besonderer Genehmigung gebaut werden darf. Entscheidungen über die Landnutzung werden durch Landes-, Regional- und Kommunalplanung getroffen. Zuständig für die Landesplanung ist der Umweltminister, der z.B. für die Qualität der Planung und die Einhaltung des Planungsrechts verantwortlich ist. Für jede der 14 Amtskommunen (Kreise) sowie für die Hauptstadtregion[8] sind *Regionalpläne*[9] aufzustellen, die eine Periode von 12 Jahren umfassen sollen und insbesondere die Stadt- und Sommerhauszonen abzugrenzen haben.
Unter Berücksichtigung der Regionalplanung wird der *Kommuneplan*[10] erstellt. Er legt die Struktur der Flächennutzung für die gesamte Kommune fest und gibt den Rahmen für die Lokalpläne ab. Der Katalog möglicher Festlegungen im Kommuneplan entspricht dem Inhalt eines deutschen Flächennutzungsplans. *Lokalpläne* sollen aufgestellt werden, wenn es notwendig ist, um die Wirksamkeit der Kommunepläne zu sichern. Sie enthalten – wie deutsche Bebauungspläne – Bestimmungen über Art und Umfang der Bebauung einzelner Blocks.[11] Sie sind verbindlich für jeden, der bauen will. Regional- und Kommunepläne sollen alle 4 Jahre revidiert werden. Danach werden die Lokalpläne abgestimmt.

Besteuerung von Grund und Boden

In Dänemark werden nach dem *Kommunalgrundsteuergesetz*[12] Steuern für Wohngrundstücke nur auf den Bodenwert (grundvaerdi), nicht auf den Gebäudewert erhoben. Allerdings wird auch das Gesamtgrundstück in die Wertermittlung einbezogen (ejendomsvaerdi). Dieser Wert dient als Berechnungsgrundlage für den Wohnwert des Eigentums, der steuerlich zu berücksichtigen ist. Bei gewerblichen Grundstücken wird der Gesamtgrundstückswert den Steuern zugrunde gelegt.

Die *Bodenwertsteuer* (Grundskyld) wird als Gemeindesteuer von allen in der Gemeinde liegenden Grundstücken erhoben mit Ausnahme bestimmter (nicht aller!) öffentlicher Grundstücke und gewisser Grundstücke für soziale Zwecke. Den vom Bodenwert zu zahlenden Promillesatz legt die Gemeinde im Haushaltsplan fest. Er ist in den einzelnen Gemeinden sehr unterschiedlich,[13] am höchsten in Kopenhagen mit 34 ‰, in Frederiksberg mit 28 ‰. Allerdings kommt – außer in diesen beiden (kreisfreien) Gemeinden – noch eine Kreisbodenwertsteuer von 10 ‰ hinzu[14]. In großen Städten und in Gemeinden mit vielen Sommerhäusern ist der Promillesatz durchweg höher als in Landgemeinden.

Steuern auf Grundstücke werden grundsätzlich vom Marktwert (Verkehrswert) berechnet. Das bedeutet, daß z.B. in Kopenhagen der Eigentümer eines Wohngrundstücks jährlich 3,4 % des Verkehrswerts an Bodenwertsteuer zu zahlen hat.[15]

Daneben ist einmalig bei der Umzonung von Gebieten, wenn also landwirtschaftlich genutzte Grundstücke in eine Stadt- oder Sommerhauszone einbezogen werden, eine Art Planungswertausgleich, die *Freigabesteuer*[16] (frigorelseafgift) zu zahlen.

Die Steuern, die für Grundeigentum zu zahlen sind, belasten im Verhältnis zur Einkommensteuer den Eigentümer nur unwesentlich. Sie sind auch nicht für den Grundstückspreis bestimmend. Für Grundstückswerte – und damit auch -preise – spielt die Zonenzuordnung und die Planung (Ausnutzbarkeit des Grundstücks) sowie die Lage eine ungleich größere Rolle.

Für die Gemeinden, und noch mehr für die Kreise ist die Bodenwertsteuer eine nicht unbedeutende Einnahmequelle.[17] Als solche, nicht etwa aus bodenpolitischen Gründen, wurde sie 1922 auch eingeführt.

Befreiung von der Bodenwertsteuer ist möglich für ältere Bürger (ab 65 Jahren). Die Steuer wird dann gestundet und damit sozusagen eingefroren bis zum Tode des Eigentümers. Die Erben haben die gestundeten Beträge dann insgesamt zu zahlen. Diese Regelung entspricht der allgemeinen po-

litischen Einstellung, daß jedem Bürger, unabhängig von Stand, Einkommen und Alter, ein ihm gemäßes Leben ermöglicht werden soll.[18]
Die *Wertermittlung*[19] der Grundstücke erfolgt alle 4 Jahre.[20] Für jedes Grundstück werden zwei Werte ermittelt: der Bodenwert, wie unbebaut, aber nach der planentsprechenden Nutzbarkeit, und der Gesamtgrundstückswert. Der dänische Staat sorgt durch Broschüren[21] für eine gründliche Aufklärung der Eigentümer über das Was, Wie und Warum der Bewertung. Der Eigentümer hat dann entsprechende Angaben über sein Grundstück zu machen. Sämtliche Daten sind im Zentralcomputer für das ganze Land gespeichert. Durch das dänische Bewertungssystem und die laufende Fortschreibung der Daten stimmen Steuerwert und Verkehrswert weitgehend überein.

Grundstückskauf und -verkauf, Boden- und Grundstückswertermittlung werden in Dänemark, im Gegensatz zu Deutschland, erstaunlich offen gehandhabt. *Grundstücksdaten* gelten als sachliche, nicht als persönliche Daten, die unter Datenschutz stehen würden. Das Ministerium für Zoll und Steuern gibt halbjährlich eine Statistik über alle Grundstücksverkäufe im Land heraus, in der Kaufsummen wie Grundstückswerte – auch im Vergleich zum Vorjahr – aufgelistet sind. Sie enthält Diagramme über die Preisentwicklung vieler Jahre, aufgeteilt nach Nutzungsarten der Grundstücke. Die Wertermittlung wird stets in Barpreise umgerechnet.

Und wie erhält der Staat die Verkaufsnachrichten? Der Käufer übermittelt der Gemeinde, in der das Grundstück liegt, ein Kaufformular mit allen vorgeschriebenen Angaben. Erst dann wird der Eigentumswechsel ins Grundbuch eingetragen.[22]

In Dänemark kann jedermann über jedes Grundstück erfahren, wem es gehört und was es wert ist. Ob das gut und richtig sei, wird nicht diskutiert, es gilt als selbstverständlich. Entsprechenden Fragen begegnet der Däne mit völligem Unverständnis.[23] Auch über Sinn und Berechtigung sowie die Höhe der Bodenwertsteuer wird nicht mehr debattiert, allenfalls noch über den Miet(Wohn)wert der eigenen Wohnung.

Die Tatsache, daß es ungenutzte oder mindergenutzte Grundstücke in der Städten kaum gibt, daß also *Brachgelände* schnell einen Käufer und neuen Nutzer findet, ist wohl weitgehend auf die Bodenwertsteuer zurückzuführen. Wer für Boden jedes Jahr nicht unerheblich zahlen muß, verkauft sein Grundstück, wenn er es nicht nutzen kann. *Spekulation* lohnt sich nicht. Auf meine Frage in einer Gemeindeverwaltung, warum brachliegende Flächen und Gebäude so prompt verkauft würden, sahen sich meine beiden Gesprächspartner – leicht fragend – an und antworteten dann wie aus einem Mund: „Skat?" (= Steuer?). Spekulation auf Planungsgewinne wird verhindert durch die Freigabesteuer. Wer ein Grundstück in einem umgezonten Gebiet erwirbt, weiß, daß er nicht nur die Freigabesteuer zahlen, sondern auch bauen muß, um die Bodensteuer erwirtschaften zu können.

Der Bodenmarkt

Bodenpolitik und Planungspolitik
in Dänemark machen deutlich, daß ein hohes Maß an Bürgerzufriedenheit erreicht werden soll. Der Däne hält das für das wesentliche Ziel in einer Demokratie. Deshalb sind die *Planungsziele* im Kommuneplan keineswegs von vornherein durch die Gemeinde festgelegt. Die Bürgerbeteiligung[24] soll sich nicht darauf beschränken, Bedenken und Anregungen zu einem bereits fertiggestellten Plan zu äußern. Ziele für die Stadtplanung sollen nicht durch Vorstellungen und Absichten der Stadtplaner vorgegeben, sondern darauf ausgerichtet sein, was in der Bevölkerung gefragt ist. Allerdings lenken die Gemeinden die Entwicklung der Verkehrsinfrastruktur in die Richtung, die als sinnvoll und geeignet erscheint.[25]
Bevor ein Kommuneplan der alle 4 Jahre stattfindenden Revision unterworfen wird, wendet sich die Gemeinde in einer Ideenphase[26] direkt an den Bürger. Es wird ihm in einer Broschüre klargemacht, was ein Kommuneplan ist, wozu er dienen soll und welche Aufgabenfelder im Stadtleben zu berücksichtigen sind: Wohnen und Arbeiten, Freizeit und Erholung, Umwelt und Umfeld, Verkehr, soziale Infrastruktur und Wirtschaft. Diese Bereiche im Bestand und in ihren Möglichkeiten werden erläutert, und der Bürger wird angeregt, z.B. Vorschläge zur Beplanung von Brachflächen, zur Lage von Unternehmen und Wohnungen zu machen oder etwas über Verkehrssanierung und Transportmittel vorzutragen. Bereits in Gang gesetzte Lokalpläne werden erklärt.[27]
Die Ergebnisse dieser Ideensammlung werden 8 Wochen öffentlich ausgehängt. Das planerische Ergebnis daraus wird dann als Vorschlag wiederum 8 Wochen veröffentlicht. Dann erst wird der Plan erarbeitet.
Die Planungsziele haben sich im ganzen Land seit vielen Jahren dahin entwickelt, daß neue *Baulandausweisungen* nur bei Notwendigkeit erfolgen. Und notwendig sind sie nur dann, wenn die *Nachfrage im Bestand* nicht befriedigt werden kann. Das gilt sowohl im Bereich Gewerbe als auch im Bereich Wohnen. Überall, in der Provinz wie in Kopenhagen, zeigt sich, daß die Nachfrage nach neuem Bauland, insbesondere nach Wohnbauland, gering ist. So gut wie alle Bedürfnisse können im Bestand befriedigt werden, auch in aufgegebenen Arealen, die neu- oder umgenutzt werden. Das ist in

Dänemark ein erstaunliches Phänomen. In den innerstädtischen Bereichen werden Brachgelände von Industrie, Gewerbe und Verkehr (z.b. Eisenbahn) vornehmlich für Wohnen neu beplant, evtl. auch für Infrastruktureinrichtungen wie z.b. Bildungsinstitute.
Die Gemeinde Frederiksberg z.B., zentral im Großraum Kopenhagen gelegen, hat gar keine Möglichkeiten mehr, neues Bauland auszuweisen. Das gesamte Gemeindegebiet ist Stadtzone und überplant. Aber es wird umgeplant, wenn der Strukturwandel es erfordert und Grundstücke freigesetzt werden. So wird ein ehemaliges Bahnareal für Läden und Büros und die bisher in der Stadt verstreut untergebrachte Handelshochschule vorgesehen. In die sozial sensiblen Bahnhofsbereiche soll dadurch ‚normales' Stadtleben gebracht werden.
Auch die Frage, ob in Dänemark genügend Bauland ausgewiesen werde, ist einem dänischen Planer unbegreiflich: es scheint absolut fraglos zu sein, daß bei entsprechender Nachfrage nicht nur, wie bei uns, für Gewerbe, sondern auch für Wohnbau Flächen bereitgestellt werden. Künstliche Verknappung, aus welchen Gründen auch immer, erscheint dem Dänen absurd. Dementsprechend sind

Angebot und Nachfrage
auf dem Grundstücksmarkt ausgeglichen. Daß es trotzdem in beliebten Wohngegenden wie Frederiksberg,[28] zu einem Mangel an Angeboten kommen kann, liegt in der Natur der Sache. Die Regel ist, daß die Gemeinden sich um genügend Angebote bemühen. Selbst im Großraum Kopenhagen sind für jeden Bedarf und für jede soziale Klasse Möglichkeiten gegeben, ein Grundstück oder eine Wohnung zu erwerben.
Warum die Nachfrage seit vielen Jahren[29] weitgehend im Bestand befriedigt werden kann, zumindest auf dem Wohngrundstücksmarkt, konnte auf den Ämtern nicht begründet werden. Es mag mehrere Ursachen haben, u.a. den, daß die Mobilität auf dem Grundstücksmarkt groß ist: etwa alle 8 bis 10 Jahre wird ein Haus in neue Hände gegeben. Schließlich spielt wohl auch eine Rolle, daß Wohnungen nicht gehortet werden können. Jeder Däne darf nur einen Wohnsitz haben (ausgenommen Sommerhäuser, die aber nicht ganzjährig bewohnt werden dürfen). Wenn für eine Wohnung kein Bewohner im Melderegister eingetragen ist, muß die Wohnung belegt oder verkauft werden. Daher gibt es praktisch keine leerstehenden Wohnungen. Und ungenutzte Gebäude finden sich allenfalls in ungünstiger, isolierter Lage ehemaliger Industriebetriebe.

Die *Wohnansprüche*, die ja die Nachfrage bedingen, sind im ganzen Land ähnlich. Das zeigt der Vergleich der Wohnungstypen einer Mittelstadt (Naestved) mit denen in Dänemark allgemein:

Es gibt	in Naestved	in Dänemark
freistehende Einfamilienhäuser	47%	47%
Reihenhäuser	14%	12%
Etagenwohnungen	41%	41%
sozialer Wohnungsbau	17%	18%
kommunale Wohnungen	3%	2%

Nachgefragt werden im Bereich Wohnen vor allem Einfamilienhäuser, insbesondere von Familien mit Kindern. Pensionäre ziehen gerne in eine ebenerdige Wohnung oder auch in ein kleines, modernes Reihenhaus.

Für Industrie und Gewerbe werden allerdings, wie in Deutschland, Flächen vorgehalten, um der Nachfrage umgehend begegnen zu können und somit Arbeitsplätze zu fördern.

Grundstückspreis und Finanzierung
Daß in Dänemark nahezu jeder, der ein Einkommen hat und bereit ist, seine Ansprüche an die Wohnung wie an seinen Lebensstandard danach einzustellen, Wohneigentum bezahlen kann und auch Angebote findet, bedeutet, daß der Zugang zum Bodenmarkt breiten Schichten der Bevölkerung offen ist.
Sicher gibt es auch Hauseigentümer, die sich finanziell übernommen haben und das Haus wieder verkaufen müssen, weil sie den Abzahlungsverpflichtungen nicht nachkommen können. Ende der 80er Jahre kamen auf diese Weise viele Grundstücke auf den Markt, auch bedingt durch Sparprogramme des Staates bei der Förderung. Die dadurch Ende der 80er und Anfang der 90er Jahre gefallenen Preise steigen seit 1994 wieder, und der Markt erholt sich.
Zu dem im Verhältnis zu Deutschland günstigen Preis von Immobilien trägt neben der Schuldzinsabschreibung von der Steuer vor allem eine günstige *Finanzierungsmöglichkeit* bei. Sie wurde bis 1989 ausschließlich durch drei große Kreditinstitute bewerkstelligt, deren Bedingungen ähnlich und vom Staat vorgegeben waren. Die Beleihung des Grundstücks war bis dahin lediglich auf den Grundstückswert, nicht auf die persönlichen Verhältnisse

des Käufers bezogen. Der Grundstückswert wurde zu 80 % beliehen. Dadurch, daß von 1989 bis 1993 die Grundstückspreise fielen, mußten die Kreditinstitute erhebliche Verluste hinnehmen. Dementsprechend änderten sie, bei gleichbleibenden gesetzlichen Vorgaben, ihre Bedingungen. Sie bieten zwar weiterhin Beleihungen auf den Grundstückswert bis zu 80 % an, bleiben aber, wenn das Haus in schlechtem Zustand ist, auch darunter. Daneben spielt jetzt auch die Person des Käufers eine Rolle; Höhe und Sicherheit seines Verdienstes haben Einfluß auf die Höhe der Beleihung. Im übrigen sind die Bedingungen kaum unterschiedlich: i.d.R. wird eine Barzahlung von 6 % des Kaufpreises verlangt, 80 % leiht das Kreditinstitut, der Rest wird durch einen Pfandbrief beglichen, der konstant mit 8 % verzinst wird.

Dieses *Finanzierungssystem*, das im Gegensatz zum deutschen Vorsparsystem über Bausparkassen ein Nachsparsystem ist, bewirkt, daß nicht jahrelang angespart werden muß, um ein Haus kaufen zu können.

Akteure am Grundstücksmarkt
sind auf der *Angebotsseite* private Grundstückseigentümer und Bau- oder Wohnbaugesellschaften sowie Genossenschaften; ferner Stadterneuerungsgesellschaften und Bauunternehmer sowie Finanzinstitute (Banken, Hypothekengesellschaften). Ebenso legen z.B. Gewerkschaften ihr Geld in Grundstücken, auch in Wohngrundstücken an.
Die Wohnungsbaugesellschaften rechnen zum privaten Sektor, die Kommunen sind nicht für sie verantwortlich. Da sie aber Förderungsgelder[30] von der Kommune beziehen, hat die Gemeinde für diese Wohnungen Belegungsrechte.[31] Genossenschaftliche Wohnungen (andelsboliger) sind weit verbreitet in allen Bevölkerungsschichten. Genossenschaften sind ebenfalls private Eigentümer; sie haben noch nicht den unpersönlich-massenhaften Anstrich bekommen wie in Deutschland. Soll ein Haus oder ein Häuserblock mit mehr als 10 Wohneinheiten verkauft werden, so muß es der Verkäufer zuerst den Mietern zum Marktpreis anbieten, sofern sie eine Genossenschaft bilden wollen.
Auf der *Nachfrageseite* des Bodenmarktes stehen die jetzigen oder zukünftigen Nutzer für Wohnbau, Handel und Gewerbe sowie öffentliche Institutionen. Vom Markt verschwunden ist der *Developer*. „Der letzte ist (wirtschaftlich) tot", heißt es, seit kein Wohnbauland mehr zu entwickeln ist.
Eine wesentliche Rolle am dänischen Grundstücksmarkt spielen die *Makler*, die die Mittlerrolle zwischen Angebot und Nachfrage spielen, vergleichbar den Chartered Surveyors in Großbritannien. 95 % aller Vermarktungsfälle

von Wohneigentum werden von ihnen vermittelt. Im Bereich von Industrie und Gewerbe erfolgen die Verhandlungen immerhin noch zu 40 % durch Makler, im übrigen stellen Kreditanstalten die Kontakte her.
Die Makler arbeiten nach strengen gesetzlichen Vorgaben, die u.a. sicherstellen, daß der Markt für den Bürger transparent bleibt. Häufig sind es Firmenketten (wie z.b. HOME), die in den Städten selbständig arbeitende Niederlassungen haben. Für Markttransparenz sorgen nicht nur Broschüren und Faltblätter der Maklerfirmen – die natürlich auch zur Anpreisung der Firma dienen –, sondern vor allem regelmäßig erscheinende Magazine, in denen Wissenswertes über Marktentwicklungen, Preise und gesetzliche (Neu-) Bestimmungen mitgeteilt wird. Hier sind auch alle Verkaufsangebote der Firma aufgelistet, meist mit Foto, immer mit kurzen Qualitätsangaben, auch hinsichtlich der Lage (im Hinblick auf Einkauf und öffentliche Verkehrsmittel) und Preisangaben. Hat sich der Kaufwillige dadurch einen Überblick verschafft, dann findet er im Maklerbüro im öffentlichen Aushang eine detaillierte Beschreibung über Grundstückslage und Beplanung, über Gebäudeart und -zustand, über festes Inventar und schließlich auch noch über Wasser- und Energieverbrauch im letzten Jahr. Angegeben wird auch eine Finanzierungsaufstellung, die öffentliche und gesetzliche Abgaben (Müll, Abwasser, Versicherung) mit umfaßt.
Maklerfirmen geben auch Handbücher sowohl für den Verkäufer als auch für den Käufer heraus, in denen beide Seiten unparteiisch über alles aufgeklärt werden, was bei Verkauf und Kauf zu bedenken, zu berücksichtigen, zu tun und zu unterlassen ist. Sogar Hilfe beim Aufstellen des gesamten Privatbudgets wird angeboten, um zu verhindern, daß der Käufer sich übernimmt.

Bewertung des dänischen Bodenrechts

Der Bodenmarkt in Dänemark funktioniert relativ konfliktfrei. Bedeutet das, daß das dänische Bodenrecht günstig ausgestaltet ist? Können Elemente daraus für Deutschland nützlich sein?

Die Steuerungsfunktionen des Planungs-, Steuer- und Finanzierungssystems bewirken, daß
- genügend Angebot aller Art auf dem Markt ist,
- es kaum brachliegende Flächen und Gebäude im Siedlungsbereich gibt,
- der Markt für weite Kreise der Bevölkerung zugänglich und durchschaubar ist,
- für Spekulation mit Grundstücken kein Anreiz gegeben ist.

Bei reichlichem *Angebot* fallen die Preise; so war es in Dänemark zu Beginn der 90er Jahre. Seit sich die wirtschaftliche Situation stabilisiert hat, steigen die Preise wieder, aber keineswegs dramatisch. In diese normalen Marktvorgänge durch Planung korrigierend einzugreifen oder durch Nicht-Planung etwas zu bewirken, wird für unnötig gehalten. Stabilisiert sich die Wirtschaft, sind auch die Leute in der Lage, etwas mehr für ihr Wohneigentum auszugeben.

Der Grundsatz nachfragegemäßer *Baulandausweisung* hat keineswegs dazu geführt, daß jedermann nach einem Neubaugrundstück ruft, im Gegenteil: die Baubranche hat vor allem in der erhaltenden Stadterneuerung zu tun, kaum im Wohnneubau. Daraus muß geschlossen werden, daß es nicht schadet, wenn nach Bedarf und Bedürfnissen der Bevölkerung gefragt wird. Oder sollte das nur in Dänemark so sein? Sind die Dänen eine so besondere Sorte Mensch, daß sie nicht automatisch immer mehr Grundstücke, Häuser, Wohnraum verlangen, wenn sie es haben können? Eher ist aus der Wirtschaftstheorie bekannt, daß ein knappes Gut besonders begehrt ist.[32] In Dänemark gibt es kaum Bevölkerungswachstum, aber auch kaum Siedlungserweiterung, und das, obgleich Dänemark nur halb so dicht besiedelt ist wie Deutschland und, so denkt man, Siedlungserweiterung nicht viel schaden könnte. Bescheiden sich die Dänen der *Umwelt* zuliebe? Wohl kaum, aber ihr Boden- und Planungsrecht hat offenbar dazu beigetragen, daß die Wachstumspolitik der 60er Jahre sich sozusagen von selbst überholt hat. Außerdem ist der Bürger bei Umweltfragen in die Planung eingebunden. Die ökologischen Aspekte werden weiter dadurch berücksichtigt, daß Wasser- und Energiekosten erheblich gestiegen sind, um unnötigen Verbrauch zu drosseln. Jetzt investiert der Hauseigentümer in energiesparende Anlagen und Isoliermaßnahmen. Der ‚freiere' Bodenmarkt ruft keine besonderen ökologischen Probleme hervor.

Nicht zuletzt führt die Tatsache, daß *brachliegende Flächen und Gebäude i.d.R. schnell umgenutzt* werden, auch zu einer Erhöhung des Angebots im Siedlungsbereich und macht insoweit neue Baulandausweisung unnötig. Das bewirkt die *Bodenwertsteuer:* man läßt ein Grundstück nicht ungenutzt liegen, wenn es etwas kostet. Die Bodenwertsteuer hindert offenbar niemanden am Erwerb eines Grundstücks, aber sie trägt dazu bei, daß benutzbare Grundstücke auch benutzt werden.

In Dänemark haben weite Kreise der Bevölkerung *Zugang zum Grundstücksmarkt*, weil der Staat jahrzehntelang eine den Eigenheimerwerb fördernde Politik betrieben hat, vor allem durch die Abschreibungsmöglichkeit der Schuldzinsen und das *Finanzierungssystem* des Nachsparens. Das bewirkt, daß die meisten Eigenheime aus Schulden bestehen und dem Staat große Summen an Steuergeldern verloren gehen. Aber es wird davon ausgegangen, daß in einer Demokratie die Wünsche und Bedürfnisse der Bevölkerung Priorität haben müssen. „Folk vil gerne eje selv" („Die Leute wollen gern selbst etwas zu eigen haben") sagte man im Planungsamt der Stadt Naestved. Der Staat wie die Gemeinden sehen das als Verpflichtung an. Dadurch wird auch erreicht, daß die Gemeinden kaum eigene Wohnungen haben, die sie finanzieren und unterhalten müssen. Es wird für richtig gehalten, daß der Bürger sich selbst um seine Wohnung kümmert – und dazu auch in die Lage versetzt wird. „Wenn du etwas zu eigen hast, paßt du auch darauf auf; das ist ganz anders, wenn du nur Mieter bist" hieß es.

Daneben scheint mir wesentlich, daß die *Ansprüche* an Wohnqualität weder durch hohe Ausstattungsvorschriften des Staates noch durch Geltungsbedürfnis der Bürger hochgeschraubt werden. Wenn es als ganz normal angesehen wird, daß man im Eigentum wohnt (wie bei uns weitgehend noch im ländlichen Bereich!), ist der Anreiz, sein Image durchs Eigenheim aufzupolieren, eher geringer. Und schließlich ist ausufernden Ansprüchen auch dadurch ein Riegel vorgeschoben, daß jeder nur eine Wohnung bewohnen darf.

Wie die Bodenwertsteuer hindert auch die *Freigabesteuer* die *Spekulation* mit Boden. Ein Grundstück wird gekauft, wenn man es braucht, es wird nicht auf Vorrat erworben als ein Besitz, dessen Wert sozusagen von allein wächst. Die Dänen akzeptieren, daß sie dafür zahlen müssen, wenn die Gemeinde – und damit die Allgemeinheit – durch Planung Wertzuwächse schafft, und daß sie diesen Wertzuwachs nicht für sich beanspruchen können, nur weil sie zufällig in einem umgezonten Gebiet Grundeigentümer sind.

Bedeutung für das deutsche Bodenrecht[33]
Wenn man die Ergebnisse dänischer Bodenpolitik ansieht, wundert man sich, warum in Deutschland an betont ‚hoheitlicher' Planung (schon der Ausdruck besagt viel!), an Planungsgewinnen der Eigentümer (mit Ausnahme von Sanierungs- und Entwicklungsbereichen), an aller Art Vorrechten von Grundeigentum bei der Steuer nichts geändert wird. Bodenwertsteuer wie Planungswertausgleich sind immer wieder einmal im Gespräch, allerdings ohne daß in neuerer Zeit auf der politischen Ebene die Einführung dieser Instrumente ernsthaft verfolgt worden wäre.

Daß in Deutschland bei nachfragegerechter Baulandausweisung in den Städten zwangsläufig „Flächenfraß" die Folge wäre, ist eine kaum berechtigte Sorge. Die Folge wären sicher billigere Bodenpreise; aber wenn diese zu

Mehrverbrauch führen, muß das an anderen Unstimmigkeiten im System liegen. Dänemarks Bodenmarktsystem hat keineswegs dazu geführt, daß mit Boden bedenkenloser unter ökologischen und sozialen Aspekten umgegangen würde als bei uns.

Insbesondere könnten die Wirkungen unter *sozialen Aspekten* auch in Deutschland positiv sein: das dänische System fördert Selbstverantwortlichkeit und auch Selbstverwirklichung der Bürger. Das zeigt sich in einer hohen Bürgerzufriedenheit, auch in der älteren Generation. Eine gewisse Unabhängigkeit der jungen Generation wird dadurch erreicht, daß Berufsanfänger und Familiengründer sich aus eigener Kraft, ohne finanziellen Beistand der Eltern, eine eigene Wohnung, ein eigenes Haus leisten können. Die Eltern ihrerseits müssen nicht horten und sparen, um den Kindern zum Eigenheim zu verhelfen oder ihnen etwas zu hinterlassen.

Die Frage, ob es gerechtfertigt ist, auch finanziell schwächeren Bevölkerungsschichten den Erwerb von Grundeigentum zu ermöglichen, ist diskutabel. Grund- und Hauseigentum verlangen Einschränkungen und bewirken Zukunftskosten (Reparatur!), die vielleicht nicht übersehen werden können. Diese Frage wird politisch unterschiedlich zu beurteilen sein. Ich würde dazu sagen: warum soll der Politiker Vormund für den Bürger sein?

Mir scheint, daß bedenkenswert vor allem das *Gleichgewicht zwischen individuellen Interessen und Interessen der Allgemeinheit* im dänischen Bodenrecht ist: der Bürger soll und kann Grundeigentum erwerben, wenn er das möchte, aber er soll damit zugleich dem Wohl der Allgemeinheit dienen, denn er zahlt eine am Marktwert ausgerichtete Steuer für den Boden, den er gebraucht. Vor allem aber darf er nicht auf Kosten der Allgemeinheit Wertgewinne aus der Planung erzielen. In der deutschen Bodenpolitik scheint es eher zu heißen: Neues Bodeneigentum muß es nicht geben, und bestehendes Eigentum darf nicht belastet werden.

1 Ein wesentlicher Teil meiner Kenntnisse über dänisches Boden- und Planungsrecht sowie über Bodenpolitik konnte gewonnen werden aus Gesprächen auf den Planungsämtern der Gemeinden Frederiksberg und Naestved sowie mit Anders Müller (Skatteministeriet Kopenhagen) und Prof. Kai Lemberg, Universität Roskilde, 1995 und 1996.
2 Vgl. dazu The Municipal Corporation, the Lord Mayor's Department: Copenhagen Municipalplan, 1993, S. 78: 1950 hatte Kopenhagen 768.000 EW, 1991 465.000 EW. Jetzt stabilisiert sich die Zahl. Dazu auch Lemberg, K., in: Berry, Stanley, McGreal (Hrsg.), European Cities, Planning Systems and Property Markets, London 1995, hier: Copenhagen, S. 162, 164.
3 Copenhagen Municipalplan, a.a.O., S. 44.
4 Seit 1989 Einschränkung der vollen Absetzbarkeit für höhere Einkommen.
5 Alle Zahlenangaben entstammen der veröffentlichten Danmarks Statistic 1994.
6 Lov om Planlaegning, in Kraft getreten am 1.1.1992.
7 § 1 Lov om Planlaegning.
8 Sie wird planungsrechtlich gesondert betrachtet und ist jetzt eingeteilt in 3 Kreise und 2 Gemeinden, nämlich Kopenhagen und Frederiksberg, die jeweils eigenes Planungsrecht haben.
9 Siehe z.B. Frederiksberg Kommune, Kommuneplan 1990–2002.
10 Für die beiden Zentralkommunen (Kopenhagen und Frederiksberg) ist der Regionalplan zugleich der Kommuneplan.
11 Es kann z.b. auch festgelegt werden, daß in einem Straßenzug im Erdgeschoß nur Geschäfte mit Publikumsverkehr und in den oberen Geschossen Wohnungen zulässig sind. Dadurch soll die Lebendigkeit des Straßenzugs gewährleistet werden.
12 Lov om beskatning til kommunerne af faste ejendomme vom 18.2.1961 mit Änderungen.
13 Die Kommunen dürfen zwischen 6 und 24 % festsetzen.
14 Die Kreise haben keinen Spielraum, 10 % ist festgelegt.
15 Beispiel für ein Einfamilienhaus höherer Qualität im Großraum Kopenhagen: Bodenwert 400.000 Dkr, davon 2,2 % Steuer = 8.800 Dkr jährlich; Gesamtgrundstückswert 800.000 Dkr, dessen Wohnwert 2 % = 16.000 DKr; davon 60 % Einkommensteuersatz = 9.200 Dkr jährlich.
16 Lov om frigorelseafgift af faste ejendomme vom 18.6.1969 mit Änderungen.
17 Frederiksberg (88.000 EW) schätzt für 1996 die Bodensteuer auf 149 Mio Dkr, Naestved (45.500 EW) auf 27,3 Mio Dkr und dazu der Kreis auf 134,4 Mio DKr.
18 So müssen z.b. Pensionäre (Rentner) nicht mehr als 15 % ihres Einkommens für die Wohnung aufwenden. Den darüber liegenden Betrag zahlt der Staat bis zu 2.000 Dkr monatlich. Das gilt auch für das Eigenheim. Hier wird für Unterhaltungskosten des Hauses ein entsprechender Betrag gezahlt, der als Grundschuld eingetragen wird und erst mit dem Erbfall fällig ist.
19 Dazu: Danish Ministry of Taxation, Property Valuation and Taxation in Denmark, January 1996.
20 Sie soll ab 1998 jedes Jahr stattfinden.
21 Siehe Told og Skat, Ejendomsvurdering, Skatten, August 1996.
22 Siehe Told og Skat, Ejendomssalg, 2. Halbjahr 1995.
23 Immer wieder stößt man bei Fragen, die bei uns politischer Sprengstoff sind, in Dänemark auf den Ämtern wie in der Bevölkerung nur auf Achselzucken oder Kopfschütteln. Schon die Frage ist dem Dänen unerklärlich.
24 Wobei nicht übersehen werden darf, daß auch in Dänemark keineswegs alle Bürger sich als daran interessiert erweisen, Mieter noch weniger als Eigentümer.
25 Siehe den immer wieder fortgeführten ‚Fingerplan', Copenhagen Municipalplan, a.a.O., S. 22 ff.

26 Vgl. Frederiksberg Kommune, Vores Faelles By, debatoplaeg om Kommuneplanlaegning, Juli 1996.
27 Eine so eingehende Broschüre wie Frederiksberg sie herausgibt, wird es kaum überall und erst recht nicht in kleineren Gemeinden geben. Eine gründliche Aufklärung in der Ideenphase ist aber vorgeschrieben.
28 Selbst hier gibt es ausreichend billige Kaufangebote. Die untere Grenze liegt bei einer monatlichen Belastung von 3.000 bis 4.000 Dkr, einschließlich des Zinsabschlags von der Steuer.
29 Bis in die 70er Jahre wurden auch in Dänemark viele alte Bestände abgerissen und an deren Stelle, sowie an den Stadträndern, neu gebaut. Diese Entwicklung kam zum Abbruch nicht zuletzt durch hohe Inflations- und Zinsraten.
30 Die Förderung ist gesetzlich festgelegt, damit allen Bürgern im Land gleiche Behandlung zukommt.
31 In Frederiksberg ergibt sich dabei die eigenartige Situation, daß nur für Wohnungsgeldbezieher das Belegungsrecht wahrgenommen werden kann; ansonsten sind diese Wohnungen teurer als billige Eigentumswohnungen.
32 Deshalb wird in Notzeiten gehamstert!
33 Vgl. dazu Dieterich, H. und Dieterich-Buchwald, B., Lösung der Bodenprobleme durch eine Bodenwertsteuer?, in: ZfBR, Juni 1983, S. 113 ff., August 1983, S. 180 ff., Oktober 1983, S. 213 ff.; Dieterich-Buchwald, B., Städtebaupolitik und Bodenmarkt in Dänemark, in: Bundesbaublatt, Mai 1995, S. 349 ff.

Niederlande

Winrich Voß

Unser westliches Nachbarland – das Königreich der Niederlande – wird zu Recht als positives Beispiel angeführt, wenn Reformansätze für den Bauland- und Wohnungsmarkt diskutiert werden. Die Niederlande gelten als ein Land mit einem vorbildlichen System öffentlicher Daseinsfürsorge, insbesondere auch im Wohnungswesen. Die öffentliche Hand schaltet sich in diesen Bereich intensiv ein. Bemerkenswert ist das starke staatliche Engagement im sozialen Wohnungsbau, der bis heute einen erheblichen Anteil am Neubauvolumen ausmacht. Von Interesse ist ebenso die lange Erfahrung mit kosten- und flächensparenden Bauweisen, die heute in Deutschland (erneut) breit diskutiert werden.
Für die Verhältnisse am Wohnungsmarkt spielen das Bodenrecht und der Bodenmarkt eine entscheidende Rolle. Als „vorgelagerte Faktoren" bestimmen Bodenrecht und Bodenmarkt wesentlich über die „Startbedingungen" für das eigentlich nachgefragte Produkt – das Haus bzw. die Wohnung – mit. In den Niederlanden gilt: Während die Erstellung und Vermarktung der Hochbauten ganz überwiegend privaten Marktakteuren (Bauträgern, Wohnungsbaugesellschaften usw.) obliegen, wird der Bodenmarkt bisher eindeutig von den Kommunen dominiert. Die Gemeinden sind auf diese Weise wesentlich stärker an der Gestaltung dieser wichtigen Rahmenbedingung für den Wohnungsmarkt beteiligt als in Deutschland.
Aber auch in den Niederlanden werden die finanziellen Spielräume des Staates zunehmend enger. Der Anteil des sozialen Wohnungsbaus nimmt merklich zugunsten des freifinanzierten ab. Auf diese neueren Tendenzen wird zum Schluß eingegangen. Zunächst gilt es, die wesentlichen (gesetzlichen) Rahmenbedingungen und die Funktionsweise des niederländischen Bodenmarktes darzustellen. Dabei ist besonders der Prozeß der Erschließung neuen Baulandes (greenfield development) für eine Wohnnutzung von Interesse.
Es zeigt sich, daß im Aufbau von Staat und Verwaltung hinsichtlich des Eigentumsbegriffes und des Stadtplanungssystems grundlegende Parallelitäten

zwischen Deutschland und den Niederlanden vorhanden sind. Vor diesem Hintergrund ist zu fragen: Warum gelingt es in den Niederlanden dennoch deutlich besser, der sogenannten „Goldenen Regel" des Bodenmarktes zu entsprechen? Diese besagt, daß der Bodenmarkt sicherzustellen hat, daß das richtige Grundstück in der richtigen Lage zum richtigen Zeitpunkt und zu angemessenen Preisen verfügbar ist.[1]

Ergebnisse des niederländischen Bodenmarktes

Preisverhältnisse
Die Resultate am niederländischen Bodenmarkt können sich sehen lassen. Die Bodenpreise haben überwiegend ein sehr moderates Niveau. Als Durchschnittswert und Größenordnung für die typischen Reihenhausgrundstücke kann von Quadratmeterpreisen von 100–150 Gulden ausgegangen werden. Es gibt zwar regionale Unterschiede, z.b. zwischen dem dünn besiedelten Friesland im Norden und der „Randstad", dem Herz des Landes mit den Städten Amsterdam, Rotterdam, Den Haag und Utrecht. Aber diese Unterschiede erreichen längst nicht die Ausmaße wie etwa zwischen Nord- und Süddeutschland. In der „Randstad" muß man (nur) mit einer Verdoppelung der Preise (200–300 Gulden/m^2) rechnen.[2]

Natürlich unterscheiden sich die Preise auch nach städtischen und Umlandlagen, aber auch hier in vergleichsweise geringem Ausmaß, sowie in Abhängigkeit von den Ausnutzungsmöglichkeiten des Grundstücks. Von Bedeutung für die Preisverhältnisse ist ferner die Vorgabe der Zielgruppen für die geplanten Wohnungen (Sozialer Wohnungsbau, subventionierter Marktsektor oder freifinanzierter Marktsektor).[3]

Bedenkt man, daß die Grundstücke in den Niederlanden regelmäßig deutlich kleiner sind als In Deutschland – im Durchschnitt etwa 250 m^2 für ein typisches Wohnbaugrundstück –, so ergibt sich für den Bauherren/Hauskäufer im Vergleich zu hiesigen Verhältnissen nur etwa 1/3 der Belastung durch Grunderwerbskosten. Meist überschreiten die Kosten des Grundstücks nicht die 50.000-Gulden-Grenze.

Auch die Preissteigerungsraten für unbebautes, erschlossenes Land waren in den letzten Jahrzehnten sehr moderat. Sie lagen häufig unterhalb der Einkommenszuwächse und fielen vereinzelt sogar geringer aus als die Inflationsrate (Lebenshaltungskostenindex). Allein dies zeigt, daß unbebauter Grund und Boden allein nur selten Gegenstand profitabler Kapitalanlagen ist. Eine Hortung von unbebauten Bauflächen ist in den Niederlanden nicht attraktiv. Für bebaute Grundstücke gilt dies nicht.

Flächeninanspruchnahme
Das Angebot an erschlossenen und bebaubaren Grundstücken wird direkt von den Gemeinden und dem niederländischen Staat bestimmt. Trotz der hohen Bevölkerungsdichte – 440 Einwohner/km² Festlandfläche – ist es gängige Planungspolitik der niederländischen Gemeinden, jederzeit ausreichend erschlossenes Bauland bereitzustellen. Man vermeidet damit Knappheitspreise, die schließlich auch den Wiederverkaufsmarkt beeinflussen.[4] Trotz dieser Maxime für den Bodenmarkt ist es in den Niederlanden gelungen, die kontinuierlich ansteigende Flächeninanspruchnahme zu stoppen. Auch das ist ein wichtiges Ergebnis des Bodenmarktsystems. Während in Westdeutschland die Siedlungsfläche pro Person im Verlauf der 80er Jahre auf fast 500 m² zugenommen hat, stagniert dieser Wert seit Anfang der 80er Jahre in den Niederlanden bei ca. 350 m²/Person. Dabei spiegeln sich einerseits die höhere Bevölkerungs- und die höhere Bebauungsdichte wider, andererseits konnte man aber den Bodenverbrauch effektiver gestalten, obwohl in den Niederlanden eine vergleichbare Wirtschaftsentwicklung und Steigerung des Lebensstandards stattfand.

Eigentumsquote
Schließlich sei auf die Steigerung der Eigentumsquote hingewiesen. Sie beträgt in den Niederlanden etwa 45 %, d.h. ca. 45 % aller Haushalte leben in den eigenen vier Wänden. Dieser Wert kann zwar im europäischen Vergleich nicht als „hoch" bezeichnet werden, im Gegensatz zu Deutschland ist es jedoch in den letzten Jahrzehnten in den Niederlanden gelungen, die Rahmenbedingungen – u.a. am Bodenmarkt – so zu gestalten, daß die Eigentumsquote deutlich angestiegen ist; seit den 1970er Jahren läßt sich eine Zunahme um ca. 10 Prozentpunkte verzeichnen.[5]
Gründe liegen vor allem in den dargestellten Preisverhältnissen am Boden- und Immobilienmarkt und der Angebotsmenge, die den Zugang zum Eigentum für den Durchschnittshaushalt bei vergleichbarer Wirtschaftsentwicklung in den Niederlanden deutlich leichter machen als in Deutschland.

Rahmenbedingungen des Bodenmarktes

Zuständigkeiten
Die Niederlande sind ein Zentralstaat. Man legt jedoch Wert darauf, daß es sich um einen „dezentralen Einheitsstaat" handelt, in dem die Kompetenzen in vielen Verwaltungsbereichen bis auf die unterste Ebene, die Gemeinde, delegiert sind. Die Hierarchie erstreckt sich über drei Ebenen: Der Zentralstaat

verwaltet das Land in 4 Regionen (Noord-, Oost-, Zuid- und West-Nederland), die 12 Provinzen (z.b. Friesland, Gelderland, Zuid-Holland, Noord-Brabant usw.), und die 714 Gemeinden genießen eine verfassungsmäßig verankerte Verwaltungsautonomie.
Die Aufgabenverteilung für ein Ressort sieht in der Regel so aus, daß die Zentralregierung die Rahmenbedingungen schafft (z.b. Zuständigkeiten regelt und Finanzierungsmittel bereitstellt), die Gemeinden die Politik ausfüllen und umsetzen, während die Provinzen diese Vorgänge unterstützen und überwachen. Daneben haben die Provinzen eigene Kompetenzen, z.b. für Wasserwirtschaft, Landschaftsschutz, Abfallwirtschaft oder Schulwesen. Der Zentralstaat gibt die Leitlinien für die räumliche Entwicklung des Landes vor und führt große Infrastrukturmaßnahmen in eigener Regie durch.
Die Stadtentwicklung ist eine wesentliche eigene Aufgabe einer Gemeinde. Darüber hinaus obliegt ihnen zugleich die Aufgabe der Erteilung von Baugenehmigungen. Damit ist weitgehender Spielraum für gemeindeeigene Politik gegeben.
Die niederländischen Gemeinden sind in ihrer Ausdehnung (Durchschnittsgröße ca. 52 km²) wie erst recht in ihrer Einwohnerzahl (durchschnittlich 21.500 Einwohner) deutlich größer als die deutsche Durchschnittskommune.[6] In der Finanzausstattung verfügen die niederländischen Kommunen dagegen über nur ca. 1/7 eigene Einnahmen (hauptsächlich aus einer Grundsteuer), der überwiegende Teil der kommunalen Finanzierungsmittel wird als Zuweisung von der Zentralregierung und den Provinzen bereitgestellt; zum Teil sind die Mittel nicht zweckgebunden.

Planungssystem
Das Planungssystem der Niederlande ist hierarchisch aufgebaut und erstreckt sich – wie in Deutschland – auf alle Staats- und Verwaltungsebenen. Auf nationaler Ebene macht die Raumordnung u.a. in Form von verbindlichen „Raumordnungs-Noten" Vorgaben für Planungsziele und -grundsätze,[7] auf der Ebene der 12 Provinzen wird ein sogenannter „Streekplan" (Regionaler Raumordnungsplan) erarbeitet. Für die Gemeinden existiert ein zweistufiges System von „Struktuurplan" und „Bestemmingsplan", wobei letzterer wie der deutsche Bebauungsplan rechtsverbindlich gegenüber jedermann ist und Baurechte schafft. Der „Struktuurplan" beschreibt – soweit er aufgestellt wird – die gewünschte Entwicklung der Gemeinde flächendeckend; er entfaltet lediglich eine Selbstbindung für die Gemeinde.
Der „Bestemmingsplan" für den Außenbereich (Art. 10 des Gesetzes über die räumliche Ordnung aus dem Jahr 1962, novelliert 1985 und 1994) ist

die einzige obligatorische Planungsgrundlage, die jede Gemeinde aufzustellen hat. Er ist rechtsverbindlich gegenüber jedermann. Interessanterweise hat dieser einzige „Pflichtplan" im niederländischen Planungssystem nur die nicht baulich zu nutzenden Flächen des Gemeindegebietes aufzunehmen. Es ist ein Plan, der explizit den Außenbereichsschutz in den Vordergrund stellt. Er enthält viele Elemente einer Landschaftsplanung. Indirekt, d.h. durch Aussparung, legt dieser „Bestemmingsplan" somit auch die Siedlungserweiterungsflächen fest.[8]
Darüber hinaus stellt er zugleich den rechtlichen Rahmen zur Festlegung und Legitimierung überörtlicher (Fach-)Planungsvorhaben, z.b. Autobahnen oder Kanäle, dar. Diese Zielsetzung erfordert Einflußmöglichkeiten der höheren Verwaltungsebenen auf die Planinhalte der gemeindlichen Pläne. Provinz und Zentralregierung haben durch ihre Aufsichtsfunktionen die Möglichkeit, ein gemeindliches Agieren gegen ihre Vorstellungen letztlich zu unterbinden.

Für Siedlungsbestand und -erweiterungsflächen ist es einer Gemeinde freigestellt, „Bestemmingspläne" für den Innenbereich zu erstellen. Von dieser Möglichkeit wird bei der überwiegenden Zahl von Planungsvorhaben Gebrauch gemacht. Der „Bestemmingsplan" für den Innenbereich ist gut vergleichbar mit dem deutschen Bebauungsplan. Wenn erstellt, ist er rechtsverbindlich. Damit werden Nutzungsart, Bebauungsdichte und Haustypen in Verbindung mit bestimmten Bewohnergruppen festgelegt.[9]

Bodenrechtliche Instrumentarien der öffentlichen Hand
Öffentlich-rechtliche Instrumente zur Plansicherung und Bodenordnung sind in den Niederlanden weit weniger vorhanden als im deutschen Baurecht. Das wichtigste Instrument ist die Baugenehmigung, über die von den Gemeinden auf der Grundlage einer nationalen Bauordnung entschieden wird. Daneben gibt es lediglich die Möglichkeit, ein Baugesuch während der Aufstellung eines „Bestemmingsplanes" für ein Jahr zurückzustellen. Keines der vielen deutschen Bodenordnungsinstrumente (Baulandumlegung, Grenzregelung, Vorhaben- und Erschließungsplan, städtebauliche Entwicklungsmaßnahme) ist in den Niederlanden gesetzlich verankert. Sie wurden bisher auch nicht vermißt.

Von Bedeutung ist jedoch die Möglichkeit der städtebaulichen Enteignung, die unter ähnlichen Voraussetzungen wie in Deutschland anwendbar ist. Zwar wird die Enteignung tatsächlich nur sehr selten durchgeführt, ihre wichtige Funktion als „Druckmittel" gegenüber den Grundstückseigentümern ist aber stärker ausgeprägt als im deutschen Recht. Zum einen unterliegen nicht nur für eine öffentliche Nutzung festgesetzte Flächen der Enteignungsmöglichkeit, sondern auch privatnützige Flächen, soweit an ihnen ein öffentliches Interesse für „Belange des Städtebaus und Wohnungswesens" besteht. Wichtiger noch ist, daß als Entschädigung für den Rechtsverlust von landwirtschaftlich genutzten Flächen regelmäßig lediglich ein etwa zweifacher Ackerlandwert gewährt und gerichtlich anerkannt wird. Planungsbedingte Wertsteigerungen, die zu hohen Bauerwartungs- oder Rohbaulandwerten führen, sind in den Niederlanden unbekannt. Der Berücksichtigung von Vermögensnachteilen kommt allerdings eine um so größere Bedeutung zu.

Boden- und Immobilienbesteuerung
Wichtigste Boden- und Immobiliensteuer ist die Grundsteuer, die den Gemeinden zufließt. Die Besteuerung basiert in den Niederlanden auf dem tatsächlichen Marktwert einer Immobilie, der über pauschalierende Bewertungsverfahren erfaßt und fortgeschrieben wird. Baureifes, aber unbebautes Land – welches in den Niederlanden allerdings nur selten vorkommt – wird folglich hoch besteuert.
Bei Immobilientransaktionen aus dem Bestand fallen 6 % Grunderwerbsteuer an; bei Transaktionen von Grundstücken oder Neubauten, z.B. Erwerb vom Bauträger, entfällt zwar die Grunderwerbsteuer, an deren Stelle werden aber 18,5 % Mehrwertsteuer fällig. In diesem Punkt ist die Belastung für den Eigenheimerwerber somit höher als in Deutschland.
Die Förderung der Eigentumsbildung für Eigennutzer oder Vermieter über die Einkommensteuer ist einfach aufgebaut. In beiden Fällen ist ein voller Schuldzinsenabzug möglich – bei Eigennutzern zumindest für das erste Haus –, womit eine Senkung der Zugangsschwelle zum Eigentum erzielt wird.[10]
Dagegen sind Abschreibungsmöglichkeiten, Bauzulagen etc. in der Regel nicht vorgesehen.

Das niederländische Baulanderschließungs-Modell

Überblick über die Vorgehensweise
Der Prozeß der „Baulandproduktion" wird von den Kommunen getragen und gesteuert. Diese erschließen mindestens 75 % des neuen Baulandes für Wohnen und Gewerbe im eigenen Namen und für eigene Rechnung. Die restlichen Erschließungen liegen in der Verantwortung anderer öffentlicher oder zumindest halb-öffentlicher Aufgabenträger, z.B. der Hafenagenturen zur Erschließung von Gewerbebauland.

Die Kommunen kaufen alle neu zu erschließenden Flächen zu einem 2- bis 3-fachen Agrarlandpreis freihändig auf, d.h. zu einem etwas über der Enteignungsentschädigung liegenden Preis. Sie beplanen, ordnen und erschließen die Flächen und veräußern das Land zum jeweiligen Baulandwert an die zukünftigen Bauherren in Verbindung mit einer Bauflicht. Grundsatz ist, daß die Verkaufspreise in einem neuen Erschließungsgebiet die Kosten der Gesamtmaßnahme finanzieren sollten. Dieser niederländische Weg nutzt die Möglichkeiten der öffentlichen Hand optimal; er ist der Durchführung einer – freiwilligen – städtebaulichen Entwicklungsmaßnahme sehr ähnlich.

Bodenpreisbildung
In den Niederlanden besteht wie in Deutschland ein Planungssystem, das detaillierte und rechtsverbindliche Festsetzungen erzeugt, die einerseits als Vorgaben zu akzeptieren sind, andererseits aber auch Ansprüche auf Erteilung entsprechender Baugenehmigungen begründen. In Deutschland hat die Verbindlichkeit der Planungsaussagen erhebliche Vorwirkungen auf die Bodenpreise (vgl. § 4 WertV). Dieser Zusammenhang gilt in den Niederlanden aufgrund des regelmäßigen kommunalen Zwischenerwerbs nicht.[11]
Die niederländischen Gemeinden sind traditionell die einzigen Nachfrager nach landwirtschaftlichen Flächen, die einer Bebauung zugeführt werden sollen. Sie sind gleichzeitig auch einzige Anbieter neu erschlossenen Baulandes. Diese Situation verhindert frühzeitige Erwartungswerte für die zukünftigen Bauflächen infolge der planerischen Festsetzungen im „Bestemmingsplan". Der im Vergleich zum Baulandwert geringe Wertzuwachs, der den Alteigentümern als „planungsbedingter Mehrwert" verbleibt, bewirkt aber durchaus, die Verkaufsbereitschaft der Alteigentümer zu erhöhen und Enteignungen zu vermeiden. Ein niederländischer Landwirt weiß, daß er aufgrund des kommunalen Baulandangebotmonopols kaum jemals einen höheren Preis erzielen könnte. Durch diese dominierende Stellung der Gemeinde ist der Boden zwar dem freien Spiel der Marktkräfte, gleichzeitig aber auch der Spekulation entzogen.

Akteure
In den Niederlanden findet man im Gegensatz zu Deutschland sehr klar strukturierte Entwicklungsprozesse und entsprechende Akteurszuordnungen in den jeweiligen Phasen des Entwicklungsprozesses. Auch dies ist weitgehend durch das kommunale Durchgangseigentum bedingt. Hauptakteur für die Bodenbevorratung, die Planung, die Neuordnung und die Erschließungsmaßnahmen ist die Gemeinde. Die großen Gemeinden wickeln die Bau-

landentwicklung und das Bodenmanagement häufig mittels stadteigener privatrechtlicher Agenturen ab. Durch den kommunalen Zwischenerwerb hat die Gemeinde zusätzlich die Möglichkeit, auf die Grundstücksvergabe und Bebauung der Grundstücke Einfluß zu nehmen. Davon macht sie mittels privatrechtlicher Vereinbarungen regelmäßig Gebrauch (Bauverpflichtung, Wiederkaufsrecht, Gestaltungsauflagen usw.). Dieser Aspekt ist ein wichtiger Unterschied zur Rolle der öffentlichen Akteure in anderen Ländern.

Die für die Bebauung verantwortlichen Akteure werden in der Regel von den Gemeinden direkt oder in einem beschränkten Ausschreibungsverfahren ausgewählt. In den Niederlanden dominieren in der Bebauungsphase eindeutig die Bauträger und Baufirmen, während der Selbstnutzer als Bauherr relativ selten vorkommt. Das vorherrschende Reiheneigenheim mag ein Indiz dafür sein. Wichtige Akteure sind auch die gemeinnützigen Wohnungsbaugesellschaften, die die Bauvorhaben im sozialen Wohnungsbau erstellen. Sie arbeiten als kompetente Partner eng mit den Gemeinden zusammen. Sie sind häufig als Stiftungen organisiert und leisten erhebliche Teile des Wohnungsneubaus in den Niederlanden.

Finanzierung

Die Gemeinden übernehmen ohne gesetzliche Verpflichtung traditionsgemäß das finanzielle Risiko der Baulandentwicklung. Sie werden dabei von Provinz und Zentralstaat unterstützt. Die Gemeinden arbeiten wie Developer und wenden – wie diese – fast ausschließlich das Privatrecht an. Ein großer Vorteil besteht in der nahezu vollständigen Nutzung der Planungs- und Erschließungsvorteile zur Refinanzierung der Entwicklungskosten beim Verkauf der Grundstücke.

Die Veräußerung der Baugrundstücke zu Marktpreisen soll alle Entwicklungskosten (einschl. Planungs-, Betreuungs- und Finanzierungskosten usw.) eines Neubaugebietes abdecken. Dieser Finanzierungsansatz wirkt auf die Planung zurück: Eine gute Nutzungsmischung innerhalb eines Gebietes ist notwendig, damit die Finanzierung nicht-kostendeckender Nutzungen (z.B. Flächen für den sozialen Wohnungsbau) über „Gewinne" bei höherwertigen Nutzungen (frei finanzierter Wohnungsbau, Dienstleistungsflächen) gesichert wird – und nicht über staatliche Zuschüsse. Die Verkaufspreise müssen von der Provinzverwaltung genehmigt werden. Diese überwacht ebenso die Wirtschaftlichkeit und Gesamtfinanzierung der Maßnahme und entscheidet über eventuell erforderliche Fördermittel. Sie wirkt bei der Koordinierung und Finanzierung von (Infrastruktur-)Maßnahmen anderer staatlicher Stellen mit.

In den Niederlanden wird somit eine Art städtebauliche Entwicklungsmaßnahme seit Jahrzehnten als „Regelinstrument" angewendet. Erst dieser einzig relevante Weg der Baureifmachung neuer Flächen – ein Instrument wie die Baulandumlegung ist in den Niederlanden unbekannt – ermöglicht einen weitgehenden Ausschluß von Bodenspekulation und garantiert die überwiegend günstigen Baulandpreise in den Niederlanden.

Kernelememte und aktuelle Tendenzen

Kulturelle Hintergründe

Wie gezeigt wurde, funktioniert der niederländische Weg der Baulandbereitstellung nicht aufgrund rechtlicher Zwangsmaßnahmen, sondern im Zentrum stehen langfristig praktizierte Traditionen und gesellschaftliche Überzeugungen. Wesentliche Hintergründe sind:
Die umfassende Rolle des Staates in den Niederlanden hat ihre Grundlage in der Lage und Topographie des Landes. Wenn man an die latente Bedrohung durch das Meer und an die hohe Bevölkerungsdichte denkt – 1/4 der Landesfläche liegt sogar unter Meeresniveau –, so ergeben sich hieraus große ingenieurtechnische Aufgaben von nationaler Tragweite: der Küstenschutz, die Landgewinnung und die Aufbereitung des Landes für eine bauliche Nutzung. Letzteres ist in weiten Teilen der Niederlande mit erheblichem Aufwand verbunden. Entweder bedarf es einer aufwendigen und teuren Trockenlegung, oder das Auffüllen großer Sandmengen ist erforderlich. Diese Aufgaben sind nur von Staats wegen zu bewältigen. Hierin liegt eine wesentliche Wurzel für das starke Engagement der öffentlichen Hand bei der Baureifmachung von Grundstücken.
Erwähnenswert ist weiterhin das gesellschaftliche Ziel, Engpässe auf dem Baulandmarkt zu vermeiden. Dies äußert sich in der grundsätzlichen Einstellung, daß die Erweiterung einer Gemeinde von der ansässigen Bevölkerung in der Regel akzeptiert wird.
Ein wichtiger Aspekt für die Akzeptanz staatlicher Maßnahmen und Planungen ist die weitverbreitete Kultur der Kompromißfindung zwischen allen Betroffenen, seien es die Bürger oder seien es die unterschiedlichen Träger öffentlicher Belange. Es ist oberste Maxime, Probleme durch Einigung zu lösen. Als Charakteristikum gelten die sogenannten „Ko-Wörter": Ko-operation, Ko-ordinierung, Konsultation, Konsens, Kompromiß.[12] In der Stadtplanung bedarf es erheblicher Zeiten, bis der Inhalt eines „Bestemmingsplanes" zwischen den öffentlichen Aufgabenträgern und schließlich mit der Öffentlichkeit ausdiskutiert ist. Diese Zeiten lohnen sich jedoch durchaus,

da mit den Trägern öffentlicher Belange in diesem Stadium bereits konkrete Absprachen über Zeiten, Finanzierungen oder Genehmigungsmöglichkeiten getroffen werden, so daß die Umsetzung der Planung gut vorbereitet ist und kurzfristig nach Abschluß der Planungen erfolgen kann.

Preisrelationen
In den Niederlanden verläuft die Preisentwicklung vom Ackerland zum Bauland wesentlich einfacher als gemäß § 4 WertV in Deutschland. Durch den Aufkauf der Grundstücke zu einem erhöhten Agrarlandpreis wird dem Alteigentümer ein gewisser „planungsbedingter Mehrwert" verschafft. Der entscheidende Wertzuwachs ergibt sich jedoch erst im Laufe der Erschließungstätigkeiten durch die Gemeinde und wird mit dem Verkauf des erschlossenen Landes an die zukünftigen Bauherren realisiert. Diese Preisbildungsfunktion ohne frühzeitige Wertzuwächse für Bauerwartungsland bzw. Rohbauland ist für das Funktionieren des holländischen Baulandmodells von ausschlaggebender Bedeutung. Sie ist ebenso entscheidend für die Eindämmung der Spekulation mit Bauland.

Während der Ankauf des werdenden Baulandes aufgrund der herausgehobenen Stellung der Gemeinden dem freien Spiel der Marktkräfte entzogen ist, gilt dies für den Verkauf der unbebauten, aber baureifen Flächen nicht mehr. Die Verkaufspreise werden von den Nachfragern in Relation zu den Preisverhältnissen am Wiederverkaufsmarkt bestehender, bebauter Immobilien beurteilt. Die Verhältnisse an beiden Teilmärkten, dem von der Gemeinde dominierten „1. Markt" und dem als freier Markt funktionierenden „2. Markt" (Wiederverkaufsmarkt), sind für das Funktionieren des Gesamtsystems zu beachten. Aufgrund der öffentlichen Kontrolle führt die Monopolstellung der Gemeinden jedoch nicht zu unerwünschten Verhältnissen am Bodenmarkt oder zu überhöhten Preisen.

Vielmehr sind die staatlichen Stellen wie auch die Gemeinden selbst daran interessiert, den Grund und Boden zu einem kostenorientierten Preis zu verkaufen. Mit diesem Ziel verbindet man gewöhnlich, daß mit Kostendeckung die „Obergrenze" für die Preise erreicht sein soll, um Spekulations- und Knappheitszuschläge zu vermeiden. Auch zur Sanierung der öffentlichen Haushalte darf das Modell nicht dienen. Ebenso wichtig ist jedoch die damit definierte „Untergrenze" der Preise; Grund und Boden soll auch nicht zu unangemessen niedrigen Preisen abgegeben werden. Bodenpreise für erschlossenes Bauland beispielsweise von 50 Gulden/m^2 sind in der Regel nicht angemessen, da Zwischenerwerb und (innere) Erschließungskosten damit üblicherweise nicht zu decken sind.

Die Finanzierung der Entwicklungskosten auf der Grundlage der durchschnittlichen Verkaufspreise von 100–150 Gulden/m^2 Nettobauland stößt selbst bei günstigen Ankaufpreisen des Bruttobaulandes an Grenzen. Es muß davon ausgegangen werden, daß die häufig sehr aufwendige Baugrundaufbereitung, die Anlagen der äußeren Erschließung und die Gemeinbedarfs- und Folgeeinrichtungen normalerweise überwiegend aus anderen Quellen finanziert werden müssen.
Will man der Forderung nach „angemessenen" Preisen am Bodenmarkt nachkommen und zugleich eine breite Streuung, d.h. eine hohe Eigentumsquote erreichen, so ist die Relation zum Einkommensniveau von Bedeutung. Auch in dieser Hinsicht können die Bodenpreise in Verbindung mit den Hauspreisen in den Niederlanden als angemessen gelten. Hier ist der Erwerb eines Eigenheimes etwa mit dem 5-fachen Jahresnettoeinkommen möglich, in Deutschland muß im Durchschnitt mit dem 8- bis 9-fachen gerechnet werden.[13] Wichtig ist für die Zugangsschwelle zum Eigentum wie auch für die Begrenzung von Spekulationstendenzen, daß die Wertzuwächse des Grund und Bodens nicht die Zuwächse der Einkommen übersteigen, sondern möglichst in der Größenordnung der Steigerung der allgemeinen Lebenshaltungskosten liegen.
Das fein abgestimmte niederländische System zeigt zusammenfassend, daß zur Sicherung „angemessener Bodenpreise" insbesondere die angeführten Relationen zu wahren sind:
- Die Bodenpreise müssen für durchschnittliche Baulandentwicklungen eine weitgehende Kostendeckung ermöglichen, um die Belastung für die öffentlichen Haushalte vertretbar zu halten;
- die (kostenorientierten) Preise des neuen Baulandes sind in Relation zu den (marktorientierten) Preisen auf dem Wiederverkaufsmarkt für bebaute Grundstücke zu beurteilen;
- die Relation zwischen den Preisverhältnissen am Boden- und Immobilienmarkt und dem Einkommensniveau sowie den jeweiligen Veränderungsraten ist ausschlaggebend für die gewünschte Eigentumsbildung.

Die Bodenpreise in den Niederlanden wahren diese Relationen weitgehend.

Aktuelle Tendenzen
Zwei Tendenzen sind zu beobachten: Der niederländische Staat hat auf die Notwendigkeit einer verstärkten Berücksichtigung regionalplanerischer Aspekte in der gemeindlichen Bauleitplanung mit Ergänzungen des Planungsrechts reagiert. Kommerzielle private Akteure sind in den niederländischen Baulanderschließungsprozeß zu integrieren.

- Die gesetzlichen Änderungen, die seit 1994 in Kraft sind, ermöglichen der nationalen Planungsebene verstärkte Eingriffsmöglichkeiten in die kommunalen Planungen, um die Durchsetzung staatlicher Infrastrukturmaßnahmen (u.a. Abfallentsorgungsanlagen, Asylantenheime etc.) im Rahmen der gemeindlichen Planungen zu verbessern. Auch niederländische Kommunen versuchen, nicht erwünschte überörtliche Einrichtungen in ihrem Gemeindegebiet zu verhindern oder wenigstens zu verzögern. Treffend spricht man vom „Nimby"-Gesetz („Not in my backyard").

- Eine weitere Gesetzesänderung hat zum Ziel, die (planerische) Bewältigung der Abhängigkeiten zwischen größeren Städten und ihren Umlandgemeinden zu verbessern. Dazu hat man sieben Stadtregionen als zusätzliche Gebietseinheiten gebildet (Amsterdam, Rotterdam, Den Haag, Utrecht, Eindhoven-Helmond, Arnhem-Nijmegen und Enschede-Hengelo). Die Stadtregionen haben das Recht, Flächennutzungspläne („Struktuurplanen") aufzustellen und die Baulandpolitik zu beeinflussen. Die neuen Stadtregionen wurden vor zwei Jahren zunächst befristet eingeführt; nach Auswertung der Testphase wird in den nächsten Jahren über ihren Bestand entschieden.

- Private Akteure (Developer, Bauträger, Investoren usw.) drängen in den letzten Jahren verstärkt in die Baulandentwicklung für den freifinanzierten Wohnungsbau. Dieser Marktsektor gewinnt um so mehr an Bedeutung, je mehr der Umfang von Neubauten im sozialen Wohnungsbau aufgrund der knapper werdenden öffentlichen Mittel zurückgeht. In Baugebieten mit einem großen Anteil an freifinanziertem Wohnungsbau und entsprechend höherem Erlös aus dem Bodenverkauf wird auch die Baulandentwicklung für kommerzielle Akteure attraktiv und profitabel. Zudem sieht die nationale Raumordnung eine Konzentration der Siedlungserweiterungen in den zentralen Orten mit ihrem etwas höheren Bodenpreisniveau vor. Durch diese Trends soll sich der Durchschnittspreis für baureifes Land außerhalb der „Randstad" durchschnittlich auf ca. 150 Gulden je m^2 erhöht haben.

Abweichend vom traditionellen Modell haben bereits Aufkäufe potentieller Siedlungserweiterungsflächen durch Developer stattgefunden. Einer rein privaten Baulanderschließung und Vermarktung der Grundstücke stimmt die öffentliche Seite nicht zu. Derzeit versuchen einige niederländische Kommunen jedoch, neue Wege durch die Gründung gemeinsamer Entwicklungsgesellschaften mit Developern zu gehen. Dies erinnert durchaus an ähnliche Modelle, die aktuell in Deutschland in Verbindung mit „städtebaulichen Verträgen" diskutiert werden.[14] Aufgrund der Verstärkung des Profitgedankens in der Baulanderschließung durch kommerzielle Akteure ist in neuen Wohngebieten ein Trend zu weiterer Verdichtung durch Reduzierung der öffentlichen Flächenanteile zu beobachten, so daß heute häufig eine Dichte von über 30 Häuser pro ha Bruttobauland erreicht wird.

Mit dieser neuen Tendenz findet nunmehr auch am niederländischen Bodenmarkt eine Entwicklung statt, die in vielen westeuropäischen Ländern zu beobachten ist. Trotzdem werden die Gemeinden ihre dominierende Rolle beibehalten und dadurch die vergleichsweise moderaten Preisverhältnisse stützen. Der Boden ist auch weiterhin nicht einer ausgreifenden Spekulation preisgegeben. Jedoch zeigt sich erneut, daß der vorbildliche niederländische Weg der Baulandbereitstellung mit starkem staatlichen und gemeindlichen Engagement unter den heutigen Bedingungen der öffentlichen Haushalte und der privaten Finanzierungsmöglichkeiten schwierig aufrecht zu erhalten ist. Künftig wird es auch hier darauf ankommen, inwieweit die neuen Akteure bereit sind, sich an den Kosten der notwendigen öffentlichen Einrichtungen (Folgekosten) zu beteiligen. Bei verstärkter Anwendung der „Public-Private-Partnership" in der niederländischen Baulandentwicklung werden die ausgeprägte Verhandlungskultur und die Erfahrungen der öffentlichen Hand in diesem Aufgabenfeld den gemeindlichen Vertretern jedoch gute Startbedingungen für eine Zusammenarbeit mit privaten Unternehmen liefern.

Übertragbarkeit auf Deutschland

Zur Frage der Übertragbarkeit auf deutsche Verhältnisse ist es angebracht, zwischen den gesetzlichen Rahmenbedingungen und der Vorgehensweise in der Baulandbereitstellung zu unterscheiden.
Mit Blick auf die gesetzlichen Rahmenbedingungen zeigen die Ausführungen, daß insbesondere hinsichtlich des Planungssystems im Grunde sehr ähnliche Rahmenbedingungen in beiden Ländern gelten. Obwohl die Niederlande ein Zentralstaat und Deutschland föderal aufgebaut ist, gilt dies auch für die Organisation der Verwaltungen und die Kompetenzverteilung. Als interessante Einzelregelungen für das förmliche Bauleitplan-Aufstellungsverfahren, die für eine Übernahme empfohlen werden können, erscheinen die Bindung der Entscheidungsträger an zeitliche Fristen und die Herbeiführung konkreter Absprachen über die zeitliche und finanzielle Planrealisierung mit den Trägern öffentlicher Belange. Im Bereich der bodenordnungsrechtlichen Regelungen verfügt Deutschland mit dem Baugesetzbuch über ein wesentlich differenzierteres Instrumentarium als die Niederlande; hier ist aufgrund der niederländischen Erfahrungen vielmehr zu fragen, ob die Auswahl an In-

strumenten nicht zu umfangreich und kompliziert ist, so daß daraus Anwendungsprobleme resultieren.

Wie gezeigt wurde, ergeben sich die guten Bodenmarktergebnisse in den Niederlanden überwiegend aus der Vorgehensweise der Gemeinden bei der Baulanderschließung. Hierfür sind jedoch nicht die Regelungen des öffentlichen Bodenrechts ausschlaggebend, sondern deren Handhabung, die Übernahme von Verantwortung und Risiken durch die öffentliche Hand sowie die dahinterstehende Bodenpolitik. Eine Übertragung des niederländischen Beispiels kann den deutschen Kommunen lediglich empfohlen und durch Beispiele nähergebracht, jedoch nicht durch Rechtsänderungen erreicht werden.

Allerdings gibt es auch in Deutschland – insbesondere kleinere – Gemeinden außerhalb der Ballungszentren, die traditionell den Weg des kommunalen Zwischenerwerbs praktizieren. In der Erschließung von Gewerbebauland ist dieses Vorgehen sogar weit verbreitet, allerdings vor anderem Hintergrund. Das niederländische Baulanderschließungsmodell entspricht einem öffentlich-rechtlichen Instrumentarium im deutschen Baurecht, das in den letzten Jahren verstärkt angewendet wird, der städtebaulichen Entwicklungsmaßnahme. Entscheidender Unterschied ist jedoch, daß dieses Instrument in Deutschland nur unter vorgegebenen Anwendungs- und Festlegungsvoraussetzungen als „Besonderheit" eingesetzt werden darf. Eine Übertragung des Holland-Modells auf Deutschland entspräche einer Anwendung der städtebaulichen Entwicklungsmaßnahme als Regelinstrument. Dies wäre bodenpolitisch und volkswirtschaftlich sicherlich anzustreben, ist aber mit dem derzeit gültigen Eigentums- und Bodenrecht nicht ohne weiteres vereinbar.

Zusammenfassend ist festzustellen, daß die großen Unterschiede zwischen Deutschland und den Niederlanden bei der Umsetzung der „goldenen Regel" des Bodenmarktes im wesentlichen zurückzuführen sind auf die unterschiedliche Anwendungspraxis der bodenrechtlichen Möglichkeiten, d.h. auf deren „Management" durch die öffentlichen Akteure. Dies betrifft sowohl das Management zwischen Planungs- und Realisierungsphase als auch das Management des Baureifmachungsprozesses selbst. Die Frage nach einer Übertragung der niederländischen Verhältnisse auf Deutschland muß somit auf die Fragen des Managements einer Baulandentwicklung konzentriert werden.

1 Vgl. Conradi, P.; Dieterich, H.; Hauff, V.: Für ein soziales Bodenrecht. Europäische Verlagsanstalt, Frankfurt am Main 1972. Hooper. A.J.: Policy innovation and urban land markets. In: OECD – Urban Affairs Programme. Paris 1989.
2 Vgl. Dransfeld. E.; Voß, W.: Funktionsweise städtischer Bodenmärkte in Mitgliedstaaten der Europäischen Gemeinschaft – ein Systemvergleich. Forschungsprojekt EuProMa (Projektleitung Prof. Dr. jur H. Dieterich). Hrsg. Bundesministerium für Raumordnung, Bauwesen und Städtebau, Bonn-Bad Godesberg 1993, S. 219 ff.
3 Vgl. Needham, B.; Koenders, P.; Kruijt, B.: Urban Land and Property Markets in the Netherlands. University College London Press 1993, S. 95. Es wird zwischen Miet- und Kaufobjekten, zwischen Profit- und Non-Profit-Objekten sowie zwischen „Premie A, B, C"-Objekten unterschieden.
4 Vgl. Needham, B.; Koenders, P.; Kruijt, B., a.a.O., S. 97 f.
5 Vgl. Dransfeld, E.; Voß, W., a.a.O., S. 239.
6 Vgl. Dransfeld, E.; Voß, W., a.a.O., S. 75.
7 Vgl. Kragt, R.H.: Raumplanung in den Niederlanden – Struktur und Entwicklung. In: Raumforschung und Raumordnung, Heft 1/1994, S. 3 ff.
8 Vgl. Voß, W.: Planungssystem in den Niederlanden. Bundesbaublatt Nr. 2/1995, S. 99 ff.
9 Vgl. Wilgenhof, J.H.: Bauen in Deutschland aus Sicht niederländischer Planer und Bauunternehmer. In: Bundesbaublatt Nr. 1/1996, S. 32.
10 Vgl. Wilgenhof, J.H., a.a.O., S. 32.
11 Vgl. Voß, W.; Dransfeld, E.; Dieterich, H.: Die Bodenpreisbildung – Ein Blick auf neue Instrumente und einige Nachbarländer. In: Grundstücksmarkt und Grundstückswert, Heft 4/1994, S. 205 f.
12 Vgl. Needham, B.: Strategic planning and the shape of the Netherlands through foreign eyes: But do appearances decive? In: Built Environment, Vol. 15, 1989, S. 11–16.
13 Vgl. Dransfeld, E.; Voß, W., a.a.O., S. 233 f.
14 Vgl. Bunzel, A.; Coulmas, D.; Metscher, W.; Schmidt-Eichstaedt, G.: Städtebauliche Verträge. Beiträge zur Stadtforschung Nr. 14, Deutsches Institut für Urbanistik, Berlin 1995.

Großbritannien

Egbert Dransfeld

Privatisierung, Liberalisierung, Deregulierung und Dezentralisierung sind seit einigen Jahren in der öffentlichen Diskussion, aber auch in der praktischen Politik zunehmend benutzte Schlagwörter. Es ist insofern nicht verwunderlich, daß dieser gesellschaftliche „Mainstream" auch den „Umgang mit Boden" erfaßt hat.
Dem britischen Bodenrechts- und Bodenmarktsystem kommt bei dieser Diskussion eine Art „Vorreiterrolle" zu. In Großbritannien wird schon seit Jahrzehnten der Bodenmarkt durch freie Marktkräfte dominiert. Im Gegensatz zu Deutschland, einem sogenannten „Plan-Led-System", darf mit Recht in Großbritannien von einem „Market-Led-System" gesprochen werden. Private Akteure bestimmen das Bild. Das Planungssystem spielt nur eine vergleichsweise untergeordnete Rolle. Die Briten sprechen vereinfacht vom „Discretion-System".[1]
Boden wird nicht wie in Deutschland als Wert an sich betrachtet! „Property is seen as an investment medium, not as a capital good in the productive process. Land and Property is bought and sold as an investment by people whose interest is not to use the property but to obtain a financial return from it. The distinction between investment and speculation is very hard to make."[2]
Fraglich ist hingegen, ob nicht in Deutschland, insbesondere seit dem Inkrafttreten des Investitionserleichterungs- und Wohnbaulandgesetzes aus dem Jahr 1993, verstärkt „private Elemente" in unser Bodenrechtssystem aufgenommen und damit auch gewisse Deregulierungen am deutschen Bodenmarkt schon eingeleitet worden sind.
Sind wir somit nicht schon längst auf dem Weg zu „britischen Verhältnissen"? Wird das bodenpolitische Leitziel, daß der Bodenmarkt sicherstellen soll, daß das richtige Grundstück zur richtigen Zeit am richtigen Ort und zu einem angemessenen Preis verfügbar sein soll, durch das „britische Modell" am ehesten erreicht?

Daß mit Blick auf die gebotene Kürze dieses Beitrages nicht alles an bodenrechtlichen Regelungen, Ergebnissen und Wertungen angesprochen werden kann, versteht sich von selbst – jeder synoptische Ansatz wäre ein hoffnungsloses Unterfangen. Die im britischen System kundigen Leser mögen daher verzeihen, wenn einige Aspekte nicht oder zu wenig erörtert scheinen[3].

Bodenmarktergebnisse

Analysiert man die *Bodenpreisentwicklung* in Großbritannien, wird deutlich, daß Bodenpreise ähnlich stark fallen, wie sie gestiegen sind. Der zyklische Charakter des britischen Bodenmarktes ist symptomatisch und läßt sich über Jahrzehnte nachweisen.[4] Bodenpreise, wie beispielsweise in den 80er Jahren, steigen teilweise sehr stark an, werden dann allerdings in kurzer Zeit auf das Ausgangsniveau heruntergedrückt. Immobilienvermögen können so auch entwertet werden. In Deutschland ist ein größerer Preisverfall außergewöhnlich. Ferner liegen die Wohnbaulandpreise mit Ausnahme des Greater London nicht auf einem vergleichbar hohen Ausgangsniveau wie in Deutschland. Auch *Baulandknappheit* ist in Großbritannien weitgehend unbekannt. Dies hat jedoch im Vergleich zur Bundesrepublik nicht zu einer höheren *Flächeninanspruchnahme* geführt.[5]
Wohnen in selbstgenutztem Eigentum ist für Haushalte in Großbritannien viel selbstverständlicher als in Deutschland. Seit etwa 1970 hat sich in Großbritannien das Verhältnis des Anteiles von Mieter- zu Eigentümerhaushalten zugunsten von Eigentümerhaushalten umgekehrt; die *Wohneigentumsquote* liegt bei fast 70 %.[6]
Insgesamt ergeben sich keine Hinweise darauf, daß britische Wohnungsmarktprobleme auf eine mangelnde Funktionsweise des vorgelagerten Bodenmarktes zurückzuführen wären. Die Unterschiedlichkeit der Bodenmarktergebnisse zwischen Deutschland und Großbritannien ist vor allem durch die verschiedenen Rahmenbedingungen des jeweiligen Systems erklärlich.

Rahmenbedingungen des Bodenmarktsystems

Verwaltungsstruktur, Eigentumsbegriff, politischer Einfluß
Großbritannien ist im Gegensatz zur föderalen Bundesrepublik *zentralstaatlich* organisiert. Auf der lokalen Ebene (City Councils) bestehen durchaus gewisse Rechte, um eigenständige Politik betreiben zu können, die Möglichkeiten sind jedoch erheblich eingeschränkt und mit der kommunalen Autonomie deutscher Gemeinden nicht zu vergleichen. Eine aktive Rolle

der lokalen öffentlichen Seite am Bodenmarkt ist dadurch tendenziell eingeschränkt.
Ferner ist bedeutsam, daß Großbritannien keine geschriebene Verfassung besitzt (sog. „Common Law"). Dies fördert im allgemeinen eine hohe Flexibilität der gesetzlichen Rahmenbedingungen, oder, negativ ausgedrückt, es ergibt sich eine relativ geringe Kontinuität des britischen Rechts.
Die Briten haben in der Regel eine weniger stark psychologisch-emotional geprägte Bindung an den Boden („die Scholle"). Boden spielt eher als wirtschaftliches Gut im Sinne der Realisierung einer höchstmöglichen Grundrente eine Rolle. Eine emotionale Beziehung bezieht sich i.d.R. lediglich auf das zur Zeit bewohnte Haus. Eine wesentliche Erklärung hierfür liegt wohl im einmaligen britischen „Leasehold System". Durch die rechtliche Trennung zwischen Haus- und Grundeigentum wird in Großbritannien, anders als in Deutschland (soweit man vom Erbbaurecht absieht), auch eine andere Wertschätzung des Bodens hervorgerufen[7].
Grundlegend neue *politische Einflüsse* am Boden- und Immobilienmarkt entstanden mit der Regierungsübernahme durch die Konservativen Ende der 70er Jahre. Die Politik des „Thatcherism" verfolgte insbesondere eine Reihe von Schlüsselmaßnahmen, die stark durch eine „market determined development policy" geprägt waren[8]. So wurden beispielsweise die „Local Authorities" zu einer liberalen Baugenehmigungspolitik angehalten. Öffentliche Planung zog sich weitgehend auf nicht marktfähige Bereiche zurück (Sozialer Wohnungsbau, Brachenwiedernutzung, Innenstadtsanierungen). Zu Beginn der 90er Jahre wurde diese Politik jedoch nicht mehr so stark verfolgt. So wurde beispielsweise die Regionalplanung wieder eingeführt und die lokale Planungsebene gestärkt.

Planungssystem
Der grundsätzliche Unterschied zwischen Großbritannien und Deutschland besteht hinsichtlich der *Flexibilität* und des *Verbindlichkeitsgrades* der städtebaulichen Pläne sowie hinsichtlich der Verantwortung zwischen privaten und öffentlichen Akteuren bei der Erstellung städtebaulicher Detailpläne (Neuordnungs- und Neuerschließungspläne)[9]. Großbritannien steuert räumliche Entwicklung weitgehend durch „development control"; räumliche Entscheidungsprozesse werden auf die Baugenehmigungsebene verlagert. Während Deutschland – wie andere kontinentale Länder – versucht, durch öffentliche, (rechts-)verbindliche Pläne (insbesondere Detailplanungsebene des Bebauungsplans) Einfluß auf die räumliche Entwicklung zu nehmen, existieren dagegen in Großbritannien überhaupt keine rechtsverbindlichen Plä-

ne. Während die Baugenehmigung in Deutschland weitgehend eine administrative Überprüfung hinsichtlich der Planübereinstimmung eines Bauvorhabens ist, wird in Großbritannien erst im Rahmen der Erteilung der Baugenehmigung für jeden Einzelfall die entscheidende politische und planerische Abwägung zwischen privaten und öffentlichen Belangen vorgenommen. Die vorhandenen britischen Lokalpläne sind nur ein Abwägungsaspekt neben vielen „other material considerations"[10]. Das Planungssystem erhält hierdurch einen *starken Ermessenscharakter*. Die Sicherheit für Bauinvestitionen wird somit in Großbritannien erst durch die Baugenehmigung erzeugt.[11]

Von Bedeutung ist, daß in Großbritannien städtebauliche Detailpläne (Bebauungsplansebene) zur Erschließung neuer Baugebiete oder zur Neuordnung bestehender Bereiche i.d.R. nicht durch die Gemeinden selbst, sondern durch private Land- oder Projektentwickler (developer), erstellt werden. Diese privat erstellten Detailpläne enthalten weitgehend alle Einzelheiten der verkehrlichen Erschließung, der Ver- und Entsorgung und der Grundstücksparzellierung; sie sind in ihrem Inhalt stärker umsetzungsorientiert als beispielsweise der deutsche Bebauungsplan. Über diese Pläne wird erst im Baugenehmigungsverfahren (planning permission) entschieden. Ein formales Planaufstellungsverfahren entfällt. Insgesamt ergibt sich somit in Großbritannien ein erheblich größerer Einfluß privater Planung auf den Bodenmarkt und letztendlich auch auf die räumliche Entwicklung.

Entscheidend ist, daß das britische Planungssystem im Prinzip keine wie in Deutschland vorherrschende *direkte Baulandangebotsfunktion* wahrnimmt (vgl. Beitrag von Helmut Güttler). Das tatsächliche Angebot an Bauland richtet sich sowohl im Gewerbe als auch im Wohnungssektor – mit Ausnahme des sozialen Wohnungsbaus – allein nach Anzahl und Umfang der erteilten Planungs- und Baugenehmigungen, die durch die Developer beantragt worden sind. Das britische Planungssystem ist somit allein schon durch seine Ausgestaltung des Planungssystems ein stark von marktwirtschaftlichen Kräften beeinflußtes System. Hoheitliches Agieren zur Planrealisierung, wie wir es in Deutschland beispielsweise mittels der Plansicherungsinstrumente „versuchen", stellt sich so in Großbritannien nicht. Die Planrealisierung ist keine Aufgabe der öffentlichen Hand, Durchführungspläne werden ja auch nicht durch sie erstellt.

Baulandbereitstellung

Der gesamte Entwicklungsprozeß einer Immobilie von der Bodenbevorratung, der Erschließung, der Bebauung sowie der Vermarktung wird quasi durch die *private Immobilienindustrie* (property industry) gesteuert. Baulandbereitstellung erfolgt hierbei i.d.R. durch Zwischenerwerb. Jedoch in der Weise, daß nicht die öffentliche Hand, sondern ein (privater) Developer alle benötigten Flächen eines Baugebietes erwirbt und entwickelt; der gesamte Prozeß der „Baulandproduktion" wird von ihm dominiert. Im Gegensatz zu Deutschland, wo verschiedene Wege der Baulandbereitstellung bestehen, existiert in Großbritannien im Prinzip nur dieser eine Weg.[12] Die öffentliche Seite engagiert sich (direkt) lediglich bei Erschließung von Flächen für den sozialen Wohnungsbau („Council Housing") oder beispielsweise bei der Reaktivierung innerstädtischer Brachen durch die staatlichen „Urban Development Corporations". Die öffentlichen Stellen greifen nur durch die Erteilung der „Planning Permission" und die entsprechenden Verhandlungen in das Bodenmanagement der privaten Akteure ein.

Akteure
Bauträgergesellschaften („House Builders") steuern den Teilmarkt für eigengenutzte Wohnungen (vgl. Abbildung 1). Es sind meist große Bauunternehmen, die auf nationaler Ebene agieren. Koordinierungsprobleme zwischen den verschiedenen Akteuren in den jeweiligen Entwicklungsphasen (Bodenbevorratung, Erschließung, Bebauung, Nutzung) gibt es kaum, da die Steuerung ja in einer Hand liegt. Die Firmen betreiben langfristige Bodenbevorratung, so daß im allgemeinen große unbebaute Areale in ihrem Eigentum stehen bzw. über Optionsverträge gesichert sind. Das mit hohem Kapitalbedarf verbundene Risiko verlangt nach einer Streuung der Aktivitäten auf verschiedene Regionen Großbritanniens.
Entscheidenden Einfluß hat der „Chartered Surveyor". Er ist als Mittler in allen Phasen des Entwicklungsprozesses einer Immobilie beim Ankauf der Flächen zur Bodenbevorratung, bei der Vermittlung von Investoren für die erstellten Gebäude, bei der Beschaffung von Leasehold und sonstigen Mietverträgen das „Gelenk" zwischen den Hauptakteuren des englischen Immobilienmarktes und leistet damit einen erheblichen Teil des Bodenmanagements. Die „Chartered Surveyors" sind in dem angesehenen und mächtigen Dachverband der „Royal Institution of Chartered Surveyors" (RICS) organisiert.

Bodenpreisbildung
Planungsbedingte Wertsteigerungen sind in Großbritannien aufgrund der nicht rechtsverbindlichen Pläne sowie aufgrund des allgemein großen Ermessenscharakters des britischen Planungssystems so gut wie nicht gegeben (vgl. Abbildung 2).[13] Dem auf der County-Ebene erarbeiteten „Structure

Abbildung 1: Akteure im Entwicklungsprozeß

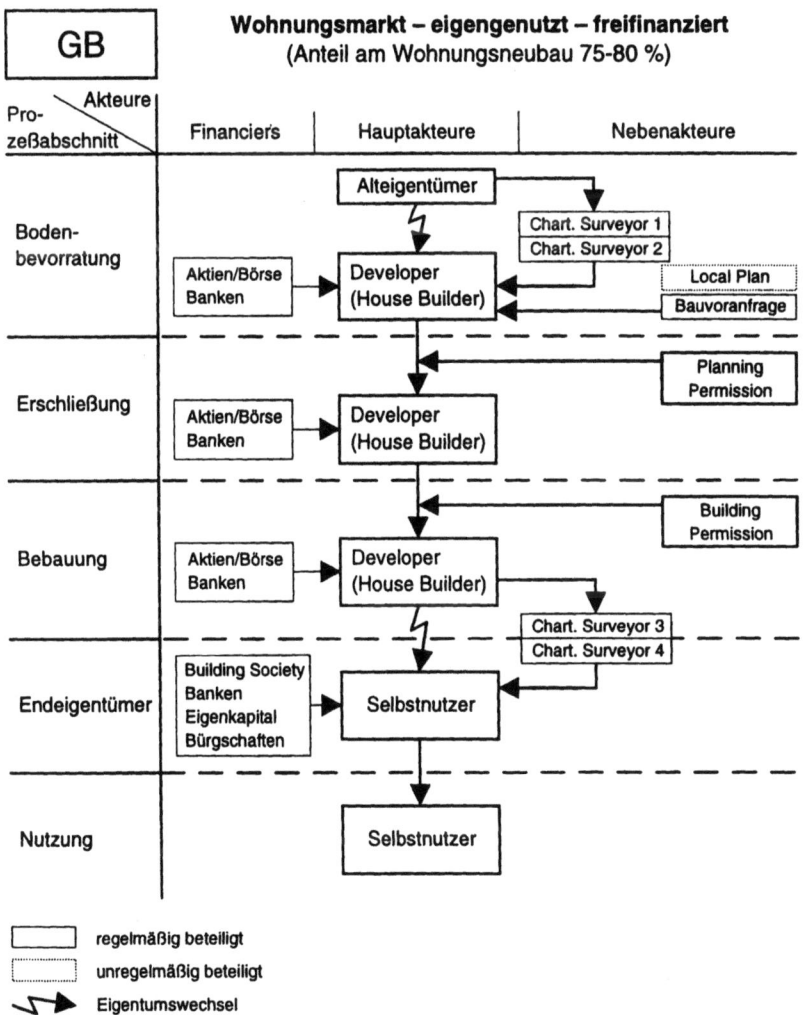

Dransfeld, E., und Voß, W.: *Funktionsweise städtischer Bodenmärkte in Mitgliedstaaten der Europäischen Gemeinschaft – ein Systemvergleich.* Hrsg. vom Bundesministerium für Raumordnung, Bauwesen und Städtebau, Bonn 1993, S. 183.

Plan" kann keine Wertsteigerung beigemessen werden. Nur der konkretere „Local Plan" auf der District-Ebene erzeugt gewisse Bauerwartungen, sofern ihm bei der Erteilung der Baugenehmigung im Abwägungsprozeß mit anderen Belangen ein besonderes Gewicht beigemessen wird. Dies war z.b. in den 80er Jahren häufig nicht der Fall. Konkrete Bauvorhaben orientierten sich kaum an den vorhandenen Plänen.

Ob die geringen Planungsvorteile beim Alteigentümer oder beim Developer verbleiben, hängt im wesentlichen davon ab, ob der Developer die Flächen im Rahmen seiner eigenen Bodenvorratspolitik bereits vor der planerischen Flächenumwidmung erworben hat oder nicht. Dadurch, daß alle weiteren Schritte der Planrealisierung in den Händen des privaten Developers verbleiben, ergibt sich i.d.R. ein einziger großer Wertsprung. Die „treppenartige" Bodenpreisbildung (mehrere Wertstufen) wie sie sich aus § 4 WertV in Deutschland ergibt, ist in Großbritannien unbekannt. Ein einziger großer Wertsprung realisiert sich erst im Rahmen der Erteilung der „Planning Permission", da erst dann Gewißheit über die Zulässigkeit eines Vorhabens besteht. Die Wertvorteile verbleiben i.d.r. weitgehend dem Developer, der aber auch das volle finanzielle Risiko trägt. Wie viele *Wertvorteile beim Developer* verbleiben, hängt im wesentlichen vom Projekt und der erwarteten Rendite ab. Immer häufiger wird von den Alteigentümern eine höhere Beteiligung an den planungsbedingten Wertsteigerungen eingefordert. Dies kann jedoch freilich nur soweit gehen, wie der Developer für sein Projekt eine für ihn noch tragfähige Rendite erzielt. Bei bestimmten Projekten ist es daher nicht ungewöhnlich, daß auch Alteigentümer z.T. über 50 % der Wertsteigerungen (vom Developer) „abhandeln" können.

Der kommunalen Seite verbleibt im Rahmen der Erteilung der „Planning Permission" die Möglichkeit, bestimmte Gegenleistungen der Developer, die sogenannten „Planning Obligations" (auch „Planning Gains") zu ihren Gunsten auszuhandeln (vgl. Section 106 Town and Country Planning Act 1990). Die Gegenleistungen sind z.b. die Bereitstellung öffentlicher Infrastruktureinrichtungen oder die Zahlung von Geld. Sie richten sich weitgehend nach der Risikohöhe eines Bauvorhabens bzw. nach dessen Rentierlichkeit und nach der Verhandlungsposition der öffentlichen Seite. „Planning Obligations" haben somit Ähnlichkeiten zur Anwendung städtebaulicher Verträge gemäß § 6 BauGB-MaßnahmenG, jedoch eröffnen die „Obligations" einen erheblich größeren Ermessensspielraum.

Abbildung 2: Bodenpreisbildung

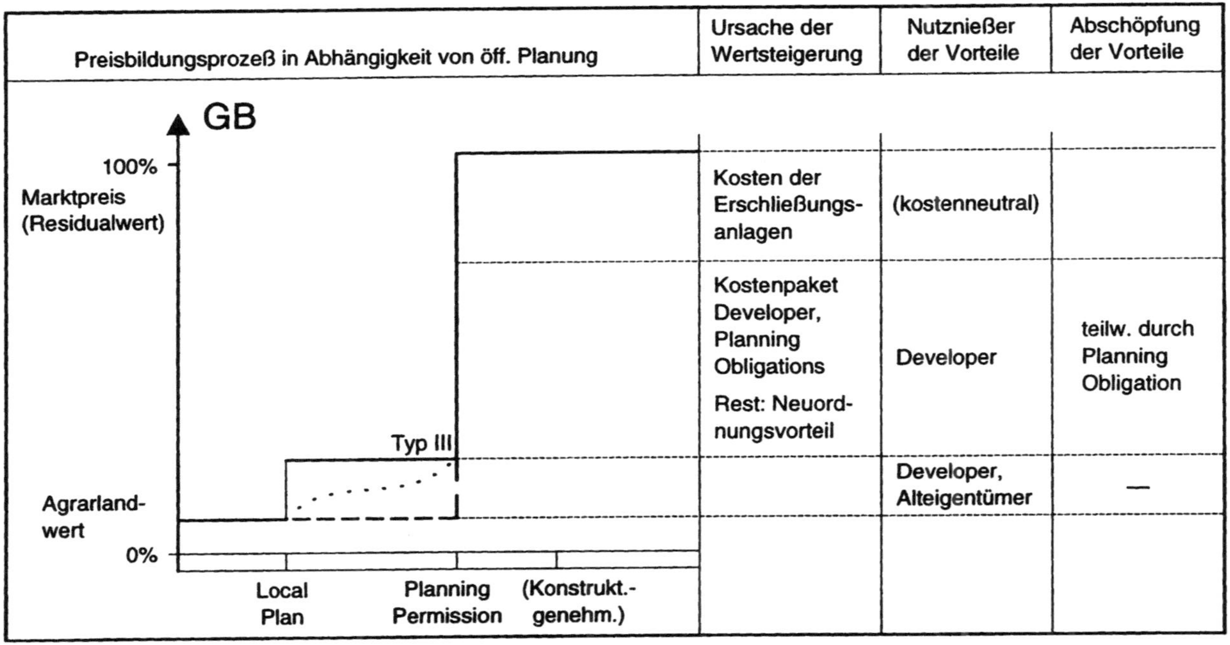

Preisbildungsprozeß in Abhängigkeit von öff. Planung	Ursache der Wertsteigerung	Nutznießer der Vorteile	Abschöpfung der Vorteile
GB ↑ 100% — Marktpreis (Residualwert) ⋯⋯ Typ III ⋯⋯ Agrarlandwert 0% — Local Plan / Planning Permission / (Konstrukt.-genehm.)	Kosten der Erschließungsanlagen	(kostenneutral)	
	Kostenpaket Developer, Planning Obligations Rest: Neuordnungsvorteil	Developer	teilw. durch Planning Obligation
		Developer, Alteigentümer	—

Quelle: wie Abbildung 1, S. 129.

Bodenbesteuerung
Im Gegensatz zu Deutschland existiert in Großbritannien die *Nutzerbesteuerung*. Für Wohnungsnutzer ist dies die sog. Community Charge und für gewerbliche Nutzer die Uniform Business Rate. Besteuert wird in der Regel der tatsächliche Marktwert. Die Belastung bei Einfamilienhäusern ist in Großbritannien deutlich höher als in Deutschland. Grunderwerbsteuer gibt es hingegen in Großbritannien nicht. Zwar besteht gegenüber Deutschland eine grundsätzliche Umsatzsteuerpflicht für neu erschlossene, zur Bebauung anstehende Grundstücke, sie ist jedoch im Wohnungssektor zum Nullprozentsatz festgelegt.

Insgesamt begünstigen die höheren Belastungen durch Grundsteuern sowie die geringeren Belastungen durch Transaktionskosten eine hohe Grundstücksmobilität, die angebotserhöhend wirkt.

Markttransparenz
Im Gegensatz zu Deutschland sind öffentliche *Informationssysteme* zum Boden- und Immobilienmarkt in Großbritannien traditionell unterentwickelt. Der insgesamt größere marktwirtschaftliche Charakter des britischen Boden- und Immobilienmarktes führt dazu, daß Informationen weitgehend durch private Unternehmen gesammelt, aufbereitet und verbreitet werden. Zwar gibt es in Großbritannien ein öffentliches Eigentumsregister aus dem Jahr 1925 (Land Register), das zunächst nur für den Transfer von absolutem Eigentum, dem Freehold, durch private Institutionen betrieben wurde. Eine vollständige Registrierung ist allerdings bis heute nicht erreicht worden. Dennoch gibt es für bestimmte Bereiche öffentliche Informationssysteme, die zur verbesserten Markttransparenz beitragen. Das „Housing Land Availability Schedule" soll in erster Linie nachweisen, daß ein mindestens fünfjähriger Wohnbaulandvorrat den Bedarf in dieser Zeit deckt.

Das „Public Register of Available Development Land" ist ein Register über Flächen, die im öffentlichen Eigentum stehen und insbesondere für neue städtebauliche Entwicklungen vorgehalten werden (z.B. Flächen von „Urban Development Corporations"). Das „Development Control Register" wird von den zuständigen „Local Planning Authorities" geführt. Es enthält alle Angaben über beantragte oder erteilte Planungsgenehmigungen (Planning Permissions).

Learning from Great Britain?

Die so gestellte Frage zielt ab auf eine vergleichende Bewertung der britischen mit den deutschen Bodenmarktverhältnissen. Im folgenden soll anhand von zwei *übergeordneten Fragestellungen* hierzu ein Versuch gemacht werden.[14]

Unterstützt das Bodenmarktsystem, daß die räumliche Entwicklung in den gewünschten Standorten stattfindet?
Angelehnt an allgemeine Bewertungsgrundsätze und Ziele des Bodenmarktes, die Planung und Kontrolle der Bodennutzung zuerst als öffentliche Aufgabenverantwortung festlegen und damit einen völlig freien Bodenmarkt ausschließen (vgl. auch Beitrag von Helmut Güttler), wird bei dieser Fragestellung aus der öffentlichen Sicht argumentiert.
In der Bundesrepublik wird im Gegensatz zu Großbritannien der räumliche „Entwicklungsspielraum" wesentlich stärker durch öffentlich-rechtliche Pläne eingeschränkt. Nicht nur private Dritte, auch öffentliche Institutionen haben sich nach ihnen zu orientieren. Räumliche Steuerung in Großbritannien mittels der Baugenehmigungskontrolle (Development Control) muß jedoch nicht automatisch weniger effektiv sein. Durch vorgeschriebene Abwägungsschritte im Rahmen der Erteilung einer „Planning Permission" kann auch in Großbritannien die Entwicklung – wenn gewollt – in die aus öffentlicher Sicht gewünschten Standorte gelenkt werden. In der großen Flexibilität, die zweifelsohne große Vorteile besitzt, liegen aber auch gleichzeitig Nachteile. Das System begünstigt, daß die kurzfristig erfolgversprechenden Entwicklungen schnell und nachhaltig umgesetzt werden. Eine gewisse Schwäche des britischen Planungssystems liegt in der passiven/reaktiven Rolle der öffentlichen Entscheidungsträger im Planungssystem, die durch die Betonung der Entwicklungskontrolle entsteht. Standortentscheidungen lassen sich darüber hinaus über „Planning Gain-Vereinbarungen" nur noch bedingt steuern, da im allgemeinen potentielle Entwicklungsstandorte bereits vorab feststehen. Auf der anderen Seite fördert die private Bodenmarktdominanz eine effektive Nutzung des Bodens. Nutzungen orientieren sich im Vergleich zur Bundesrepublik in einem stärkeren Maße an der potentiell abschöpfbaren Grundrente eines Grundstücks und meiden somit tendenziell überzogene Erschließungsstandards sowie Unterausnutzungen.

Führt das Bodenmarktsystem dazu, daß Boden und Immobilien unwirtschaftlich genutzt werden?
Selbstgenutzte Immobilien führen grundsätzlich eher zu unwirtschaftlicher

Nutzung als vermietete. In den selbstnutzenden Bodenteilmärkten fehlt das ökonomische Regulativ der Miete. Der Vermietungsmarkt führt im Bestreben, die Grundrentenpotentiale eines Grundstücks optimal zu nutzen, zu einer vollständigeren Flächennutzung. Zur optimaleren wirtschaftlichen Nutzung eines Grundstücks trägt in Großbritannien insbesondere auch die höhere Besteuerung von Immobilieneigentum bei. Wenn in Großbritannien Land durch Immobiliengesellschaften erworben wird, geht es in der Regel nicht darum, leistungslose Gewinne durch Weiterverkauf abzuschöpfen, sondern darum, eine wirtschaftlichere Nutzung voranzubringen („positive Spekulation" unter volkswirtschaftlicher Betrachtungsweise). Auch darf in diesem Zusammenhang nicht verkannt werden, daß durch die häufige Anwendung des Residualverfahrens in der Bodenwertermittlung ein stärkerer direkter Zusammenhang zwischen beabsichtigter Nutzung und Bodenwert deutlich wird, eine wirtschaftlichere Bodennutzung wird unterstützt.
Die sehr stark wirtschaftliche Sichtweise behindert jedoch nicht eine allgemein gute Wohnungsversorgung für breite Einkommensschichten. Hingegen hängt auch in Großbritannien die Wohnungsversorgung für untere Einkommensschichten stark von staatlicher Unterstützung ab (Social Housing).

Mehr Markt wagen?

Das Investitionserleichterungs- und Wohnbaulandgesetz aus dem Jahre 1993 zeigt neben einer Stärkung der städtebaulichen Entwicklungsmaßnahme gleichzeitig eine stärkere Orientierung zu einem privat-öffentlichen Mischsystem. Durch die ausgeweiteten Regelungen zum neuen städtebaulichen Vertrag, zum erweiterten Erschließungsvertrag und durch die Übernahme des Vorhaben- und Erschließungsplanes für das gesamte Bundesgebiet sind seit einigen Jahren neue Möglichkeiten für privat-öffentliche Kooperationen entstanden, die auch zunehmend in der Praxis genutzt werden. Besonders die Erfahrungen in Großbritannien zeigen, daß dies auch zu akzeptablen Marktergebnissen (Angebotshöhe, Preisniveau, etc.) führen kann. Unter finanziellen Gesichtspunkten (Kosten) ist es daher nicht verwunderlich, daß private Initiativen in der Baulanderschließung und der Versuch, kommunale Infrastruktureinrichtungen über „Planning Gain" mitzufinanzieren, in Großbritannien schon seit längerem aus öffentlicher Sicht einen hohen Stellenwert besitzen. Ein stärker marktorientiertes Bodenmanagement bedarf keiner Erschließungspflicht und Kostenbeteiligung der Gemeinde mehr. Die zunehmend knapper werdenden öffentlichen Kassen in Deutschland könnten dies jedenfalls begünstigen.

Es müssen die heutigen rechtlichen Möglichkeiten genutzt werden. „Planning Gain-Vereinbarungen" lassen sich auch bei uns über städtebauliche Verträge – wenn auch nicht so weitgehend – aushandeln. In Phasen starken Nachfragedrucks könnten mehr (zusätzliche) Leistungen im Interesse der Allgemeinheit (z.B. bessere ökologische Standards, sozialer Wohnungsbau) ausgehandelt werden.
Verbleibt aber der Gemeinde bei verstärkter Anwendung privater Detailplanung noch ein ausreichendes räumliches Steuerungspotential? Voraussetzung hierfür wäre eine Stärkung der Flächennutzungsplanung. Der Flächennutzungsplan würde zum entscheidenden räumlichen Steuerungsinstrument kommunaler Entwicklung. Problematisch bleibt jedoch, daß sich die „Instrumentendichte" in Deutschland seit Anfang der 90er Jahre noch vergrößert hat.
Mehr Instrumente führen aber nicht unbedingt auch zu besseren Ergebnissen. Zu vermissen ist eine klare Richtung hin zu entweder einem privaten oder einem interventionistischen Modell. Das Bodenrecht ist eher komplizierter und undurchschaubarer als einfacher geworden. Großbritannien zeigt ja vor allem, daß ein einfach aufgebautes System durchaus besser funktionieren kann als ein kompliziertes.
Ungelöst bleibt auch weiterhin das Problem der großen Diskrepanz zwischen dem Anspruch eines Bodenmanagements durch die öffentliche Hand – unterstrichen durch die Erschließungspflicht der Gemeinden und der schwachen öffentlichen Beteiligung am Entwicklungsrisiko. Im Gegensatz zu Großbritannien wird in der Bundesrepublik der „Spagat" zwischen einem starken (räumlichen) Steuerungsanspruch und einer den Alt- bzw. Zwischeneigentümern möglichst viele Freiheiten belassenden Bodenpolitik aufrechterhalten.

1 Vgl. Williams, R.H.; Wood, B.: Industrial Property Market in Western Europe, E. and FN. Spon, London, 1992, S. 11 ff.
2 Vgl. Williams, R.H.: Planungssystem und Bodenmarkt in Großbritannien (Manuskript in englischer Sprache). In: Bundesblatt 11/95, S. 834 ff.
3 Insbesondere kann im folgenden nicht auf eine differenzierte Betrachtung der Verhältnisse in England, Wales, Schottland und Nordirland abgestellt werden. Es sei an dieser Stelle darauf hingewiesen, daß die in diesem Beitrag gemachten Ausführungen weitgehend auf den Ergebnissen des Forschungsprojektes „Funktionsweise städtischer Bodenmärkte in Mitgliedstaaten der Europäischen Gemeinschaft – ein Systemvergleich (EuProMa)", das im Auftrag des BMBau vom Fachgebiet Vermessungswesen und Bodenordnung der Universität Dortmund durchgeführt wurde (Projektleitung: Prof. Dr. jur. Hartmut Dieterich), beruhen. Vgl. insbesondere den Abschlußbericht: Dransfeld, E.; Voß, W.: Funktionsweise städtischer Bodenmärkte in Mitgliedstaaten der Europäischen Gemeinschaft – ein Systemvergleich, hrsg. vom Bundesministerium für Raumordnung, Bauwesen und Städtebau, Bonn 1993.
4 In Deutschland folgen Immobilienpreise sehr stark der allgemeinen konjunkturellen Entwicklung.
5 Vgl. Dransfeld, E.; Voß, W.: a.a.O., S. 197 ff.
6 Vgl. Dransfeld, E.; Voß, W.: a.a.O., S. 239 ff.
7 Zwei wesentliche Akteure bestimmen das „Leasehold System": Der „Freeholder" und der „Leaseholder". Der „Freeholder" ist der rechtmäßige Eigentümer, dem alle Verfügungs- und Nutzungsrechte zustehen. Der „Leaseholder" erwirbt für eine bestimmte Zeit durch privatrechtliche Vereinbarungen das exklusive Nutzungsrecht des „Freeholders". Mit Vertragsabschluß wird der „Freeholder" zum „Landlord" (sozusagen ein Obereigentümer) und der „Leaseholder" zum „Tennant". Ein „Leasehold" kann frei transferiert werden. Darüber hinaus können an einem Grundstück weitere z.T. sehr weitgeschachtelte Untervertragsverhältnisse (subsidiary leaseholds) bestehen.
8 Vgl. Williams, R.H.: Planungssystem und Bodenmarkt in Großbritannien. In: Bundesbaublatt 11/1995, S. 834–838.
9 Vgl. Voß, W.; Dransfeld, E.; Dieterich, H.: Die Bodenpreisbildung – ein Blick auf neue Instrumente und einige Nachbarländer. In: GuG 4/94, S. 203 ff.
10 Die britischen öffentlich-rechtlichen städtebaulichen Pläne auf der Ebene der britischen Local Authorities (Structure Plan auf der County-Ebene, Local Plan auf der District-Ebene, Unitary Development Plan für Metropolitan-Districts) sind aufgrund der vergleichsweise großen Verwaltungseinheiten und ihres vergleichsweise stärkeren Programmcharakters mit bundesdeutschen Bauleitplänen kaum zu vergleichen. Lediglich der mit der Novellierung des Town and Country Planning Act 1990 erstmals als flächendeckend vorgeschriebene „neue" Local Plan auf der District-Ebene zeigt noch am ehesten Übereinstimmungen mit dem Flächennutzungsplan.
11 Vgl. Williams, R.H.; Wood, B.: Urban Land and Property Markets in the UK, Vol. 4, UCL-Press London 1994, S. 66 ff.
12 Dransfeld, E.; Voß, W.: Bodenmanagement in der Baulanderschließung in ausgewählten westeuropäischen Ländern. In: Informationen zur Raumentwicklung Heft 1/2 1994, S. 87–106.
13 Vgl. Voß, W.; Dransfeld, E.; Dieterich, H.: Die Bodenpreisbildung – ein Blick auf neue Instrumente und einige Nachbarländer. A.a.O., S. 205 ff.
14 Vgl. weitere Fragestellungen in: Dransfeld, E.; Voß, W., a.a.O., S. 241–273.

V
... fern einer „echten" Bodenreform

Die Bodenrechtsdebatte in Deutschland nach der Verabschiedung des Städtebauförderungsgesetzes 1972 bis 1996

Wolfgang Göllner und Tanja Finkbeiner

Die Idee der Bodenreform in Deutschland ist keine Neuheit der 70er Jahre, sie besteht vielmehr seit der Jahrhundertwende in verschiedenen Ansätzen und Varianten. Auch wenn sich die Gründe und Anlässe für die Diskussionen um die Einführung einer Bodenreform immer wieder ändern oder durch neue Ansätze ergänzt werden – so wie es in jüngster Zeit durch die Bundesratsinitative des Landes Nordrhein-Westfalen zur Änderung des Baugesetzbuches geschieht, bleibt trotz zahlreicher Gedanken der Grundgedanke der Bodenreform gleich.

Die Grundidee der Bodenreform läßt sich wie folgt skizzieren: Alle Menschen der Erde sollen gemeinsam Grund und Boden besitzen. Gegen ein Entgelt kann der einzelne Grund und Boden nutzen. Die gezahlten Nutzungsgebühren werden dann auf allen Menschen (Weltbevölkerung) anteilig verteilt. Für denjenigen, der genau soviel Boden nutzt, wie ihm anteilig zusteht, ist die Nutzung des Bodens am Ende kostenlos, da die Nutzungsgebühr, die er bezahlen muß, genau der Summe entspricht, die er bei der Rückverteilung aus dem Topf der gezahlten Nutzungsgebühren zurück erhält. Das Ergebnis wäre eine gleichmäßige Verteilung der Güter auf alle Menschen.

Auf den Weg dorthin gibt es viele kleine Schritte, die sich in zahlreichen Varianten und in Abhängigkeit der Ausgangsproblematik gestalten. Während um die Jahrhundertwende die soziale Gerechtigkeit bei der Diskussion um die Bodenreform im Vordergrund stand, sind heute ökologische Gründe von immer größerem Gewicht. Neben der schon erwähnten sozial gerechten Verteilung von Grund und Boden stehen heute aber auch die schnellere Mobilisierung von Bauland und die Verringerung bzw. Vermeidung von Bodenspekulationen – auch zur Entlastung der kommunalen Haushalte – im Mittelpunkt der Diskussion.

Im folgenden soll nun dargestellt werden, warum sich sie Diskussion um die Bodenreform über so viele Jahrzehnte erstreckt hat, es jedoch trotz vieler politischer Auseinandersetzungen nie zu politischen Entscheidungen in Richtung einer „echten" Bodenreform gekommen ist.

Bundestag und Bundesrat

Das Städtebauförderungsgesetz von 1971 war eine Antwort auf die Erfahrungen und drängenden Fragen, die seit Inkrafttreten des Bundesbaugesetzes (1960) gemacht und gestellt wurden. So wurden zwar Instrumente und Regelungen zur Verfügung gestellt, die eine Abkehr von gemeindlicher Planung als „Auffangplanung" zu einer aktiveren Planung ermöglichten, doch im Bereich des Bodenrechts wurden keine wesentlichen Korrekturen vorgenommen, sieht man von zwei kleinen Ausnahmen ab. Die Nichtberücksichtigung von Bodenwertsteigerungen, die durch öffentliche Maßnahmen und deren Erwartungen eingetreten sind, wie auch die Vorschrift über den Ausgleichsbetrag, der vom Eigentümer in Höhe der durch die Sanierung bedingten Steigerung des Grundstückswertes zu entrichten ist (§§ 23 und 41 StBauFG), sind die Instrumente, die unter einem bodenrechtlichen Blickwinkel herausragen.

Im folgenden soll der Frage nachgegangen werden, ob der Gesetzgeber bereit gewesen ist, im Bereich des Bodenrechts weitere Korrekturen vorzunehmen, die über die Weichenstellungen des Städtebauförderungsgesetzes hinausgehen. Neben der Bereitschaft zu Reformen ist aber auch der Blick auf parteipolitische Sichtweisen und Zwänge der am Gesetzgebungsverfahren beteiligten Parteien von Interesse, denn nicht immer steht am Ende einer fruchtbaren Diskussion eine akzeptable Lösung.

Die Zeit nach dem Inkrafttreten des Städtebauförderungsgesetzes im Jahre 1971 war zunächst geprägt durch die Ruhe nach diesem Gesetzgebungsverfahren und dem konstruktiven Mißtrauensantrag der CDU/CSU gegen den Bundeskanzler der ersten sozial-liberalen Koalition der deutschen Nachkriegsgeschichte. Aus der Bundestagswahl am 19. November 1972 geht die Regierungskoalition gestärkt hervor und Willy Brandt wird am 14. Dezember abermals zum Bundeskanzler gewählt.

In seiner Regierungserklärung vom 18. Januar 1973[1] unterstreicht Bundeskanzler Brandt seinen Willen zu inneren Reformen und kündet an, daß er einen Schwerpunkt der Arbeit in der Reform des Bodenrechts sieht. Die Legislaturperiode soll zur Vorbereitung einer Bodenwertzuwachssteuer genutzt werden, um den Preisanstieg auf dem Bodenmarkt und die Bodenspekulation zu bekämpfen, sowie das Angebot von Bauland in städtischen Regionen zu vergrößern. In der Aussprache zur Regierungserklärung wird von Wolfgang Mischnick (FDP) betont, daß seine Partei ebenfalls zu einer Reform des Bodenrechts bereit sei, um u.a. einen breiteren Zugang zu Grund und Boden zu ermöglichen. Die Lösungen zur Reform des Bodenrechts aus Sicht der FDP sind dabei schon in den Freiburger Thesen zu finden, so daß die Position seiner Partei klar sei. Eine Sozialisierung oder gar Kommunalisierung von Grund und Boden, wie von der CDU vermutet, sei aber nicht damit gemeint. Bundeskanzler Brandt zeigt sich im Verlauf der Debatte[2] irritiert, daß zur angekündigten Bodenrechtsreform keine weitere Aussprache stattfindet, schließlich gehöre diese Reform zum Schwerpunkt der Innenpolitik der nächsten Jahre.

Die im Verlauf der Aussprache zur Regierungserklärung des Bundeskanzlers noch nicht geführte Debatte zur Bodenrechtsreform fand aber später statt. In der Sitzung des Bundestages zum Agrarbericht der Bundesregierung[3] – ein Anlaß, über den sich der damalige Bundesminister für Raumordnung, Bauwesen und Städtebau Dr. Vogel überrascht zeigte – wurden die Grundpositionen der Fraktionen dargelegt. Der Abgeordnete Gallus (FDP) verwies noch einmal auf die Position seiner Partei, niedergelegt in den Freiburger Thesen, machte aber auch deutlich, daß dem Eigentümer von Grund und Boden ein gerechter Anteil am zukünftigen Wert zugestanden werden müsse, denn nicht jeder Eigentümer sei ein Spekulant. Aus Reihen der Opposition machte der Abgeordnete Kiechle (CDU/CSU) deutlich, daß die Reform im Bodenrecht nötig sei, um Auswüchse zu korrigieren und Spekulanten zu bekämpfen. Das Recht auf Eigentum an Grund und Boden solle aber nicht angetastet werden, im Gegensatz zur Regierungspartei, aus der andauernd töne: *Kommunalisierung von Grund und Boden, Überführung von Grund und Boden in Gemeineigentum, Spaltung des Eigentumsbegriffs in Nutzungs- und Verfügungseigentum, ganz zu schweigen von der Absicht, über die Besteuerung der nicht realisierten Gewinne eine Möglichkeit zur kalten Enteignung zu schaffen.* Diesen Vorwürfen trat Minister Dr. Vogel noch in der gleichen Debatte entschieden entgegen und versicherte, daß an eine Abschaffung des Eigentums nicht gedacht werde, räumte aber Überlegungen zu einer weiteren dinglich-rechtlichen Eigentumsform ein, die zwischen Erbbaurecht und Volleigentum liegen könne.

Gerade an den Debatten um die Wahrung der privatrechtlichen Eigentumsordnung und zur Durchsetzung der Sozialpflichtigkeit des Eigentums auf der Grundlage von Art. 14 GG entzündet sich immer wieder die Frage, ob und wie eine Reform des Bodenrechts durchzuführen sei. Von Seiten der damaligen Opposition, der CDU/CSU-Fraktion, wird in den Aussprachen dabei betont, daß eine Antwort auf die *Fehlentwicklung auf dem Bodenmarkt, im Städtebau, im Wohnungsbau, in der Raumordnung und Landesentwicklung, in der Stadt- und Gemeindeplanung* gegeben werden muß. Ein Ausufern der Debatte um eine Reform nach extrem links werde vom Bundeskanzler billigend in Kauf genommen, obschon doch gerade die *Fortentwicklung des Bodenrechts und der Eigentumsordnung eine zentrale Führungsfrage* sei und deshalb nicht in den Ressortbereich eines Fachministers falle, sondern in den Kompetenzbereich des Bundeskanzlers[4]. Der an die SPD gerichtete „General"-Vorwurf lautet, daß mit dem von der Regierung vorgeschlagenen Modell zur Bodenreform auch eine Abkehr von der sozialen Marktwirtschaft verbunden sei, welche doch zum bestimmenden Prinzip der deutschen Wirtschaftsordnung nach 1945 geworden ist. Der Hinweis auf ein Festhalten an den Prinzipien der sozialen Marktwirtschaft wird noch deutlicher, wenn man den Worten des Abgeordneten Mick (CDU/CSU) lauscht. Für ihn ist die Debatte um die Bodenspekulation übertrieben und könne auch nicht vom Verhalten einiger Großeigentümern hergeleitet werden – diese wären nicht die Halunken, die Volksverderber, denen man ans Fell müsse –, es sei vielmehr letztlich tägliche Praxis, daß einige verkaufen und andere eben nicht.

Die Regierungskoalition tritt den Vorwürfen dadurch entgegen, daß sie die Vorhaltungen als *Gespensterbeschwörung* bezeichnet, mit der nur die Angst von Millionen Kleineigentümern mobilisiert werden soll. Der Opposition mangele es nur an konkreten Ideen, um an einer Reform des Bodenrechts mitzuwirken. Der politische Wille sei schließlich vorhanden, konstatiert der damalige Bundesminister Dr. Vogel[5], indem er Konrad Adenauer mit folgenden Worten aus dem Jahre 1920 zitiert: *Die bodenreformerischen Fragen sind nach meiner Überzeugung Fragen der höchsten Sittlichkeit. Es nützt (...) alles nichts, (...) wenn Sie nicht das Übel der bodenreformerischen Fragen an der Wurzel fassen.* Im Übrigen kämen die Vorschläge der Koalition dem Auftrag des Grundgesetzes näher, Inhalt und Schranken des Eigentums so zu bestimmen, daß sein Gebrauch zugleich dem Wohle der Allgemeinheit diene, indem die leistungslosen Gewinne wieder der Gemeinschaft für ihre Aufgaben zufallen.

Diese zwei gegensätzlichen Positionen verhindern eine einvernehmliche Lösung zur Reform des Bodenrechts, so daß wesentliche Impulse erst wieder von der Aussprache im Rahmen der Novelle zum Bundesbaugesetz (1976) ausgehen. Die Wahl von Helmut Schmidt zum Bundeskanzler im Frühjahr 1974 verändert die Politik der Regierungskoalition zum Bodenrecht nicht,

im Gegenteil. In seiner Regierungserklärung vom 17.05.1974 erklärt Helmut Schmidt, daß er den Kurs seines Vorgängers nicht ändern will. Die schon angesprochene Novelle zum Bundesbaugesetz sollte nach dem Willen der Bundesregierung endlich den Vorstoß zur Reform des Bodenrechts beinhalten, indem eine Regelung zur Abschöpfung eines Planungswertausgleichs in Höhe der Hälfte des Wertes der planungsbedingten Wertsteigerungen in das Gesetz eingefügt wird. Um es gleich vorwegzunehmen, neue Argumente sind im Verlauf der politischen Auseinandersetzung nicht ausgetauscht worden, vielmehr lebt die Diskussion von den unterschiedlichen Mehrheitsverhältnissen im Deutschen Bundestag und Bundesrat. Regierungsmehrheit im Bundestag contra Mehrheit der im Bundestag vertretenen Opposition auf Länderebene, wie wir wissen ein recht zeitloses Problem. Angesichts dieser Mehrheitsverhältnisse war es ein mutiges Unterfangen der Regierung, solch ein wichtiges Gesetz zu ändern, wo doch die unterschiedlichen ideologischen Ansichten und die verfassungsrechtlichen Bedenken hätten bekannt sein müssen. Doch der Reihe nach.
Die erste Beratung des von der Bundesregierung eingebrachten Entwurfs des Gesetzes zur Änderung des Bundesbaugesetzes fand am 27. September 1974 statt. In seiner Begründung zum Gesetzentwurf[6] weist Bundesminister Ravens darauf hin, daß in diesen Entwurf Erfahrungen des Städtebauförderungsgesetzes von 1971 – der erste Schritt zur Verbesserung des Bodenrechts, der der sozialliberalen Koalition zu verdanken sei – eingearbeitet wurden und es sich weder um ein theoretisch-abstraktes noch um ein ideologisches Machwerk handelte. Nach den Worten von Minister Ravens ist ein wesentliches Ziel der Novelle die Bekämpfung von leistungslosen Steigerungen und Anhäufungen von Vermögenswerten bei Grund und Boden. Die Abschöpfung von Bodenwertzuwächsen, die auf Planungsentscheidungen der Gemeinden und Investitionsleistungen der Gemeinschaft beruhen, entspreche demnach dem Gebot der Gerechtigkeit, einen Teil der Wertsteigerungen für die Gemeinschaft wieder heranzuziehen. Konkret schlug die Novelle einen Planungswertausgleich vor, durch den 50 % der Wertsteigerungen des Grund und Bodens bei Nutzungsänderungen als Ausgleichsbetrag wieder der Gemeinde zufließen sollten. Der Minister weist weiter darauf hin, daß der Planungswertausgleich kein Instrument sei, welches isoliert betrachtet werden könne. Vielmehr sei der Ausgleich im Zusammenhang mit den Bestimmungen für eine stärkere Bürgerbeteiligung zu sehen. *Wer dem Bürger die frühzeitige Planungsbeteiligung ermöglichen will, muß sicherstellen, daß Bodenwertspekulationen, die auf eine frühzeitige Bekanntgabe gemeindlicher Interessen zurückgehen, ein Riegel vorgeschoben wird.*

In der sich anschließenden Aussprache ergreift zunächst Dr. Schneider (CDU/CSU) das Wort, der später selbst einmal das zuständige Ressort übernehmen sollte. Dr. Schneider betont dabei, daß CDU und CSU für die Fortentwicklung des Bodenrechts auf der Grundlage bestimmter Ordnungsziele eintreten. Diese sind für ihn: Sicherung der planungsgerechten Nutzung des Bodens, Vermehrung und Mobilisierung des Baulandangebots und damit Senkung des Bodenpreisniveaus, Beseitigung von Anreizen, die zu einer überhöhten Bodennachfrage oder zur Zurückhaltung von Boden führen, Inanspruchnahme der durch öffentliche Planungsmaßnahmen hervorgerufenen Wertsteigerungen, sowie der Abbau bestehender Steuerprivilegien für Grund und Boden. Angesichts vorangegangener Debatten eine erstaunliche Aussage eines Unionspolitikers, zumal es weiter bei ihm heißt, daß mit einem sozialen Bodenrecht nicht nur baurechtliche Aufgaben verbunden werden sollen. *Das Bodenrecht soll den Bodenmarkt ordnen, die Bodenpreise und die Bodenspekulation dämpfen* und kann auf diese Weise seine soziale und wirtschaftliche Funktion erfüllen. Gesellschaftspolitische Ziele sind dabei u.a. der Zugang breiter Bevölkerungsschichten zu Grund und Boden sowie eine angemessene Versorgung mit Wohnraum. Dr. Schneider sieht die bodenpolitischen Zielsetzungen der Unionsparteien im vorliegenden Regierungsentwurf berücksichtigt, meldet aber entschieden Bedenken gegen den abgabenrechtlichen Teil an. Zwar sei die Teilabschöpfung beim Planungswertausgleich in Höhe von 50 % gegenüber den vorangegangenen Referentenentwürfen, die eine Abschöpfung von 80 % vorsahen, schon eine erhebliche Verbesserung, doch das für die vorgesehene Ausgleichsabgabe zentrale Problem der Wertermittlung sei nicht gelöst. Eine einwandfreie Trennung zwischen planungsbedingten Wertsteigerungen und den übrigen Wertsteigerungen sei nicht möglich, da die für die Wertermittlung vorgesehenen Gutachterausschüsse diesen Anforderungen nach Ausstattung und Organisation nicht genügen. Es ergibt sich für die Unionsparteien noch weiterer Regelungsbedarf außerhalb des Baurechts, bevor das Bau- und Bodenrecht seine bodenpolitische, städtebauliche und wohnungspolitische Funktion erfüllen kann. Insbesondere geht es um eine Verlängerung der Spekulationsfrist bei der Einkommenssteuer, die Aufhebung der Grunderwerbssteuer und eine zeitnahe Grundsteuer. Zusammenfassend läßt sich feststellen, daß die Reformbedürftigkeit des Bodenrechts im Bundestag durchaus erkannt wurde. Trotzdem kommt es zu keiner Lösung, da die CDU/CSU-Fraktion die ihrer Meinung nach wichtige Frage des Bewertungsproblems nicht behandelt sieht und die Regierungskoalition auf ihren Vorstellungen beharrt.

Die von den Unionsparteien im Bundestag geäußerte Meinung ist identisch mit der Haltung des Bundesrates. Schon vor der ersten Lesung des Bundestages zur Änderung des Bundesbaugesetzes werden in einem gemeinsamen Antrag[7] der unionsregierten Bundesländer Baden-Württemberg, Bayern, Rheinland-Pfalz, Saarland und Schleswig-Holstein die gleichen Gründe zur Ablehnung des Regierungsentwurfes vorgetragen, also fehlende Praktikabilität bei der Erhebung des Planungswertausgleichs, bessere Einbindung in das System der Grundsteuer, zeitnahe Einheitsbewertung, Verlängerung der Spekulationsfrist und Abschaffung der Grunderwerbssteuer.

In einer späteren Sitzung[8] des Bundestages versichert Dr. Schneider (CDU/CSU), daß die Unionsparteien die Abschöpfung der planungsbedingten Wertsteigerungen nicht verhindern wollen, dem Parlament aber kein brauchbares Modell vorläge, wie der Planungswertausgleich bewertungsrechtlich und steuerrechtlich ermittelt, veranlagt und in die gesamte Finanz- und Steuerordnung eingebaut werden soll. Angesichts dieser Ablehnungsfront in Bundestag und Bundesrat kann der Bundesminister Ravens nur noch den Vorwurf an die Union richten, daß sie dem Dogma der rein marktwirtschaftlichen Lehre erliege und deshalb das bodenpolitische Instrumentarium der Städte und Gemeinden unzureichend bleibe.

Der Regierungsentwurf zur Änderung des Bundesbaugesetzes wurde nach der ersten Lesung im Bundestag an den federführenden Ausschuß überwiesen und kommt erst 1976 zur zweiten und dritten Lesung[9] wieder auf die Tagesordnung. Inhaltlich bringt die Debatte über den von der Bundesregierung eingebrachten Entwurf des Gesetzes zur Änderung des Bundesbaugesetzes keine neuen Argumente an das Tageslicht. Die Sozialdemokraten untermauern ihre Meinung, daß Nutzungskonflikte beim Boden nicht im Interesse einiger, sondern im Interesse der Allgemeinheit sozial gerecht entschieden werden müssen. *Bodenwertsteigerungen, die allein auf Leistungen der Gemeinschaft beruhen, müssen für die Allgemeinheit wieder nutzbar gemacht werden*[10]. Somit sei der Gesetzgeber aufgefordert, ein Instrumentarium zur Verfügung zu stellen, *damit die Nutzung des Bodens künftig nicht mehr von mächtigen Einzelinteressen bestimmt, sondern an den Bedürfnissen aller Bürger orientiert wird.* Die FDP als Mitglied der Regierungskoalition hätte zwar lieber die planungsbedingten Wertsteigerungen auf steuerlichem Wege abgeschöpft[11], hat sich aber innerhalb der Koalition auf den Planungswertausgleich einigen müssen, der der FDP zuliebe auf eine Höhe von 50 % beschränkt wurde. Die Union hält weiterhin an folgenden Zielen fest: *Sicherung der planungsgerechten Nutzung des Bodens, die Vermehrung und Mobilisierung des Baulandangebotes und damit die Senkung des Bodenpreisniveaus, die Beseitigung von Anreizen, die zu einer überhöhten Bodennachfrage oder zur Zurückhaltung von Boden führen, die Inanspruchnahme der durch öffentliche Planungs- und Infrastrukturmaßnahmen hervorgerufenen Wertsteigerungen sowie der Abbau bestehender Steuerprivilegien für Grund und Boden*[12]. Eine Realisierung dieser Ziele durch den Planungswertausgleich kommt für die Unionsparteien aber weiterhin nicht in Betracht, da er aus den schon 1974 genannten Gründen nicht praktikabel sei. Vielmehr unterstützt die Union als Alternative zum abgaberechtlichen Teil der Novelle ein steuerrechtliches Modell, welches ebenfalls aus der ersten Beratung bekannt ist. Diese festgefahrenen Positionen werden im Verlauf der Debatte nicht mehr gelöst, so daß der Bundestag mit den Stimmen der Regierungskoalition den eingebrachten Gesetzesentwurf verabschiedet, der letztlich aus den schon erwähnten Vorbehalten der Länderkammer gegen das Gesetz im Bundesrat aber keine Zustimmung erfährt. Auf einer der letzten Sitzungen[13] des Deutschen Bundestages während der 7. Legislaturperiode kommt es noch einmal zu einer Debatte über das „Scheitern des Planungswertausgleichs"; sie endet aber in gegenseitigen Schuldzuweisungen und ebensolchen an den Bundesrat, der angeblich die Verantwortung für das Scheitern trägt und keine glaubhaften Alternativen vorgeschlagen hat. Einig sind sich die Politiker nur darin, daß die Diskussion und das Bemühen um eine Reform des Bodenrechts im 8. Deutschen Bundestag weitergeführt werden sollen.

Bedenkt man, mit welcher Vehemenz die Auseinandersetzungen zur Novelle des Bundesbaugesetzes geführt wurden, so kann man über die Äußerungen zum Bodenrecht während der 8. Legislaturperiode nur staunen. Von einer weiteren Teilnovellierung des Bundesbaugesetzes zur Reform des Bodenrechts ist nicht mehr die Rede. Ziel der Bundesregierung ist nach den Worten von Bundesminister Dr. Haack[14] eine möglichst breite Streuung des Eigentums sowie eine rasche Steigerung der Eigentumsquote. Der Bodenmarkt wird von ihm als Investitionsbremse angesehen, weil die Rechte der Baulandeigentümer bisher nicht beschränkbar seien. Der Bundesminister fordert dazu auf, für Maßnahmen zur Auflockerung des Bodenmarktes einzutreten, *denn das Horten von und das Spekulieren mit Grund und Boden ist eigentumsfeindlich*. Solch eine Meinungsäußerung gibt der Unionsfraktion im Bundestag natürlich den Anlaß, den Minister zu verdächtigen, er wolle sich für den Planungswertausgleich einsetzen, der ja bekanntermaßen erst in der vergangenen Legislaturperiode gescheitert sei. Die Förderung und Erhaltung des vollen persönlichen Eigentums der Bürger wird von der Union unterstützt, eine Kommunalisierung von Grund und Boden wird abgelehnt[15]. Die Unmöglichkeit einer ernsthaften Auseinandersetzung mit dem Thema „Reform

145

des Bodenrechts" angesichts der festgefahrenen Meinungen wird deutlich, wenn man dem Abgeordneten Waltemathe (SPD)[16] lauscht. Zum bestimmenden Faktor der Stadtentwicklung möchte er das Allgemeinwohl machen, deshalb müsse das Boden- und Planungsrecht so gestaltet werden, *daß sich nicht der Spekulant durchsetzt.* Ein Zitat des Bundespräsidenten Heinemann verleiht seinen Worten den nötigen Nachdruck.
Wann endlich lesen wir laut und deutlich, daß Art. 14 GG das Eigentum nicht lediglich gewährleistet, sondern auch von der Möglichkeit spricht, seinen Inhalt und seine Schranken durch Gesetze zu bestimmen? Wann endlich lesen wir laut und deutlich aus Art. 14 des Grundgesetzes, daß jedes Eigentum verpflichtet und sein Gebrauch zugleich dem Wohl der Allgemeinheit Rechnung tragen soll? Wann endlich erfüllt der Gesetzgeber bei dem Bodenrecht seine verfassungsmäßige Pflicht?
Für Waltemathe war es ein Fehler, daß die Mehrheit des Bundesrates die Abschöpfungsmaßnahmen bei Planungswertsteigerungen an Grundstücken zu Fall gebracht hat und so die Bodenpreise in der Bundesrepublik weiter steigen konnten. Die Sprecher der Union verteidigen ihre Entscheidung[17] mit der These, eine Senkung der Kaufpreise von Bauland sei durch den Planungswertausgleich nicht zu erwarten, vielmehr stelle die Abgabe eine Belastung und Einschränkung für die Eigentümer dar. *Ideologie ist, Geld anders zu verteilen, aber nicht ein Grundstück für den einzelnen Bürger billiger zu machen.*
Weitere Vorstöße zur Reformierung des Bodenrechts blieben aus. Lediglich der Abgeordnete Paterna (SPD)[18] fordert noch einmal ein zeitnahes gerechtes Bewertungssystem und die Abschöpfung der leistungslosen Wertzuwächse an Grund und Boden zugunsten der Gemeinden, sieht die Chancen dafür aber als gering an angesichts der unterschiedlichen Auffassungen innerhalb der Koalition und der Mehrheitsverhältnisse im Bundesrat.
Der Meinung des Abgeordneten Paterna (SPD), daß die Chancen für eine durchgreifende Änderung des Bodenrechts eher als gering angesehen werden müssen, kann man sich nur anschließen, wenn der Blick in den 9. Deutschen Bundestag geworfen wird. Die durch innen- und außenpolitische Themen in die sozial-liberale Regierungskoalition hereingetragene Krise und das damit verbundene absehbare Ende der Koalition lähmen die Arbeit im Bundestag, zumal wichtige Gesetzgebungsverfahren an der Hürde des unionsbestimmten Bundesrates scheitern.
Die Diskussionen um Änderungen im Bodenrecht werden in dieser Zeit durch die Frage ausgelöst, wie der Bevölkerung wieder ausreichend Bauland – sowohl für den sozialen Mietwohnungsbau als auch für den kleine privaten

Bauherrn – zur Verfügung gestellt werden kann. Bundesminister Dr. Haack kündigt noch einmal Verbesserungen im Bodenrecht an[19]. Ziele sind eine Mobilisierung von Bauland sowie eine Senkung der Baulandpreise. Dem spekulativen Zurückhalten von Bauland soll durch die Bereitstellung staatlicher Subventionen Einhalt geboten werden. Er apelliert an die Beteiligten, den Planungswertausgleich von 1976 nicht wieder ideologisch abzublocken, muß sich daraufhin allerdings den Vorwurf der Opposition gefallen lassen, den *sozialistischen Wechselbalg* wieder beleben zu wollen[20].
Die steuerlich privilegierte Behandlung von Grund und Boden, im Vergleich zu anderen Vermögenswerten, wird durchaus erkannt[21]. Um das Angebot im Mietwohnungsbau zu erhöhen, müßten aber erst die Investitionshemmnisse ausgeräumt werden, denn *der Staat kann so viel Geld in den Wohnungsbau pumpen, wie er will: Solange wir nicht das Bodenproblem lösen, solange lösen wir gar nichts* (Prof. Bonczek).
Am 1. Oktober 1982 wird Dr. Helmut Kohl aufgrund eines konstruktiven Mißtrauensvotums zum Bundeskanzler gewählt. Von Seiten der Sozialdemokraten muß sich die Regierungskoalition schon nach kurzer Zeit den Vorwurf gefallen lassen, *im Bodenrecht und bei der Bodenbesteuerung* tue sie *überhaupt nichts*[22]. Doch bis zu den umstrittenen vorgezogenen Wahlen zum 10. Deutschen Bundestag im Frühjahr 1983 konnte wohl auch keine großartige Gesetzesinitative erwartet werden, selbst wenn sie gewollt gewesen wäre.
Bevor der weitere Verlauf der Bodenrechtsdebatte im politischen Raum verfolgt werden soll, muß die Frage gestellt werden können, welche Erwartungen denn nun an eine solche Debatte gestellt werden, haben doch vergangene Auseinandersetzungen um das Bodenrecht gezeigt, daß die Unionsparteien sich als Sachwalter der freien Marktwirtschaft betrachten: Dem freien Spiel der Marktkräfte wird mehr Wirkung zugetraut als Eingriffen und Regelungen des Staates.
Diese Position wird besonders deutlich in einer Anwort der Bundesregierung[23] auf eine Große Anfrage von Abgeordneten der SPD-Fraktion[24] zur Baulandsituation, zur Entwicklung der Baulandpreise, des Bodenrechts und der Bodensteuern. Die Antwort: Neue bodenrechtliche Instrumente zur Senkung der Baulandpreise halte die Bundesregierung nicht für erforderlich, da eine veränderte Markt- und Nachfragesituation in den letzten Jahren zu einer Beruhigung der Bodenpreisentwicklung geführt habe. Im übrigen sei bewiesen worden, daß hohe Bodenpreise in Verdichtungsräumen einen ökologisch und städtebaulich erwünschten sparsamen Flächenverbrauch fördern. Das System der Grundsteuer solle, so heißt es weiter, beibehalten werden, da es

eine wichtige Einnahmequelle der Gemeinden darstellt. Eine Neubewertung des Grundbesitzes könne wegen der Arbeits- und Personallage der Finanzverwaltung allerdings nicht durchgeführt werden.
Angesichts dieser Haltung der Bundesregierung zum Bodenrecht verwundert es nicht, daß der gesamte Bereich des Bodenrechts und der Bodensteuer als Instrument der Stadtplanung bei der Novelle zum Baugesetzbuch (BauGB) nicht angesprochen wird[25]. Der jetzt zuständige Bundesminister Dr. Schneider macht keinen Hehl aus seiner Politik, durch die die Baulandmärkte nicht gegängelt werden sollen. Vielmehr soll eine allgemeine Wirtschafts- und Finanzpolitik verfolgt werden, die für Preisstabilität sorgt. Als Erfolg der Unionspolitik werden die stabilen Bodenpreise, die ausreichenden Baulandreserven und die langfristig sichere Wohnungsnachfrage angesehen[26].
Gerade die langfristig sichere Wohnungsnachfrage, die wohl besser als sicheres Wohnungsangebot verstanden werden konnte, wird aber in den darauffolgenden Jahren ad absurdum geführt. Schon 1990 bringt die SPD-Fraktion im Deutschen Bundestag einen Entwurf eines Gesetzes zur Bekämpfung der Wohnungsnot ein[27]. In der Begründung heißt es, daß dies die Folge einer falschen Wohnungspolitik der Bundesregierung der vergangenen Jahre sei, verstärkt durch den großen Zustrom an Aus- und Übersiedlern. An dieser Stelle muß nun auch an den Zusammenbruch der Deutschen Demokratischen Republik gedacht werden. Die damit einhergehenden Probleme auf dem Wohnungsmarkt konnten, ebenso wie die politischen Veränderungen in der DDR, nicht vorausgesehen werden. Wesentlicher Inhalt des von der SPD eingebrachten Artikelgesetzes war im Bereich des Bodenrechts eine Änderung des Grundsteuergesetzes. Zur Mobilisierung von Bauland sollte die Steuermeßzahl für unbebaute baureife Grundstücke auf 10 vom Tausend festgesetzt sowie der Gemeinde die Möglichkeit eingeräumt werden, für solche Grundstücke einen höheren Hebesatz festzusetzen.
Diese Bundestagsinitative wird durch den Bundesrat unterstützt, in dem das Bundesland Nordrhein-Westfalen einen gleichlautenden Gesetzesantrag einbringt[28]. In der Aussprache des Bundesrates[29] wehrt sich Staatsminister Dr. Stoiber (Bayern) gegen den Begriff der allgemeinen Wohnungsnot, die es allemal nur während der Nachkriegszeit gegeben habe. Er verweist auch auf die schlechten Erfahrungen mit der Baulandsteuer, die mit den vorgeschlagenen Änderungen des Grundsteuergesetzes vergleichbar sei.
Bei der Lesung des Gesetzes im Bundestag[30] wird der Bereich des Bodenrechts von allen Fraktionen nicht angesprochen, der Gesetzesantrag wird schließlich in die Ausschüsse verwiesen.

Eine etwas andere Dimension der Bodenrechtsdebatte sollte sich aus den Folgen der Wiedervereinigung beider deutscher Staaten ergeben. Eine Initiative zur Erneuerung des Bodenrechts wird noch einmal dringend angemahnt, da die leistungslosen Bodenwertsteigerungen in den neuen Bundesländern nun noch weit skandalöser seien als in den alten Bundesländern[31]. Im Rahmen dieser Debatte wird auch eindringlich auf die Opfer der Bodenreform von 1945 bis 1949 in der sowjetischen Besatzungszone verwiesen, deren Erwartungen durch den Einigungsvertrag und das Urteil des Bundesverfassungsgerichts vom April 1991 bitter enttäuscht wurden[32]. Das Bodenrecht im Einigungsvertrag ist für den Bundesrat Anlaß genug, um über eine Reform des Bodenrechts in den neuen Bundesländern nachzudenken[33]. Für Oskar Lafontaine, Ministerpräsident des Saarlandes, war die Formel „Rückgabe vor Entschädigung" 1990 noch unklar, 1992 sieht er aber einen Drang nach Reformen, um die nötigen Investitionen tätigen zu können. Der Ministerpräsident aus Rheinland-Pfalz, Rudolf Scharping, schließt sich dieser Meinung an, *denn unklares Bodenrecht läßt sich nicht mit Geld klären.* Aber eine Korrektur der Formel „Rückgabe vor Entschädigung" wird niemals ernsthaft verfolgt, zumindest nicht von in Verantwortung stehenden Politikern.

Offensichtlich gibt es gerade in der Zeit nach der deutschen Wiedervereinigung wichtigere Fragen, über die es sich lohnt nachzudenken, als die Frage nach einer Reform des Bodenrechts. Anders ist die Ruhe in der politischen Diskussion nicht zu erklären. Zugegeben, Abbau von Arbeitslosenzahlen, langfristige Sicherung der Sozialsysteme und des Wirtschaftsstandorts Deutschland sind natürlich Aufgaben, die sich nicht im Handumdrehen erledigen lassen. Aber der Blick auf das Bodenrecht hätte dabei nicht verlorengehen dürfen.

Neue Hoffnung für die Befürworter einer Bodenrechtsreform wird zur Zeit im Bundesland Nordrhein-Westfalen geweckt. Durch eine Bundesratsinitiative soll der Versuch unternommen werden, den immer wieder diskutierten Planungswertausgleich im Baugesetzbuch zu verankern. Ob dieser Vorstoß von Erfolg gekrönt sein wird, darf – bei allem Respekt vor diesem Versuch – ernsthaft bezweifelt werden. Die Widersprüche in den parteipolitischen Vorstellungen haben sich in der Vergangenheit schon als (fast) unüberwindbar herausgestellt, warum sollte es diesmal anders sein? Vielleicht erinnert sich der eine oder andere Politiker aber der bayerischen Verfassung, in der es in Art. 161 Abs. 2 heißt: „Steigerungen des Bodenwertes, die ohne Arbeit und Kapitalaufwand des Eigentümers entstehen, sind abzuschöpfen und der Allgemeinheit nutzbar zu machen".

Die Worte des verstorbenen Bundespräsident Gustav Heinemann klingen da fast schon wie eine Drohung, mancher wird auch behaupten, wie ein Stoßgebet: Wann endlich erfüllt der Gesetzgeber bei dem Bodenrecht seine verfassungsmäßige Pflicht?

Parteien

Die Positionen der Parteien an dieser Stelle zu dokumentieren, heißt eigentlich Eulen nach Athen tragen. Die seit der Konstituierung des Deutschen Bundestages und auch heute noch in ihm vertretenen Parteien haben ihre Meinung zum Bodenrecht in der Bundesrepublik Deutschland in den vergangenen Jahren nicht, allenfalls nur in Nuancen, geändert. Ihre Positionen können den politischen Debatten vor dem Deutschen Bundestag und dem Bundesrat entnommen werden, die selbstverständlich in Parteiprogrammen vorbereitet wurden.

Ein Blick auf die noch relativ „jungen" Parteien sollte aber doch erlaubt sein, da von ihnen durchaus noch Ideen in die Diskussion eingebracht werden können, die den Gordischen Knoten zum Bersten bringen.

Die nach der Wiedervereinigung Deutschlands im Bundestag vertretene PDS hat zum Bodenrecht und zu einer Reform desselben, zumindest in der seit 1972 vorherrschenden Themenstellung, keine feste Position bezogen. Vielmehr hat sich diese Partei zum Anwalt der Betroffenen der Bodenreform in der sowjetischen Besatzungszone von 1945 bis 1949 gemacht. Dies verwundert auch gar nicht, kommt doch das Klientel der PDS aus den neuen Bundesländern. Will man auf diesem Wege Stimmen halten, so darf dieses Themenfeld nicht preisgeben werden, zumal die Verweigerung der Rückgabeansprüche in der Öffentlichkeit sehr widersprüchlich diskutiert wird.

Interessant ist ein Blick in Richtung Bündnis 90/DIE GRÜNEN. Ausgangspunkt einer Auseinandersetzung mit dieser Partei soll der Mannheimer Parteitag im Frühjahr 1994 sein, der festgestellt hat, daß ein ökologisch orientierter Stadtumbau nicht nur die natürlichen Lebensgrundlagen schützen will, sondern die Verfügung über Grund und Boden gesellschaftlich zu steuern vermag. Angesichts der 1997 anstehenden Novellierung des Baugesetzbuches sehen Bündnis90/DIE GRÜNEN die Möglichkeit, eigene ökologische Grundsätze und Ziele im Gesetz zu verankern.

Auf dem Leitgedanken, daß Grund und Boden ein nicht vermehrbares Gut ist, mit dem nach Möglichkeit sparsam umgegangen werden muß, bauen nachfolgende Ziele auf. *Das Eigentum an Grund und Boden muß in deutlich höherem Maße als bisher in seiner Verantwortung für das Gemeinwesen, für*

sozialen Ausgleich und für Umweltbelange gefordert werden[34]. Im Wesentlichen gehören dazu
- Instrumente zur Senkung von Bodenrichtwerten und Verkehrswerten vor allem in Verdichtungsräumen,
- eine Besteuerung von Grund und Boden, die das Horten von Bauland behindert, sowie
- die Abschöpfung von planungs- und maßnahmenbedingten Wertsteigerungen[35].

Die Frage, inwieweit die Vorstellungen von Bündnis 90/DIE GRÜNEN im Gesetzgebungsverfahren eingebracht werden können, kann an dieser Stelle nicht beantwortet werden. Vielleicht genügt aber der Hinweis, das der Minister für Bauen und Wohnen NRW Dr. Vesper, aus dessen Haus die jüngste Gesetzesinitiative zur Verankerung des Planungswertausgleichs im Baugesetzbuch stammt, selbst der angesprochenen Partei angehört. Sollten Bündnis 90/DIE GRÜNEN zukünftig noch mehr für Gesetzgebung verantwortlich werden, mag hier die Möglichkeit entstehen, daß kleine Schritte in Richtung eines neuen Bodenrechts gemacht werden, derweilen die starre Haltung der großen Volksparteien ins Wanken geraten könnte.

Verbände

Es hat eine Reihe von Expertenkommissionen gegeben, die sich außerhalb von politischen Zwängen mit Fragen zur Reform des Bodenrechts beschäftigt haben. Insbesondere sind dabei der Deutsche Städtetag, das Deutsche Volksheimstättenwerk e.V. (vhw), empirica – Gesellschaft für Struktur- und Stadtforschung mbH (Bonn), das Seminar für freiheitliche Ordnung sowie die Baulandkommission Nordrhein-Westfalen zu nennen. Ihre Vorschläge, die im Detail unterschiedlich ausformuliert wurden, gilt es im folgenden aufzuzeigen.

Der Boden ist ein knappes, da unvermehrbares Gut. Er wird zum Gegenstand von konkurrierenden Nutzungsinteressen. Der Markt bestimmt letztendlich, welcher Nutzer den Zuschlag für ein bestimmtes Grundstück erhält. Dabei gilt die Regel des Wanderns des Bodens zum besseren Wirt.

Der Wert und die zulässige Nutzbarkeit der Grundstücke werden durch gemeindliche Planung und Investitionen für Erschließung und Infrastruktureinrichtungen bestimmt. Aus diesem Grund ist der tragende Rechtsgedanke für die kommunale Grundsteuer der Äquivalenzgedanke. Obgleich Steuern laut Definition Leistungen an den Staat sind, die ohne konkrete Gegenleistungen erhoben werden, gilt die Grundsteuer als Ausgleich für kommunale

Leistungen und Aufwendungen zur Erschließung, Bebauung und Errichtung von Infrastruktureinrichtungen. Gleichzeitig dient sie dazu, die durch kommunale Planung und Investitionen entstandenen Bodenwertzuwächse wenigstens teilweise an die Kommune zurückzuführen.

Die Grundsteuer ist durch das Urteil des Bundesverfassungsgericht[36] zur Einheitsbewertung des Grundbesitzes ins Gerede gekommen. Gerade in der Aufgabe der verfassungswidrigen Einheitsbewertung sehen viele externe Experten die Chance, die bestehende wirkungswidersprüchliche Grundsteuer in eine reine Bodensteuer umzuwandeln. In der reinen Bodensteuer wird von den Befürwortern das einzige Instrument gesehen, daß sowohl den ökonomischen als auch den ökologischen Anforderungen gleichermaßen gerecht wird.

Das vhw und seine von ihr eingesetzten Expertengruppen befürworten eine Reform der Grundsteuer, die sich im wesentlichen auf eine Verbesserung der Bewertungsgrundlage stützt. Durch eine Korrektur der Grundsteuer, die statt Boden und Gebäude nur den Boden belastet und die Gebäude steuerfrei läßt, können erhebliche Nachteile der bestehenden Grundsteuer vermieden werden. Gleichzeitig werden dadurch positive Effekte auf verschiedenen Felder der Bodenordnung und auf die Ökologie eröffnet.

Die Kritik an der heutigen Bodensteuer bezieht sich primär auf die Höhe und den Gegenstand (Boden und Gebäude)[37]. Die Höhe ist so gering, daß kaum Lenkungseffekte von ihr ausgehen. Die geringe Last, die die Grundsteuer heute für Grundstückseigentümer darstellt, nimmt keinerlei Einfluß auf die Entscheidungen von Investoren und Grundstückseigentümern. Das Horten von Grundstücken ist unter heutigen Grundsteuerverhältnissen äußerst günstig. Durch eine reine Erhöhung der Grundsteuer würde die Belastung der Eigentümer steigen und die Grundstücke damit stärker in die Nutzung gedrängt, als das heute der Fall ist.

Bei einer Erhöhung der Grundsteuer auf der Grundlage der heutigen Bemessung muß jedoch bedacht werden, daß eine Belastung von Boden und Gebäude zu Wirkungswidersprüchen führen kann. Das Seminar für freiheitliche Ordnung sieht in Boden und Gebäude lediglich eine rein rechtliche Einheit, die sich in Wahrheit als Zwitterwesen gestaltet.

Das Zwitterwesen der Grundsteuer zeigt sich an der widersprüchlichen Wirkung der Grundsteuer. Die Belastung des Bodens veranlaßt den Grundstückseigentümer sein Grundstück zu nutzen, da er in vielen Fällen darauf angewiesen sein wird, die Steuerforderungen aus den erzielten Grundstückserträgen zu begleichen. Durch die Verteuerung der Bodenhaltung würden die Immobilien eine Mobilisierung erfahren. Ungenutzte vorgehaltene und aus spekulativen Gründen gehortete Grundstücke würden ins Angebot gebracht werden. Dies käme dann wiederum Nutzern und Investoren zugute, die sich aufgrund von Baulandmangel häufig am Investieren gehindert sahen; ebenso auch den Gemeinden, da das von ihnen ausgewiesene Bauland besser genutzt werden würde und weniger Neuausweisungen getätigt werden müßten. Durch die gleichzeitige Besteuerung der Gebäude würden potentielle Investoren jedoch wiederum von ihrem Vorhaben abgehalten. *Und da bestraft die Grundsteuer doch tatsächlich den, der genau das tut, was man im Interesse von Konjunktur und Beschäftigung von ihm erwartet, den, der nicht auf Liquidität sitzen bleibt, sondern den, der investiert, der Risiken eingeht, der Wohnungen und Arbeitsplätze schafft.* Ein solch zwitterhaftes Steuerinstrument hemmt die Nutzung der Grundstücke, die gleichzeitig durch die Belastung des Bodens mobilisiert bzw. in die Nutzung gedrängt werden[38].

Ein weiterer Kritikpunkt ergibt sich aus der Rechtfertigung der Grundsteuer durch das Äquivalenzprinzip und der Abschöpfung von Planungswertzuwächsen. Öffentliche Investitionen und Planungen führen zu einer Steigerung der Bodenwerte, nicht jedoch zu einer Steigerung der Gebäudewerte. Diese werden durch Angebot und Nachfrage auf dem Markt bestimmt. Soweit sich die Grundsteuer also auf durch öffentliche Maßnahmen ausgelöste Wertzuwächse bezieht, handelt es sich um reine Bodenwertzuwächse. Damit ist sachlich gesehen eine Begrenzung der Bemessungsgrundlage auf den Boden zwingend erforderlich[39]. Auch vom Äquivalenzgedanken her ist eine Besteuerung des Bodens auf der einen sowie die Erhebung von Nutzungsentgelten[40] auf der anderen Seite sinnvoll, jedoch keinesfalls die Besteuerung von Gebäuden. Die Besteuerung der Gebäude würde für die Gemeinden bedeuten, daß sie einen wesentlichen Anteil des Äquivalents für ihre Maßnahmen erst nach Gebäudeerstellung erhält. Die Gemeinde kann jedoch auf die Bautätigkeit der Grundstücksbesitzer keinerlei Einfluß ausüben, so daß ihnen große Finanzlücken entstehen können, wenn sie einen Großteil des Äquivalents erst Jahre später erhalten. Ebenso wie das vhw sieht auch das Seminar für freiheitliche Ordnung in einer reinen Bodensteuer für die Kommunen den Vorteil, sich das Äquivalent für ihre Investitionen sofort zurückzuholen. Sie (die Gemeinde) *übt durch die Steuer einen gewissen Druck auf die Eigentümer aus, ihre Grundstücke im Rahmen der Planung baulich zu nutzen, um die Bodensteuer zahlen zu können, und bewirkt dadurch mittelbar, daß ihre kommunale Infrastruktur auch genutzt, ihre Angebote angenommen werden, womit ihr über die Nutzungsentgelte weitere Mittel zufließen*[41].

Festzuhalten ist, daß sich die kommunalen Investitionen ausschließlich im Boden- und nicht im Gebäudewert niederschlagen. Die heutige Grundsteuer, die sowohl Boden als auch Gebäude als Bemessungsgrundlage der Besteuerung vorsieht, ist unter Lenkungsgesichtspunkten und vom Äquivalenzgedanken her falsch. Deshalb ist eine Reform der Grundsteuer zu einer reinen Bodensteuer zwingend notwendig[42]. Unter Aufkommensneutralität wird verstanden werden, daß das Entlastungsvolumen durch die Steuerbefreiung von Gebäuden auf die Steuerbelastung des Bodens angerechnet wird.

Die Bewertung sollte nach einhelliger Meinung aller Expertenkommissionen verkehrswertnah erfolgen. *Durch die Gutachterausschüsse und die Bodenrichtwertkarten werden die Wertentwicklungen am Bodenmarkt ständig erfaßt und fortgeschrieben. Diese Werte könnten in die Bemessungsgrundlage der Bodenwertsteuer übernommen werden*[43].

Ein Blick ins Nachbarland Dänemark zeigt, daß eine flächendeckende Erfassung und Bewertung der Grundstücke mit Einsatz von EDV mit geringem Zeitaufwand und in einer von den Bürgern akzeptierten Art und Weise möglich ist. Der reinen Bodenwertsteuer kommt demnach ein weiterer Vorteil gegenüber einer veränderten Grundsteuer zugute: der geringere personelle und finanzielle Aufwand.

Das geltende Grundsteuerrecht sieht für land- und forstwirtschaftlich genutzte Grundstücke eine privilegierte Regelung vor. Diese könnte gemäß § 69 BewG beibehalten werden[44].

Im Vergleich zur bisherigen Zwitterform der Grundsteuer hat eine aufkommensneutrale Reform der Grundsteuer hin zu einer reinen Bodensteuer folgende positive Wirkungen:

Die Diskriminierung des Bauens, wie sie durch die derzeitige Grundsteuer gegeben ist, entfällt, da eine Bebauung des Grundstücks die Steuer nicht erhöht. Dagegen wird das Halten und Horten von ungenutzten (unbebauten) Grundstücken relativ teuer. Grundstücke als Wertaufbewahrungsmittel werden im Vergleich zu ihrer Verwendung als Baugrundstücke unattraktiver, da eine Verwendung zu einer steuerlichen Entlastung führt. Die steuerliche Verpflichtung kann bei einer Nutzung des Grundstücks durch den Grundstücksertrag finanziert werden. Aus diesem Grund wird der Grundstückseigentümer auch eine optimale Ausnutzung des Grundstücks erzielen wollen, damit er dementsprechend auch den maximal möglichen Ertrag erhält. Die Steuer löst damit eine Tendenz zur optimalsten, d.h. der zulässigen Nutzung aus. Laut Aussage des vhw kann somit die Lücke zwischen planungsrechtlich zulässiger und tatsächlich verwirklichter Nutzung besser geschlossen werden. Die damit verbundene bessere bzw. planungsrechtlich volle Auslastung der

Grundstücke würde den Druck auf die Kommunen, immer neues Bauland ausweisen zu müssen, mindern und damit einer Zersiedelung der Landschaft entgegenwirken. Neben dem städtebaulichen Vorteil der vollen Ausnutzung der Grundstücke würde die reine Bodensteuer mittelfristig auch zu einer Nutzung von Baulücken führen. Dies führt zumindest teilweise zu einer Verdichtung im Altbestand, so weit es planungsrechtlich zulässig ist, und würde so teilweise Neuausweisungen einsparen helfen[45].

Die Erhöhung der Steuerlast auf den unbebauten Boden, die zu einem Liquiditätsdruck auf die Eigentümer führt, löst eine „Wanderung des Bodens zum besseren Wirt" aus. Eine reformierte Grundsteuer hält die Grundstückseigentümer dazu an, ihre Grundstücke zu nutzen oder diese gegebenenfalls durch Verkauf anderen zu überlassen. Demnach wird mehr Boden zu Bauzwecken überlassen. Das Halten und Horten von Grundstücken verteuert sich, und es werden mehr – bisher ungenutzte – Immobilien mobilisiert.

Eine reine Bodensteuer löst mit sanftem, aber beständigem ökonomischem Druck alle Bodenhorte auf; sie trüge damit zur Überwindung der künstlichen Verknappung des Bodenangebots bei, löst also eine Tendenz zur Verbilligung der Mieten, Pachten und Bodenpreise aus[46].

Die heutige Steuerung des Bodens allein über Marktpreise führt nicht zu einer effizienten Nutzung der Grundstücke. Die Hortung und nachlässige Nutzung[47] belastet den Eigentümer kaum. Ihm entgeht zwar der laufende Gewinn, nicht jedoch die Bodenwertsteigerung. Eine anhaltende Erwartung von weiterer Bodenpreissteigerung gilt häufig als Motiv, vom Eigentümer nicht benötigte Grundstücke zu horten, anstatt sie dem Markt zugänglich zu machen.

Die laufende Last der reformierten Grundsteuer, legt dem Eigentümer nämlich immer wieder die Prüfung nahe, ob er sein Grundstück auch ausreichend nutzt beziehungsweise ob er sich mit seiner Nutzung auch auf dem richtigen Grundstück befindet oder den Standort nicht besser einem anderen überlassen sollte. Die dadurch bewirkte nutzungsorientierte Mobilisierung des Bodenmarkts als Dauererscheinung einer dynamischen Gesellschaft sorgt für ein laufendes Grundstücksangebot im Bestand[48].

Die Mobilisierung der Immobilien hat neben der Einsparung an Neuausweisungen von Baugebieten noch weitere ökologische Vorteile. Aufgrund der steuerlichen Belastung des Bodens wird kaum jemand, der ein Grundstück erwirbt, mehr oder höherwertigen Boden erwerben, als er tatsächlich benötigt. *Das ökonomische Prinzip des „Wanderns des Bodens zum besten Wirt" findet so in der Tendenz zu flächensparender Bodennutzung seine ökologische Ergänzung*[49].

Die Senkung und Dämpfung der Bodenpreise folgt bei der reformierten Grundsteuer in dem Maße, in dem sie den potentiellen Ertrag aus dem Boden reduziert, denn Bodenpreise stellen bekanntlich die kapitalisierten Bodenerträge dar. Für den Grundstückskäufer bedeutet dies eine Entlastung seiner Liquidität, verändert jedoch nicht den Gesamtpreis für den Boden. Der Preisvorteil wird in der Gesamtertragsrechnung durch die höhere Steuer ausgeglichen, denn der Preisvorteil stellt nur den kapitalisierten Teil des Ertrages dar, den der Eigentümer als Bodensteuer an den Staat zahlen muß.

Bei einer aufkommensneutralen Reform der Grundsteuer, wie sie vom Seminar für freiheitliche Ordnung, dem vhw, dem Deutschen Städtetag und der Baulandkommission Nordrhein-Westfalen empfohlen wird, findet eine Verschiebung der Steuerlast von den gut oder ausreichend genutzten zu den schlecht bis gar nicht genutzten Grundstücken statt. Dies führt zu einer Senkung der Belastung im Mietwohnungsbau. Die Senkung der Grundsteuerbelastung im Mietwohnungsbau führt folglich zu einer Senkung der Mietnebenkosten. Eine Mehrbelastung durch die Grundsteuer erfahren vor allem Einfamilienheime in guten Lagen.

Aus Sicht des vhw ist, da die Steuerbelastung mit zunehmender Größe und zunehmenden Wert der Grundstücke wächst, verteilungspolitisch nichts gegen die Grundsteuerreform einzuwenden[50].

In der Problematik der höheren Besteuerung der Einfamilienhäuser besteht ein Kritikpunkt der Gegner der reinen Bodensteuer. So merkt empirica an, daß sich *gerade im Vergleich zur bisherigen Nutzung extrem hohe Umverteilungen zu Lasten aller Investitionen und Nutzungen, bei denen die Bodenwerte besonders hoch sind* (ergeben)[51]. Gemäß empirica fällt z.B. bei Rentnerhaushalten die Leistungsfähigkeit, gemessen durch die laufenden Einkommen und Grundvermögen, sehr weit auseinander, dies ist dadurch bedingt, daß die Grundvermögen in Phasen höherer Leistungsfähigkeit erworben wurden. Bezogen auf das Rentnereinkommen führt die reformierte Grundsteuer zu untragbaren Belastungen, die eine Mobilitätszwang auslösen könnten. Es würden soziale Ungerechtigkeiten entstehen. Diese Belastungsverschiebung aber sei politisch nicht durchsetzbar. Auch das Seminar für freiheitliche Ordnung hält die Umgestaltung der Grundsteuer zu einer reinen Bodensteuer für nur sehr schwer umsetzbar. Es räumt aber ein, daß die befürchteten sozialen Härten, die entstehen, weil sich Investoren, Mieter und Eigentümer auf die bisherigen Belastungen eingestellt haben und mit diesen bei zukünftigen Investitionen rechnen, ausgeglichen bzw. verhindert werden können, wenn die reine Bodensteuer durch subjektive oder andere Komponenten ergänzt werden würde[52]. Vhw und Deutscher Städtetag gestehen, daß im Bereich der Wohnbebauung darauf geachtet werden muß, daß den Eigentümern ihre Investitionen oft als Altersversicherung dienen. Ihrer Ansicht nach zeigt jedoch das Nachbarland Dänemark, daß es bewährte Lösungen gibt, die es nachzuempfinden gilt. *Die in Dänemark bewährte Regelung, nach der selbstnutzenden Wohnungseigentümern auf Antrag die ab ihrem 60. Lebensjahr fällig werdende Grundsteuer bis zu ihrem Tode gestundet werden, wird zur Übernahme empfohlen*[53].

Nach Meinung der Gegner einer reinen Bodensteuer erhält der Äquivalenzgedanke ein stärkeres Gewicht, wenn der Verkehrswert der Grundstücke – bestehend aus Boden und Gebäude – herangezogen wird. Sie teilen nicht die oben dargelegte Meinung des Seminars für freiheitliche Ordnung und des vhw, sondern behaupten vielmehr, daß *eine Grundsteuer, die auf den Gesamtwert des (bebauten) Grundstücks erhoben wird, (...) stärker dem Äquivalenzprinzip* (entspricht), *da vor allem die Gebäude und ihre Nutzung und nicht der Boden alleine kommunale Leistungen erfordern*[54]. Die Kommission empfiehlt daher eine Reform der Einheitsbewertung und den Übergang zu einer verkehrswertnahen Wertermittlung, bei der Gebäude und Bodenwert getrennt ermittelt werden. Die Grundsteuer soll stark angehoben werden. Da die Kommission ebenfalls die positiven Anreize zu einer bodensparenden Verhaltensweise erkannt hat, die in einer Erhöhung des Bodenwerts gegenüber dem Gebäudewert liegen, erkannt hat, empfiehlt sie, nach einer Übergangszeit den Bodenwert stärker zu gewichten. *Werden solche Strategien frühzeitig angekündigt und in Stufen realisiert, dann treten entsprechende Verhaltensänderungen im Vorgriff auf künftige Belastungen schon frühzeitig ein*[55]. Durch die Zusammensetzung der Grundsteuer aus einer Boden und einer Gebäudesteuer wird dem Äquivalenzprinzip Rechnung getragen, die Grundsteuer würde *im Rahmen des kommunalen Finanzsystems auf Dauer ein sehr viel höheres Gewicht erhalten*[56].

Die etwas andere Dimension der Bodenrechtsdebatte im Rahmen der Wiedervereinigung beider deutscher Staaten, wie sie ebenfalls im Deutschen Bundestag zu beobachten war, findet auch bei den Verbänden statt. Stellvertretend sind das Deutsche Volksheimstättenwerk e.V. und das Institut für Städtebau, Wohnungswirtschaft und Bausparwesen e.V. zu nennen, die sich im Frühjahr 1990 zu Bodenrecht, Bodenmarkt und Städtebaurecht in der DDR[57] zu Wort melden. Außer Frage steht die Eigentumsdefinition des Art. 14 GG. Erklärtes Ziel war auch die sofortige Gewährleistung eines freien Grundstücksmarktes wie in der Bundesrepublik, um die DDR-Wirtschaft so rasch wie möglich in Gang zu bringen. Ein möglicher Ausverkauf des Bodens unter Wert, die Rücküberführung von ehemaligem Volksvermögen in Privateigentum und die Vermeidung von Bodenspekulationen angesichts der erwarteten wirtschaftlichen Entwicklung und dem damit einhergehenden schnellen Ansteigen der Bodenpreise wurden allerdings als Problem angesehen. Als mögliche Instrumente zur Beseitigung der negativen Auswirkungen eines freien Bodenmarktes sind der Planungswertausgleich, bzw. die Infrastrukturkostenabgabe, eine Bodenwertzuwachssteuer sowie eine reine Bodenwertsteuer angedacht worden, wobei der Bodenwertsteuer die größten Chancen eingeräumt wurden, um kurzfristig Ergebnisse zu erzielen. Damit einhergehend wurde die Möglichkeit gesehen, die Bodenwertsteuer in der gesamten Bundesrepublik, unter dem Vereinigungsdruck beider deutscher Staaten auch ohne große politisch Diskussion einzuführen, um die Bodenwirtschaft insgesamt positiv zu beeinflussen.

Leider konnten in diesem Beitrag nicht alle Expertengruppen Berücksichtigung finden. Aus dem eingefangenen Meinungsbild läßt sich jedoch ableiten, daß sich die Expertengruppen dahingehend einig sind, daß eine Reform der Grundsteuer – wie auch vom Verfassungsgericht angemahnt – dringend vonnöten ist. Einigkeit besteht auch in dem Punkt, als alternative Grundlage zur Einheitsbewertung eine verkehrswertnahe Wertermittlung zu betreiben, bei der die Erkenntnisse der Gutachterausschüsse als Basismaterial herangezogen werden könnten.

Die Hauptdiskussion entbrennt unter den Expertengruppen an der Zusammensetzung einer reformierten Grundsteuer. Alle sehen die von einer erhöhten Bodensteuer ausgehende Lenkungs- und Bodenmobilisierungsfunktion und beurteilen sie aus ökonomischen und vor allem ökologischen Gesichtspunkten als äußerst positiv. Es herrscht jedoch Unklarheit darüber, ob aus diesen und weiteren Gründen, wie zuvor geschildert, auf den Gebäudeanteil bei der Grundsteuer verzichtet werden sollte und zukünftig die reine Bodensteuer die Grundsteuer ersetzen sollte, oder ob auf der Grundlage des Äquivalenzgedankens nur eine Steuer in Frage kommt, die sich aus einem Boden- und einem Gebäudeanteil zusammensetzt.

Als ein wesentliches Ergebnis bleibt jedoch festzuhalten, daß die Experten – egal welche Richtung sie vertreten – eine zügige Reformierung der Grundsteuer als problematisch einschätzen und nur langfristig Realisierungschancen sehen.

Der im Vergleich zur Grundsteuerreform politisch häufig diskutierte Planungswertausgleich ist nach Expertenmeinung noch schwieriger zu realisieren als die Grundsteuerreform. *Die Arbeitsgruppe ist der Auffassung, daß die*

Baulanddebatte durch den Vorschlag eines Planungswertausgleichs unnötig emotionalisiert würde, und schlägt statt dessen eine Konzentration auf eher mehrheitsfähige Maßnahmen, wie z.b. *Reform der Grundsteuer, vor* [58]. *Dies geschieht auch, zumal gemäß dem Äquivalenzgedanken, die Grundsteuer ebenfalls – zumindest teilweise – dem Planungswertausgleich dient. Die Grundsteuer als kommunale Steuer findet daher ihre Rechtfertigung auch im Äquivalenzprinzip, weil sich die Gemeinden durch sie einen Teil der Bodenwertsteigerungen zurückholen, die sie durch ihre Planungen und Investitionen ausgelöst haben* [59].

Literatur und Wissenschaft

Bach, H.W., Planungswertausgleich und Raumordnungspolitik, München 1978.
Behnke/Evers/Möller, Grundrente und Bodenspekulation, Berlin 1976.
Breuer, R., Die Bodennutzung im Konflikt zwischen Städtebau und Eigentumsgarantie, München 1976.
Conradi/Dieterich/Hauff, Für ein soziales Bodenrecht, Frankfurt a.M. 1973.
Dieterich, H., Bodenordnung und Bodenpolitik, in: Jenkis, H.W., Kompendium der Wohnungswirtschaft, 3. Auflage, München 1996
Dieterich, H./Dieterich-Buchwald, B., Lösung der Bodenprobleme durch eine Bodenwertsteuer? „Das dänische Beispiel", in: ZfBR 3.6.83, S. 113 ff.
Epping, G., Bodenmarkt und Bodenpolitik in der Bundesrepublik Deutschland, Berlin 1977.
Haasis, H.A., Bodenpreise, Bodenmarkt und Stadtentwicklung, München 1987.
Hansen, J.R., Der Planungswertausgleich, Frankfurt a.M. 1975.
Janning, H., Bodenwert und Städtebaurecht, Stuttgart 1976.
Krätke, S., Bodenrente und Stadtstruktur, Berlin 1979.
Leutner, B., Wirtschafts- und finanzpolitische Probleme einer Bodenwertzuwachsbesteuerung, Beiträge zur Stadt- und Regionalforschung, Göttingen 1977.
Wagner, J., Rückgabe und Entschädigung von konfisziertem Grundeigentum: aktuelle Verfassungsrechtsfragen der Bodenreform in der SBZ, Baden-Baden 1995.
Zhekov, D., Diskussion um ein neues Bodenrecht, Köln 1976.

1 BT PlPr 7/7 vom 18.01.1973
2 BT PlPr 7/10 vom 26.01.1973
3 BT PlPr 7/17 vom 22.02.1973
4 BT PlPr 7/54 vom 04.10.1973 - Dr. Schneider (CDU/CSU)
5 ebenda
6 BT PlPr 7/120 vom 27.09.1974
7 BR Drs. 300/10/74
8 BT PlPr 7/128 vom 07.11.1974
9 BT PlPr 7/227 vom 11.03.1976
10 ebenda - BMin. Ravens
11 ebenda - Dr. Böger (FDP)
12 ebenda - Schmöle (CDU/CSU)
13 BT PlPr 7/245 vom 20.05.1976
14 BT PlPr 8/91 vom 12.05.1978
15 BT PlPr 8/58 vom 24.11.1977 - Dr. Waffenschmidt (CDU/CSU)
16 BT PlPr 8/114 vom 09.11.1978
17 ebenda - Dr. Schneider u. Dr. Jahn
18 BT PlPr 8/190 vom 30.11.1979
19 BT PlPr 9/18 vom 29.01.1981
20 ebenda - Dr. Schneider (CDU/CSU)
21 BT PlPr 9/103 vom 27.05.1982 - Schmidt (SPD/München)
22 BT PlPr 9/137 vom 10.12.1982 - Waltemathe (SPD)
23 BT Drs. 10/3690
24 BT Drs. 10/2358
25 vgl. BT PlPr 10/241 vom 23.10.1986 - Reschke (SPD); vgl. BR PlPr 571 - Winterstein, StMin Inneres (Hessen)
26 BT PlPr 10/241 vom 23.10.1986
27 BT Drs. 11/7356
28 BR Drs. 426/90
29 BR PlPr 616 vom 06.07.1990
30 BT PlPr 11/227 vom 21.09.1990
31 BT PlPr 12/36 - 12/38 am 03.05. bis 05.09.1991 - Dr. Vogel (SPD)
32 ebenda - Dr. Laufs (CDU/CSU)
33 BR PlPr 639 vom 14.02.1992
34 Eckpunkte für ein neues Planungs- und Bodenrecht, Diskussionsgrundlage zur Novelle des Baugesetzbuches, Vorlage zum Kongreß „Zwischen Überverdichtung oder Flächenfraß" der Bundestagsfraktion Bündnis90/DIE GRÜNEN am 16./17.11.1995
35 ebenda
36 FN 2BvL 37/91
37 vgl. Andres, F., Von der Grundsteuer zur Bodensteuer, in: Fragen der Freiheit, Heft 230, S. 4
38 vgl. Andres, F., a.a.O., S. 4-5
39 vgl. Bericht der unabhängigen Arbeitsgruppe des Deutschen Volksheimstättenwerks e.V., Vorschläge zur Wohnbaulandmobilisierung, Bonn 1995, S. 11
40 z.B. Anliegerbeiträge
41 Andres, F., a.a.O., S. 9
42 vgl. Andres, F., a.a.O., S. 9; vgl. Bericht der unabhängigen Arbeitsgruppe des Deutschen Volksheimstättenwerks e.V., a.a.O., S. 12; vgl. BT Drs. 13/159, S. 192ff. Abschnitte 8303 bis 82141
43 BT Drs. 13/159, Abschnitt 8208

44 vgl. Bericht der unabhängigen Arbeitsgruppe des Deutschen Volksheimstättenwerks e.V., a.a.O., S. 13
45 Halaczinsky, R., Die Einheitsbewertung und ihre Auswirkung auf die Grundsteuer, in: Fragen der Freiheit, Heft 230, S. 39
46 ebenda
47 d.h. geringere Nutzung als planungsrechtlich zulässig
48 vgl. Bericht der unabhängigen Arbeitsgruppe des Deutschen Volksheimstättenwerks e.V., a.a.O., S. 14
49 ebenda, S. 15
50 vgl. ebenda, S. 16
51 empirica – Gesellschaft für Struktur und Stadtforschung mbH, Stadtentwicklung bei zunehmender Bodenknappheit, Abschnitt 4.5.8
52 vgl. Halaczinsky, R., a.a.O., S. 40
53 Bericht der unabhängigen Arbeitsgruppe des Deutschen Volksheimstättenwerks e.V., a.a.O., S. 17
54 empirica – Gesellschaft für Struktur und Stadtforschung mbH, a.a.O., Abschnitt 4.5.5
55 ebenda, Abschnitt 4.5.8
56 ebenda
57 Deutsches Volksheimstättenwerk e.V., Institut für Städtebau, Wohnungswirtschaft und Bausparwesen e.V. (Hrsg.), Bodenrecht, Bodenmarkt, Städtebaurecht in der DDR. Bonn 1990
58 Bericht der unabhängigen Arbeitsgruppe des Deutschen Volksheimstättenwerks e.V., a.a.O., S. 28
59 ebenda, S. 11

VI
Neue Perspektiven

Boden und Wohnen.
Auswirkungen des Bodenrechts auf die Siedlungsstruktur der Städte und Gemeinden

Hans-Dieter Krupinski

„Wohnungsbau braucht Boden für Wohnungen, der Städtebau braucht kaum weniger Boden für Gemeinbedarf. Beide stehen seit Jahren vor ständig steigenden Schwierigkeiten, diesen Boden zu beschaffen."
Oswald von Nell-Breuning S.J.

Die Aussagen von Oswald von Nell-Breuning, die dieser 1964 in Gelsenkirchen vor dem Hintergrund der Nachkriegsentwicklung in der Bundesrepublik Deutschland gemacht hat, sind weiterhin von hoher Aktualität. Dies hängt im wesentlichen damit zusammen, daß es unserer Gesellschaft bisher nicht gelungen ist, eine sozial verträgliche Bodenbeschaffung und Bodenpreisbildung zu ermöglichen. Die Schwierigkeiten bei der Bereitstellung von verfügbarem und preiswertem Wohnbauland haben seit Ende der 80er/Anfang der 90er Jahre deutlich zugenommen, weil mit dem spekulativen Bodenrecht der Bundesrepublik eine zeitnahe Reaktion auf die erhöhte Nachfrage auf unseren Wohnungsmärkten nicht möglich war. Im wesentlichen ist die erhöhte Nachfrage durch die Zuwanderung von größeren Bevölkerungsgruppen aus den osteuropäischen Staaten, die anhaltende Binnenwanderung im wiedervereinigten Deutschland, die Zunahme der Ein- und Zweipersonenhaushalte entstanden und wurde zum Teil auch durch eine Stadt-Umland-Wanderung verstärkt. Unser Bodenrecht, das sich den Luxus der teuersten Baulandentwicklung im europäischen Raum leistet, ist eine der entscheidenden Ursachen, warum es nicht gelungen ist, die zentrale Aufgabe der 90er Jahre in der Stadtentwicklungs- und Wohnungspolitik mit überzeugenden Konzepten zu lösen. Eine siedlungsstrukturell und ökologisch verträgliche Weiterentwicklung unserer Städte und Gemeinden ist bisher an der Baulandfrage gescheitert.

Der neue Wachstumsschub in der Siedlungsentwicklung und im Wohnungsbau muß mit Instrumenten gesteuert werden, die keine bedarfsgerechte Entwicklung von preiswertem Bauland für den öffentlich geförderten und freifinanzierten Wohnungsbau in den Siedlungsräumen mit erhöhter Wohnraumnachfrage ermöglichen. Aus diesem Grunde ist es zu einer weiteren Zersiedlung an den Rändern der Großstädte und Ballungsgebiete gekommen. Dies ist mit einer großflächigen Entleerung der infrastrukturell gut erschlossenen Siedlungsräume verbunden und hat die Stadt als Wohnstandort weiter geschwächt. Sie läßt sich in Nordrhein-Westfalen, einer traditionsreichen Industrieregion, die über eine Fläche von etwa 34.000 km^2 verfügt und auf der heute 18 Mio Einwohner ansässig sind, besonders gut veranschaulichen. In den letzten sieben Jahren hat die Bevölkerung um etwa 1 Mio Einwohner zugenommen. Für den Fall, daß die Bevölkerungsprognosen bis zum Jahre 2010 zutreffen, die von einer Zuwanderung von 4 - 5 Mio Einwohner in der Bundesrepublik ausgehen, müssen wir mit einem weiteren Wachstumsschub in der Siedlungsentwicklung von 1 - 1,5 Mio zusätzlicher Einwohner ausgehen. Dies dürfte die Grenzen der Belastbarkeit von Raum und Fläche in einem Land weiter erhöhen, in dem zwei Drittel der Bevölkerung in einem großflächigen Ballungsgebiet und etwa ein Drittel der Bevölkerung in der gewachsenen Siedlungslandschaft des ländlichen Raums leben.

(1) Eine der wesentlichen Ursachen für die Stadt-Umland-Wanderung, die mit erheblichen Bevölkerungsverlusten für die Stadt verbunden ist, liegt im Streben nach Wohnungseigentum und besseren Wohnbedingungen. In den solitären Großstädten und in den Ballungsgebieten trägt das hohe Bodenpreisniveau wesentlich dazu bei, daß Wohnungseigentum im verdichteten Flachbau und im Geschoßwohnungsbau (Eigentumswohnungen) nicht zu finanzierbaren Konditionen für untere und mittlere Einkommensgruppen angeboten werden kann. In guten Wohnlagen an den Rändern der Städtelandschaft der Rheinschiene schwankt das Bodenpreisniveau zwischen 550 und 1.100 DM pro Quadratmeter Grundstücksfläche. Für ein typisches Reihenhaus im Randbereich der Landeshauptstadt Düsseldorf werden etwa 200 Quadratmeter Grundstücksfläche benötigt. Für das Grundstück und die Erschließung schwankt der Preis zwischen 750 und 1.000 DM pro Quadratmeter. Bei der Finanzierung eines Wohnungsbauprojektes an diesem Standort müssen wir einen Betrag zwischen 150.000 bis 200.000 DM in Ansatz bringen. In einer ländlich strukturierten Gemeinde, die etwa 40 - 50 km von Düsseldorf entfernt liegt, bewegt sich dagegen das Bodenpreisniveau zwischen 150 und 250 Mark pro Quadratmeter Grundstücksfläche.

Der Wunsch nach Wohnungseigentum läßt sich dort mit einem deutlich geringeren Grundstückspreis verwirklichen. Bei der Finanzierung einer vergleichbaren Eigentumsmaßnahme im Umland müssen lediglich ein Fünftel bis ein Sechstel der Kosten finanziert werden, die im Randbereich von Düsseldorf anzusetzen sind. Diese Bodenpreisdifferenz hat erheblich dazu beigetragen, daß viele junge Familien aus den Großstädten abgewandert sind. Während Münster pro Jahr etwa 2.000 – 2.500 Familien an die Umlandgemeinden verliert, liegen die Zahlen in der Städtelandschaft der Rheinschiene deutlich höher. Die durch das Bodenrecht verursachten Verzerrungen haben nicht nur eine großflächige Zersiedlung des Umlandes der Großstädte und Ballungsgebiete begünstigt, sondern auch enorme Pendlerströme im Individualverkehr verursacht.

Deren ökologische Auswirkungen haben ein bedrückendes Ausmaß angenommen. Die Arbeitsplätze und die höherwertige Infrastruktur liegen für die abgewanderten Familien weiterhin in den Großstädten und Ballungsräumen. Die neuen Wohnstandorte in der suburbanen Zone ermöglichen in der Regel auch nicht die Benutzung von umweltfreundlichen Verkehrsmitteln für die berufliche Mobilität. Deshalb wird eine ausreichende Ausstattung mit individuellen Verkehrsmitteln notwendig, um am beruflichen und gesellschaftlichen Leben teilnehmen zu können. Bei vielen dieser abgewanderten Familien, die auf großstädtischen Wohnstandorten wegen des dort vorhandenen guten ÖPNV-Angebotes vielfach auf einen PKW ganz verzichten konnten oder mit einem Auto ausgekommen sind, erfordert der neue Wohnstandort in einer der Umlandgemeinden die Anschaffung von mindesten zwei PKW. So gesehen trägt unser Bodenrecht dazu bei, daß die Großstädte ihr hochwertiges Infrastrukturangebot (Krankenhäuser, Bildungseinrichtungen etc.), das auch weiterhin von einem erheblichen Teil der abgewanderten Bevölkerungsgruppen genutzt wird, mit einer deutlich geringeren Bevölkerungszahl finanzieren müssen. Gleichzeitig ergibt sich die Notwendigkeit, daß in den Umlandgemeinden, in denen die Eigentumsbildung nur mit einem hohen Motorisierungsgrad möglich und finanzierbar ist, zusätzliche Infrastrukturangebote für die Nahversorgung geschaffen werden müssen, um den Ansprüchen, die die Zuwanderer stellen, gerecht zu werden.

Vergleicht man das Bodenpreisniveau der Städtelandschaft der Rheinschiene mit dem in den benachbarten Niederlanden, so wird deutlich, daß in einer vergleichbaren städtebaulichen Situation die Kosten für das Baugrundstück und die Erschließung eines typischen Reihenhauses von 200 qm Grundstücksfläche bei etwa 17.500 Gulden = 15.000 DM liegen. Das bedeutet,

daß wir mit unseren Bodenpreisen im Verhältnis zu einem vergleichbaren Wohnungsbauprojekt im Randbereich von Amsterdam oder Utrecht für den Bodenpreis 10-13fach höhere Kosten bei der Finanzierung in Ansatz bringen müssen. Das ist auch der Grund, warum vergleichbare Wohnungsneubauprojekte mit gleichem Wohnstandard und gleichem Flächenbedarf im benachbarten Holland etwa die Hälfte unserer Immobilien kosten. Es läßt sich zwar nicht ausschließlich der kostengünstige Wohnungsbau im europäischen Ausland daraus erklären, denn neben den günstigen Bodenpreisen führt dort auch ein höherer Industrialisierungsgrad in der Bauwirtschaft zu besseren Kostenstrukturen. Bei einer Vergleichsbetrachtung der unterschiedlichen Gesamtkosten wird jedoch deutlich, daß das größte Einsparpotential im öffentlich geförderten und freifinanzierten Wohnungsbau bei der Kostenposition für das Baugrundstück und die Erschließung liegt.
Die Bodenfrage gehört, anders als im europäischen Ausland, in der Bundesrepublik zu einer Tabuzone des gesellschaftlichen Lebens und wird allenfalls von interessierten Fachkreisen aufgegriffen. Deshalb beschränkt sich im Vergleich mit dem europäischen Ausland die Problemlösung im Wohnungsbau einseitig auf die Baunebenkosten und eigentlichen Baukosten, was zu einer Scheindebatte über die Ausstattungsstandards im öffentlich geförderten Wohnungsbau geführt hat.

(2) Im Gegensatz zu den solitären Großstädten und Ballungsgebieten gibt es in der Städtelandschaft des ländlichen Raumes ein ausreichendes Angebot an preiswertem Wohnbauland. Dieses ist dort relativ schnell verfügbar und wird in erschlossener Form für 60 - 150 DM pro Quadratmeter Grundstücksfläche angeboten. Während sich der Wohnungsbau in den Großstädten und Ballungsgebieten mit überzogenen Ausnutzungen und städtebaulichen Dichten auseinandersetzen muß, die den hohen Grundstückspreis kompensieren sollen, führt das ausreichende Angebot an preiswertem Wohnbauland im ländlichen Raum zu einem extremen Flächenverbrauch und einer beträchtlichen Zersiedlung. Diese ist in der Nachkriegsentwicklung überwiegend durch Eigentumsmaßnahmen verursacht worden und hat zu einem überproportionalen Verbrauch an landwirtschaftlichen Nutzflächen und Naturraum geführt, gleichzeitig die Folgekosten der kommunalen Infrastruktur für neue, extrem dünn besiedelte Wohngebiete beachtlich gesteigert. Während in den Großstädten für Familienheime der Schwellenhaushalte Grundstücksflächen zwischen 160 und 200 Quadratmeter Wohnbauland üblich sind, wird im ländlichen Raum die gleiche Wohnfläche auf der 3-5fach größeren Grundstücksfläche verwirklicht.

Die Wohngewohnheiten im ländlichen Raum sind sehr stark vom Leitbild des freistehenden Ein- oder Zweifamilienhauses geprägt. Aus diesem Grunde wurden in der Nachkriegszeit in den Bebauungsplänen Grundstücke in einer Größenordnung von 800 – 1.200 Quadratmeter für Familienheime ausgewiesen, die gleichzeitig dazu dienen sollten, den Selbstversorgungsanspruch in Krisenzeiten zu erfüllen. In den letzten Jahren hat sich diese Grenze aufgrund der höheren Erschließungskosten und der Folgekosten für die kommunale Infrastruktur auf 600 – 1.000 Quadratmeter Grundstücksfläche reduziert.

In vielen Gemeinden des ländlichen Raumes verlagert sich die Siedlungstätigkeit immer mehr auf den Außenbereich. Dort werden mit Außenbereichssatzungen Siedlungsansätze verfestigt, in denen Grundstücksgrößen um 1.000 Quadratmeter üblich sind. Dies ist ein verhängnisvoller Trend, der durch das Bau- und Planungsrecht begünstigt wird und der zur Zersiedlung des ländlichen Raumes beiträgt.

Die Gemeinden, die im ländlichen Raum große Grundstücksflächen für Eigentumsmaßnahmen ausweisen, beklagen immer wieder, daß ihre Bewohner deutlich höhere Kommunalabgaben entrichten müssen als die Bewohner der Großstädte und Ballungsgebiete. Daraus leiten sie ihre Forderung her, daß sie im Rahmen des kommunalen Finanzausgleiches erhöhte Zuweisungen erhalten müssen, um ihre Gebühren auf ein ähnliches Niveau wie in den Großstädten und Ballungsgebieten zu bringen. In dieser Auseinandersetzung wird völlig vernachlässigt, daß viele Gemeinden des ländlichen Raumes durch die großzügige Ausweisung von Grundstücksflächen für Familienheime und die Entwicklung von Wohnbauland an peripheren Standorten im Rahmen ihrer kommunalen Planungshoheit die hohen Gebühren und Kommunalabgaben selbst verursacht haben. Mit anderen Worten: die Bewohner der Großstädte und Ballungsgebiete, die sich dort mit einer deutlich geringeren Wohnqualität und kleinen Grundstücken zufrieden geben, sollen ebenso wie die Mieter und Eigentümer des Geschoßwohnungsbaus einen Finanzausgleich für die Städte und Gemeinden des ländlichen Raumes leisten, die mit einer extensiven Flächenpolitik Wohnbauland entwickeln, in dessen Preis häufig der notwendige Infrastrukturzuschlag fehlt. Dieser Zuschlag wird in den Großstädten mit ihrer angespannten Haushaltssituation für eine angemessene Bodenpreisentwicklung durchaus berücksichtigt.

Aus dieser Entwicklung hat das Land Nordrhein-Westfalen für den sozialen Wohnungsbau die notwendigen Konsequenzen gezogen. Dies war notwendig, weil ein Drittel der Fördermittel der jährlichen Wohnungsbauprogramme für die Förderung von Familienheimen eingesetzt werden, die primär in

den Klein- und Mittelstädten der Ballungsrandzonen des ländlichen Raumes gebaut werden. Im Wohnungsbauprogramm 1996 wurde angekündigt, daß von 1998 an ein wohnungs- und städtebauliches Ziel die Verringerung des Flächenverbrauchs für Familienheime sein wird. Eine Förderung mit Mitteln des sozialen Wohnungsbaus soll deshalb nur noch dann in Betracht kommen, wenn die Größe der Baugrundstücke den Prinzipien des flächensparenden Bauens entspricht.
Bis zu diesem Zeitpunkt soll den Gemeinden und Investoren die Gelegenheit gegeben werden, ihre Planungen von Baugebieten und konkreten Wohnungsbauprojekten im Familienheimbereich auf eine effektivere Grundstücksausnutzung auszurichten. Dies hat nicht nur ökologische und siedlungsstrukturelle Vorteile, sondern dürfte die Finanzierung von Eigentumsmaßnahmen für Schwellenhaushalte, die im Mittelpunkt der Eigentumsförderung des sozialen Wohnungsbaus stehen, deutlich verbessern. Bei einem Grundstück von 250 Quadratmetern Fläche und 100 Mark Baulandpreis pro Quadratmeter sind lediglich 25.000 Mark für das Grundstück und die Erschließung in der Wirtschaftlichkeitsberechnung für den Wohnungsbau anzusetzen. Dieser Ansatz würde sich auf 100.000 Mark bei einem 1.000 Quadratmeter großen Grundstück in einer Gemeinde des ländlichen Raumes erhöhen. Daraus ergibt sich, daß auf einem Grundstück des ländlichen Raumes mit 1.000 Quadratmetern vier Familienheime mit einer kosten- und flächensparenden Bauweise errichtet werden können. Gleichzeitig reduzieren sich die Kosten für das Baugrundstück und die Erschließung um 75.000 DM pro Familienheim.
Bei kleineren Grundstücksflächen für Eigentumsmaßnahmen läßt sich nicht nur der Flächenverbrauch an unverbautem Naturraum reduzieren. Diese können auch die Folgekosten für die kommunale Infrastruktur positiv beeinflussen, weil Kanal- und Straßentrassen kürzer werden. Mit kleineren Grundstücksflächen müssen die Gemeinden auch deutlich geringere Mittel für die Unterhaltung ihrer Straßennetze und der technischen Infrastruktur aufwenden, als dies bei flächenintensiven Bauweisen der Fall ist.
Aus dieser Entwicklung läßt sich die Konsequenz ziehen, daß die Bereitstellung von preiswertem Wohnbauland kein Problem des ländlichen Raumes ist, sieht man einmal von den beplanten Innenbereichen der Stadtkerne ab. Dort stellt sich vielmehr die Aufgabe einer kostendeckenden Bodenpreisbildung, bei der die Kosten für die verkehrliche und soziale Infrastruktur angemessen berücksichtigt werden müssen. Viele Gemeinden des ländlichen Raumes, die eine Vergrößerung ihrer Bevölkerung über die Entwicklung von Wohnbauland anstreben, vernachlässigen die tatsächlichen Entwicklungs-

und Folgekosten. Wenn man im ländlichen Raum die in der Nachkriegszeit eingetretenen siedlungsstrukturellen Fehlentwicklungen künftig verhindern will, dann muß man die Städte und Gemeinden dieser Gebietskategorie auf eine kostendeckende und flächensparende Wohnbaulandentwicklung verpflichten. Diese ist dringend notwendig, wenn man sich die Bevölkerungsentwicklung und Wanderungsbewegungen bis zum Jahre 2010 vergegenwärtigt. Danach müssen wir in der Bundesrepublik nach einer Prognose der Bundesforschungsanstalt für Landeskunde und Raumordnung mit einem weiteren Anwachsen der Bevölkerung um 5 Mio Einwohner (1991 – 2010) rechnen. Daraus ist ein zusätzlicher Wohnbaulandbedarf von 370.000 ha abzuleiten. 80 % davon entfallen auf Ein- und Zweifamilienhäuser. Bei der Anwendung von flächensparenden Bauweisen läßt sich dieser Bedarf an zusätzlichem Wohnbauland auf 255.000 ha reduzieren.

Aus diesen Zahlen wird deutlich, daß wir zwar für die Großstädte und Ballungsgebiete ein neues Instrument zur Entwicklung von preiswertem Wohnbauland benötigen, in der Städtelandschaft des ländlichen Raumes jedoch der Handlungsbedarf primär bei der kostendeckenden Bodenpreisbildung und bei einer flächensparenden Baulandbereitstellung liegt.

(3) In Nordrhein-Westfalen wohnen zwei Drittel der Bevölkerung in großflächigen Ballungsgebieten und solitären Verdichtungsräumen, die mit beachtlichen Umweltbelastungen durch die individuelle Mobilität und den Flächenverbrauch an den Siedlungsrändern konfrontiert sind. Aus ökonomischen und ökologischen Gründen hat deshalb das Flächenrecycling eindeutig Vorrang vor der Inanspruchnahme unverbrauchten Naturraums. Durch die wirtschaftlichen Umstrukturierungsprozesse in den Sektoren Kohle, Stahl, Textil, Brauereien und Maschinenbau etc. werden seit Ende der 50er Jahre beachtliche Flächenpotentiale innerhalb der bestehenden Siedlungsstrukturen freigesetzt, was eine Neubestimmung der Flächennutzung unter stadtstrukturellen und ökologischen Gesichtspunkten erfordert. Damit sind große stadtentwicklungspolitische Chancen verbunden: Die während des Industrialisierungsprozesses willkürlich entstandenen Gemengelagen können sinnvoll entzerrt und neue siedlungsstrukturelle Qualitäten entwickelt werden. Ein großer Teil der freigesetzten Flächenpotentiale wurde wegen der hohen Kosten, die die Beseitigung von Altlasten und eine Standortaufbereitung erfordern, bisher nicht genutzt und belastet die vorhandene Siedlungsstruktur. Besonders sichtbar wird dieses Phänomen, wenn man sich die Flächenpotentiale im Ruhrgebiet und an anderen alten Industriestandorten vergegenwärtigt, die keinem ausgeprägten Siedlungsdruck unterliegen. Statt einen erheblichen Teil dieser

Flächen gezielt für den Wohnungsbau aufzubereiten, wird der Flächenbedarf für das Wohnen weiterhin an die Ränder der Städte und Ballungsgebiete verlagert und dort wertvoller Natur- und Freiraum besiedelt. Die infrastrukturell voll erschlossenen Brachflächen werden unter Hinweis auf die hohen Kosten für Altlastenbeseitigung zu Tabuzonen für das Wohnen erklärt und perspektivisch nur für gewerbliche Nutzungen offengehalten. Diese Entwicklung hat wesentlich dazu beigetragen, daß wertvolle städtische Brachflächen im Einzugsbereich der vorhandenen Zentrenstrukturen und der schienengebundenen Infrastruktur dem Wohnen entzogen wurden. Das hat wiederum die Verlagerung von Kaufkraftströmen in die Verbrauchermärkte auf der „grünen Wiese" begünstigt. Die Chancen für eine Stabilisierung der Zentrenstruktur durch ein verstärktes Wohnangebot ist erst einmal vertan.

In den Fällen, in denen man das Wohnen in die Abwägung für eine Folgenutzung auf einer gewerblichen Brachfläche einbezieht, wird diese Alternative meist aus wirtschaftlichen Gründen verworfen. Statt dessen wird eine gewerbliche Folgenutzung (Büroflächen, Einzelhandelsflächen etc.) präferiert, von der höhere Mieten erwartet werden. Außerdem scheuen viele Investoren die Probleme, die sich aus der Verwaltung einer kleingliedrigen Wohnungsnutzung ergeben. Die Folge ist ein deutliches Überangebot an gewerblichen Nutzflächen in unseren Ballungsräumen und solitären Großstädten. Im Bild unserer Stadtzentren hat dieser Prozeß der Nutzungsentmischung bereits deutliche Spuren hinterlassen. Alle Großstadtzentren und der überwiegende Teil der Nebenzentren des Rhein-Ruhrgebietes mit seiner polyzentrischen Siedlungsstruktur weisen ein Überangebot an gewerblichen Nutzflächen und einen schrumpfenden Anteil an Wohnnutzungen auf. Die daraus resultierenden, immer wieder beklagten Verödungserscheinungen in unseren Zentren gehen nun einher mit erheblichen Leerständen von unvermietbaren Büro- und Dienstleistungsflächen. Der für eine Nutzungsmischung dringend notwendige Wohnraum ist eben nicht geschaffen worden. Bei Bodenpreisen von 1.000 – 2.000 Mark pro Quadratmeter Grundstücksfläche in den Cityrandlagen gibt es für den Wohnungsbau kaum eine wirtschaftliche Chance. Nur an wenigen ausgewählten hochwertigen Standorten auf ehemaligen Brachflächen lassen sich bei diesen Bodenpreisen in geringem Umfang Wohnnutzungen für das Hochpreissegment, das auf Kaltmieten von 20,- DM bis 30,- Mark pro Quadratmeter Wohnfläche ausgerichtet ist, verwirklichen. Dieses Mietenniveau nähert sich damit bereits in bedenklicher Größenordnung dem von gewerblichen Nutzungen. Bei den hohen Grundstückspreisen für die innerstädtischen Brachflächen, die sich aufgrund unseres spekulativen Bodenrechtes und aufgrund der relativ hohen Kosten für eine Standortaufbereitung und eine Beseitigung der industriellen Vorbelastung ergeben, läßt sich nur bei besonders günstigen Konstellationen auch preiswerter Wohnraum für untere und mittlere Einkommensgruppen verwirklichen. Damit verliert die Stadt immer mehr ihre Funktion als Wohnort für die Mieter des sozialen Wohnungsbaus, die in die neuen Wohngebiete an den Stadträndern abgedrängt werden. Diese Bevölkerungsgruppe verfügt aufgrund ihrer wirtschaftlichen Situation nur über eine begrenzte individuelle Mobilität. Weil sich in den unteren Einkommensgruppen bis zu 50 % der Mieter des sozialen Wohnungsbaus kein Auto leisten können, wird deren Mobilität in unserer Gesellschaft weiter eingeschränkt. Im Gegensatz zu den Mietergruppen des mittleren und oberen Preissegmentes sind Mieter des sozialen Wohnungsbaus aus wirtschaftlichen Gründen auf ein leistungsfähiges Angebot des öffentlichen Personennahverkehrs angewiesen und benötigen Wohnstandorte in zentralen Lagen. Viele der für die Stadtentwicklung in den alten Industrieregionen zur Disposition stehenden ehemaligen Gewerbe- und Industrieflächen, für die es keine gewerbliche Folgenutzung gibt, eignen sich in hervorragender Weise als Wohnstandort für die unteren und mittleren Einkommensgruppen. Dort könnten sie im beachtlichen Umfange zu einer Stabilisierung der vorhandenen Infrastruktur und Zentrenstruktur beitragen. Diese Flächenpotentiale, die vielfach im Einzugsbereich einer nicht ausgelasteten schienengebundenen Infrastruktur liegen, lassen sich jedoch nur dann wirkungsvoll für den Wohnungsbau aktivieren, wenn für die weitere Entwicklung ein Bodenrecht geschaffen wird, das die Abschöpfung des Planungswertausgleiches auch an zentralen Standorten ermöglicht. Gleichzeitig sind deutliche Abschläge vom Prinzip der Wiederveräußerung zum Verkehrswert für das Wohnen notwendig. Erst wenn es uns gelingt, ein Bodenrecht dieser Ausprägung zu entwickeln, hat die Nutzungsmischung innerhalb der zentralen Lagen der vorhandenen Siedlungsstruktur wieder eine Chance. Es macht wenig Sinn, die Entleerung unserer Zentren und der citynahen Randgebiete zu beklagen, wenn man nicht bereit ist, die notwendigen Voraussetzungen im Bodenrecht zu verankern, die für eine Trendwende erforderlich sind.

Fazit

Grundlegende Veränderungen in der Siedlungsentwicklung, die in der Nachkriegszeit durch einen hohen Zersiedlungsgrad gekennzeichnet ist, lassen sich nur dann erreichen, wenn die Städte und Gemeinden durch ein verändertes Bodenrecht in die Lage versetzt werden, innerhalb der bestehenden

Siedlungsstruktur die Bodenpreise, die heute für das Wohnen deutlich überhöht sind, nachhaltig zu beeinflussen. Nur wenn dies gelingt, läßt sich ein wirkungsvolles städtebauliches Flächenrecycling für den Wohnungsbau und die an vielen innerstädtischen Standorten notwendigen gemischten Nutzungen durchsetzen. Gleichzeitig läßt sich so der verhängnisvolle Trend der Stadt-Umland-Wanderung mit seinen nachteiligen ökologischen und infrastrukturellen Fehlentwicklungen bremsen. Ein neues Bodenrecht ist eine wesentliche Voraussetzung dafür, daß der soziale Versorgungsauftrag für die unteren Einkomensgruppen, die beachtliche Zugangsprobleme auf unseren Wohnungsmärkten haben, auch in der Städtelandschaft der Großstädte und Ballungsgebiete erfüllt werden kann. Dies war auch der wesentliche Anlaß, warum Nordrhein-Westfalen 1996 die Bodenrechtsfrage erneut thematisiert hat und eine Abschöpfung des Planungswertausgleichs bei der Änderung des Baugesetzbuches anstrebt. Diese Landesinitiative soll die Entwicklung von preiswertem neuem Wohnbauland für neue Siedlungsaktivitäten ermöglichen. Das Potential der notwendigen Veränderungen im Bodenrecht ist damit allein noch nicht ausgeschöpft. Wir benötigen darüber hinaus Instrumente zur Bodenpreisdämpfung im beplanten Innenbereich unserer Städte und Ballungsgebiete. Nur so können standortgünstig gelegene Brachflächen im Rahmen des Flächenrecyclings für den öffentlich geförderten und freifinanzierten Wohnungsbau aktiviert werden. Außerdem benötigen wir die Einführung einer wirksamen Bodenbesteuerung für nicht genutzte Grundstücke innerhalb der vorhandenen Siedlungsstruktur, um das Angebot an Wohnbauland zu erweitern. Diese Steuer muß so ausgestaltet werden, daß die Steuerbeträge deutlich höher sind als der spekulative Wertzuwachs. Damit würde sich die Bereitschaft zur Veräußerung von mindergenutztem Wohnbauland erheblich erhöhen. Gleichzeitig würde dies zu einer Senkung der kommunalen Folgekosten beitragen, weil weniger Wohnbauland an den Stadträndern entwickelt werden muß. Für den Wohnungsbau könnte so der dringend benötigte Boden bereitgestellt werden. Der Bundesgesetzgeber könnte so das Anliegen von Oswald von Nell-Breuning aus dem Jahre 1964 erfüllen und den Städten und Gemeinden noch vor der Jahrtausendwende dringend benötigte Handlungsspielräume eröffnen.

Boden und koloniale Verstädterung.
Zur Diskussion über die Entwicklung von Agglomerationen: bodenlos?

Marlene Zlonicky

Fragen des Bodenrechts sind in der Geschichte immer in Momenten aktuell geworden, in denen die Handlungsfähigkeit der Städte auf dem Spiel stand. Das gilt auch heute: Die globale Wirtschaftspolitik, deren kapitalinvestive Strategien ein besonderes und ambivalentes Verhältnis zum Boden haben, läßt die Städte in eine neue Verantwortlichkeit hineinwachsen. Spätestens Habitat II 1996 in Istanbul machte als Gipfel der Städte deutlich, welche neue Rolle ihnen als Ort der Probleme und Träger der Entwicklung abverlangt wird und wie weit sie zu einem veränderten Selbstverständnis kommen müssen. Die Städte stehen, inzwischen in regionale Positionen hineingewachsen, inmitten eines fundamentalen Wandels ihrer Entwicklungsbedingungen. Jede weiter ausgreifende Perspektive wird daher, vom politischen Auftrag der Städte ausgehend, Fragen besonders an das Verhältnis von Boden und Arbeit zu stellen haben.

Stadt-Landschaft

Die Auseinandersetzung mit der Bodenfrage ist indes nach wie vor eng mit der Diskussion um die „Stadt von Morgen" verknüpft. Der Topos der Europäischen Stadt, wie er sich als Exponent der gesamten abendländischen Kultur herausgebildet hat, beinhaltet als Form und zugleich Lebensform einen politischen Anspruch. Dessen ungeachtet sind unsere Städte unter den heutigen globalen Bedingungen längst andere geworden, und sie verändern sich, genauso wie unsere Lebensformen, auf eine dynamische Weise laufend weiter. Identitäten bilden sich anders und fließender aus, die jungen Generationen greifen bereits auf andere Erinnerungs- und Vorstellungsbilder zurück. So stellt sich die Frage, welche Stadt wir meinen, wenn wir von „Stadt" sprechen, welche wir uns leisten wollen und vor allem leisten können.

Nach einer Periode der Diskussion, die eher an der traditionellen geschichtlichen Stadt und ihrer Balance orientiert war, sind jetzt die Regionen[1] mit ihrer teilweise weit ausgreifenden Urbanisierung in den Blick geraten. Die Dichotomie von Zentrum und Peripherie hat eine Entwicklungsdynamik ausgelöst, deren spezielle Strukturmerkmale, wie Arbeitsteiligkeit und Hierarchisierung, die Agglomerationen umgeformt haben. Der suburbane Zwischenraum befindet sich in funktionaler Abhängigkeit von den Interessen der Großstädte. Die ehemals landschaftlichen agrarisch-genutzten Zwischenräume sind zu hybriden Territorien geworden, nicht Land, nicht Stadt. Unser tradiertes Verständnis des Städtischen beginnt sich zwangsläufig aufzulösen. Es sind diese Zwischenräume, die seit Jahren an die Grenze ihrer Belastbarkeit gelangt sind und auf denen dennoch nach wie vor der gesamte Wachstumsdruck lastet. Gerade an sie werden jedoch, von den Städten ausgehend, hohe kompensatorische Erwartungen, etwa die der ökologischen Rehabilitation, gestellt.

Ein kritischer Rückblick zeigt, daß die Entwicklung nicht im Sinne der Ziele der Raumordnung und städtebaulicher Gestaltvorstellungen verlaufen ist. Das verweist jedoch nicht auf einen Betriebsunfall, sondern auf ein konzeptionelles Dilemma von Politik und Planung. Wahrnehmung wie Konventionen stehen zur Revision an. Eine veränderte Realität braucht nicht nur die Akzeptanz ihres wie auch immer zu beurteilenden Erscheinungsbildes, sondern auch ihrer Wirkungsmechanismen. Was heute zählt, sind das Maß und der Spielraum, in denen die Städte in dieser Umbruchsituation ihre Handlungsfähigkeit zu bewahren verstehen.

Stadt und Region sind in neue Rollen hineingewachsen. Für die Städte haben sich die Akzente verschoben, indem sich ihr Handeln auf drei unterschiedliche Ebenen bezieht – den Kontext der Stadt selber, die Beziehung zur Region und die Lage im internationalen Kontext. Diese Mehrdimensionalität verlangt die Ausrichtung auf einen Focus globaler wie lokaler Begreifbarkeit. Wenn der (National-)Staat sich zurückzieht und die Stadtregionen sich im globalen Prozeß wirtschaftlicher und wirtschaftspolitischer Legitimation behaupten sollen, indem sie die verantwortliche Attraktivität für den „Standort Deutschland" erbringen, müssen sie eine sozusagen *hanseatische* Rolle spielen. Die Peripherie hingegen als suburbanisierte Agglomeration braucht vor allem eine neues, autonomes Verständnis, um eine wirksame Entwicklungssteuerung ausbauen und entsprechende Maßstäbe kultivieren zu können.

In der Modernisierungsdebatte zur räumlichen Steuerung wird diese Diskussion von zwei komplementären Auffassungen her geführt, einer defensiven und einer offensiven Interpretation des Strukturwandels:

Scenario 1
Die Argumentation orientiert sich an einer Urbanität, wie sie sich in der Geschichte als Lebensform und (Bau)Kultur entwickelt hat: als dichter, intensiv und multipel genutzter Raum, dessen Zusammenhang von Wohnen, Arbeiten und Handeln sich zu einer, auch historischen, Verbindlichkeit von Ort und Öffentlichkeit ausgeformt hat; kommunaler Bürgersinn, gepaart mit Status und Repräsentativität von Macht und Wirtschaftsmacht. Die Muster dieser Urbanität, als einer die Lebensumwelt konstituierenden Kulturpraxis, prägen das Leitbild der „Dezentralen Konzentration". Dieses Leitbild will den Auflösungstendenzen der heutigen Stadt entgegenwirken und „Stadt" regional, polyzentrisch verteilen, um deren verlorene Ganzheit in anderer Form wiederzugewinnen.

Scenario 2
Die Argumentation geht davon aus, daß die moderne Stadt in all ihren verschiedenartigen Erscheinungsformen zu akzeptieren ist, weil Realität auf Grund von Bedingungen entsteht. Die Ablösung politischer Kategorien durch ökonomische, zum Beispiel im Begriff von Öffentlichkeit, ist eine irreversible Entwicklung, die sich nicht in romantischen Rückgriffen leugnen läßt. In den räumlichen und gesellschaftlichen Umbauprozessen haben sich unterschiedlichste Kulturen zu neuen Handlungsräumen des Alltags zusammengesetzt und eine eigene Art von Ästhetik herausgebildet, die einer anderen Wahrnehmung bedarf; eines Blicks für die Existenz disparater Elemente, für eine „Nicht Intentionale Schönheit". Eine solche Stadtvorstellung, orientiert an dynamischen statt an physischen Dimensionen, entspricht einer Lebensform, die auf Mobilität, Diskontinuität und Vernetzung setzt. Stadt versteht sich als ein Mosaik von fragmentierten Situationen. Mit Kategorien der traditionellen Stadt oder dem Wunsch nach einem Verständnis von Ganzheit wird man ihr nicht gerecht. Sie läßt sich weder in diesem Sinn therapieren, noch ist sie mit „Guter Architektur" zu kurieren.

Beiden Scenarios liegt ein unterschiedlich realistischer Zugang zur Ästhetik des heutigen Stadtbildes, auch eine andere Einschätzung der Gegensteuerung gegen die global indizierte „Auflösung der Stadt" zugrunde. Weiterführende Überlegungen lassen sich meines Erachtens eher an Scenario 2 knüpfen.

Sind auch mit der Leitorientierung auf die „Kompakten und durchmischten Städte in polyzentrischen Regionen" (Zukunft Stadt 2000) kritische Fragen an die Binnenentwicklung und an ein neues Verständnis für die Peripherie verbunden und unterschiedliche Antworten zu finden, so decken sich doch beider Prioritäten.

Eine konsequente *Binnenentwicklung* als erste Antwort auf Landschafts- und Flächenverbrauch und sozial-ökologische Disparitäten ist der Anspruch an eine „haushälterische" Stadt. *Mischung* und *Dichte* sind nun, im Bild von Vielfalt, im Kontext regionalisierter Verflechtungen und Handlungsfelder, als spezifisch urbane „Programme" neu zu formulieren. Die *Peripherie* hingegen hat sich in Abhängigkeit von den Zentren in einem System komparativer Vorteile zu Lasten ihrer eigenen Begabungen und Chancen entwickelt. Zum einen hat sich so ein Typus von Unterentwicklung herausgebildet, der mit einer „Aufholjagd" nach dem Standard des Zentrums nicht zu bewältigen und aus Gründen des Mängel-Shiftings nicht zu gewinnen ist. Zum anderen ist auch die relative Position der Regionen untereinander innerhalb der gesamträumlichen Entwicklungsdynamik einer spezifischen Wahrnehmung zu unterziehen. „Eine Politik, die auf Wachstum und die Finanzkraft der Akteure vor Ort setzt, ... läuft in Regionen mit unterdurchschnittlicher Wachstumsdynamik ins Leere." (BfLR, 58)

Die je eigene Ästhetik und typische Empfindlichkeit dieser Raumtypen wird jedem weiteren Vorgehen zugrundegelegt werden müssen. Wenn verhindert werden soll, daß die Wachstumsansprüche der Zentren (bzw. der starken Regionen) wie bisher aus ihrem absehbar auf Grenznutzengröße schrumpfenden Freiraum befriedigt werden sollen, müssen ihre suburbanen Zwischenräume ebenso wie die schwachen Regionen in eine Position versetzt werden, die Selbstbestimmung erlaubt. Die qualitativen Maßstäbe sind entsprechend aus den endogenen Potentialen zu holen. Die „Philosophie" des Frankfurter Grüngürtels und der IBA Emscher Park basiert auf diesen Vorstellungen.

Arbeit: Kapitalmarkt und Raumwirksamkeit

Die Veränderung der Stadt und neue Phänomene der Urbanisierung sind eine Folge der an globalen Maßstäben orientierten Wirtschaftsentwicklung. Deren prägende Dimension liegt in der Entkopplung von „realer" Produktion und Kapitalverwertung. Bodeneigenschaften oder urbane Qualitäten zählen nur mittelbar, Erreichbarkeit und Mobilität hingegen primär zu den Kriterien

einer Standortwahl, die Tendenzen zu räumlicher Dekonzentration und Dispersion beschleunigt und verstärkt.
Neue Entwicklungen verändern Standortpräferenzen und Siedlungsmuster. Während das Bild im Raum ursprünglicher Randwanderungen von kleinen monofunktionalen, zellulären Einheiten geprägt wurde, in der Korngröße etwa mit der historischen Struktur des Ruhrgebietes zu vergleichen, bilden Unternehmen zunehmend größere räumliche Zusammenhänge in Form von Clustern. Wir finden sie im Außenbereich als ausgedehnte Gewerbeparks, Produktions-, Großlager- und Distributionsanlagen, als Ansammlung von Spezialmärkten und Shopping-Centers. Im Innenbereich in den von der Bahn-AG initiierten Bahnhofskonzepten. Interne querschnittsorientierte Vernetzungen und Finanzierungen der Unternehmen versprechen einen Synergieeffekt, der als Surplus zusammen mit der „Adresse" die Gesamtattraktivität dieser Standorte erhöht.
Moderne Produktionscluster erreichen Zusammenhänge, die über die jeweils einzelne Region hinausreichen, wie die Standorte an überregionalen Verkehrsknoten von Autobahnen, Expresszügen oder Flughäfen, die das „Entstehen regionaler Informations- und Produktionsverbundsysteme" begünstigen. In diesen Größenordnungen wächst Boden in eine neue Wert-Kategorie hinein, die in Verbindung mit der Mobilität als ein Kernelement strategischer Raumbeherrschung von Kapitalinvestitionen dient. Es zählt das räumliche Potential an Arbeitskräften, Kultur- und Imagefaktoren, Freizeitwerten und, bei konsumorientierten Einrichtungen, die freiwillige private Übernahme von Mobilitätskosten. Die Kosten von Boden spielen keine Rolle. Mit dieser „Dezentralen Zentralität" wird die Funktionalität des gesamten Raumes, noch über regionale Grenzen hinaus, umgeordnet. Als eines der Beispiele mag das „Centro O"berhausen gelten, dessen Folgewirkungen noch nicht abzuschätzen sind; als ein anderes das niederländische Transportzentrum „het KAN" bei Arnheim, das, im Verbund mit einem ganz Holland überziehenden Logistikkonzept, für den Seehafen Rotterdam das Hinterland von Nordfrankreich bis Dänemark erschließen soll und das damit die bisherige westdeutsche Montan- und Logistik-Politik und mehr als das in Frage stellt.
Die kulturellen Dimensionen dieses qualitativen Sprungs liegen in folgendem: Zum einen bildet sich in der Stadt-Agglomeration als Standorte-Netz quasi ein Hyper-Cluster, das sich virtuell über die gewachsene Bodenstruktur legt und ein polares Siedlungsmuster ergibt. Dessen Struktur gehorcht zwei voneinander unabhängigen Prozessen, einem globalen und dem der lokalen „Gewachsenen Welt". Zum anderen bedeuten die neuen Imagewerte eine ernsthafte Konkurrenz zu den Prestigestandorten in der Innenstadt. Private Über-

nahmen von öffentlichen Leistungen oder öffentlichem Stadtraum, die Inszenierung ganzer Erlebniswelten in Großprojekten wie in den Bahnhofsprojekten, „saugen" Stadt weiter aus. Vor allem jedoch ist es die zunehmende Umwandlung des öffentlichen Raumes mit seiner ja auch politischen Dimension in die Kategorie des ausschließlich privat Verfügbaren, die den europäischen Begriff von Urbanität in seiner Substanz aushöhlt.
Alledem steht nicht entgegen, daß die Muster heutiger Standortwahl nach wie vor heterogen sind. Citylagen werden von öffentlichen Verwaltungen wie von Bankenzentralen, Finanzdiensten, überregional tätigen Management- und Unternehmensdiensten und Verbandsspitzen bevorzugt. Geht es den öffentlichen Verwaltungen auch um Nutzung eigenen Grundbesitzes, so allen zusammen vorrangig um „Kundennähe". Gleiches gilt für den „Einzelhandel als Fachhandel und für Konsumdienste, wie Kunst, Kultur, Gastronomie und Hotels, sowie private produktionsbezogene Dienste". (BfLR, 58) Zwar hat sich „eine ausgewogene Einzelhandelsstruktur eingependelt", innerhalb derer setzt sich jedoch die Polarisierung zwischen Banalisierung des Angebots und Luxustrends fort. Es darf nicht vergessen werden, daß die Gründe für den Strukturwandel gerade im Einzelhandel grundlegend für den Bedeutungsverlust der Innenstädte waren und sind und vor allem auch neuen Dichte- und Mischungsvorstellungen entgegenstehen. Wir kennen die Gründe: über die Schmerzgrenze steigende Mieten, nachhaltig zunehmende Kapitalerfordernisse, Maßstabsbrüche, Veränderung der Angebotsstruktur, schnellerer Produktumschlag und nicht zuletzt Generationsprobleme. Seit einigen Jahren orientiert sich das mittlere Marktmanagement zwar wieder am Innenbereich, besetzt seine Margen jedoch mit Filial- und Franchisegeschäften, deren Interesse nicht mehr den Aufwertungsgebieten, sondern nur bereits prosperierenden Zonen gilt.
Für größere Einkaufszentren haben sich zwei Typen „ mit jeweils eigenem Profil etabliert, die in einer fragilen Balance zueinander stehen: Einkaufen von sperrigen Massengütern ... in Einkaufszentren auf der grünen Wiese" oder aufgelassenen Industriebrachen oder „Einkaufen als innerstädtisches Kauferlebnis in vollsortierten Kaufhäusern" und Fußgängerzonen. (BfLR, 58) In den östlichen Ländern zeigt sich, daß der „generelle Rückstand im Niveau beim Einzelhandel und bei konsumnahen Diensten" kontinuierlich aufgeholt wird im Zuge einer Revitalisierung der Innenstädte, daß diese Bemühungen jedoch heute schon obsolet werden angesichts der rasanten Entwicklung der Großmärkte im Außenbereich.
Die Untersuchung zur Gewerbebaulandsituation 1995 (BfLR, 77) spricht zwar von einer generellen Entspannung, wenn auch regional in tradierter

Weise differenziert, doch kann sie nicht darüber hinwegtäuschen, daß weder die betriebswirtschaftlichen Bedingungen der Unternehmen noch die (Gewerbe-)Baulandpolitik der Kommunen ein haushälterisches Umgehen mit Flächen erwarten lassen: die Anpassung an den technologischen Wandel verlangt den Unternehmenskonzepten vor allem neue Ansprüche an Flächen und Standortqualitäten ab. Als oberste Maximen einer Flächenpolitik gelten Optionen, die sich aus erhöhten Logistikansprüchen, Flexibilitätsreserven, aus Rückverlagerungen von Produktionseinheiten wegen größerer Marktnähe, aus der Zunahme von Peripherieflächen infolge der Tertiärisierung, aus einem Rückzug aus der Stockwerkproduktion, einer größeren Werthaltung für Imagefaktoren (Arbeiten im Park bedeutet ein größeres Umfeld) zusammensetzen. Verlagerungen entstehen ohnehin aus einem latenten Flächenbedarf heraus. Der qualitative Anspruch zielt auf die größere und besser ausgestattete Fläche, etwa als „Park" oder, seltener, auf Architektur. Im Hinblick auf die wachsende Qualifikation der Mitarbeiter, des Personals finden zunehmend auch die Güte der Infrastruktur und die Nähe zu kulturellen Einrichtungen Beachtung. Überlegungen zum Flächen-controlling finden erst dann Interesse, wenn, wie bei Büroflächen in den Citylagen, ein wachsender Überhang besteht, jedoch nicht so weit, als daß in überproportional wachsenden Stadtregionen Büroentwicklungen nicht weiterhin im Umland stattfänden.

Die Vorratspolitik der Kommunen für Gewerbeflächen hat zu einem asymmetrischen Markt zu Lasten der Wohnbauflächen geführt, was die ohnehin kräftige Vorratspolitik der Unternehmen noch stärkt. Die Neuausweisungen im Außenbereich schränken eine Mobilität im Innenbereich ein. Sicher ist das Verhältnis zwischen Neuausweisungen und Reserveflächen (Wiedernutzungs- und Nachverdichtungspotentialen bei Brachen, Konversions- und unternutzten Flächen) ambivalent zu sehen, dennoch zeigt die Untersuchung, daß die Recyclinganteile nur in Regionen mit einer traditionell knappen (Gewerbe-)Baulandverfügbarkeit vergleichsweise hoch liegen. Aus diesen Gründen spielt hier das Argument der Verfügbarkeit von Flächen keine Rolle. Solange die Kommunen aus steuerrechtlichen Konkurrenzgründen Gewerbeflächen hoch subventionieren (müssen), werden kontraproduktive Standortentscheidungen und das Horten von (meist erschlossenem) Bauland die Folge sein. Doch selbst wenn Planungsmehrwertausgleich und die Modifikation der Grundsteuer in eine Flächen- rsp. Bodenwertsteuer Bewegung in den Markt bringen, wäre dies nur eine Lösung auf Zeit. Sie würden den Flächenverbrauch an sich noch nicht stoppen; selbst bei einer Zuteilung von Generationen-Quoten wäre es ein „Faß ohne Boden".

Arbeit: Beschäftigungsmarkt und Siedlungsmorphologie

In den Auswirkungen der strukturellen Veränderungen auf den Beschäftigungsmarkt spiegeln sich die Phänomene des Kapitalmarktes. Zwei Tendenzen bestimmen die Qualität der Veränderungen, Polarisierungen im Feld zentrum-peripherie-bezogener wie regionaler Disparitäten und Entkopplungsvorgänge, hier von Rationalisierungsvorteil und Beschäftigtenlage. Die formalisierte Erwerbstätigkeit im Sinne von Arbeit nimmt ab, der Bereich informeller Arbeit nimmt zu. Während man noch Anfang der 80er Jahre glaubte, darin ein bloßes Verteilungsproblem zu sehen und es entsprechend lösen zu können, so daß die Städte sich mit den Aktivitäten der Menschen in derer arbeitsfreier Zeit auseinanderzusetzen hätten (Ganser), geht es heute beim Thema Beschäftigung um neue Arbeitsexistenzen. Die Arbeit ändert ihren Status und ihr Gesicht. Tertiärisierung und Digitalisierung, flexible Arbeitszeiten, dezentrale Arbeitsorte, geringere Lebensarbeitszeit lenken einen Wandel, der zunehmend zugunsten des informellen Sektors[2] verläuft. Er fängt nicht nur die aus dem formellen Arbeitssektor Herausgefilterten auf, sondern wird für die Vielen, die arbeiten wollen, aber keine Chance (mehr, noch oder nie) einer klassischen Erwerbsarbeit haben, zum Ziel ihrer Existenzfrage. Diversifizierte Tätigkeiten, ein vielfacher Anfängerstatus, der Mittel-(Klein-, Kleinst-)standscharakter mit neuen Selbständigkeiten sowie schwache Budgets bilden daher seine Konturen; die Bindung an das „erreichte Niveau gesellschaftlicher Entwicklung" und eine Angewiesenheit „auf die Vorleistungen des Marktes und staatlicher Infrastruktur" (Jessen, Siebel) einen quasi-konstitutionellen Rahmen, dessen Fehlen nicht nur den informellen Sektor selber träfe. Seine quantitative Bedeutung ist aus folgenden Zahlen abzulesen: In der BRD belief sich 1988 der Wert der informellen Arbeit auf 30 bis 50 % des BSP (Siebel), in den USA 1992 auf 77 Milliarden Dollar BSP, im Verhältnis zu 47 für bezahlte Arbeit (Affeld). Sein politisches Gewicht liegt in seiner Wirkung auf gesellschaftliche Identitätsfindung und Wertekanon. Vor allem jedoch gilt er als Quelle unternehmerischen Handelns. Er bedarf zum Überleben und zu seiner Entwicklung vor allen Dingen eines (sicheren) Ortes, d.h. einer städtebaulichen Situation, die von Gebäuden und Flächen niedrigen Standards bestimmt ist und als diffuses Gemenge alle Möglichkeiten beliebiger und vielfältiger Mischnutzungen eröffnet. Dessen Kleinteiligkeit und Variabilität lassen jedwede notwendige Veränderung zu, damit auch Arbeit sich ändern kann.

„Lebende Städte haben sich immer erneuert, ... man reichert an, reißt ab, ergänzt und deutet um." (Braunfels) Das städtebauliche Bild, zunehmend bestimmt von der gesellschaftlich-sozialen Polarisierung, von unvermittelter Über- und Unterentwicklung, hat kaum noch solche Chancen aufzuweisen wie etwa die familienbetriebenen Nagelziehereien und Blechfalzereien in den Hinterhofsituationen im Ruhrgebiet aus den Umbruchzeiten seiner Industrialisierung. Kurz, auch aus dem informellen Tätigsein erwachsen Erwartungen an die städtische Boden- und Immobilienpolitik.

Perspektiven der Steuerung

Anlässe für eine Bodenrechtsreform gibt es genug. Sie kann jedoch nicht mehr isoliert gesehen werden, sondern eingebettet in die übrigen Reformdiskussionen (Verwaltungs-Strukturreform, Gewerbesteuer-, Ökosteuerreform, Verfahrensreformen) und dem Einfluß weltweit veränderter Spielregeln ausgesetzt. Wenn die Städte ihre aktuellen Aufgaben erfüllen wollen, brauchen sie vor allem eine angemessene Ausstattung; wenn sie die positive wirtschaftliche Standortdebatte legitimieren sollen, kommen sie nicht umhin, ihre strategischen Überlegungen (jeweils in direkter Beziehung zur strategischen Funktion des Bodens) für die zukunftsfähige Stadt auf einen globalen Level einzustellen. Ihre Handlungsfähigkeit ist Kernpunkt jedweder heutigen Reformdiskussion und muß daher ihre konkurrenzfähige Verhandlungsposition mit einbeziehen; das heißt, die (nicht erst seit Bernouilli) klassischen Elemente der Verfügbarkeit über Grund und Boden und das ausreichende Haushaltsbudget sind um eine stets auf dem Stand gehaltene Steuerungskompetenz zu ergänzen. – Revision bedeutet vor allem, zu neuen Konventionen zu finden, mit denen das bestehende System sukzessive ergänzt und schließlich überwunden werden kann. Es geht um

1. Konzeptionelle Konventionen, wie die offensive Interpretation der räumlichen Entwicklung in Scenario 2 zeigt. Erst neue Raumvorstellungen ermöglichen, mit der Form der Städte als Agglomeration positiv umzugehen. Das gilt besonders im Verhältnis von Arbeit und Stadt und ihre durch die neuen Zentralitäten verschobenen Gewichte. Neue Raumvorstellungen fordern jedoch Theorien, die Instrumente und Formen anbieten, die es uns ermöglichen, der oben erläuterten Heterogenität entsprechend Eingriffe zu entwerfen und zu begründen.
Einige Thesen mögen dies belegen:
– Der Stadt-Land-Gegensatz, wie er im Planungsinstrumentarium verankert ist, muß überwunden werden zugunsten eines Gesamtbegriffes von Agglomeration.

- Die Gestalt der Agglomeration muß benannt werden – Patchwork-City, Indefinite City, Collage-City, so daß sich aus ihrem Bild Identität bildet.
- Der Begriff der „Dezentralisation" ist gleichermaßen für Innenstadt und Peripherie/Region anzuwenden, so daß z.b. brachfallende Innenstadtflächen nicht in jedem Fall mit einem Baugebot besetzt werden, sondern in Parks umgewandelt werden müssen.
- Landschaft als konstituierend für den neuen Stadtbegriff muß zu einer gleichwertigen Identität, einem gleichen Verhandlungswert finden.
- Das (zwar schon durchlöcherte) Verbot des Bauens im Außenbereich, § 35 BauGB, ist so nicht zu halten; es wird dauernd verletzt. Es ist durch ein wirksames Steuerungselement zu ersetzen, das sich realistisch vom Bild der Patchwork-City leiten läßt.
- Wenn Nutzungsmischung gewollt ist, dann muß sie auch in den neuen monostrukturierten Gewerbeparks greifen. Aber wer würde dort wohnen wollen? Die Vorstellungen über Nutzungsmischungen sind konkret und nicht nach Wunsch zu formulieren. Welche Nutzungen, welche Produktionsbetriebe sollten wieder in die Stadt einziehen? Welche Zulassungen lassen sich verallgemeinern und unter welchen bodenrechtlichen Bedingungen? Offene Fragen. Schließlich gehören in eine Nutzungsmischung auch multikulturelle und schichtenspezifische Nutzungen.
- Es muß Orte, d.h. Flächen oder Gebäude, geben für temporäre und unrentable Nutzungen, für die vagabundierenden Zwischennutzungen. Sie sind künftig als „Strategischer Wert" einer Stadtpolitik einzuschätzen.
- Es braucht das Angebot einer Morphologie von Stadt, die robust und fähig genug ist, auf eine ständige Umschichtung von Wirklichkeit zu reagieren. Das heißt, bauliche und Nutzungs-Angebote nicht nur für neue Lebensformen und sich verändernde Arbeits- und Produktionsformen (z.B. in der „nächsten industriellen Revolution" der effizienten Rohstoffnutzung und längeren Produktkreisläufe), sondern die Fragen der Wiederverwendbarkeit von Immobilien stellen sich immer vordringlicher. Könnte sie das leisten, wenn die Wirtschaft sich auf eine effiziente Rohstoffnutzung und längere Produktkreisläufe einstellte?
- Der Stellenwert alles informellen „Grauen" ist nicht länger so gering zu schätzen wie bisher; angefangen vom Netz informeller Arbeit bis zu den Nischen, in denen „Anfänger" leben, Vielfalt, Unterhaltung in die Stadt tragen und die lauter kleine Selbständigkeiten möglich machen. Der informelle Sektor gilt in den Tigerstaaten Asiens als Fundus für viele kleine neue Unternehmer, deren Fähigkeiten zu Innovation, Improvisation und Eigenständigkeit sich hier entwickeln. (Faltin, Zimmer)

– Die Verdrängung des kleinen Handels und Handwerks aus den Innenstädten hatte seine Ursache in nicht aufschiebbarer interner Modernisierung und Rationalisierung, für die indes oft genug die Kapitaldecke zu dünn war. Oder es waren Bodenpreissteigerungen, in deren Folge nicht mehr zu erwirtschaftende Mieten, die zur Verdrängung führten. Aber kann man erwarten, daß sich diese kleinteilige und vielfältige Struktur wieder herausbildet (außer in Weihnachtsmärkten), wenn die Städte deren Wiedererstehen mit Hilfe einer gezielten Bodenpolitik unterstützten? Ist das Nachfrageverhalten nicht längst dieser Strukturen entwöhnt?

2. *Organisatorische/methodische Konventionen*, weil die in der Regionalisierung liegende Stärkung der kommunalen Position eine Institutionalisierung und kooperative Wege der Konsensfindung voraussetzt. Zum einen: eine Konstituierung kann in Form kommunaler Zusammenschlüsse zu regionalen Planungsgemeinschaften oder temporären Gebilden wie regionalen Agenturen erfolgen, gebunden an Etatrechte und Leistungsaustausch, verbunden mit einem regional-kommunalen Bodenmanagement. Als planerische Basis kann ein gemeinsamer Flächennutzungsplan, rsp. Teilflächennutzungspläne und eine regionalisierte Bauleitplanung gelten. Eine Flächennutzungsverordnung sollte der Baunutzungsverordnung, ein Freiraum-GEP dem klassischen siedlungsbezogenen Gebietsentwicklungsplan entsprechen. So kann auch dem Freiraum eine offensive Wertigkeit zuerkannt werden. Die Aufgabenteilung in interkommunale und kommunale Aufgaben sollte sich ebenso wie mit landschaftsplanerischen und ökologischen Zielsetzungen mit den Gegebenheiten neuer Zentralitäten auseinandersetzen.

Zum anderen: Konsensstrategien bedürfen der Formen einer Steuerung, die verhandelt, statt festzusetzen. Als informelle Verfahren können sie fachliche wie disziplinäre Grenzen überschreiten und isolierte Kompetenzen integrieren, so daß sie sich der Flexibilität der Veränderungen angleichen. In der Kopplung von Management und Projekt liegen Aspekte der Wirksamkeit, in Transparenz und Öffentlichkeit Aspekte demokratischer Legitimität. Der Wert freiwilliger Verfahren liegt auch in der Lernerfahrung aller Beteiligten, deshalb sind sie auf deren Akzeptanz und Mitgestaltung wie auf eine Einbindung in das „Regionale Milieu" angewiesen. Solche Verfahren bedürfen jedoch objektivierbarer Regelungen.

3. *Finanzielle Konventionen*, denn die Kommunen haben ihre gesamte Einnahmeseite bisher nicht ausreichend thematisiert. Lösen sie in ihrer neuen Rolle als „Monopolanbieter einen Nachfragewettbewerb um die knappen

Güter aus" (Zukunft Stadt 2000), so liegen in einer Kopplung des Verordnungs- mit dem marktwirtschaftliche Weg auch fiskalische Gewinnchancen. Modelle dieser Art werden zunächst im Zusammenhang mit Nutzenbesteuerungen, wie Straßenpreisen, diskutiert, um über Zurechnungen und das Verursacherprinzip eine Verhaltenssteuerung zu erreichen. Beispiele aus der Schweiz und Japan belegen den Erfolg; im Kanton Zürich mit der Einführung eines „Abonnements" für den Parkplatz (seit etwa zwanzig Jahren); in Tokyo mit der Kopplung von Pkw-Kauf und Stellplatznachweis (bis 80.000 DM). Doch der „fiskalische Zielkonflikt" läßt sich nicht einfach lösen: weder durch eine Ausweitung der Nutzensteuer auf kulturelle öffentliche Einrichtungen, Bildungs- und Freizeitinstitutionen etwa wegen ihrer Funktion als Imageträger wirtschaftlicher Standortpräferenzen, noch durch eine volkswirtschaftliche Gesamtkalkulation bei kommunalen Gebühren, wie sie vom Deutschen Städtetag in der „Lokalen Agenda 21" vorgeschlagen wird. Solange angesichts der allgemeinen Überschuldung die Chance für zusätzliche Ausgaben (in bodenstrategischen oder Nachhaltigkeitsfragen) in den Einnahmen aus indirekten und Verbrauchssteuern liegt, wären diese allein wegen der Erhöhung der Mehrwertsteuer kaum durchsetzbar. Weiter führt eine Politik der ökologischen Umsteuerung, wie sie sich in Ressourcenrationalisierung und einer Steuerreform darstellt, die die bloße Internisierung ökologischer Effekte einer Verbrauchssteuer überwindet zugunsten echter struktureller Verschiebungen.

4. Mittelbezogene Konventionen, weil diese nicht mehr ein in sich geschlossenes regulatives Feld darstellen, sondern von den speziellen Bedingungen ihrer Wirksamkeit abhängen. Vorstellbar ist ein System von Bausteinen, die problemorientiert gebündelt werden können.
Dazu einige Thesen:
– Die Mobilisierung von (Gewerbe-)Bauland kann nur dann als Element einer Steuerung gelten, wenn sie nicht im Sinne eines endlosen Verfügbarmachens von Freiraum gemeint ist, sondern im Sinne einer latenten Beweglichkeit wie in Dänemark oder Holland. Erst als integrierter Teil eines städtischen oder regionalen Raumkonzeptes eröffnet sie die Möglichkeit, die Potentiale einer Mobilisierung wirksam und vorteilhaft für alle zu nutzen und auf die Strukturveränderungen adäquat zu reagieren.
– Entwicklungen in den Produktionskonzepten lassen, weil sich der Typus der wertschöpfenden Tätigkeiten verlagert, erwarten, daß den Unternehmen vertikal-bauliche Lösungen möglicher als bisher erscheinen. „Moderne Fabriken müssen stadtfähig sein", doch nur dann, wenn diese Konzepte nicht wie bisher isoliert und ausschließlich intern optimiert werden, sondern in

eine für Verdichtungs- und Mischungsziele notwendige Diskussion eingehen. Es wäre dort über Standards wie über Erträglichkeiten zu sprechen, die mit neuen Lösungen verbunden sind.
– Notwendig sind Diskussionen vor allem über neue Innenstadt-*Standards* für Dichten und Nutzungsmischungen. Beidem stehen die heutigen Immisionsschutzgesetze ebenso entgegen wie Abstandsregelungen. Zu reden wäre über Standards für eine ökologische Modernisierung des Flächen- und Altbaubestandes, über das Thema Nachverdichtung. Solche neuen Standards sind jedoch nur dann einzulösen, wenn architektonische Typologien die Standardfrage umsetzen und sie, bezogen auf den jeweiligen Topos, sorgfältig in den städtebaulichen Zusammenhang einbetten.
– Die polare Siedlungsstruktur unserer Stadtregionen ist ein Faktum. Dennoch fehlen uns für eine notwendige Steuerung noch immer die entsprechenden Begriffe. Ungeachtet der jeweils ins Auge gefaßten urbanistischen Ziele muß also die Prüfung spezifischer Steuerungsmittel oder -verfahren auf deren Wirksamkeit hin zu neuen *Standards* führen. Eine solche Prüfung hätte vorab eine städtebauliche Formulierung von Entwicklungsdynamik und zugehörigen Zeitbegriffen zu leisten; sie hätte zu fragen nach der Qualität von Verflechtungen und nach den Schnittstellen disparater Strukturen; es wäre die Logik von Netzausbildungen herauszustellen und die regionale Funktion von Schlüsselflächen zu klären; zu definieren wäre die Rolle von Restnutzen und Grenzwerten im Hinblick auf freie Räume und ökologische Werte; und nicht zuletzt wäre über Maßstabsebenen und Maßstäblichkeiten zu diskutieren und zu befinden. Wie eine neue Maßstäblichkeit architektonisch bewältigt werden kann, ist an der Erfolgsgeschichte der Städte abzulesen.

1 Der Begriff der Region wird hier als Problemraum verstanden, dessen Umgriff weniger territorial als typologisch (Peripherie) bedingt ist. Er meint die Agglomerationsräume, die zum Teil als Zwischenräume von ihrem Verhältnis zur (Groß-)Stadt geprägt sind und zum Teil als Stadtlandschaften in ihrem Verhältnis untereinander gesehen werden müssen. Inhaltlich und räumlich wird der Begriff in jedem Fall grenzüberschreitend benutzt.
2 Für die Definition des informellen Sektors ist zunächst noch kein „einheitlicher Begriffsapparat" (Jessen, Siebel) gefunden, sie umfaßt jedoch Bedarfsarbeit und Einkommenwirtschaft.

Literatur

Bade, Franz-Josef: Expansion und regionale Ausbreitung der Dienstleistungen. ILS-Schriften 42/1990

Bernoulli, Hans: Die Stadt und ihr Boden. (1946)/Birkhäuser 1991

Bochnig, Stefan und Klaus Selle (Hrsg.): Freiräume für die Stadt. Bd. 1+2. Bauverlag 1992

Bundesforschungsanstalt für Landeskunde und Raumordnung: Wohn- und Gewerbebaulandreserven. Materialien zur Raumentwicklung 77/1995

Bundesforschungsanstalt für Landeskunde und Raumordnung: Nachhaltige Stadtentwicklung. Informationen zur Raumentwicklung 2/3/1996

Bundesforschungsanstalt für Landeskunde und Raumordnung: Entwicklungsperspektiven für Stadtregionen. Materialien zur Raumentwicklung 58/1993

Bundesministerium für Raumordnung, Bauwesen und Städtebau: Dezentrale Konzentration. Neue Perspektiven der Siedlungsentwicklung. 497/1996

Bundesministerium für Raumordnung, Bauwesen und Städtebau: Funktionsweise städtischer Bodenmärkte in Mitgliedstaaten der Europäischen Gemeinschaft. /1993

Bundesministerium für Raumordnung, Bauwesen und Städtebau: Zukunft Stadt 2000/Bericht 1993.

Bundesministerium für Raumordnung, Bauwesen und Städtebau: Raumordnung in Deutschland. 1996

Dahrendorf, Ralf: Wenn der Arbeitsgesellschaft die Arbeit ausgeht. in Krise der Arbeitsgesellschaft? 21. Deutscher Soziologentag 1982. Campus 1983

Deutsche Akademie für Städtebau und Landesplanung Nordrhein- Westfalen: Stadt und Arbeit. ILS-Schriften 99/1995

Deutsche Akademie für Städtebau und Landesplanung Nordrhein-Westfalen: Europa der Städte und Regionen. Jahrbuch 1992.

Deutsche Akademie für Städtebau und Landesplanung Nordrhein-Westfalen: Städtebaurecht der Zukunft. Diskussionsp. 1996

Deutscher Städtetag: Städte für eine umweltgerechte Entwicklung. Materialien für eine „Lokale Agenda 21", DST-Beiträge Reihe E Heft 24.1995.

Deutscher Werkbund e.V.: Stadt und Region. Perspektiven 1/1993

Eichener, Volker et al.: Arbeitslosigkeit und Infrastruktur. ILS-Schriften 28/ 1988

Ernst, Rainer W. et al.: Arbeiten und Wohnen in städtischen Quartieren. Stadtforschung aktuell/Birkhäuser/42/1993

Faltin, Günter und Jürgen Zimmer: Die Festung Europa schleifen. In Freibeuter, 67/1996

Ganser, Karl: Neue Chancen für die Planung. In Der Architekt 2/1983

Ganser, Karl: Eigentum und Bodenrecht. Bauwelt 1985.

Gorz, André: Kritik der ökonomischen Vernunft. Rotbuch Verlag 1994

Häußermann, Hartmut et al: Tertiärisierung und Stadtstruktur. ILS-Schriften 44/1990

Hatzfeld, Ulrich: Einzelhandel in Nordrhein-Westfalen. ILS-Schriften 26/ 1988

Hegner, Friedhart et al.: Erwerbsgebundene und erwerbsfreie Zeit. ILS-Schriften 18/1988

Herrhausen, Alfred: Gesellschaft für internationalen Dialog: Arbeit der Zukunft, Zukunft der Arbeit. Schäffer-Poeschl Verlag 1994

Jessen, Johann und Walter Siebel: Wohnen und informelle Arbeit. ILS-Schriften 19/1988

Kemming, Herbert et al.: Zustellservice im Rahmen der City-Logistik. ILS-Schriften 102/1996

Krätke, Stefan: Stadt. Raum. Ökonomie. Stadtforschung aktuell/53/Birkhäuser/1995

Krätke, Stefan: Strukturwandel der Städte. Campus 1991

Krucewicz, Michael: Lokale Kooperationen in NRW. ILS-Schriften 79/1993

Mielke, Bernd et al.: Neue Fabrikkonzepte und gewerblicher Flächenbedarf. ILS-Schriften 58/1991

Ministerium für Stadtentwicklung, Kultur und Sport Nordrhein-Westfalen: Die Stadt der Zukunft. Dokumentation 1996

Rifkin, Jeremy: Das Ende der Arbeit und ihre Zukunft. Campus 1995

Schmidt, Alfons und Klaus Wolf (Hrsg.): Rhein-Main 2000. Verlag Rahe/ 1995

Siebert, Horst: Geht den Deutschen die Arbeit aus? Goldmann 1995

Von Weizsäcker, Ernst Ulrich: Arbeit und Umwelt. Perspektiven für das 21. Jahrhundert. In Blätter für deutsche und internationale Politik. 9/1993

Boden und Ökologie:
Naturschutzrechtliche Eingriffsregelung als Instrument nachhaltiger Entwicklung?

Monika Teigel

I. Richtung: Sustainable Development

1. Was ist das?

Die meist anerkannte Definition[1] von nachhaltiger Entwicklung wurde erstmals im Brundtland-Report von 1987 formuliert. Demzufolge ist nachhaltige Entwicklung eine Entwicklung, die die Bedürfnisse der Gegenwart befriedigt, ohne die Möglichkeiten zukünftiger Generationen einzuschränken, ihre Bedürfnisse zu befriedigen. Der Begriff ist nicht ganz klar festgelegt. Das zeigt sich schon an der Vielzahl möglicher Bestimmungen.[2] Aber gerade diese Ungenauigkeit mag auch die Stärke der beiden Wörter ausmachen. Viele können diesem Leitbild zustimmen.[3] Die Inhalte des Begriffs variieren nach Verwendungszusammenhang und räumlicher Bezugsebene. Mit der dabei jeweils enthaltenen Idee, langfristige Zeiträume zu betrachten, auf Ausgleich zu setzen und dem daraus nahezu zwangsläufig folgenden Denken in globalen räumlichen Dimensionen scheint ein neues Leitbild mit dem Namen „Sustainable Development" entstanden zu sein.

2. Entwicklung

Woher kommt der Begriff Sustainable Development? Das Konzept der Nachhaltigkeit stammt aus der Forstwirtschaft[4], in die es bereits zu Anfang des 19. Jahrhunderts eingeführt und zum Leitprinzip erhoben wurde. Nachhaltigkeit kennzeichnet eine Art der Waldbewirtschaftung, bei der die Produktionskraft des Waldes oder des Waldstandortes und die jeweilige Holzernte so in Einklang miteinander gebracht werden, daß langfristig ein möglichst hoher Holzertrag gewährleistet ist, Boden und Standort jedoch nicht beeinträchtigt werden.

Seit der Stockholmer UN-Konferenz (United Nations Conference on the Environment) im Jahr 1972, haben immer mehr internationale Gremien Umweltziele diskutiert. Die durch Beschluß der UN-Vollversammlung gegründete Kommission unter Vorsitz von Frau Brundtland veröffentlichte 1987 den Bericht „Our Common Future", dem das Konzept des Sustainable Development zugrundeliegt. 1992 fand in Rio de Janeiro die UN-Konferenz zu Umwelt und Entwicklung (UNCED 92, United Nations Conference on Environment and Development) statt. Ergebnis war u.a. der Aktionsplan für nachhaltige Entwicklung „Agenda 21", mit Handlungsempfehlungen an alle Staaten.

3. Bedeutung

Die veränderte Bewertung von Umweltbelangen läßt sich auch anhand des Weges, den der Begriff Sustainable Development bis zu den höchsten internationalen politischen Gremien zurückgelegt hat, ablesen.[5] Das Bewußtsein der (Fach-)Öffentlichkeit befindet sich inzwischen auf einem hohen Niveau. Bei Würdigung des Bewußtseinswandels ist aber nicht zu übersehen, daß den allgemein formulierten Willenserklärungen kein verbindlicher Charakter zukommt. Mit den hinter dem Begriff Sustainable Development stehenden – nicht unbedingt ganz neuen[6] – Ideen wurde jedoch ein Leitbild geprägt und damit eine Richtung für eine Entwicklung, die allgemeine Akzeptanz findet, geschaffen.

II. Standpunkt

Die Richtung ist damit vorgegeben. Wie kommen wir dahin – welche Handlungen sind dazu erforderlich? Voraussetzung, um diese Frage zu beantworten, ist die Feststellung des Standpunktes. Wo befinden wir uns? Der Zustand ist zu erfassen. Das bedingt die Auswahl relevanter Kriterien; für diese kann eine Bestandsaufnahme durchgeführt werden. Das ist bereits in vielfältigen Formen gemacht worden. Zum einen ist dabei nach der Raumebene unterschieden, zum anderen nach sachlichen Feldern.[7] Geeignete Kriterien müssen (dabei) ziel- und (noch weitergehend) handlungsorientiert ausgewählt werden.

Sachlich beschränkt[8] auf die Neuausrichtung bei der Formulierung von *umweltpolitischen Zielen* hat die Bundesforschungsanstalt für Landeskunde und Raumordnung[9] den Versuch unternommen, das Leitbild der Nachhaltigkeit auf den Bezugsraum Deutschland zu übertragen. Eine neue Begrenzungslinie, bei deren Respektierung Entwicklung ökologisch tragfähig würde, wird eingeführt. An dem Oberziel „Bewahrung des natürlichen Kapitalstocks" haben sich – unter Berücksichtigung der Zielkonflikte mit ökonomischen und sozialen Belangen – alle Aktivitäten zu orientieren.[10] Der natürliche Kapitalstock, das sind erneuerbare sowie nicht erneuerbare Ressourcen. Für die Nutzung dieser Ressourcen werden Grundsätze formuliert. Aus der Endlichkeit der Ressourcen läßt sich ableiten, daß nachhaltige Nutzung den Ausgleich des Verbrauchs (durch eine zusätzliche Möglichkeit zur Nutzung gleichwertiger erneuerbarer Ressourcen) sowie einen effizienteren Ressourceneinsatz bedingt.

An dieser Stelle soll es um die nicht erneuerbare Ressource Boden gehen. Der Boden wird sowohl in qualitativer – beispielsweise als Empfänger von Schadstoffen – als auch in quantitativer – das erläuternde Stichwort mag hier Landschaftsverbrauch sein – Hinsicht in Anspruch genommen.[11] Der Boden ist Grundlage unterschiedlicher Nutzungen im Rahmen der Raum- und Siedlungsstrukturen.[12] Im Hinblick auf den Boden zeigt sich auch, daß ökologische Fragen nicht zu trennen sind von sozialen und ökonomischen Fragen: Wo wird wem welche Nutzung zu welchem Zeitpunkt in welcher Intensität ermöglicht?

Eine Bestandsaufnahme muß von den bestehenden Raum- und Siedlungsstrukturen, der Verteilung der Nutzungen und erkennbaren Entwicklungen ausgehen. Die räumlichen Ordnungsprinzipien sind Dichte, Mischung und Dezentralität. Siedlungsdispersion, Entmischung und Verkehrswachstum sind zu beobachtende Entwicklungstrends im Rahmen der *Raumstruktur*.[13] Wie wird die Fläche genutzt? Wie verteilen sich die Nutzungen?[14] Es werden drei Hauptnutzungsarten unterschieden: Landwirtschaftsfläche, Waldfläche sowie Siedlungs- und Verkehrsfläche.[15] Die Struktur der Flächennutzung weist regionalräumliche Unterschiede nach alten und neuen Bundesländern und in Abhängigkeit von der Lage im Norden oder Süden der Bundesrepublik auf. Es lassen sich siedlungsstrukturelle Typen identifizieren. Aufgrund der polyzentrischen Siedlungsstruktur gibt es kaum noch größere, wenig zerschnittene naturnahe Räume.

Die Nutzungsart Siedlungs- und Verkehrsfläche läßt sich im wesentlichen aufschlüsseln in Gebäude- und Freifläche, Erholungsfläche und Verkehrsfläche. Hieraus ergibt sich schon, daß sich aus den Hauptnutzungsarten nicht ohne weiteres eine Aussage über die versiegelte Fläche ableiten läßt. Die Nutzungsarten der Flächennutzungsstatistik enthalten keine Angaben über den Versiegelungsgrad.

Die Siedlungs- und Verkehrsfläche hat sich im Gebiet der alten Bundesländer von 1950 bis 1993 nahezu verdoppelt. Im Zeitraum von 1981 bis 1989

waren das täglich rund 100 ha, die neu in Anspruch genommen wurden.
Die Siedlungsdynamik, verstanden als der Prozeß der Neuinanspruchnahme
für Siedlungs- und Verkehrsflächen,[16] hat nach einer Abschwächung in der
2. Hälfte der 80er Jahre wieder erheblich zugenommen.[17] Brennpunkte der
Flächenumwidmungen sind weiterhin die Agglomerationsräume.[18] Daneben
wird von einer Zunahme des Versiegelungsgrades auf den Grundstücken
berichtet.[19]
Fortschreibungen unter Berücksichtigung der relevant erscheinenden Einflüsse[20] für die künftige Inanspruchnahme von Fläche gehen beispielsweise
für den Teilbereich der Versorgung mit Wohnbauland auch mittelfristig in
der Mehrzahl der Städte von Engpässen aus.[21]
Festzuhalten bleibt, es wird weiterhin Flächenbedarf geben. Es geht darum,
den Bedarf im Sinne des Leitbildes zu lenken.

III. Ziele

Das Leitbild ist für bestimmte Raumebenen im Hinblick auf die gewählten
Faktoren zu konkretisieren. Damit werden letztendlich (erfaßbare) Ziele definiert.[22] Zielbestimmungen enthalten Wertungen. Die Raum- und Siedlungsstruktur soll in ihrer Ausformung nachhaltige Entwicklung unterstützen
beziehungsweise zunächst überhaupt ermöglichen. Dazu können allgemeine
ökologisch orientierte Zielsetzungen auf der städtischen Ebene beitragen.
Ein sparsamer und schonender Umgang mit Grund und Boden ist eine erste
Zielsetzung, die sich direkt auf die Flächennutzung bezieht.[23] Eine große
Herausforderung ist dabei im anhaltenden Siedlungsdruck zu sehen. Umsetzbare Ziele müssen Entscheidungen über räumliche Ordnungsprinzipien
enthalten. Aufgrund der regionalräumlichen Unterschiede wären diese Entscheidungen möglicherweise in ihren Auswirkungen widersprüchlich. Die
Einzelfallabhängigkeit erfordert deshalb flexible Zielsetzungen.
Ausgehend von Handlungsspielräumen (Stadterneuerung und Stadtumbau,
Stadtrandentwicklung, Stadterweiterung sowie stadtregionale Entwicklung)
werden „siedlungsstrukturelle Leitvorstellungen" entwickelt.[24] Der jeweilige
Standort ist attraktiv zu halten bzw. wieder zu schaffen; Nachverdichtung
im Bestand sollte angestrebt werden. Innenentwicklung und damit Bestandspflege sind der Außenentwicklung – trotz der zunehmenden Bedeutung von
innerstädtischen Freiräumen – vorzuziehen. Daneben geht es um die Entwicklung des bereits bebauten Stadtrandes; speziell dort ist ein hoher Flächenverbrauch zu beobachten. Stadterweiterungen müssen insgesamt in ökologisch vertretbaren Grenzen gehalten werden.

Den eher qualitativen Belastungen des Bodens durch beispielsweise Stoffeinträge kann durch Vorgabe von Belastungsgrenzen, die vorsorgeorientiert ausgerichtet werden sollten, begegnet werden.[25] Gedanken zu einer möglichen Umsetzung der Ziele verlangen die Kenntnis der Wirkungszusammenhänge. Wie kann die Standortwahl der privaten Haushalte und der Unternehmen beeinflußt werden? Hier zeigt sich die mögliche Bedeutung eines allgemein akzeptierten Leitbildes. Veränderungen sind von gesellschaftlichen Wertvorstellungen abhängig. Welchen Stellenwert hat die Umwelt in einer technisierten, hochgradig arbeitsteiligen, individualisierten Gesellschaft (erreicht)? Die Befriedigung des Grundbedürfnisses nach angemessenem Wohnraum steht einem sparsamen Umgang mit Boden scheinbar entgegen. Die aktuelle Gesetzgebung sowohl auf Ebene der Europäischen Union als auch für die Bundesrepublik Deutschland[26] läßt jedoch vermuten, daß die Umwelt nicht länger einen Belang darstellt, der anderen Zielen von vornherein nachgeht.

IV. Weg

Wenn zu einem Zeitpunkt die Verständigung über Ziele gelungen ist, wie können die Ziele dann erreicht werden? Welche Wege sind zu beschreiten? Ziele als Entscheidungen über zeitliche und räumliche Priorisierungen sind mit Instrumenten und Finanzierungsmöglichkeiten auszustatten. Damit ist die Handlungsebene erreicht.[27] Grenzen bestehen im vorgegebenen Handlungsrahmen auf bestimmter räumlicher Ebene in einem bestimmten sachlichen Feld.

Im städtebaulichen Bericht „Nachhaltige Stadtentwicklung"[28] werden die drei Handlungsfelder *haushälterische Bodenpolitik*, stadtverträgliche Mobilitätspolitik und vorsorgende Umweltpolitik als wichtige Schritte auf dem Weg zum neuen Leitbild benannt. Im Rahmen des Aufgabenbereichs einer haushälterischen Bodenpolitik können zwei Herausforderungen formuliert werden:
– Die Inanspruchnahme von Fläche für Siedlungszwecke ist zu minimieren und sinnvoll zu lenken.
– Grundstücksbezogen sind Nutzungen (auch hinsichtlich des Versiegelungsgrades)[29] zu optimieren.

Allgemein formuliert hat sich dieses Ziel des sparsamen und schonenden Umgangs mit Grund und Boden bereits im geltenden Recht niedergeschlagen.[30]
Steuerungsmöglichkeiten bestehen grundsätzlich in der Ausgestaltung des geltenden Rechts (z.B. der Planung mit den ergänzenden Instrumenten der

Planverwirklichung) in Form von Ge- und Verboten oder der Nutzung bereits vorhandener Instrumente unter veränderter Zielsetzung *(ordnungsrechtliche Maßnahmen)*. Daneben ermöglicht die Kenntnis der ökonomischen Wirkungszusammenhänge den Einsatz geeigneter Hebel *(marktorientierte Instrumente)*.
Planungsrechtliche Instrumente sind grundsätzlich ziel- und handlungsneutral angelegt. Aufgrund der Planungshoheit der Gemeinden[31] sind diese vor Ort gefragt, das Instrumentarium im Hinblick auf ein bestimmtes Leitbild anzuwenden. Die den Gemeinden zur Verfügung stehenden bodenpolitischen Instrumente können eingesetzt werden, um Bauvorhaben auf geeignete Standorte zu lenken. Abgesehen davon, daß noch keineswegs geklärt zu sein scheint, wie ein ökologisch ausgerichtetes Wohngebiet aussehen soll[32], spielt auch die Frage des Ausgleichs verschiedener Zielsetzungen eine Rolle. Wohnen als Grunddaseinsfunktion des Menschen läßt es erforderlich erscheinen, Gedanken dazu zu entwickeln, wie bauliche Dichten im Hinblick auf flächensparende Nachverdichtung sozialverträglich gestaltet werden können.
Die Raum- und Siedlungsstruktur wird von unterschiedlichen Akteuren geprägt. Die Akteure sollen bewegt werden, ihr Verhalten zu ändern. Dazu müssen die Parameter geändert werden, die ihr Verhalten bestimmt haben. Hier greifen marktorientierte Instrumente wie abgaben- und förderrechtliche Möglichkeiten. Ursachen für das stetige Siedlungsflächenwachstum liegen u.a. darin[33], daß die derzeitigen Bodenpreise nur den ökonomischen Stellenwert des Bodens als Voraussetzung für bauliche Investitionen, keinesfalls aber den Wert des Bodens als ökologische Ressource erfassen und deshalb nur bei hohen wirtschaftlichen Renditeerwartungen Anreize für einen sparsamen Umgang mit Boden bieten.[34]
Es muß an eine Veränderung der Preise über Mobilitätsabgaben oder Flächensteuern für die Nutzung der Umwelt gedacht werden. Eine ökologische Lenkungswirkung würde über direkt am Flächenverbrauch anknüpfende regional und örtlich differenzierte Abgaben erzielt.[35] Die Kosten für die Inanspruchnahme von Grund und Boden würden erhöht. Allein über die Zurechnung aller Aufschließungskosten würde die Beanspruchung von Flächen im Innenbereich günstiger ausfallen.[36]
Dieterich[37] schlägt die Einführung einer Bodenwertsteuer auch unter ökologischen Gesichtspunkten vor. Diese würde sowohl marktwirtschaftlichen Regeln folgen als auch alle Bodennutzer gleichmäßig treffen. Neben einem baulandmobilisierenden Effekt diente sie auch weiteren ökologischen Gesichtspunkten, denn die Bodennutzung würde so der tatsächlichen Knappheit entsprechend reguliert werden können. Die jeweiligen Wirkungen einer Flä-

chensteuer sind natürlich von der konkreten instrumentellen Ausgestaltung einer Besteuerung abhängig. Festzuhalten bleibt, neue Ziele und damit verbundene Schutzgüter kosten Geld.

V. Instrument „Eingriffsregelung"

An der Schnittstelle[38] von Baurecht und Naturschutzrecht existiert bereits ein Instrument: die Eingriffsregelung nach den §§ 8 und 8 a BNatSchG. § 8 BNatSchG definiert, welche Maßnahmen einen Eingriff in Natur und Landschaft darstellen, Zielsetzung ist der Erhalt der Leistungsfähigkeit des Naturhaushalts und des Landschaftsbildes. Dies soll erreicht werden durch die bei Vorliegen eines Eingriffs entstehende abgestufte Verpflichtung des Vorhabenträgers, das Vorhaben zu vermeiden, zu minimieren oder auszugleichen. Der als Baurechtskompromiß bezeichnete § 8 a BNatSchG regelt speziell das Verhältnis der Eingriffsregelung zum Baurecht. Die Prüfung auf der Ebene des einzelnen den Eingriff verursachenden Vorhabens wurde auf die Ebene der Bauleitpläne vorverlagert. In der Abwägung nach § 1 BauGB ist über die Belange des Naturschutzes und der Landschaftspflege unter Anwendung der Eingriffsregelung nach § 8 BNatSchG zu entscheiden. Zum Ausgleich von zu erwartenden Eingriffen können Darstellungen und Festsetzungen nach den §§ 5 und 9 BauGB getroffen werden. Im Bebauungsplan besteht ergänzend die Möglichkeit, den Eingriffsflächen entsprechende Ausgleichsflächen zuzuordnen. Diese Zuordnungsmöglichkeit erhält mit den daran anknüpfenden Finanzierungsbestimmungen des § 8 a Abs. 3–5 BNatSchG Bedeutung.

Mit dem Wissen, daß auch weiterhin Freiflächen in Anspruch genommen werden, gebietet dieses Instrument, die Inanspruchnahme auszugleichen. Lendi[39] hält fest, daß das Nachhaltigkeitsprinzip in seinem Ansatz von der errechenbaren Relation zwischen Verbrauch und erneuerbaren Ressourcen ausgeht. Demnach kann hierin ein Schritt in Richtung des Leitbildes gesehen werden. Das hat sich in der praktischen Ausgestaltung jedoch als problematisch erwiesen. Den Anforderungen an rechtssichere Bilanzierungsverfahren steht die durch unterschiedliche naturräumliche Gegebenheiten in der Bundesrepublik Deutschland notwendige Flexibilität von Bilanzierungsverfahren gegenüber. Die Eingriffsregelung ist am Verursacherprinzip orientiert. Eine weitergehende Vorsorge wird – auch wenn im Gesetz zunächst von Vermeiden, dann Minimieren des Eingriffs geschrieben wird – nicht berücksichtigt.

Die Schutzgüter der Eingriffsregelung sind Naturhaushalt und Landschaftsbild. Es geht nicht um den Verbrauch von Fläche an sich. Das Transformieren von nicht Äquivalentem ist dabei möglich. Beispielsweise kann ein Eingriff in das Landschaftsbild durch Aufwertung von Fläche ausgeglichen werden. Umgekehrt kann die Versiegelung von Fläche mit der – besonders hochwertigen – Aufwertung einer kleineren Fläche verrechnet werden. Auch wenn die Fläche nicht direkt zu den Schutzgütern zählt, wird jedoch – über das Schutzgut Naturhaushalt – weitergehend sogar der Versiegelungsgrad berücksichtigt.

Die ursprünglich vorhabenbezogene Eingriffsregelung wurde mit dem 1993 eingeführten Baurechtskompromiß auf die Ebene des Bebauungsplanes vorverlagert. Bei der Frage, welche Struktur damit möglicherweise geschaffen wird, muß an das Leitbild der aufgelockerten, durchgrünten Stadt gedacht werden. Auch wenn allgemein Einigkeit darüber besteht, daß eine Durchgrünung des besiedelten Bereichs sinnvoll ist, ist die durch die Eingriffsverpflichtung erfolgende Durchgrünung in erster Linie bilanzierungstechnisch begründet und scheint sogar durch geringere Dichten zu einem vermehrten Flächenverbrauch zu führen.

Unter diesem Gesichtspunkt ist die nun im Entwurf eines Gesetzes zur Änderung des Baugesetzbuchs und zur Neuregelung des Rechts der Raumordnung (Bundesrats-Drucksache 635/96) getroffene Klarstellung der strittigen Frage, ob auch in einem anderen Bebauungsplan ausgeglichen werden kann, zu begrüßen. Kritisch ist dagegen die Fortentwicklung hinsichtlich Darstellungs- und Zuordnungsmöglichkeiten auch schon auf der Ebene des Flächennutzungsplans zu sehen.

Ein für jeden Bauwilligen eindeutig zu erkennender Unterschied geht von Freistellung des Innenbereichs nach § 34 BauGB von der Ausgleichsverpflichtung aus. Damit wird dort das Bauen belohnt. Fraglich bleibt jedoch, ob insgesamt der Eingriffsregelung eine direkte, lenkende Wirkung hinsichtlich des Flächenverbrauchs zuerkannt werden kann.

Der eigentlich eher den ordnungspolitischen Maßnahmen zuzurechnenden Eingriffsregelung können Wirkungen eines abgabenrechtlichen Instruments nicht ganz abgesprochen werden. Bei der zur Zeit anstehenden Novellierung des Baugesetzbuchs wurde auch die Umstellung der Eingriffsregelung auf einen Ablösebetrag debattiert. Für diese auf den ersten Blick bestechend praktische Lösung lauteten Vorschläge dahingehend, den bisherigen Inhalt des § 8 a BNatSchG durch eine pauschale Abgabe beim Bauen zur Finanzierung von durch die Landschaftsplanung bestimmten Maßnahmen zu ersetzen. Die Einführung einer solchen Abgabe hätte zur Folge, daß das Bauen mit einer festen zusätzlichen Größe belastet wäre, die zwangsläufig zu einer Verteuerung um diese Kosten führen würde. In Abhängigkeit von den verwendeten Bilanzierungsverfahren wäre eine direkte Wirkung auf die Schutzgüter denkbar. Die für eine nachhaltige Stadtentwicklung wichtigste Wirkung auf den Flächenverbrauch wäre aber durch beispielsweise eine Grundsteuer transparenter und damit effektiver erzielbar. Abgesehen davon läßt sich aus Erfahrungen, die mit den nach den Landesbauordnungen erhobenen Abgaben zur Ablösung von Stellplätzen gesammelt wurden, ableiten, daß die Mittel möglicherweise, anstatt zweckgebunden verwendet zu werden, in den mit Haushaltssorgen belasteten Kommunen versickern würden.

Es gibt jedoch Stimmen[40], die auch bei der derzeitigen Ausgestaltung des Instruments davon sprechen, daß über diese Regelung – über die Hintertür – eine zweckgebundene Abschöpfung der Wertsteigerung erfolgt. Das, was seit über 100 Jahren von anderer Seite probiert wird, ist den Ökologen im Handstreich gelungen. Das ist zu erläutern.

Entscheidend ist dabei zunächst die Frage, welcher Wert heute den Bruttobauflächen zukommt. Marktreaktionen stehen vielfach noch aus. Die Regelung ist noch zu neu, die Vorgehensweise in den einzelnen Gemeinden und damit die Einflußgrößen sind zu uneinheitlich, als daß die Marktbeobachtung hier schon eindeutige Ergebnisse hätte erbringen können. In der Literatur wird inzwischen überwiegend – unter Hinweis auf allgemeine Marktgepflogenheiten – angenommen, daß der Quadratmeterwert sinken müßte. Die Grundstücke, die zusätzlich noch Ausgleichsflächen enthalten oder für diese aufkommen müssen, werden notwendigerweise größer. Der Quadratmeterpreis des jetzt größeren Bruttorohbaulandes ändert sich. Der Sachverhalt ist wirtschaftlich leicht zu erklären: Hat ein Baugrundstück einer bestimmten Größe den Wert von X, werden aber plötzlich zusätzliche Forderungen gestellt, denen der Erwerber nicht ausweichen kann, so ist er nicht ohne weiteres willens und in der Lage, den Mehrpreis zu bezahlen, etwa die anderthalbfache Fläche aufzubringen, sondern muß bestrebt sein, mit dem bisherigen Betrag X auch die zusätzlichen Leistungen abzudecken. Das bedeutet, daß er z.B. Rohbauland nicht mehr so teuer bezahlen kann, wie das bisher der Fall war. Zusätzliche Lasten wie die Eingriffsregelung führen zu einem gedämpften Rohbaulandwert. Denkbar ist eine Veränderung im Gefüge der Stufen des werdenden Baulandes.

Ist bekannt, daß von einer Gemeinde Folgekosten oder entsprechende Grundstücksabtretungen verlangt werden, so sinkt der Rohbaulandpreis oder Bauerwartungslandpreis dementsprechend. Das wurde z.B. von Freise[41] für eine Hochpreisregion nachgewiesen, der nach entsprechenden Forderungen der

Gemeinde einen Rückgang des Rohbaulandwertes um ein Viertel feststellte. Diese Tendenz wird auch von Warnecke[42] für ein Gebiet mit niedrigen Bodenwerten bestätigt. Demnach wird ein Teil des Wertes bei der Entwicklung zum Bauland für Ausgleichsflächen abgeschöpft. Das ist jedoch nicht alles. Führt eine Gemeinde regelmäßig – finanziert über die Rückerstattung der Kosten – die Maßnahmen durch, kann von einer (zusätzlichen) Bodenpreissteigerung in der Größenordnung des Kostenerstattungsbetrages ausgegangen werden. Je pauschaler die für das Gemeindegebiet geltende Kostenerstattungssatzung ausgestaltet ist, desto weniger Lenkungswirkung entfalten jedoch diese Kosten für die naturschutzrechtlichen Schutzgüter.

Ergebnisse eines im Auftrag des Umweltbundesamtes bearbeiteten Forschungsvorhabens[43] haben gezeigt, „daß die Neuregelung keine Trendwende beim Flächenverbrauch bewirkt hat. Nach wie vor werden Freiflächen in großem Umfang in Bauflächen umgewandelt. Der Konflikt zwischen einem adäquaten Siedlungswachstum und dem Schutz von Natur und Landschaft wird durch die Neuregelung nicht gelöst. Gleichzeitig wird sichtbar, daß Natur und Landschaft nicht mehr nur als potentielle Bauflächen, sondern in zunehmendem Maße auch als Kompensationsflächen in Betracht gezogen werden. Allein die Tatsache, daß sich korrelativ zur Ausweisung neuer Siedlungsflächen der Kompensationsbedarf erhöht, führt teilweise zu einer verhalteneren Bauflächenausweisung." Einschränkend ist allerdings festzuhalten, daß möglicherweise aufgrund der erst kurzen Geltungsdauer des Baurechtskompromisses und der Unsicherheiten in der Interpretation des Gesetzes Auswirkungen sich noch nicht haben bemerkbar machen können.

Bei der Verfolgung des Leitbildes nachhaltiger Stadtentwicklung können und müssen vorhandene Instrumente eingesetzt werden. Wirkungen sind jedoch von der (transparenten) Ausgestaltung der Instrumente abhängig. Direkter Einfluß auf den Flächenverbrauch ist von abgaben- und förderrechtlichen Instrumenten eher zu erwarten als von der naturschutzrechtlichen Eingriffsregelung; dazu mag auch das Argument beitragen, daß selbst der Ausgleich von Verbrauch (letztlich begrenzte) Fläche in Anspruch nimmt. Aber: Instrumente mit ihrer rechtlichen Ausgestaltung sind nicht zuletzt von Notwendigkeiten zu einem bestimmten Zeitpunkt abhängig.

Auch wenn die Wirkung auf den Flächenverbrauch z.Z. gering zu sein scheint, sollte keineswegs auf eine Weiterentwicklung der Eingriffsregelung verzichtet werden. Es ging an dieser Stelle um den Boden; die durchaus im Interesse einer nachhaltigen Entwicklung liegenden Schutzgüter der Eingriffsregelung sind weiter gefaßt. Abschließend sei auf Lendi[43] verwiesen, der schreibt,

„denn was auf der Wirklichkeitsebene so komplex in Erscheinung tritt, das kann auch rechtlich keine einfache Lösung finden."

1 Nach Dieren, van Wouter (Hrsg.): Mit der Natur rechnen. Der neue Club-of-Rome-Bericht: Vom Bruttosozialprodukt zum Ökosozialprodukt. Birkhäuser, Basel, Boston, Berlin 1995, S. 106.
2 Lendi, Martin: Subtilitäten des Rechts, vdf Hochschulverlag an der ETH Zürich 1996, S. 81, verweist in diesem Zusammenhang auf Finke, Lothar: Thesen aus ökologischer Sicht zum Themenbereich dauerhafte, umweltgerechte Entwicklung, Dortmund 1993, der festhält, daß bereits im Jahr 1984 rund 30 Definitionen verfügbar gewesen seien.
3 S. auch Dieren, van Wouter, a.a.O., S. 106.
4 Nach Haber, Wolfgang, Nachhaltige Nutzung: Mehr als ein neues Schlagwort? RuR 3, 1994, S. 169.
5 Auf der Stufe der internationalen Konferenzen und Deklarationen hat das Nachhaltigkeitsprinzip nach Lendi, Martin, a.a.O., S. 78, inzwischen einen hohen Stellenwert erreicht.
6 Auch unter Grundstückswertermittlern dürfte der Begriff der Nachhaltigkeit schon länger bekannt sein.
7 Beispielsweise wird in Dieren, van Wouter, a.a.O., S. 165, auf globaler Ebene der Versuch unternommen, Indikatoren zur Wohlstandsmessung ausgehend von einem umfassenden Begriff nachhaltiger Entwicklung, der sowohl ökologische als auch ökonomische sowie soziale Aspekte beinhaltet, zu entwickeln.
Zwei viel beachtete Studien des Wuppertal Instituts für Klima, Umwelt, Energie (Joachim H. Spangenberg, Towards Sustainable Europe (Ein zukunftsfähiges Europa). Ein Beitrag zu einer global nachhaltigen Entwicklung. Zusammenfassung einer Studie aus dem Wuppertal Institut für Klima, Umwelt, Energie im Auftrag von Friends of the Earth Europe, Wuppertal Papers Nr. 42 September 1995, und Zukunftsfähiges Deutschland. Ein Beitrag zu einer global nachhaltigen Entwicklung. Kurzfassung 29.09.1995. Studie des Wuppertal Instituts für Klima, Umwelt, Energie GmbH im Wissenschaftszentrum Nordrhein-Westfalen im Auftrag von BUND und Misereor) beschäftigen sich ebenfalls mit der Suche nach geeigneten Indikatoren. Indikatorensysteme sollen danach helfen, komplexe Zusammenhänge auf einfache Aussagen zu reduzieren.
8 Wie es den Handlungsnotwendigkeiten der Bundesrepublik Deutschland entspricht.
9 Städtebaulicher Bericht. Nachhaltige Stadtentwicklung. Herausforderungen an einen ressourcenschonenden und umweltverträglichen Städtebau, Hrsg. Bundesforschungsanstalt für Landeskunde und Raumordnung. Okt. 1995.

10 A.a.O., S. 9.
11 Joachim H. Spangenberg, a.a.O., unterscheidet auch schon quantitative Veränderungen von der qualitativen Bedeutung: „Der Boden ist heute nicht nur eine der am stärksten bedrohten natürlichen Ressourcen (Erosion, Schadstoffakkumulation, Eutrophierung etc.), sondern gleichzeitig ist die Landnutzung der wesentliche Faktor für die Bedrohung der biologischen Vielfalt auf allen drei Ebenen der Biodiversität ..." (S. 19)
12 Joachim H. Spangenberg, a.a.O., S. 18, beschäftigt sich – unter der Überschrift „Ergebnisse I: Die physikalisch-stoffliche Dimension" – u.a. auch mit der Landnutzung: „Die Gesamtfläche Europas wurde 1990 zu 59 % landwirtschaftlich (1.327.000 qkm, 0,40 ha/Kopf) und zu 24 % forstwirtschaftlich genutzt (546.000 qkm, 0,17 ha/Kopf). 8 % waren bebautes Land, davon rund ein Drittel für Verkehrswege. Für die dauerhafte Inanspruchnahme von Flächen außerhalb Europas für die Versorgung der Bevölkerung mit Agrarprodukten wird in diesem Zusammenhang von *Landimport* gesprochen."
13 Als Gründe für Siedlungsdispersion lassen sich zunehmender Siedlungsdruck, Dispersion infolge veränderter und intensivierter Suburbanisierungsprozesse, hohe Bevölkerungszuwächse in den großen Agglomerationen, wachsende Zahl junger Haushalte, verstärkte Nachfrage nach Grundstücken für EFH, ZFH an den Stadträndern, Einkommensentwicklung und Verkleinerung privater Haushalte mit Anwachsen der durchschnittlichen Wohnfläche pro Person anführen. Städtebaulicher Bericht, Nachhaltige Stadtentwicklung, a.a.O.
14 Die Bedeutung der Flächennutzung wird auch betont in: Zukunftsfähiges Deutschland. Ein Beitrag zu einer global nachhaltigen Entwicklung. Kurzfassung 29.09.1995, Studie des Wuppertal Instituts für Klima, Umwelt, Energie GmbH im Wissenschaftszentrum Nordrhein-Westfalen im Auftrag von BUND und Misereor, S. 7. Die Art und Intensität der Flächen- und Bodennutzung wird dort als lange unterschätzter Einflußfaktor für die Entstehung von Umweltbelastungen gesehen.
15 Der Boden kann nur im übertragenen Sinne verbraucht werden. Durch Versiegelung wird er anderen ökologisch möglicherweise höherwertigen Nutzungen entzogen. Als ökologisches Maß für den Versiegelungsgrad und die damit verbundenen Belastungen wird der Anteil der Siedlungs- und Verkehrsflächen an der Gesamtfläche betrachtet. Ökologisch relevant ist jedoch nicht nur die insgesamt belegte Fläche, sondern auch ihr Verteilungsmuster. Zukunftsfähiges Deutschland, a.a.O., S. 7.
16 Aber auch die landwirtschaftliche Flächennutzung ist in ihrer Qualität von der Menge der eingesetzten Dünger- und Pestizide abhängig.
17 Baulandbericht 1993, S. 1 und 6.
18 BfLR-Mitteilungen 5/94.
19 BfLR Arbeitsergebnisse 1995, S. 32.
20 Zu erwartende Entwicklungen liegen nach Dieterich, H.: Metropolenbildung und Siedlungserweiterung bei knappen Flächenressourcen, in: ILS-Schriften Nr. 76 im demographischen und gesellschaftlichen Bereich. Bevölkerung und Haushalte werden zunehmen; Wanderungen von Kapital auf den deutschen Bodenmarkt sind zu erwarten.
21 BfLR-Mitteilungen 7/96.
22 Lendi, a.a.O., S. 84, schreibt: „Das Nachhaltigkeitsprinzip drückt sich damit im Rahmen der Raumplanung als eine Aufgabe der konkreten Planung und des aufrechnenden Bilanzierens der zu erreichenden und der erreichten Wirkungen aus."
23 Städtebaulicher Bericht. Nachhaltige Stadtentwicklung, a.a.O., S. 15.
24 A.a.O., S. 24 f.
25 S. d'Alleux, Jürgen: Räumliche Entwicklung unter dem Diktat von Umweltqualitätszielen, ILS-Schriften Nr. 76, S. 17. Er weist darauf hin, daß im Bereich der Wasserwirtschaft, aber auch des Boden- sowie des Arten- und Biotopschutzes eine kaum überschaubare Zahl solcher Qualitätswerte vorliegen. Aber er hält auch fest, daß Umweltressourcen und ihre

begrenzte Leistungsfähigkeit kaum jemals lenkende Elemente einer räumlichen Ordnungsvorstellung waren.

26 Zu erinnern sei hier beispielsweise an das Umweltinformationsgesetz, die Regelungen zur Durchführung des Ökoaudits oder die Konzeption eines Bundesbodenschutzgesetzes.
27 Lendi, a.a.O., S. 92, spricht von der Ebene der Funktionalität und Operabilität. Wobei operationalisieren für ihn bedeutet, die Zielsetzungen im Rahmen des überkommenen Rechtsdenkens umzusetzen.
28 Städtebaulicher Bericht. Nachhaltige Stadtentwicklung, a.a.O., S. 47.
29 Der Boden als Gegenstand einer (qualitativen) Inanspruchnahme durch Stoffeinträge soll hier nicht weiter betrachtet werden.
30 Für die Gesetzgebung der Schweiz untersucht Lendi, a.a.O., S. 76, wie weit das Nachhaltigkeitsprinzip bereits im geltenden Recht enthalten ist. Beispielsweise stellt er beim Schweizer Waldgesetz fest, daß hier das Nachhaltigkeitsprinzip in den Zusammenhang der Bewirtschaftungsgrundsätze und nicht in jenen der flächenmäßigen Erhaltung des Waldareals gestellt wird. Er stellt fest (S. 95), daß das Nachhaltigkeitsprinzip dem geltenden Recht nicht fremd ist, und zwar auch dort, wo es nicht beim Namen genannt wird. Auch verweist er auf den allgemeinen Teil des Entwurfs eines Umweltgesetzbuches für die Bundesrepublik Deutschland, wo das Anliegen des Nachhaltigkeitsprinzips den vorangestellten Leitlinien des Umweltschutzes in der Art eines Grundsatzes zugeordnet wird.
31 Die Lokale Agenda 21, DST-Beiträge zur Stadtentwicklung und zum Umweltschutz, Köln 1995, hat eine nicht nur auf die Raum- und Siedlungsstruktur bezogene Orientierungshilfe für das Vor-Ort-Handeln in deutschen Städten vorgelegt, die in enger Anlehnung an die Gliederung der Agenda 21 mit einer jeweiligen kurzen Bestandsaufnahme, dem Aufzeigen von Zielen und Handlungsfeldern Anregungen für konkrete Aktivitäten vor Ort unter dem Leitbild von Nachhaltiger Entwicklung geben soll.
32 So Dieterich, H., a.a.O., S. 46.
33 Städtebaulicher Bericht. Nachhaltige Stadtentwicklung, a.a.O., S. 58 f.
34 In den MittDST 24.6.96 (64.85.00), S. 279, heißt es: „Durch falsche, regionale Unterschiede in den Bau- und Bodenpreisen nicht berücksichtigende Förderanreize des Bundes im Rahmen der steuerlichen Förderung des Wohnungsbaus verlagert sich die Wohnungsbautätigkeit immer mehr ins Umland der Städte."
35 Städtebaulicher Bericht. Nachhaltige Stadtentwicklung, a.a.O., S. 72 f.
36 Schon Anfang der 70er Jahre gab es Überlegungen zur Weiterentwicklung des Erschließungsbeitragsrechts.
37 A.a.O., S. 47.
38 Daß es sich wirklich um ein Instrument an der Schnittstelle handelt, zeigt sich u.a. daran, daß bei der z.Z. anstehenden Novellierung des BauGB die Entscheidung gefällt wurde, den § 8 a materiell in das BauGB zu integrieren.
39 A.a.O., S. 92.
40 Kleiber, Wolfgang: Noch Fragen, Kienzle?, in: GuG 6/95, S. 41.
41 Freise, Jörn: Wertermittlung des werdenden Baulands aufgrund geänderter städtebaulicher Rahmenbedingungen, Manuskript Fachseminar „Grundstückswertermittlung" am 20./21.3. 1995, ISW München.
42 Warnecke, Rolf: Praktische Auswirkungen der §§ 8 a ff BNatSchG bei der Baulandumlegung, Manuskript Fachseminar: „Baulandbereitstellung durch Bebauungsplanung und/oder Umlegung, städtebaulichen Vertrag, Vorhaben- und Erschließungsplan oder Entwicklungsmaßnahme" am 24./25.10.1996, ISW München.
43 Difu-Berichte 3/1996, S. 2.
44 A.a.O., S. 73.

Boden und Kommunalfinanzen

Burkhard Hintzsche und Frank Steinfort

Zum Zusammenhang zwischen Boden und Kommunalfinanzen

Will man das Thema „Boden und Kommunalfinanzen" behandeln, dann stellt sich schon nach kurzer Überlegung die Frage, inwieweit eine Verengung auf einen rein fiskalischen Blickwinkel angemessen oder sachlich gerechtfertigt ist. Denn die Fragestellung legt es zunächst nahe, den Boden als ein Wirtschaftsgut im kommunalen Haushalt zu sehen, für dessen „Produktion" oder „Bewirtschaftung" bestimmte Kosten entstehen und durch dessen Verkauf Gewinne erzielt werden können. Doch stellt sich dann sofort die Frage, ob in einer solchen Bilanzierung alle Aufwendungen und Erträge sachgerecht quantifiziert werden können. Wie soll z.b. der Aufwand zur Aufstellung eines Bebauungsplans und der daraus für die Kommune entstehende Nutzen sachgerecht und vollständig in DM ausgedrückt werden?

Aus kommunaler Sicht betrachtet, erscheint Boden zumeist in einer Mittel-Zweck-Relation. Sehr verallgemeinernd kann man unterscheiden zwischen der Verwendung des Bodens zur Gewinnerzielung (als Wirtschaftsgut im engeren Sinne); hier ist z.b. an Wertschöpfung durch Planung sowie „Gewinnerzielung" durch allgemeine Wertsteigerungen zu denken. Auf der anderen Seite steht der Boden als Mittel oder Voraussetzung zur Realisierung kommunaler Aufgaben (Boden zum Wohnen, zum Arbeiten, zur Naturerhaltung und zur Erholung, zur Ver- und Entsorgung, zur Ermöglichung von Mobilität, zur Förderung kultureller oder sozialer Zwecke), mal mit und mal ohne „Gewinnerwartungen". Die an den Boden geknüpften Anforderungen oder Erwartungen sind zumeist mit unterschiedlichen finanziellen Auswirkungen verbunden, je nachdem, welchem Zweck der Boden jeweils dienen soll.

Der besondere Bezug zwischen Boden und Kommunalfinanzen ergibt sich vor allem daraus, daß Boden eine „Mangelware" ist. Es gibt erhebliche Schwierigkeiten, preiswerten Boden für die unterschiedlichsten Nutzungen bereitzustellen.[1] Die Bezeichnung des Bodens als „Mangelware" stellt die Beziehung zum Bodenmarkt her, in dem Angebot und Nachfrage den Preis bestimmen. Die Kommunen treten in diesem Markt als Anbieter und Nachfrager mit vielen anderen Marktteilnehmern in Konkurrenz. Damit soll aber nicht gesagt sein, daß es sich beim Bodenmarkt im landläufigen Sinne um einen „normalen" Markt (wie z.B. bei PKW oder Computern) handelt. Es bestehen vielmehr gewisse Unterschiede und „Marktverzerrungen", die zum einen darauf beruhen, daß Boden weder vermehrbar noch transportierbar ist. Das bedeutet vor allem, daß Boden nicht im originären Sinn produziert werden kann, wenn nicht genug vorhanden ist. Er muß vielmehr entweder aus eigenem Bestand bereitgestellt werden[2] oder durch Umnutzung für den vorgesehenen Zweck „geschaffen" werden. Diese Umnutzung (insbesondere durch Umplanung bzw. Überplanung der bisherigen Nutzung) kann dabei auch erfolgen, wenn der Boden nicht im Eigentum der Kommunen steht. Die Chancen der Realisierung der geplanten Nutzung sind in diesen Fällen aber naturgemäß geringer, der Erfolgseintritt bestimmter Planungen ist also ungewisser.[3] Zum anderen besteht kein wirklich freier Markt, weil Bund, Länder und Kommunen gesetzliche Möglichkeiten haben, Einfluß auf die Nutzungsmöglichkeiten des Bodens zu nehmen, was wiederum erhebliche Auswirkungen auf den Preis des Wirtschaftsgutes Boden hat.

Wenn man also das Thema „Boden und Kommunalfinanzen" behandelt, dann müssen die Überlegungen letztlich über die Frage hinausgehen, was der Boden die Kommunen kostet und was er ihnen einbringt. Denn sowohl auf der Ausgaben- als auch auf der Einnahmenseite gibt es Faktoren, die sich kaum oder nur sehr schwer in Geld, also im kommunalen Haushalt ausdrücken lassen. Denn die kommunale Teilnahme am Bodenmarkt ist nicht durch ein rein fiskalisches Interesse gekennzeichnet, sondern dadurch, daß die Kommunen ihrem gesetzlichen Auftrag nachkommen, ihren Einwohnern und Bürgern die Rahmenbedingungen bereitzustellen, die zu ihrer Existenz notwendig sind. Im Grunde lautet daher die im Hintergrund stehende Frage, inwieweit die Kommunalfinanzen dazu beitragen können und wo sie Grenzen setzen, die Anforderungen der Einwohner an den Boden und seine Nutzungsmöglichkeiten zu erfüllen.

Da die Beantwortung dieser im weiteren Sinn verstandenen Fragestellung den hier gegebenen Rahmen weit überschreiten würde und letztlich auch nur individuell für einzelne Städte oder Regionen diesbezügliche Bewertungen vorgenommen werden können, sollen im folgenden nach einer kurzen Beschreibung der Auswirkungen der kommunalen Finanzprobleme auf das Medium Boden und den daraus resultierenden Anforderungen an die Kommunen deren Möglichkeiten aufgezeigt werden, die Kommunalfinanzen mit Hilfe von bodenbezogenen Maßnahmen zu verbessern. Dabei soll zugleich auch auf den unterschiedlichen Aufwand eingegangen werden, der jeweils zur „Gewinnerzielung" aufgebracht werden muß. Im Sinne dieser Vorüberlegungen soll dabei „Gewinn" aber auch in einem über den rein fiskalischen Ansatz hinausgehenden Sinn verstanden werden. „Gewinn" kann danach also z.b. auch durch eine Ausgabe erzielt werden, wenn die im Gegenzug eingenommenen Gelder nominal (vielleicht auch zunächst nur) geringer als die Ausgaben zu veranschlagen sind. Auf die bei jeder kommunalen Betätigung bestehenden Grenzen des Haushaltsrechts soll dabei nur eingegangen werden, wenn konkreter Anlaß dazu besteht.

Die Krise der städtischen Finanzen und ihre Rückbezüge zum Medium Boden

Die Krise der städtischen Finanzen hat mittlerweile zu einer auch für den Bürger wahrnehmbaren Einschränkung der kommunalen Leistungsangebote geführt. Nur noch wenige Städte sind in der Lage, Überschüsse im laufenden Geschäft zur Selbstfinanzierung städtischer Investitionen zu erwirtschaften. Hauptursächlich dafür ist der dynamische Anstieg der Sozialleistungen insbesondere aufgrund der negativen Entwicklungen auf dem Arbeitsmarkt.[4] Die Reduzierung kommunaler Investitionen in Westdeutschland um jeweils 6 % in den Jahren 1995 und 1996 hat tiefgreifende Folgen für (Bau-)Wirtschaft und Beschäftigung gehabt.
Die z.T. dramatische Haushaltslage verhindert, daß weiter wachsende Ansprüche der Bürger an ihre Gemeinde in klassischer Weise über zusätzliche Ausgaben finanziert werden. Sie zwingt die Kommunen dazu – und darin liegt die Chance in der Krise –, zu überlegen, wie gegebene Mittel effizienter eingesetzt werden können. Die Ursachen für die Krise sind vielfältig. Es lassen sich gestaltbare (endogene) und nicht-gestaltbare (exogene) Bedingungen unterscheiden.[5] Die Kenntnis dieser Faktoren ist wichtig, um einerseits bestehende, aber in der kommunalen Praxis nicht ausgeschöpfte Handlungspotentiale sowie vorhandene, aber von der Politik mittel- und langfristig durchaus veränderbare Restriktionen und Rahmenbedingungen erkennen und ausschöpfen zu können. Im folgenden sollen die wichtigsten Beziehungen zwischen Boden und Finanzen in diesem Kontext dargestellt werden.
Der Bodenmarkt hat für die Entwicklung der kommunalen Finanzen auf der Ausgaben und Einnahmenseite einen hohen Stellenwert. Insbesondere folgende vier Problemkreise sind hervorzuheben.

- *Die Besteuerung des Grundbesitzes unterhalb zeitgemäßer Wertansätze läßt Spielräume ungenutzt und hat auch hinsichtlich des Bodenmarktes unerwünschte Folgewirkungen.*

Die Einnahmen aus der Grundsteuer fließen direkt den Kommunen zu und können von ihnen im Rahmen des Hebesatzrechtes selbst bestimmt werden. Die Einnahmen betrugen 1996 in den alten Ländern ca. 12,6 Mrd. DM.[6] Allerdings ist das Aufkommen aus der Grundsteuer aufgrund veralteter Einheitswerte weit hinter dem möglichen Ertrag zurückgeblieben, der sich ergeben hätte, wenn aktuelle Verkehrswerte als Bemessungsgrundlage für die Grundsteuer herangezogen worden wären. Dies ist nicht nur ein Problem der Einnahmenseite des kommunalen Haushalts, sondern auch der Ausgabenseite, weil ein großer Teil der Wertsteigerungen von Grund und Boden auf Planungsentscheidungen und Infrastrukturmaßnahmen der Kommunen zurückzuführen sind. Damit stellt sich die Frage, inwieweit die Erträge einer öffentlichen Planungs- oder Investitionsentscheidung weiterhin fast ungeschmälert in die Kassen der Eigentümer fließen sollten oder ob durch eine (teilweise) Abschöpfung des sog. Planungsgewinns gewisse Vorteile auch der öffentlichen Hand zugute kommen sollten. Darüber hinaus wird aufgrund der zu niedrigen Einheitswerte das unerwünschte und z.T. spekulative Horten von Bauland tendenziell begünstigt. Boden wird zu einem knappen und damit teuren Gut, was uns bereits zum nächsten Problemkreis führt.

- *Der Mangel an verfügbarem und preiswertem Wohnbauland insbesondere in den Kernstädten führt zur Abwanderung von Haushalten ins Umland mit erheblichen, nicht nur finanziellen Folgewirkungen.*

Der Mangel an verfügbarem und bezahlbarem Wohnbauland insbesondere in den größeren (Kern-)Städten führt dazu, daß jüngere Familien und mittlere Einkommensschichten, die an der Schwelle zur Wohneigentumsbildung stehen, ins Umland der Kernstädte abwandern. Dieser Prozeß wird durch die steuerrechtliche Förderung des selbstgenutzten Wohneigentums, die die unterschiedlichen Bodenpreise nicht berücksichtigt, weiter verstärkt. Dagegen wächst die Zahl der Minderverdienenden und Wohnungsnotfälle in den Kernstädten, zum Teil auch aufgrund von Außen- (Aussiedler, Flüchtlinge) und Binnenwanderungen (z.B. Zuwanderung von Obdachlosen). Die Abwanderung von Familien ins Umland hat erhebliche raumordnungs-, umwelt-, verkehrs-, sozial- und finanzpolitische Folgen. Sie begünstigt die Zersiedlung der Landschaft, den Verbrauch von Fläche fürs Wohnen, die Zunahme des (individuellen) Verkehrs und die Entstehung von sozialen Brennpunkten in den Kernstädten. Noch gravierender sind aber die fiskalischen Folgen der Stadt-Umland-Mobilität. Während der Aufwand für die Bereitstellung der Infrastruktur, soziale Leistungen und den Wohnungsbau für besondere Problemgruppen – den die Kernstädte auch für oder anstelle der Umlandgemeinden betreiben – steigt, stehen den Kernstädten selbst aufgrund der Abwanderung weniger Mittel im Rahmen der Verteilung der Einkommensteuer zur Lösung der zentralörtlichen Probleme zur Verfügung. Die (einseitige) Interessenlage der Umlandgemeinden unterstützt den hier skizzierten Prozeß und weist auf das ungelöste Problem einer funktionierenden Kooperation zwischen den Städten und ihrem Umland hin.

- *Die Kommunen sind immer weniger in der Lage, die mit der Entwicklung von Boden verbundenen Folgekosten aufzubringen.*

Die Bereitstellung von Bauland und die Finanzierung der notwendigen technischen und sozialen Infrastruktur, wie Kindergärten, Schulen, Freizeiteinrichtungen u.ä., überfordert die Kommunen angesichts ihrer Finanznöte. Zwar wird in der Literatur immer wieder darauf hingewiesen, daß sich sowohl der Erschließungs- als auch der Infrastrukturaufwand über Gebühren und Beiträge refinanzieren ließe. Dabei wird aber verkannt, daß dies nur für einen Teil der öffentlichen Leistungen zutreffend ist und eine 100 %ige Kostendeckung aufgrund von gesetzlichen Vorgaben beispielsweise bei den Erschließungsbeiträgen oder einer gesellschaftlich gewünschten sozialverträglichen Ausgestaltung von Gebühren beispielsweise bei Kindergärten nicht erreicht wird. Viele Kommunen scheuen deshalb die weitere Ausweisung von Bauland.

- *Die Rolle der Kommunen als Eigentümer von Liegenschaften*

Der scheidende Oberbürgermeister der Stadt Stuttgart, Manfred Rommel, hat einmal gesagt: Früher war der Stolz des Hausbesitzers wesentlich größer als seine Fähigkeit zu rechnen. Dies galt lange Zeit auch für die Kommunen und ihre Beteiligungsunternehmen. Die Kommunen haben in ihrer Mehrzahl erst vor kurzem erkannt, welche Bedeutung ihren Vermögenswerten und deren Entwicklung zukommt. Sie haben im Rahmen einer tiefgreifenden Reform der Verwaltung begonnen, ihre Vermögenswerte zu erfassen und für Kosten- und Leistungstransparenz zu sorgen.[8] Die Kommunen haben hier ein großes, bislang aber auch aufgrund der divergierenden Interessen einzelner

Ämter nur punktuell genutztes Potential, das es zu erschließen und zu steuern gilt.

Anforderungen an die Städte im Zusammenhang mit dem Medium Boden

Vor dem Hintergrund der beschriebenen Probleme im Zusammenhang mit der Nutzung des Bodens wird deutlich, daß kommunale Grundstückspolitik immer zugleich auch Stadtentwicklungspolitik ist. Dabei ist Stadtentwicklungspolitik nicht nur lokal, sondern auch regional zu verstehen. Vor dem Hintergrund der noch anzusprechenden Anforderungen an eine nachhaltige Stadtentwicklung kann Grundstückspolitik sogar in einem globalen Zusammenhang gesehen werden.

Unter der Überschrift „Boden und Kommunalfinanzen" erstrecken sich die bodenpolitischen Anforderungen an die Städte vor allem darauf, preiswert und preiswertes Land zur Verfügung zu stellen. Die Anforderung, Land preiswert bereitzustellen, bezieht sich vor allem auf den Einsatz kommunaler Ressourcen, während „preiswertes" Land sich auf das Ergebnis der Bereitstellungsbemühungen bezieht. Die Palette der angestrebten Nutzungen wurde bereits in der Einleitung umrissen. Aktuell wird Boden vor allem für den Wohnungsbau und nach wie vor auch für gewerbliche Nutzungen nachgefragt. Nicht zu vergessen sind hierbei auch Flächenbereitstellungen für die Erschließung im weitesten Sinne (einschließlich Ver- und Entsorgungsanlagen sowie Verkehrsflächen) sowie Flächen zur Durchführung sogenannter Ausgleichs- und Ersatzmaßnahmen bei Eingriffen in Natur und Landschaft. Diese Art der Flächennachfrage ist zugleich gekoppelt an eine Reihe von Anforderungen anderen Typs, die regelmäßig auch erhebliche Auswirkungen auf die kommunalen Finanzen haben können. Zu nennen sind hier z.B. die Forderungen nach einer Verlangsamung des Wachstums der Siedlungsflächen[9] oder nach einer stärkeren Durchmischung unserer Städte als Gegenmaßnahme zur immer stärker gewordenen funktionalen Gliederung und Dispersion im Rahmen der Stadtentwicklung der vergangenen Jahrzehnte.[10] Weitere Anforderungen an die kommunale Bodenbereitstellung – man kann auch sagen: an die kommunale Bodenpolitik – leiten sich aus dem Postulat einer nachhaltigen Stadtentwicklung ab. Hierzu gehört in erster Linie die Bewahrung des natürlichen Kapitalstocks als Grundpfeiler einer nachhaltigen Entwicklung.[11] Anders formuliert: Es wird ein ressourcenschonender und umweltverträglicher Städtebau gefordert.[12] Aus dieser sehr allgemein gehaltenen Formulierung werden Forderungen abgeleitet, die sich teilweise mit denen nach einer ökologischen Stadtentwicklung decken.[13] Aus der Sicht der Forderung nach einer nachhaltigen Stadtentwicklung werden Anforderungen auch an eine haushälterische Bodenpolitik formuliert. In erster Linie gehören hierzu Strategien zur Reduzierung des Freiflächenverbrauchs wie der sparsame Umgang mit Grund und Boden und die Wiedernutzung von Bauland im Bestand sowie die Kompensation von Flächeninanspruchnahmen für Siedlungszwecke durch Ausgleichsmaßnahmen.[14] Aus der Sicht der ökologischen Stadtentwicklung mögen vielleicht noch die Stichworte „Altlastensanierung und vorsorgender Bodenschutz" sowie „ökologisches Bauen und Planen" genannt werden. Alle diese Anforderungen firmieren oft sowohl unter „ökologische Stadtentwicklung" als auch unter „nachhaltige Stadtentwicklung".[15] Es mag aber letztlich dahingestellt bleiben, ob man die Anforderungen an eine kommunale Bodenbereitstellung und Bodennutzung unter diesem oder jenem Stichwort zu subsumieren hat. Denn in jedem Fall gilt, daß die Anforderungen an Kommunen hinsichtlich der Bereitstellung von Boden und die damit unmittelbar zusammenhängenden Auswirkungen auf die kommunalen Finanzen nicht allein durch eine Regulierung des Verhältnisses von Angebot und Nachfrage zu bewältigen sind. Es gilt vielmehr, trotz leerer Kassen, einem komplexen Anforderungsprofil gerecht zu werden. Die sich teilweise widersprechenden Anforderungen (Bauen/Umwelt/Gewerbe/Wohnen) verlangen zudem ständig neue Kompromisse. Diese wiederum können nur dann sinnvoll gefunden werden, wenn in einer Kommune klare Zielorientierungen und Prioritäten hinsichtlich der zukünftigen Stadtentwicklung bestehen. Hier ist verantwortungsvolle und perspektivische Politik in einer besonderen Weise gefordert.

Handlungsfelder der Kommunen

Im Bereich der kommunalen Bodenpolitik muß im Hinblick auf die Kommunalfinanzen grundsätzlich dahingehend unterschieden werden, ob die Kommune selbst am Markt unmittelbar teilnimmt (z.B. durch An- oder Verkauf, Tausch, Miete, Pacht usw. sowie durch Bebauung eigener Grundstücke) oder ob sie auf die Nutzungsmöglichkeiten des Bodens Privater Einfluß nimmt (insbesondere durch Bauleitplanung). Die „unmittelbare" Marktteilnahme kann als „Liegenschaftswesen" der Kommunen bezeichnet werden. Der damit verbundene Einsatz eigener Bodenressourcen ist insbesondere durch privatrechtliches Handeln gekennzeichnet. Auf Instrumente des öffentlichen Rechts kann dabei regelmäßig nicht zurückgegriffen werden. Kommunales Handeln in diesem Bereich steht daher regelmäßig unter Einigungszwang und setzt zugleich eine gewisse finanzielle Flexibilität im Haushalt der Gemeinde voraus. Vor allem für die mittel- und langfristig angelegte gemeindliche Bodenvorratspolitik sollte daher sinnvollerweise ein eigener Haushaltstitel (Grundstock für Grunderwerb) bereitgestellt sein, der Ausgaben für den Kauf von Grundstücken ohne Zweckbindung für bestimmte Maßnahmen zuläßt und der durch Erlöse aus Grundstücksveräußerungen refinanziert wird.

Das Handlungsfeld der Kommunen zur Steuerung der Nutzungsmöglichkeiten von Grundstücken Privater ist dagegen weitgehend hoheitlich geprägt. Wegen des hoheitlichen Charakters sind auch die Verfahren durch vielfältige Einflußmöglichkeiten anderer Behörden oder der betroffenen Eigentümer z.b. im Wege der institutionalisierten Beteiligung gekennzeichnet. Kommunale Bodenpolitik im Bereich der hoheitlichen Tätigkeit hat heute nur relativ geringe unmittelbare Auswirkungen auf die kommunalen Finanzen. Auf der Ausgabenseite ist insbesondere an die Personalkosten zur Aufstellung der Pläne zu denken, während die Einnahmenseite kaum zu quantifizieren ist.[16] Die Vorteile – auch die finanziellen –, die die Kommunen aus der Bauleitplanung erfahren, treten u.U. erst Jahre oder Jahrzehnte später ein und lassen sich dann auch nur bedingt auf den jeweiligen Planungsakt als Ursache zurückführen. In diesem kommunalen Handlungsfeld sind die finanzwirtschaftlichen Auswirkungen zumeist nur zu schätzen. Dies hängt vor allem auch damit zusammen, daß insbesondere die klassische Bauleitplanung eine Angebotsplanung ist, deren Realisierung zwar erwünscht ist, aber nicht erzwungen werden kann. Mittlerweile haben sich insoweit aber Mischformen entwickelt, auf die unten näher eingegangen werden soll.[17]

Strategische Überlegungen der Kommunen

Unabhängig davon, ob sich die Kommune im privatwirtschaftlichen oder im öffentlich-rechtlichen Handlungsfeld bewegt, hat sie strategische Überlegungen unterschiedlicher Art anzustellen, um einer sach- und bedarfsgerechten Stadtentwicklungspolitik zu entsprechen. Maßgebend sind hier zunächst die kommunalpolitischen Gewichtungen. Von großer Bedeutung sind insoweit Kontinuität und Verbindlichkeitsgrad kommunaler Strategien. Wichtig ist dabei vor allem die mittel- und langfristige Kalkulierbarkeit. Doch auch die besten Vorsätze können an finanzielle Grenzen stoßen. Je nach Lage der kommunalen Finanzen haben die Städte dann bei ihrer Entscheidung auch zu berücksichtigen, ob sie eigene Ressourcen (Boden, Verwaltungsaufwand) einsetzen oder sich auf die Steuerung der Nutzungsmöglichkeiten des Bodens Privater beschränken. Je nach Dringlichkeit der gesetzten kommunalpolitischen Ziele müssen auch Wege gefunden werden, im öffentlich-rechtlichen Handlungsfeld möglichst effizient für eine Durchsetzung der angestrebten Ziele zu sorgen.[18] Hinzu kommt, daß sich die Kommunen angesichts ihrer umfassenden Aufgaben im Gesamtstaat nicht auf die Verwirklichung rein fiskalischer Gesichtspunkte beschränken können. Ein weiterer wichtiger Gesichtspunkt ist die Berücksichtigung der Förderpolitiken von Bund und Ländern. In diesem Zusammenhang ist vor allem die mittel- und langfristige Kalkulierbarkeit von Städtebauförderungsmitteln ein immer wieder geäußertes Postulat der Kommunen.[19] Weitere strategische Überlegungen konzentrieren sich auf die Frage, inwieweit die Zusammenarbeit mit Dritten zur Verfolgung kommunalpolitischer Ziele angestrebt werden soll. Public private partnership schafft die Möglichkeit, privatwirtschaftliches know-how und hoheitliche Handlungsmöglichkeiten miteinander zu verknüpfen.[20] Auch die Möglichkeiten zur interkommunalen Zusammenarbeit mit dem Ziel einer Kostensenkung z.B. bei großen Ver- oder Entsorgungsprojekten müssen ausgelotet werden.[21] Zu überlegen ist weiterhin, inwieweit die Bildung besonderer Handlungseinheiten zur Verfolgung spezieller kommunalpolitischer Ziele sinnvoll ist (z.B. Gründung einer GmbH zur Erschließung und Vermarktung von Gewerbeflächen). Schließlich sei auch die Überlegung genannt, Liegenschaften zur Haushaltskonsolidierung zu veräußern. Hierdurch können jedoch nur kurzfristig positive Effekte für die kommunalen Finanzen erzielt werden. Insbesondere die in letzter Zeit immer wieder diskutierten „sale-and-lease-back"-Modelle bringen mittel- und langfristig für die Kommunen zumeist keine wirtschaftlichen Vorteile.[22] Einen echten Beitrag zur nachhaltigen Haushaltskonsolidierung leisten sie nicht.

Handlungsmöglichkeiten der Kommunen auf der Grundlage geltenden Rechts

Die Handlungsmöglichkeiten der Kommunen im Bereich der Bodenpolitik müssen danach unterschieden werden, welche kommunalpolitischen Ziele Priorität genießen, in welchem Handlungsfeld diese Ziele am besten umgesetzt werden können (privat- oder öffentlich-rechtlich, „ppp") und inwieweit die genannten strategischen Überlegungen jeweils vor Ort überhaupt bei der Entscheidung über die zukünftige Boden- und Stadtentwicklungspolitik Berücksichtigung finden sollen. Schließlich ist zu bedenken, ob Ziele kurz-, mittel- oder langfristig gesetzt sind. Nicht zu vergessen sind auch Optimierungsmöglichkeiten im eigenen Verwaltungsbereich. Zu nennen sind hier beispielsweise der Einsatz eines leistungsfähigen Bodenmanagements[23] oder Umstrukturierungen der Verwaltungsarbeit mit dem Ziel höherer Effizienz.[24] Beim (weitgehend privatrechtlichen) Einsatz kommunaleigener Bodenressourcen werden also Kauf, Tausch, Miete, Pacht oder der Erwerb von Rechten zu ganz unterschiedlichen Zwecken eingesetzt werden können. Speziell im Bereich der Kauf und Tauschverträge sei noch auf die Unterscheidung zwischen Planungs- und Vorratsankäufen hingewiesen. Bei Planungsankäufen geht es um den zweckgerichteten Grunderwerb; es werden also Grundstücke für die Realisierung kommunaler Planungen (insbesondere Bebauungspläne) oder für andere konkrete Vorhaben beschafft. Bei Vorratseinkäufen geht es hingegen um eine vorausschauende Flächensicherung. Hier werden also Grundstücke unter mittel- oder langfristigen Aspekten erworben, um mittel- und langfristig gesteckte Entwicklungsziele realisieren zu können.

Das öffentlich-rechtliche Handlungsfeld ist insbesondere dadurch gekennzeichnet, daß auf Grundstücke Dritter durch Schaffung oder Änderung von Nutzungsmöglichkeiten eingewirkt wird. Dies geschieht in erster Linie durch die kommunale Bauleitplanung. Die hierdurch zu erzielenden Effekte unterscheiden sich von denen, die im Wege privatrechtlicher Rechtsgeschäfte erzielt werden können, insbesondere dadurch, daß sie eher mittel- und langfristig angelegt sind. Dies gilt vor allem für die klassische Angebotsplanung. Hinzu kommt, daß die Verwirklichung dieser Art der Planung zwar erwünscht ist, aber bei realistischer Betrachtungsweise kaum erzwungen werden kann. Insbesondere vor dem Hintergrund der in den letzten Jahren stark zugenommenen Wohnungsprobleme und zur Förderung von Investitionen haben sich daher vermehrt Handlungsansätze zur Zusammenarbeit zwischen privatem und öffentlichem Sektor herausgebildet. Ihren gesetzlichen Niederschlag haben sie insbesondere in dem sog. Vorhaben- und Erschließungsplan gefunden. Es handelt sich hierbei um eine Kombination von öffentlichem Planungsrecht und privatrechtlicher Verpflichtung, ein bestimmtes Vorhaben in einer bestimmten Zeit zu realisieren. Aus der Sicht der Kommunen sind diese Modelle vor allem deshalb interessant, weil sie einerseits den kommunalen Haushalt nicht stärker belasten als bei einer „normalen" Bauleitplanung. Andererseits kann eine Realisierung der angestrebten Ziele mit einem Konkretisierungsgrad erreicht werden, der sonst nur durch den Einsatz eigener Bodenressourcen zu erzielen ist.

Überlegungen zur Änderung rechtlicher Rahmenbedingungen

Die Verhältnisse auf dem Bodenmarkt haben aufgrund der Interdependenz der Märkte auch gravierende Auswirkungen auf die Entwicklung funktionsfähiger Wohnungsmärkte und die Finanzierungbedingungen des Wohnungsbaus. Trotz Entspannungstendenzen im oberen und teilweise auch im mittleren Marktsegment ist der Bedarf an preiswertem und belegungsgebundenem Wohnraum nach wie vor groß.[25] Doch preiswertes Bauen ist in der Bundesrepublik v.a. aufgrund der hohen Grundstückspreise teuer. In den Ballungsräumen betragen die Grundstückskosten bis zu 50 % der Gesamtkosten eines Bauvorhabens.[26] Die Verhältnisse auf dem Bodenmarkt beeinflussen somit maßgeblich die Entwicklung des Wohnungsmarktes. Die Lösung der Bodenfrage entscheidet ganz wesentlich darüber, ob kosten- und flächensparendes Bauen, die Finanzierbarkeit des Wohnungsbaus allgemein sowie des sozialen Wohnungsbaus mit öffentlichen Mitteln von Bund, Ländern und Gemeinden im besonderen und die Tragbarkeit der Belastung für den einzelnen auf Dauer gesichert werden können.[27] Es sollen deshalb im folgenden auch einige Lösungsansätze dargestellt werden, die die Änderung rechtlicher Rahmenbedingungen voraussetzen.

Die Ausweisung von Wohnbauland durch die Kommunen wird, von wenigen Ausnahmen abgesehen, nicht besonders gefördert. Deshalb genießt sie im Gegensatz zur Ausweisung von (konkurrierenden) Gewerbeflächen in der Regel keine besondere Priorität.[28] Vielmehr überwiegen Befürchtungen über die mit einem zu schnellen Städtewachstum verbundenen Folgen und die Sorgen um die Finanzierbarkeit der notwendigen technischen und sozialen Infrastruktur. Spezielle und *zweckgebundene Förderprogramme,* wie sie beispielsweise in Baden-Württemberg und Bayern für Wohnungsbauschwerpunkte aufgelegt wurden, können zwar dazu beitragen, kurzfristige Bedarfsspitzen zu bewältigen. Zur kontinuierlichen und bedarfsgerechten Wohnbaulandproduktion und auf Dauer funktionierender Bodenmärkte tragen sie aber nicht bei.

Vielversprechender sind neuere Ansätze, die davon ausgehen, die *Entscheidungskompetenzen der Kommunen im Wohnungswesen* zu *stärken.* Nach diesem Konzept, das in Wissenschaft und Wohnungswirtschaft große Unterstützung erfährt, sollen die Kommunen unter Berücksichtigung der sehr unterschiedlichen Investitions- und Nachfragebedingungen selbst entscheiden, wie sie die Wohnraumversorgung vor Ort organisieren und finanzieren. Die direkten staatlichen Fördermittel würden ihnen zweckgebunden zur freien Budgetierung für Maßnahmen des sozialen Wohnungsbaus und der sozialen

Wohnraumversorgung zur Verfügung gestellt. Der Staat müßte sich auf die Vorgabe allgemeiner Leistungskriterien beschränken und lediglich die bedarfsbezogene Verteilung der Fördermittel regeln. Die Verantwortung der Kommunen für die Boden- und Wohnungspolitik würden gestärkt und die Anreize zur Produktion von Wohnbauland erhöht.[29] Die Umsetzung dieses Konzept würde auf Boden- und Wohnungsmarkt positiv wirken.
Daneben sollten im Rahmen des *kommunalen Finanzausgleichs* Anreize geschaffen werden, die die Ausweisung von Wohnbauland durch die Gemeinden fördern.[30] Ziel des Finanzausgleichs ist es, die unterschiedliche Finanzkraft der Kommunen ihrer Ausgabenbelastung anzupassen.[31] Boden- und wohnungspolitische Sonderbedarfe werden hierbei bislang nicht berücksichtigt. Die Gemeinden, die vermehrt Bauland ausweisen, sollten hierfür einen Bonus im Rahmen der Schlüsselzuweisungen der Länder erhalten.[32]
Mit dem Finanzausgleich eng verbunden ist das schwierige *Verhältnis zwischen Städten und ihrem Umland*. Die Interessenlage der Umlandgemeinden steht nicht selten der Entwicklung ausgeglichener Boden- und Wohnungsmärkte entgegen.[33] Es fehlt bis heute eine partnerschaftliche Zusammenarbeit zwischen Kernstadt und unmittelbarem Umland bei den Aufgaben „Ausweisung von Bauland" und „faire Verteilung der Lasten bei der Wohnversorgung von Problemgruppen". Kernstadt und Umland müssen deshalb künftig besser miteinander kooperieren. Alle Gemeinden in Stadtregionen mit erhöhtem Wohnungsbedarf sollten einen bestimmten Anteil neu ausgewiesener Wohnbauflächen für den sozialen Wohnungsbau vorhalten müssen. Hierfür wäre eine rechtliche Verpflichtung erforderlich.
Bei der *steuerlichen Förderung* des selbstgenutzten Wohneigentums nach dem Eigenheimzulagengesetz sollte eine regionale Komponente eingeführt werden, die den unterschiedlichen Bodenpreisen Rechnung trägt. Zur Differenzierung könnten die von den Gutachterausschüssen ermittelten Bodenrichtwerte oder, aus Gründen der Verwaltungsvereinfachung, die Mietenstufen nach dem Wohngeldgesetz herangezogen werden, auch wenn diese nur bedingt mit den Bodenpreisen korrelieren.[34] Eine vergleichbare Regelung ließe sich im Steuerrecht auch für den freifinanzierten Wohnungsbau implementieren.
Es gibt weitere Überlegungen zur Änderung der steuerlichen Rahmenbedingungen mit dem Ziel einer Steuerung der Bodennutzung. Diskutiert werden hier u.a. Versiegelungsabgaben, „modifizierte" Grundsteuern[35], Bodenwertsteuern oder die Abschöpfung von Planungsgewinnen, die allein aufgrund kommunaler Bauleitplanung entstehen. Diese Ansätze sollen hier nicht im einzelnen erörtert werden. Angemerkt sei nur, daß die tatsächlichen Steue-

rungseffekte möglicherweise zu schnell überschätzt werden. Die Probleme im Stadt-Umland-Verhältnis können durch Versiegelungsabgaben oder Bodenwertsteuern kaum effektiv gelöst werden.[36] Denn jegliche Belastung des Flächenverbrauchs in den Kernstädten wird zum Ausweichen in das Umland, ggf. sogar in das Ausland führen. Solange die Bodenpolitiken zumindest nicht regionalweit abgestimmt sind, werden auch steuerliche Maßnahmen kaum die angestrebten Ausgleichseffekte erzielen. Sie können lediglich als flankierende Maßnahmen im Rahmen einer interkommunalen oder regionalen Zusammenarbeit wirken. Weiterer Diskussion bedarf dagegen der Vorschlag, den Kommunen zukünftig einen Anteil am Planungswertgewinn zuzugestehen, um die aufgrund der Planung entstehenden Infrastrukturfolgekosten besser abdecken zu können.[37]

1 Zu Einzelheiten der in der Bundesrepublik vorhandenen Wohn- und Gewerbebaulandreserven vgl. die Ergebnisse einer BfLR-Baulandumfrage aus dem Jahr 1995, Materialien zur Raumentwicklung, Heft 77, Bonn 1996. Nach wie vor in diesem Zusammenhang lesenswert ist auch der Baulandbericht 1993, herausgegeben vom Bundesministerium für Raumordnung, Bauwesen und Städtebau, Bonn 1993. Auf die Probleme des Bodenmarktes geht z.B. auch der Kommissions-Bericht „Zukunft Stadt 2000", Bonn 1993, insbes. S. 153 ff. ein.
2 Z.B. nach vorherigem Ankauf, einer Anmietung oder Pacht.
3 Es handelt sich hierbei um eines der Hauptprobleme der Bodenmobilisierung. Denn es ist nicht schon damit getan, daß die Kommunen Bauland ausweisen. Vielfach gibt es bereits vorhandenes Bauland im Bestand, das jedoch nicht „aktiviert" werden kann, weil die (privaten) Eigentümer (noch) kein Interesse an einer Bebauung oder sonstigen Verwertung der Grundstücke haben. So auch der Baulandbericht 1993, S. 48 f.
4 Vgl. Karrenberg/Münstermann: Gemeindefinanzbericht 1996, in: der städtetag, 3/1996, S. 119 ff.
5 Vgl. Mäding: Bedingungen für eine erfolgreiche Konsolidierungspolitik der Kommunen, in: Archiv für Kommunalwissenschaften, I/96, S. 81-97.
6 Nachrichtlich ist hier auch die Grunderwerbssteuer mit einem Aufkommen in 1995 von 6,4 Mrd. DM zu erwähnen, deren Aufkommen den Ländern zusteht und mit der Grundstückstransaktionen steuerlich belastet werden. Es steigert in einigen Ländern mittelbar über den Steuerverbund im Rahmen des kommunalen Finanzausgleichs die Einnahmeseite des kommunalen Haushalts.
7 Dies gilt auch, wenn berücksichtigt wird, daß die Kommunen den ihnen zur Verfügung stehenden Gestaltungsspielraum im Rahmen des gemeindlichen Hebesatzrechtes durchaus genutzt haben, wie Daten einzelner Kommunen zeigen.

8 Vgl. Dieckmann: Kommunale Wohnungsunternehmen zwischen Privatisierung und partnerschaftlichen Konzepten, Vortrag beim Kongreß „Öffentliche Hände in der Sackgasse – Potentiale und Angebote der kommunalen Wohnungswirtschaft" der Führungsakademie der Wohnungs- und Immobilienwirtschaft e.V. (FWI) am 26.11.1996 in Köln.
9 Vgl. z.B. den Bericht „Zukunft Stadt 2000", S. 87 ff., 130 f.; Baulandbericht 1993, S. 116 ff.; Nachhaltige Stadtentwicklung, Städtebaulicher Bericht der BfLR, Bonn 1996, S. 67 ff.; Apel/Henckel u.a.: Flächen sparen, Verkehr reduzieren, Difu-Beitrag zur Stadtforschung, Band 16, Berlin 1995, S. 29 ff. Dagegen z.B. die Kommission zur Senkung und Verringerung von Vorschriften im Wohnungsbau, Bonn 1994 („Mehr Wohnungen für weniger Geld"), S. 41 ff.: „Rationierung von Baurechten behindert kostengünstiges Bauen".
10 Vgl. Zukunft Stadt 2000, S. 146 ff.; Löhr: Stadt der kurzen Wege – Nutzungsmischung im Städtebau, Forschungsvorhaben des BMBau zur Vorbereitung der Städtebaurechtsnovelle 1997, Bonn 1996.
11 Vgl. Bergmann/Gatzweiler u.a.: Nachhaltige Stadtentwicklung – Herausforderungen an einen ressourcenschonenden und umweltverträglichen Städtebau, in: Nachhaltige Stadtentwicklung, Informationen zur Raumentwicklung der BfLR, Heft 2/3.1996, S. 10 f.
12 Bergmann/Gatzweiler, a.a.O., S. 71 ff.
13 Zur „ökologischen Stadtentwicklung" vgl. z.B. Umweltgerechtes Bauen und ökologisches Planen, ExWoSt-Forschungsvorhaben, Schriftenreihe des BMBau, 1993; Kriterien für das ökologische Bauen, hrsg. vom Umweltministerium Schleswig-Holstein, Kiel 1993; Planspiel Modell-Stadt-Ökologie; eine Dokumentation des Difu; Berlin 1994; Stich/Porger u.a.: Stadtökologie in Bebauungsplänen, 1992; Ahuis: Planen für das ökologische System Stadt, der städtetag 1991, S. 25 ff.
14 Vgl. Nachhaltige Stadtentwicklung, S. 67 ff.
15 Vgl. Nachhaltige Stadtentwicklung, S. 108 ff. und 111 ff. sowie Zukunft Stadt 2000, S. 122 ff., 138 f., 191 ff.
16 Ausnahme sind selbstverständlich die Wertsteigerungen bei eigenen Grundstücken.
17 Gemeint ist hier vor allem die Zusammenarbeit mit Investoren entweder über städtebauliche Verträge oder auf der Basis des sog. Vorhaben- und Erschließungsplans. Lesenswert: Heinz/Scholz, Private Partnership im Städtebau, Untersuchung von 8 Fallbeispielen. Difu-Beitrag zur Stadtforschung, Band 23, Berlin 1996.
18 Z.B. durch den Abschluß städtebaulicher Verträge mit entsprechenden Bindungen; vgl. hierzu z.B. Bunzel u.a.: Städtebauliche Verträge, Difu-Beitrag zur Stadtforschung, Band 14, Berlin 1995; Schmidt-Aßmann/Krebs: Rechtsfragen städtebaulicher Verträge, 2. Aufl. 1992; Birk: Die neuen städtebaulichen Verträge, 2. Aufl. 1996. S. a. Dieterich (in diesem Buch).
19 Zur Praxis der Förderpolitik, insbesondere auch zur Kostensenkung im sozialen Wohnungsbau, vgl. den Bericht der Kommission zur Senkung und Verringerung von Vorschriften im Wohnungsbau, S. 107 ff. Zur Bedeutung fiskalischer Steuerungsinstrumente im Bereich Regional- und Strukturförderung vgl. Apel/Henckel u.a.: Flächen sparen, Verkehr reduzieren, Difu-Beitrag zur Stadtforschung, Berlin 1995, S. 171 ff.
20 Vgl. Heinz/Steinfort: Public private partnership in der Stadtentwicklung, der städtetag 1995, S. 238 ff.
21 Vgl. hierzu z.B. Apel/Henckel, s. Fußnote 9, S. 197 ff.
22 Eine ausführliche Analyse dieser Modelle enthält der Geschäftsbericht 1995/1996 der Gemeindeprüfungsanstalt Baden-Württemberg, S. 43 ff. („Kommunalwirtschaftliche Anforderungen an Leasingfinanzierungen"). Auf Seite 49 heißt es wörtlich: „Hinsichtlich der Finanzierungskosten sind Leasingfinanzierungen auch im Barwertvergleich bei realistischer Abzinsung der anfallenden Zahlungen im allgemeinen nicht wirtschaftlicher als eine herkömmliche Kreditfinanzierung, sie können es aber je nach Eigenkaptialanteil und -konditionen im Einzelfall sein. Die haushaltswirksamen Finanzbelastungen im Zeitwertvergleich

sind bei einer Leasingfinanzierung allerdings meist höher ... Eine Erweiterung des kommunalen Finanzierungsspielraums ist mit der Leasingfinanzierung nicht verbunden".
23 Vgl. hierzu z.B. den Baulandbericht 1993, S. 121 ff.
24 Hier ist insbesondere an sog. Neue Steuerungsmodelle gedacht, wie sie in erster Linie von der KGSt für den bundesdeutschen Raum entwickelt wurden, vgl. grundlegend die KGSt-Berichte 5/1993, 6/1993, 8/1994, 15/1994, 5/1996. Diese neuen Steuerungsmodelle sind insbesondere durch eine Stärkung der Verantwortung dezentraler Einheiten bei gleichzeitiger Budgetierung gekennzeichnet.
25 Vgl. Hintzsche: Für eine neue Wohnungspolitik, DST-Beiträge zur Stadtentwicklung und zum Umweltschutz, Reihe E, Heft 23, Köln 1995.
26 Vgl. hierzu Baulandbericht 1993, Bonn 1993, S. 8 ff.
27 Vgl. hierzu auch Gutachten der Expertenkommission Wohnungspolitik, Wohnungspolitik auf dem Prüfstand, Bonn 1994.
28 Die Ausweisung von Gewerbeflächen und die Ansiedlung neuer Betriebe tragen mittelbar dazu bei, daß die Gewerbesteuereinnahmen der Kommunen zunehmen. 1996 werden die Einnahmen der Kommunen nach Schätzungen des Arbeitskreises Steuerschätzungen vom November 1996 ca. 34,86 Mrd. DM (netto) betragen.
29 Zur näheren Ausgestaltung dieses Ansatzes vgl. Hintzsche/Raphael: Für eine Stärkung der Kommunen in der Wohnungspolitik, in: Demokratische Gemeinde, 1/97, S. 16–18.
30 Vgl. Gutachten der Expertenkommission Wohnungspolitik 1994, S. 124 ff. Flankierend hierzu könnte den Gemeinden mit der Einführung eines Hebesatzrechtes auf den Gemeindeanteil an der Einkommensteuer eingeräumt werden. Den Städten würden dann parallel zu den mit dem Städtewachstum verbundenen Problemen auch zusätzliche Einnahmen zufließen. Dieser zunächst naheliegende Vorschlag dürfte allerdings die bestehenden Stadt-Umland-Probleme noch verschärfen und wird von daher von den Autoren nicht weiter verfolgt.
31 Münstermann/Schäfer: Kommunaler Finanzausgleich in der Bundesrepublik, in: Kommunalpolitische Perspektiven, Festschrift für Dr. Ernst Koref zum 100. Geburtstag, Wien 1991, S. 123 ff.
32 Bei den vorgeschlagenen Maßnahmen ist zu berücksichtigen, daß eine umfassende Lösung im Rahmen einer Reform der Grundsteuer gesucht werden könnte.
33 Vgl. auch Hintzsche: Reform durch kommunale Wohnungspolitik, in: Dieckmann/Hintzsche: Wohnungspolitik für Städte, Gemeinden und Kreise, Köln 1996, S. 8.
34 Entsprechende Vorschläge des Deutschen Städtetages und des Deutschen Volksheimstättenwerkes blieben bei der Neuregelung der steuerlichen Förderung des selbstgenutzten Wohneigentums unberücksichtigt.
35 Vgl. zusammenfassend Mohl/Steinfort: Abgaben auf Grundstücke und Gebäude als bodenpolitisches Instrument, Zeitschrift für kommunale Finanzen 1993, S. 170 ff.; Drosdzol: Baulandsteuer und Bodenwertsteuer, DStZ 1994, S. 205 ff.; Apel/Henckel (s. Fußnote 9), S. 111 ff. (hier besonders der Vorschlag zu einer kombinierten Bodenwert- und Bodenflächensteuer, S. 122 ff.).
36 Vgl. allgemein zu dieser Thematik Brückmann/Dette: Stadt-Umland-Beziehungen und kommunaler Finanzausgleich: nicht nur ein Problem der kreisfreien Städte, KStZ 1996, S. 41 ff.; Münstermann/Schäfer (s. Fußnote 31), S. 123 ff.
37 Vgl. zuletzt den Gesetzesantrag des Landes Nordrhein-Westfalen, BR-Drs. 640/96 vom 29.08.1996 (s.a. BR-Drs. 635/2/96 vom 29.10.1996). Auf die Diskussion des sog. Planungswertausgleichs soll hier allerdings nicht näher eingegangen werden; vgl. statt dessen die Überlegungen von Göllner, Nakelski-Wiegert oder Andres (in diesem Buch).

VII
Neue Instrumente

Die städtebauliche Entwicklungsmaßnahme als Regelinstrument der Baulandbereitstellung

Franz-Josef Lemmen

Die besondere Verantwortung der Gemeinden bei der Baulandbereitstellung drückt sich insbesondere durch die verfassungsmäßig garantierte Planungshoheit aus. Die Gemeinden haben gem. § 1 Abs. 3 BauGB Bauleitpläne aufzustellen, sobald und soweit es für die städtebauliche Entwicklung und Ordnung erforderlich ist. Aber städtebauliche Planung allein genügt nicht, um Bauland auch tatsächlich zur Verfügung zu stellen. Es sind i.d.R. weitere bodenordnerische Maßnahmen erforderlich, so insbesondere die Freilegung, die Erschließung und Parzellierung der Grundstücke. Auch hier haben die Gemeinden Möglichkeiten, diesen Prozeß in Gang zu setzen, d.h. die bodenordnerischen Voraussetzungen zur Bebauung zu schaffen. Sie können die Erschließung eines Baugebietes veranlassen und die Grundstücksparzellierung z.b. durch ein amtliches Umlegungsverfahren vornehmen.
Nun werden verschiedene Ziele im Zusammenhang mit der Ausweisung von Bauland verbunden, vor allem städtebauliche, wohnungs- und bodenpolitische, arbeitsmarktpolitische und finanzielle Ziele. Im Gegensatz zur Bauleitplanung als eigenverantwortliche Aufgabe der Gemeinden kommt es auf der Ebene der Planungsrealisierung insbesondere auf die Kooperationswilligkeit, Initiative und Leistungsfähigkeit der privaten Eigentümer bzw. Nutzer an. Dies ist aber nicht immer gegeben. Da aber das Bedürfnis für eine zielgerichtete, von der öffentlichen Hand gesteuerte Baulandentwicklung besteht, wurde den Gemeinden ein städtebaurechtliches Instrument an die Hand gegeben, das ihnen erlaubt, aktiv die Entwicklung auf den Bauland- und Wohnungsmärkten zu fördern: die Städtebauliche Entwicklungsmaßnahme.
Die städtebauliche Entwicklungsmaßnahme ermöglicht nicht nur dort, wo die öffentliche Hand schon Grundstücke besitzt, neue Flächen auszuweisen und Wohnungen zu realisieren. Sie ist durch die Grunderwerbs- und Veräu-

ßerungspflicht der Gemeinden geeignet, eine optimale Nutzung des Grund und Bodens entsprechend den beabsichtigten Zielen, einen Ausgleich zwischen städtebaulichen und ökologischen Belangen und die Nutzbarmachung des durch die Gemeinde hervorgerufenen maßnahmebedingten (entwicklungsbedingten) Bodenwertzuwachses zur Finanzierung der Entwicklung herbeizuführen.

Das Entwicklungsrecht in den Grundzügen

Die Wiedereinführung der städtebaulichen Entwicklungsmaßnahme in fortentwickelter Form war in bodenpolitischer Hinsicht wohl die weitreichendste Neuregelung des Wohnungsbauerleichterungsgesetzes, das am 1.6.1990 in Kraft trat.[1] Wesentliche Neuerungen gegenüber den Entwicklungsmaßnahmen nach dem Städtebauförderungsgesetz von 1971 sind die veränderte Aufgabenstellung und die kommunale Zuständigkeit für die förmliche Einleitung der Entwicklungsmaßnahme.

Städtebauliche Entwicklungsmaßnahmen, die mit dem Investitionserleichterungs- und Wohnbaulandgesetz von 1993[2] in das Dauerrecht des BauGB übernommen wurden, sind wie Sanierungsmaßnahmen städtebauliche Gesamtmaßnahmen. Sie enthalten ein Bündel von verschiedenartigen, aber miteinander im Zusammenhang stehenden hoheitlichen und vertraglich-kooperativen Einzelmaßnahmen, so die förmliche Bereichsfestlegung, die Aufstellung von Bebauungsplänen oder von Vorhaben- und Erschließungsplänen, der freihändige oder zwangsweise Grunderwerb, die Herstellung von Erschließungsanlagen, die Veräußerung von Baugrundstücken oder die Baumaßnahmen. Mit Entwicklungsmaßnahmen soll ein bestimmtes Gebiet koordiniert entwickelt werden, und zwar nach einer flächendeckenden und zeitlich geschlossenen Planungskonzeption. Den Gemeinden obliegt die Verantwortung für die einheitliche Vorbereitung und zügige Durchführung der Entwicklungsmaßnahme.

Das Entwicklungsrecht (§§ 165 bis 171 BauGB) findet nur für bestimmte Maßnahmen (§ 165 Abs. 2 und 3 BauGB) in einem bestimmten Bereich (§ 165 Abs. 5 und 6 BauGB) und für bestimmte Zeit (§ 169 Abs. 1 Nr. 6 BauGB i.V.m. §§ 162 ff. BauGB) Anwendung.

Mit städtebaulichen Entwicklungsmaßnahmen sollen Ortsteile und andere Teile des Gemeindegebietes entsprechend ihrer besonderen Bedeutung für die städtebauliche Entwicklung und Ordnung der Gemeinde oder entsprechend der angestrebten Entwicklung des Landesgebietes oder der Region erstmalig entwickelt oder im Rahmen einer städtebaulichen Neuordnung

einer neuen Entwicklung zugeführt werden. Sie sollen der Errichtung von Wohn- und Arbeitsstätten sowie von Gemeinbedarfs- und Folgeeinrichtungen dienen. Die Gemeinde beschließt die förmliche Festlegung des städtebaulichen Entwicklungsbereichs als Satzung.
Für Entwicklungsmaßnahmen gelten besondere bodenrechtliche Vorschriften. Hierzu zählen insbesondere:
- Genehmigungspflicht bei Vorhaben, Teilungen und Rechtsvorgängen,
- Nichtberücksichtigung entwicklungsbedingter Wertsteigerungen beim Grunderwerb und bei Ausgleichs- und Entschädigungsleistungen,
- Vorkaufsrecht.

Während diese bodenrechtlichen Vorschriften auch bei städtebaulichen Sanierungsmaßnahmen Anwendung finden, unterscheiden sich städtebauliche Entwicklungsmaßnahmen insbesondere dadurch, daß im Entwicklungsbereich
- eine umfassende Grunderwerbspflicht besteht und diese notfalls
- durch eine Enteignung ohne Bebauungsplan durchgesetzt werden kann.

Die Gemeinden sind zur Aufstellung einer Kosten- und Finanzierungsübersicht verpflichtet. Sie ist nach dem jeweiligen Stand der Planung aufzustellen bzw. fortzuschreiben und so ein wichtiges bodenwirtschaftliches Steuerungsinstrument. In der Kosten- und Finanzierungsübersicht sind nur die Kosten, die nach den Zielen und Zwecken der Entwicklung erforderlich sind, zu berücksichtigen.

Städtebauliche Entwicklungsmaßnahmen sind also dadurch gekennzeichnet, daß nicht nur die Planung, sondern auch deren bodenordnerische Realisierung Aufgabe der Gemeinde ist: Sie kauft sämtliche Grundstücke im Entwicklungsbereich zu einem Preis ohne Aussicht auf die künftige Entwicklung von den Alteigentümern auf und verkauft sie nach erfolgter Erschließung und Parzellierung zum Baulandwert an Bauwillige weiter. Bei nicht verkaufsbereiten Alteigentümern können die Gemeinden auch die Enteignung betreiben, und zwar nicht nur für Flächen öffentlicher Nutzung wie Straßen und Plätze, sondern auch für künftige private Bauflächen.

Städtebauliche Entwicklungsmaßnahmen in der Praxis

Städtebauliche Entwicklungsmaßnahmen gibt es nicht erst seit Anfang der 90er Jahre. Seit 1971 konnten Entwicklungsmaßnahmen unter der Geltung des Städtebauförderungsgesetzes förmlich durch Rechtsverordnung der Landesregierung zur Verwirklichung raumordnerischer und landesplanerischer Ziele eingeleitet und von den Kommunen durchgeführt werden. Unter bo-

denrechtlichen Gesichtspunkten und hinsichtlich des Verfahrensablaufs haben sich jedoch nur geringfügige Änderungen bei den Entwicklungsmaßnahmen neuen Typs ergeben. Die positiven Erfahrungen mit Entwicklungsmaßnahmen nach dem Städtebauförderungsgesetz und die bisherigen Erfahrungen mit den Entwicklungsmaßnahmen neuen Typs zeigen, daß es sich um ein wirksames bodenpolitisches Instrument zur Bereitstellung und Mobilisierung von Bauland für verschiedenste Ziele und Zwecke handelt. Die Vorteile von Entwicklungsmaßnahmen ergeben sich aus dem bodenpolitischen Konzept. Städtebauliche Entwicklungsmaßnahmen sind besonders geeignet,
– eine optimale Verwendung des Grund und Bodens entsprechend den Entwicklungszielen herbeizuführen,
– Bodenspekulationen zu verhindern, und zwar durch die Nichtberücksichtigung entwicklungsbedingter Bodenwertsteigerungen,
– alle Grundstücke zu mobilisieren, und zwar durch vollständigen Erwerb aller Flächen im Entwicklungsbereich und Veräußerung der baureifen Grundstücke,
– eine Selbstfinanzierung durch Abschöpfung des Entwicklungsgewinns (Differenz zwischen entwicklungsunbeeinflußtem Grundstückswert und dem Grundstückswert nach rechtlicher und tatsächlicher Neuordnung) zu erreichen,
– weite Kreise der Bevölkerung bei der Eigentumsbildung zu berücksichtigen und
– städtebaulich qualitätsvolles Bauen zu gewährleisten.
In den ersten Jahren nach Wiedereinführung der städtebaulichen Entwicklungsmaßnahme 1990 war bei den Gemeinden eine gewisse Euphorie festzustellen. In dieser Phase dachten sehr viele Gemeinden daran, ihre Bauland- und Wohnungsprobleme zügig und einfach durch den Einsatz des Entwicklungsrechts bewältigen zu können. Mittlerweile ist eine gewisse Ernüchterung eingekehrt. Eine bundesweite Umfrage im Frühjahr 1994 ergab, daß von ca. 240 Entwicklungsmaßnahmen bundesweit lediglich ca. 40 förmlich durch Satzung eingeleitet worden waren.[3] Allein in Nordrhein-Westfalen wurden nach einer landesweiten Umfrage im Jahr 1994 mehr als 90 Entwicklungsmaßnahmen angedacht bzw. konkret vorbereitet; bis Ende 1996 wurden jedoch nur 14 Maßnahmen förmlich eingeleitet.
Damit kann festgestellt werden, daß Entwicklungsmaßnahmen im quantitativen Vergleich mit anderen Instrumenten der Baulandbereitstellung eher Ausnahmefälle darstellen. Was sind die Gründe hierfür? In erster Linie sind folgende zu nennen:

- strenge Anwendungs- und Festlegungsvoraussetzungen (insbesondere das Allgemeinwohlerfordernis),
- rechtliche Unsicherheiten durch kompliziertes Entwicklungsrecht,
- rückläufige Tendenz der Wohnungs- bzw. Baulandproblematik in Teilräumen,
- hohe finanzielle Anfangsbelastung infolge des Grunderwerbs verbunden mit haushaltsrechtlichen Schwierigkeiten der Darstellung der Finanzierung der Entwicklungsmaßnahme sowie mangelnde staatliche Förderung bei Projekten mit Förderbedarf,
- geringe Akzeptanz bei den Eigentümern.

Ausblick

Die Meinungen über das Entwicklungsrecht gehen weit auseinander. Je nach Interessenlage läßt sich dieser Dissens auf die Kurzformel bringen: Entwicklungsmaßnahmen sind ebenso effizient wie unpopulär. Effizient, weil die bisherigen Erfahrungen insgesamt sehr positiv sind, unpopulär, weil mit Entwicklungsmaßnahmen sehr weitgehend in die Eigentumsrechte eingegriffen wird, im Vergleich zu anderen Instrumenten der Baulandbereitstellung am stärksten.

Die Gegner der Entwicklungsmaßnahme, insbesondere die betroffenen Eigentümer, halten das Entwicklungsrecht für nicht verfassungskonform – weder die Inanspruchnahme der maßnahmebedingten Wertsteigerungen zur Finanzierung der Entwicklung noch die umfassende Grunderwerbspflicht, einschließlich des Rechts der Enteignung aller Flächen im Entwicklungsbereich. Es ist jedoch festzustellen, daß der Gesetzgeber keine verfassungsrechtlichen Bedenken gesehen hat – weder 1971 bei der Einführung des Entwicklungsrechts durch das Städtebauförderungsgesetz noch 1990 bei der Wiedereinführung durch das Wohnungsbauerleichterungsgesetz. Darüber hinaus haben die Oberverwaltungsgerichte bzw. Verwaltungsgerichtshöfe der Länder in bisher 12 Normenkontrollverfahren zu Entwicklungsverordnungen (9x) bzw. -satzungen (3x) keine verfassungsrechtlichen Bedenken erhoben, da in keinem Fall das Bundesverfassungsgericht zwecks Überprüfung dieser Frage bemüht wurde.

Mit Blick auf eine umfassende Bodenrechtsdiskussion sollte überlegt werden, die Entwicklungsmaßnahme als Regelinstrument für die erstmalige Aufschließung bzw. Neuordnung von Baugebieten, die für die städtebauliche Entwicklung notwendig sind, vorzuschlagen. In einer Gemeinde, in der die Entwicklungsmaßnahme als Regelinstrument eingesetzt wird, würden sich die Beteiligten nach einer gewissen Zeit auf diese Baulandbereitstellungspraxis einstellen. Die von der Gemeinde zu zahlenden entwicklungsunbeeinflußten Grundstückswerte (die über dem Verkehrswert für reines Agrarland liegen) würden von den Eigentümern nach einer gewissen Zeit akzeptiert. Darüber hinaus könnte mit einer Bodenpreisbeeinflussung im gesamten Gemeindegebiet gerechnet werden, da die Bereitstellung von Baugrundstücken generell von den Gemeinden ausginge, die den Baulandpreis festlegen. Im Gegensatz zum Einsatz der Entwicklungsmaßnahme als Ausnahmefall oder zu Baulandmodellen für bestimmte Zwecke, z.B. Einheimischenmodelle, würde nicht nur ein Sondermarkt für einen Teilbereich geschaffen, der u.U. zu Baulandpreissteigerungen in anderen Bereichen des Gemeindegebietes führt, sondern ein einheitlicher Markt für unbebautes Bauland, bei dem der Bodenpreis nicht von Privateigentümern bestimmt würde, die an der Erzielung höchstmöglicher Preise interessiert sind.

Gemeinden in den alten Bundesländern, die erfolgreich Entwicklungsmaßnahmen nach dem Städtebauförderungsgesetz durchgeführt haben, wissen um deren Vorzüge. Deshalb ist es nicht erstaunlich, daß viele dieser Gemeinden auch heute wieder nach diesem Instrument greifen. Das Symposium „Städtebauliche Entwicklungsmaßnahmen – Erfahrungen und Perspektiven", das im Rahmen der Rechtstatsachen- und Wirkungsforschung zu den Regelungen des BauGB-Maßnahmengesetzes im Juni 1995 in Berlin mit 90 Experten aus den kommunalen Fachverwaltungen, den fachlich zuständigen Bundes- und Landesbehörden, aus Wissenschaft und Forschung sowie von verschiedenen Entwicklungsträgern und Planungsbüros stattfand, kam zu dem Ergebnis, daß die Entwicklungsmaßnahme einen wichtigen Beitrag zur Baulandmobilisierung leistet. Die Experten beurteilten die Entwicklungsmaßnahme einhellig positiv. Sie habe sich bewährt und sei ein unverzichtbares Instrument des Städtebaurechts geworden.[4]

Über dieses Votum der Experten hinaus muß angesichts der Situation auf den Bauland- und Wohnungsmärkten die Frage gestellt werden, ob eine Gemeinde bei der Baulandbereitstellung künftig noch einen anderen Weg beschreiten darf als den der Entwicklungsmaßnahme oder der vertraglichen Regelung im „Geiste der Entwicklungsmaßnahme". Liegen die Anwendungsvoraussetzungen zur Durchführung einer Entwicklungsmaßnahme vor, ist also u.a. der Nachweis erbracht, daß andere, mildere Mittel nicht zu den beabsichtigen Zielen führen, so hat die Gemeinde möglicherweise sogar die Pflicht zum Erlaß der beabsichtigten Entwicklungssatzung. Von einem Anwendungszwang könnte gesprochen werden.

Andererseits dürfen Entwicklungsmaßnahmen immer nur subsidiär zum Einsatz kommen. So ist immer zu prüfen, ob nicht mildere Mittel ausreichen, um die Entwicklungsziele zu erreichen, wie z.b. die Baulandumlegung. Die Baulandumlegung ist ein seit Jahrzehnten angewendetes Instrument der Baulandbereitstellung und im Gegensatz zur Entwicklungsmaßnahme, die einen Wechsel in der Eigentümerstruktur herbeiführen soll, eigentumserhaltend. Die Umlegung ist jedoch in den letzten Jahren an gewisse Grenzen gestoßen. Im Vergleich zur Entwicklungsmaßnahme, die eine planungs- und realisierungsbezogene Gesamtmaßnahme ist, ist die Umlegung als Grundstückstauschverfahren häufig nicht geeignet,
– eine planungs- und zieladäquate Bodennutzung zu gewährleisten, da Regelungen über den Grundstückstausch hinaus auf freiwilliger Basis erfolgen müssen, diese aber nicht immer gegeben ist,
– eine vollständige Bebauung des zu entwickelnden Gebietes herbeizuführen,
– bei stark zersplitterter Eigentums- und Grundstücksstruktur überhaupt eine Bebauung herbeizuführen,
– die Bereitstellung von naturschutzrechtlichen Ausgleichsflächen sicherzustellen,
– die Finanzierung der Entwicklung über die Abschöpfung der umlegungsbedingten Vorteile zu erreichen.
Diese Gesichtspunkte sind bei der Bestimmung des Instrumentes zur Baulandbereitstellung zu berücksichtigen. Sie können bei Bejahung der anderen Anwendungsvoraussetzungen den Erlaß einer Entwicklungssatzung rechtfertigen.
Die gegenwärtige Rechtsordnung in der Bundesrepublik erlaubt es jedoch nicht, der Entwicklungsmaßnahme a priori den Vorzug vor anderen, milderen Instrumenten zu geben. In diesem wichtigen Punkt unterscheiden sich Recht und Praxis der Baulandbereitstellung in den Niederlanden und in Deutschland. In den Niederlanden werden grundsätzlich neue Baugebiete mittels Zwischenerwerb der hierfür erforderlichen Flächen durch die Gemeinde bzw. durch kommunale Gesellschaften entwickelt. Ein Nebeneinander verschiedener Instrumente der Baulandbereitstellung wie in Deutschland („doppeltes Bodenrecht") gibt es in den Niederlanden nicht.
Betrachtet man die hohe Regelungsdichte im deutschen Städtebaurecht im allgemeinen und bei städtebaulichen Entwicklungsmaßnahmen im besonderen, ist es um so erstaunlicher, daß der kommunale Zwischenerwerb der niederländischen Gemeinden ohne nennenswerte gesetzliche Regelungen auskommt. In den Niederlanden steht mit dem Abschluß eines umfangreichen städtebaulichen Planungsprozesses mit intensiver Bürgerbeteiligung fest, daß

die Verwirklichung eines geplanten Baugebietes im allgemeinen Interesse erforderlich ist und eine Enteignung generell rechtfertigt, wenn die Gemeinde ein Grundstück nicht freihändig erwerben kann. Gegenüber den in der kommunalen Praxis in Deutschland vorkommenden Enteignungsfällen können in den Niederlanden nicht nur Flächen für öffentliche Zwecke enteignet werden, sondern auch solche, für die im niederländischen Bebauungsplan („Bestemmingsplan") eine Wohn- oder gewerbliche oder andere bauliche Nutzung festgelegt ist. Allerdings müssen die Gemeinden nicht oft von dieser Enteignungsmöglichkeit Gebrauch machen. Es spielt aber als Druckmittel eine bedeutende Rolle für den freihändigen Erwerb.

Darüber hinaus haben die Gerichte in den Niederlanden eine andere Rechtsauffassung bzgl. des Begriffs des Allgemeinwohlerfordernisses als die deutschen Gerichte. Von den niederländischen Gerichten wird grundsätzlich unterstellt, daß die fristgerechte und unverzügliche Realisierung der im Bestimmungsplan dargestellten Nutzungen im allgemeinen Interesse liege und somit eine Enteignung rechtfertige. Im Hinblick auf eine verstärkte Anwendung des Entwicklungsrechts in Deutschland in Richtung Regelinstrument der Baulandbereitstellung kommt es deshalb wohl besonders auf die Auslegung des unbestimmten Rechtsbegriffs „Allgemeinwohlerfordernis", dessen mögliche Konkretisierung durch den Gesetzgeber sowie dessen Überprüfung durch die Gerichte an.

Obwohl der Gesetzgeber bei der Wiedereinführung des Entwicklungsrechts 1990 zwei Beispiele genannt hat, die das Allgemeinwohlerfordernis für eine Entwicklungsmaßnahme begründen können, und zwar den erhöhten Wohnungs- und Arbeitsstättenbedarf bzw. die Wiedernutzung brachliegender Flächen (§ 165 Abs. 3 Nr. 2 BauGB), wird überwiegend in der Praxis die Durchführung einer Entwicklungsmaßnahme vom Nachweis eines erhöhten Bedarfs abhängig gemacht. Wird aber ausschließlich auf den erhöhten Bedarf abgestellt, geraten sehr viele Entwicklungsmaßnahmen bei Normenkontrollverfahren in erhebliche Schwierigkeiten, wenn das Gericht diesen Nachweis als nicht erbracht betrachtet.[5] Der Gesetzgeber könnte einen Beitrag zur Entschärfung dieses Problems leisten, wenn er die eigentlich als Hilfe gedachte beispielhafte Aufzählung von Allgemeinwohlgründen aus dem Entwicklungsrecht streicht. Die Allgemeinwohlklausel wäre dann wieder identisch mit der für die Entwicklungsmaßnahme nach dem Städtebauförderungsgesetz.

Andererseits könnte der Gesetzgeber im Hinblick auf eine verstärkte Anwendung des Entwicklungsrechts noch einen Schritt weitergehen, wenn er grundsätzlich anerkennen würde, daß eine Entwicklungsmaßnahme zur Deckung eines Bedarfs an Wohn- und Arbeitsstätten erforderlich sein kann, wenn also auf den Nachweis des erhöhten Bedarfs verzichtet werden könnte. Dieser Verzicht würde keinesfalls als „Freibrief" der Gemeinden für Entwicklungsmaßnahmen zu verstehen sein, da auch weiterhin das Erfordernis der einheitlichen Vorbereitung und zügigen Durchführung und des besonderen bodenrechtlichen Instrumentariums gegeben sowie die zügige Durchführung der Maßnahme gewährleistet sein müssen.

Auch die Abschöpfung von Wertsteigerungen, und zwar von planungsbedingten Wertsteigerungen, nicht nur von maßnahmebedingten wie bei Entwicklungsmaßnahmen, ist in den Niederlanden rechtlich verankert und wird in der Praxis umgesetzt. Es käme in den Niederlanden kaum jemand auf die Idee, in diesem Zusammenhang von einer kommunistischen Rechtsordnung zu sprechen; ein Vergleich, der in Deutschland bei der Vorbereitung von Entwicklungsmaßnahmen des öfteren angestellt wird. Sogar die Bayerische Staatsverfassung schreibt in Art. 161 Abs. 2 vor, daß Bodenwertsteigerungen, die ohne besonderen Arbeits- oder Kapitalaufwand des Eigentümers entstehen, für die Allgemeinheit nutzbar zu machen sind.

Zusammenfassend ist festzustellen, daß eine verstärkte Anwendung der Entwicklungsmaßnahme nur durch ein deutliches Zeichen des Gesetzgebers erreicht werden kann und auch davon abhängt, ob weitere Regelungen in das Städtebaurecht Eingang finden, um die Behandlung von Bodenwerterhöhungen bzw. -abschöpfungen, z.B. durch eine Bodenwertsteuer oder durch einen Planungswertausgleich, umfassender als bisher zu lösen.

---

1 Gesetz zur Erleichterung des Wohnungsbaus im Planungs- und Baurecht sowie zur Änderung mietrechtlicher Vorschriften vom 17.5.1990, BGBl. I S. 926.
2 Gesetz zur Erleichterung von Investitionen, Ausweisung und Bereitstellung von Wohnbauland vom 22.4.1993, BGBl. I S. 466.
3 Portz/Schote: Baulandmobilisierung durch städtebauliche Entwicklungsmaßnahmen, Stadt und Gemeinde 1994, S. 424.
4 Siehe BT-Drucksache 13/5489, S. 31.
5 BVerG, Beschluß vom 30.12.1996, 4 NB 12.96 und VGH München, Urteil vom 23.10.1995, 15 N 94.1693, BayVBZ. 1996, S. 271.

Mehr Konsens innerhalb fester Rahmenbedingungen

Hartmut Dieterich

Boden – ein Verhältnis auf Gegenseitigkeit

Bodeneigentum bewirkt ein Verhältnis auf Gegenseitigkeit zwischen Eigentümer und Gemeinde. Auch in einer Gesellschaftsordnung, in der Grundlage für die wirtschaftliche Betätigung des einzelnen das Privateigentum – auch an Boden – ist, kann nicht jeder mit seinem Grundstück tun und lassen, was er will. In Deutschland ist die Baufreiheit eher theoretischer Lehrsatz als Rechtswirklichkeit, hat doch der Gesetzgeber von den Möglichkeiten des Artikels 14 Abs. 1 und 2 GG Gebrauch gemacht und die Bodennutzung allgemein unter einen „Planungsvorbehalt" gestellt. Insbesondere die bauliche Nutzung eines Grundstücks ist nur möglich, wenn die beabsichtigte Bodennutzung planungsrechtlich abgedeckt ist, das Vorhaben also nach Bauplanungsrecht, sei es im Gebiet eines Bebauungsplanes, eines Vorhaben- und Erschließungsplanes, in den im Zusammenhang bebauten Ortsteilen, oder ausnahmsweise im Außenbereich nach BauGB zulässig ist. Das hat seinen Grund nicht zuletzt darin, daß auch für den Eigentümer eine ordnungsgemäße, sinnvolle und gefahrlose Grundstücksnutzung nur möglich ist, wenn die Allgemeinheit Leistungen – technische und soziale Infrastruktur – für das Grundstück erbringt. Die für die Grundstücksnutzung wichtigsten Voraussetzungen werden von der Gemeinde geschaffen, die verkehrliche Erschließung, die Wasserversorgung und Entwässerung; die Gemeinde muß dafür sorgen, daß Kinder zur Schule gehen können, daß in der Stadt gearbeitet werden kann und daß sich alle von der Arbeit auch wieder erholen können. Der Eigentümer braucht die Gemeinde.

Die Gemeinde braucht aber auch die Eigentümer, wenn sie ihre Aufgaben erfüllen will. Immer wieder müssen bisher private Grundstücke für eine öffentliche Nutzung hergerichtet werden. Erster Schritt dazu ist die Möglichkeit des Erwerbs der Grundstücke aus privater Hand. Die Gemeinde ist aber auch darauf angewiesen, daß Privatleute auf ihren Grundstücken Arbeitsplätze, Einkaufsmöglichkeiten, Serviceleistungen anbieten. Nur dann, wenn sich die private Grundstücksnutzung im Rahmen öffentlicher Vorgaben, Planungsvorgaben im weitesten Sinne, wirklich vollzieht, sind die öffentlichen Interessen erfüllbar. Die Gemeinde ist auf die Eigentümer ebenso angewiesen wie die Eigentümer auf die Gemeinde.

In vielen Fällen sind, was die Bodennutzung angeht, die Interessen der Gemeinde und der Eigentümer nicht gegenläufig, sondern gleichgerichtet. Am deutlichsten wird das bei Grundstücken, für die eine amtliche Umlegung aufgrund eines Bebauungsplanes durchgeführt wird: die Gemeinde möchte, daß in einem bestimmten Gebiet Gewerbe angesiedelt wird. Die Grundstücksgrenzen müssen aber erst auf die planmäßige Nutzung ausgerichtet werden. Das geschieht in der Umlegung, die im öffentlichen Interesse liegt, denn jetzt können neue Arbeitsplätze geschaffen werden. Die Umlegung liegt aber genauso im Interesse der Eigentümer. Ihre bisher z.B. landwirtschaftlich genutzten Grundstücke sind als Baugrundstücke in einem Gewerbepark weit wertvoller als vorher.

Die Planungshoheit der Gemeinde steht keineswegs immer im Widerspruch zu den Interessen der Eigentümer an der eigenen Nutzung oder an der sonstigen Verwertung ihrer Grundstücke. Konfliktfälle werden zwar in der Öffentlichkeit meist ausführlicher behandelt und in den Medien zerpflückt, aber weit häufiger laufen öffentliche und private Interessen parallel. Bürgerinitiativen gibt es nur, wenn es Probleme gibt, nicht in den alltäglichen Fällen eines guten, gegenseitigen Verhältnisses.

Der Staat kann seine Bürger durch mehr Instrumente, durch eine stärkere Intervention auf dem Bodenmarkt, durch Bodenrecht zu einer sinnvolleren oder besseren Bodennutzung veranlassen, auch zwingen. Und tatsächlich mutet der Staat seinen Bürgern mit manchen Instrumenten, auch mit manchen nicht immer einsichtigen Festsetzungen in Bebauungsplänen einiges zu. Das kann notwendig sein, um auf bestimmte gesellschaftliche Entwicklungen angemessen zu reagieren: Die Einführung und die Novellierung des MaßnahmenG zum BauGB 1990 und 1993 war der Versuch einer solchen Reaktion. Den Gemeinden wurden neue Instrumente im Planungsrecht angeboten. Gleichzeitig wurden städtebauliche Verträge „hoffähig" gemacht. Die Mobilisierung von Grundstücken kann durch eine Bodenwertsteuer, wie in Dänemark, aktiviert werden oder, wie im Lande Salzburg (Österreich), dadurch, daß Baurechte nach 10 Jahren verfallen. Aber Baulandbereitstellung ist nicht allein eine hoheitliche Aufgabe, sondern eben wieder ein Aspekt des Verhältnisses auf Gegenseitigkeit zwischen Eigentümer und Gemeinde. Verschiedene Akteure müssen zusammenwirken, und viele Beispiele vor allem

aus Süddeutschland, zeigen, daß bodenrechtliche Erfolge auch durch Vernunft und im Konsens erreicht werden können.
Das heißt nicht, daß immer alles nach dem Willen der Eigentümer geschehen müsse. Es ist durchaus möglich, daß eine Gemeinde gleichsam in Ergänzung des gesetzlichen Rahmens für die Erschließung von Gebieten bestimmte Vorgaben macht und den Eigentümern anbietet, im Rahmen dieser Vorgaben gemeinsam Baugebiete aufzuschließen.
Derartiges Zusammenwirken ist eigentlich schon deshalb notwendig, weil das „Knirschen im System" vorprogrammiert ist: das Angebot an neuem Bauland wird durch Planung öffentlich-rechtlich, man könnte sagen: planwirtschaftlich gesteuert. Die Realisierung der Pläne ist aber Sache der Eigentümer. Auch wenn die Gemeinden Instrumente zur Realisierung von Plänen besitzen, etwa durch eine Baulandumlegung, vielleicht auch durch den Erlaß von Baugeboten, so führt doch kein Weg daran vorbei, daß die Investitionen zum größten Teil von der privaten Seite kommen sollen und müssen.

Städtebauliche Verträge

Städtebauliche Verträge hat es zwar immer gegeben, der Gesetzgeber, auch die Rechtswissenschaft, haben davon aber nur zögernd Kenntnis genommen. Städtebauliche Verträge waren nicht verboten, sie lagen aber in einer rechtlichen Grauzone. Erst das MaßnahmenG zum BauGB hat dazu geführt, daß das Arbeiten mit städtebaulichen Verträgen, die Mischung zwischen vertraglichen Aspekten und hoheitlichen Maßnahmen, jetzt auf einer gesicherten Grundlage stattfindet. § 11 des vorgesehenen Bau- und Raumordnungsgesetzes übernimmt den städtebaulichen Vertrag mit etwas gestrafften Formulierungen aus dem MaßnahmenG ins BauGB.
Eine genaue Betrachtung ergibt freilich, daß es vornehmlich darum geht, Lasten auf den Bürger zu überwälzen, die bisher bei der Gemeinde lagen. Der städtebauliche Vertrag ist durchaus auch als hoheitliches Instrument konzipiert und eher auf die Gemeinden ausgerichtet, die auch mit Verträgen ihre Aufgaben einfacher und schneller erfüllen können sollen als bisher. Das Interesse der Bürger darf aber nicht aus dem Auge verloren werden. Mit Recht hat der Schweizer Raumplaner und Jurist Lendi einmal bemerkt, daß es das höchste öffentliche Interesse sei, daß alle, der Arbeitslose wie der Generaldirektor, die Krankenschwester wie der Professor ihre Interessen bestmöglich wahrnehmen können.
Paradox ist freilich, daß gerade die Bestimmungen, die der Gesetzgeber zum Schutz der Eigentümer vorsieht, gelegentlich zu Konflikten führen.

Arten städtebaulicher Verträge

Bauplanungsverträge:
Als erstes ist der Bauplanungsvertrag zu nennen. Dabei geht es um die *Ausarbeitung der erforderlichen städtebaulichen Planungen*, damit städtebauliche Maßnahmen nach dem BauGB durchgeführt werden können. Anders als bei einem normalen Werkvertrag, den die Gemeinde mit einem Planer schließt, sind hier Verträge zwischen Stadt und Eigentümern oder Bauträgern gemeint, die selbst an der Planung Interesse haben, die aber der Gemeinde Planungskosten abnehmen, und zwar im beiderseitigen Interesse.

Verträge zur Baureifmachung
Verträge, mit denen Grundstücke baureif gemacht werden sollen, sind Vereinbarungen, die in der Vergangenheit als Erschließungsverträge und als Verträge über freiwillige Bodenordnungen schon eine große Rolle gespielt haben. Beim *Erschließungsvertrag* (§ 124 BauGB) überträgt die Gemeinde die Erschließung durch Vertrag auf einen Dritten. Übertragen werden dabei nicht nur die technischen Arbeiten, sondern die gesamte Aufgabe, für die ein Bauträger oder eine Eigentümergemeinschaft selbst sorgen sollen.
Vor der Durchführung der Erschließung muß aber häufig eine Bodenordnung stehen. *Freiwillige Umlegungen* haben, mehr im Süden als im Norden Deutschlands, eine lange Tradition. Sie zeigen besonders, daß die Interessen der Eigentümer eines Gebiets und der Gemeinde gleichgerichtet sein können. Sie zeigen aber auch, daß eine Gemeinde feste Vorgaben machen kann, die von den Eigentümern vertraglich akzeptiert werden. So kam es immer wieder vor, daß eine Stadt im Gebiet einer freiwilligen Umlegung eine bestimmte Anzahl von Wohneinheiten verwirklicht sehen wollte und deutlich machte, daß nur ein solcher Bebauungsplan aufgestellt werde, der entsprechende Baumöglichkeiten enthält, und daß sich die Eigentümer verpflichten müßten, entsprechend zu bauen. In den meisten Fällen dieser Art wurde erkannt, daß es auch im Interesse des Eigentümers unsinnig gewesen wäre, sich gegen die Wünsche der Stadt zu sperren, wurde doch z.B. der ursprünglich als Einfamilienhaus vorgesehene Bau als Dreifamilienhaus viel wirtschaftlicher und das Grundstück wertvoller.

Baurealisierungsverträge
Baurealisierungsverträge sind Verträge, mit denen dafür gesorgt wird, daß *bestimmte planerische Absichten in einem Gebiet auch Wirklichkeit* werden. In diesem Zusammenhang sind die bayerischen „Einheimischenmodelle" zu

nennen. Bei diesen geht es im Alpenvorland darum, daß angesichts der dort ins Astronomische gestiegenen Grundstückspreise Einheimische auf dem normalen Bodenmarkt keine Grundstücke mehr erwerben und in der eigenen Gemeinde nicht mehr bauen können; sie werden von den Auswärtigen überboten. In diesen Fällen werden Bebauungspläne nur dort aufgestellt, wo sich die Eigentümer verpflichten, die Grundstücke zum großen Teil zu einem von der Gemeinde festgelegten Preis an Einheimische zu verkaufen, während ihnen ein Teil auch zur Veräußerung auf dem freien Markt verbleibt. Es kommt auch vor, daß Grundstücke bei der Erschließung von Neubaugebieten für den sozialen Wohnungsbau zur Verfügung gestellt werden (§ 6 Abs. 2 BauGB MaßnahmenG). Selbst im Rahmen des stärksten bodenrechtlichen Instruments, der städtebaulichen Entwicklungsmaßnahme, gibt es Realisierungsverträge: verkauft wird grundsätzlich nur an Bauwillige, die sich verpflichten, das Grundstück innerhalb angemessener Frist zu bebauen. Vor allem aber gibt es Abwendungsvereinbarungen: Eigentümer, die sich verpflichten, ihr Grundstück im Entwicklungsbereich binnen angemessener Frist entsprechend den Zielen und Zwecken der städtebaulichen Entwicklungsmaßnahme selbst zu nutzen und einen Ausgleichsbetrag in Höhe der Wertsteigerung ihres Grundstückes zu bezahlen, können ihr Grundstück behalten.

Folgekostenverträge
Auch Folgekostenverträge sind nichts Neues. Sie waren in den 60er Jahren gang und gäbe. Große Baugesellschaften versprachen damals den Gemeinden, in denen sie größere Baugebiete erschlossen, oft auch für die Kosten, die der Gemeinde infolge der Aufsiedlung des Gebiets entstanden, Leistungen zu erbringen, z.B. für den notwendigen neuen Kindergarten; sogar ganze Rathäuser wurden bezahlt.
Folgekosten, in der Regel *Leistungen für Infrastrukturmaßnahmen,* können allerdings nicht frei vereinbart werden. Das ist nur insoweit erlaubt, als sie Voraussetzung oder Folge des vom Bauwilligen geplanten Vorhabens sind. Sie müssen den gesamten Umständen nach angemessen sein und sind unzulässig, wenn der Bauwillige auch ohne diese Leistungen einen Anspruch auf die Erteilung der Genehmigung hätte.

Der Vorhaben- und Erschließungsplan

Der Vorhaben- und Erschließungsplan, ursprünglich für die neuen Bundesländer erdacht und erst später für die alten Länder übernommen, der auch im § 12 des Entwurfs des Bau- und Raumordnungsgesetzes 1998 als vorhabenbezogener Bebauungsplan zu finden ist, enthält Elemente mehrerer der genannten Vertragstypen. Zu der Satzung, die die Zulässigkeit eines Vorhabens bestimmt, das nicht schon nach anderen Bestimmungen des BauGB zulässig ist, gehört immer auch ein Durchführungsvertrag, in dem der Vorhabenträger bestimmte Verpflichtungen übernimmt. So arbeitet er die notwendigen Pläne aus, übernimmt die Erschließung, die er ganz oder teilweise bezahlt, er verpflichtet sich, unverzüglich zu bauen. Immer wieder werden im Vorhaben- und Erschließungsplan auch Bestimmungen über Folgekosten untergebracht.

Der Vorhaben- und Erschließungsplan, ausgerichtet auf ein bestimmtes Vorhaben, kürzt langwierige Bebauungsplanverfahren ab und bewirkt, daß ein Plan aufgestellt und in dieser Form auch verwirklicht wird, während von Bebauungsplanfestsetzungen, die ja nur Angebote an die Eigentümer bedeuten, häufig Befreiungen, oft in erheblichem Umfang, notwendig werden. Er ist deshalb gerade in Gewerbegebieten, in denen schnell Baurecht geschaffen werden soll, ein probates Mittel. Eine große Kreisstadt in Süddeutschland verbindet den Vorhaben- und Erschließungsplan nicht nur mit Grenzregelungen, sondern gelegentlich auch mit Umlegungsverfahren und erreicht damit, daß alle Beteiligten zufrieden sind.

Planungshoheit im Dienste der Bodenwirtschaft

Städtebauliche Verträge nach dem BauGB MaßnahmenG bedeuten in aller Regel eine Mehrbelastung der Bürger z.B. durch Folgekosten oder Landabtretungen gegenüber der normalen Baulandentwicklung. Diese Belastungen werden von den Bürgern jedoch übernommen, weil sie wissen, daß die Gemeinde sonst gar nicht in der Lage wäre, das Baugebiet, an dem sie interessiert sind, zu entwickeln. Diese neue Art des Bodenmanagements ist, wieder insbesondere in Süddeutschland, häufig anzutreffen. Als Beispiel sei die Stadt München genannt. Sie hat feste Vorgaben für städtebauliche Verträge in einem Beschluß über die *„sozialgerechte Bodennutzung in München"* gemacht. München nahm die Kodifizierung von Grundsätzen zum städtebaulichen Vertrag als Anlaß, um Lasten städtebaulicher Planungen und deren Realisierung von den Planungsbegünstigten tragen zu lassen. Dabei stützt sich die Stadt auf den Gesetzesbefehl des § 1 Abs. 5 BauGB, daß die Bauleitpläne eine sozialgerechte Bodennutzung gewährleisten sollen. Wird in München Baurecht geschaffen, so müssen die Flächen für Erschließungsanlagen, Gemeinbedarfseinrichtungen und naturschutzrechtlich gebotene Ausgleichs- und Ersatzmaßnahmen abgetreten werden. Die Herstellungskosten der Erschließungsanlagen und der Ausgleichs- und Ersatzmaßnahmen sind von den Eigentümern zu übernehmen. Zur Herstellung der sozialen Infrastruktur sind Beiträge zu leisten, ggf. im Wege eines anteiligen Finanzierungsbeitrages von 130,- DM/m^2 Geschoßfläche. Kosten für Wettbewerbe, Gutachten und Planungskosten Dritter müssen ggf. getragen werden. 30 % der neuen Wohnbauflächen müssen für den sozialen Wohnungsbau bereitgestellt werden. Baupflichten sind zu übernehmen. Den Planungsbegünstigten soll aber mindestens ein Drittel des planungsbedingten Wertzuwachses zur Deckung ihrer individuellen Kosten verbleiben (weitere Leistungen wie Erschließungsbeiträge oder Kanalbaukosten werden nicht gefordert).Diese Vorgaben müssen, wenn ein Wohngebiet überplant werden soll, von den Eigentümern grundsätzlich anerkannt werden.

51 entsprechende Verträge sind bis Herbst 1996 abgeschlossen worden. Flächen für 5.900 Wohneinheiten, davon 1.600 im sozialen Wohnungsbau, wurden bereitgestellt, aber auch 380.000 m^2 Geschoßfläche für Gewerbe und Industrie können geschaffen werden. Die Vorgaben sind in München inzwischen allgemein akzeptiert worden. Die Baulandpreise steigen nicht weiter. Die Eigentümer und die Developer stellen sich auf diese Vorgaben ein.

Aber auch kleinere Städte beschäftigen sich, häufig im Rahmen freiwilliger Umlegungen, mit ähnlichen Modellen des Flächenmanagements. Die Eigentümer sind überall entweder besser als ihr Ruf oder klug genug, um die Notwendigkeiten zu begreifen.

In einem Hochpreisgebiet schlug eine Gemeinde den Eigentümern eines künftigen Baugebiets folgendes Modell für eine freiwillige Umlegung vor:

Modellrechnung einer freiwilligen Umlegung
für Eigentümer X im künftigen Baugebiet Sommerhalde:

Einwurfsfläche 10 a	= 1000 qm	
Kostenlose Abgabe an die Gemeinde 30 %	= 300 qm	
Verkauf an die Gemeinde für Sozialwohnungen zu 200,- DM/qm, 20 %	= 200 qm	
Erlös		+ 40.000,- DM
verbleibender Bauplatz 50 %	= 500 qm	
Erschließungskosten und andere Folgekosten 400,- DM/qm = 500 qm x 400,- DM		− 200.000,- DM

235

verbleibender Wert bzw. möglicher Verkaufs-
erlös für den Bauplatz bei einem Wert von
800,– DM/qm =
500 qm x 800,– DM   = + 400.000,– DM
Ergebnis:
Bauplatzerlös   400.000,– DM

Erlös für die besondere Flächenabgabe
an die Gemeinde   + 40.000,– DM
Erschließungs- und Folgekosten   – 200.000,– DM

Dem Eigentümer verbleiben   240.000,– DM

Dieses Zahlenbeispiel kann beliebig modifiziert werden. Die unentgeltliche Landabgabe an die Gemeinde muß mindestens die Straßen und notwendigen Grünflächen umfassen (wohl auch die Flächen nach § 8a BNatschG).

Werden Grundsatzbeschlüsse wie in München oder solche Modellrechnungen betrachtet, so wird deutlich, daß im gegenseitigen Einvernehmen das gleiche, wenn nicht noch mehr erreicht werden kann wie mit gesetzlichen Instrumenten.

Verträge ohne Vertragsfreiheit

Wird von Verträgen gesprochen, so wird an die Freiheit eines jeden gedacht, sich zu allen möglichen Leistungen zu verpflichten, es sei denn, daß sie vom Gesetz verboten wären. Und warum soll eigentlich jemand, der im Besitz seiner geistigen Kräfte ist, keine Verpflichtungen übernehmen? Volenti non fit iniuria – dem der es will, geschieht kein Unrecht.
Bei – öffentlich-rechtlichen – städtebaulichen Verträgen ist das anders. Schon die Verwaltungsverfahrensgesetze enthalten Beschränkungen für städtebauliche Verträge. Diese sind notwendig, weil auch beim Abschluß von Verträgen die Gemeinde ja der stärkere Partner ist. Trotzdem enthält das Gesetz – auch die Neuformulierung im Regierungsentwurf zum neuen Bau- und RaumordnungsG – patriarchalisches Denken und schützt damit oft Bürger, die es eigentlich nicht nötig hätten. Leistungsfähige Bauträger haben in der Vergangenheit immer wieder die Vorteile städtebaulicher Verträge in Anspruch genommen, dann aber darauf hingewiesen, daß von der Gemeinde Fehler gemacht worden seien, z.B. bei Erschließungsverträgen, weil die Gemeinde ihren Gemeindeanteil nicht übernommen habe. Die Obergerichte sorgten

dafür, daß die Gemeinde nur das erhielt, was sie auch durch einen Verwaltungsakt (Erschließungsbeitragsbescheid) hätte bekommen können. Es kommt unseren Obergerichten gar nicht in den Sinn, daß jemand auch mehr tun kann und will, als er müßte, und daß eine dementsprechende Vereinbarung gültig sein könnte, (das gibt es nur im Sanierungsrecht, wo zur Ablösung auch ein höherer Ausgleichsbetrag vereinbart werden darf). Ähnliche Probleme werden hinsichtlich der strengen Kausalität zwischen dem Vorhaben des Vorhabenträgers und den Folgekosten erwartet. Auch in Zukunft dürfen nur Kosten übernommen werden, die der Gemeinde für städtebauliche Maßnahmen entstehen oder entstanden sind und die *Voraussetzung oder Folge* des geplanten Vorhabens sind. Das bedeutet, daß in jedem Fall von den Gemeinden komplizierte Berechnungen darüber angestellt werden müssen, was die Einrichtung einer neuen Kindergartengruppe, ausgelöst durch ein kleines Baugebiet, wohl verursache. Dabei ist noch zu bedenken, ob in dem vergrößerten Kindergarten dann nicht auch Kinder aus anderen Gebieten untergebracht werden würden. Vor allem aber sind Folgekostenverträge mit dem, der lediglich **ein** Haus baut, unter diesen Umständen fast unmöglich. Wie soll nachgewiesen werden, daß der Bau **eines** Hauses eine größere Kanalisation, eine größere Grundschule, einen größeren Friedhof notwendig macht?

Die im Münchener Beschluß zur sozialen Bodenordnung vorgesehene Pauschalierung der Folgekosten kann deshalb von manchem für bedenklich gehalten werden. Diese maßvolle Pauschale darf aber nicht bedenklich sein! Jeder, der sich mit Kommunalwirtschaft beschäftigt hat, weiß, daß in einer Stadt wie München allemal mit 130,- DM/m² Geschoßfläche an Folgekosten zu rechnen ist. Daß die Vorhabenträger in München darauf eingehen, zeigt, daß sie den Betrag nicht für überhöht halten, auch wenn er von der Gemeinde nicht bis ins Letzte rechnerisch belegt wird. Dem Gesetzgeber muß empfohlen werden, die Frage der strengen Kausalität bei solchen Verträgen nochmals zu überdenken und zu einer praktikablen Lösung zu kommen, z.B. durch von den Ländern festgelegte Pauschalbeträge.

Es kann nicht darum gehen, den Gemeinden zu erlauben, durch pauschale Infrastrukturbeträge eine Art Zuzugssteuer einzuführen. Wohl aber sollte der Staat dafür sorgen – der Bundesgesetzgeber dazu die Möglichkeit schaffen –, daß unangreifbare Folgekostenbeträge vereinbart werden können, ohne daß die Gefahr besteht, die Eigentümer könnten sich später dagegen wehren, einer verbotenen Bodenwertabschöpfung unterzogen worden zu sein.

Es ist schon beinahe absurd, wenn wegen dieser Gefahren für die Gemeinden vorgeschlagen werden muß, daß es für städtebauliche Verträge Heilungsvorschriften geben sollte, wie für Bebauungspläne[1]. Den Gemeinden soll nicht erlaubt sein, unangemessene Leistungen mit ihren Bürgern zu vereinbaren, die diese, wenn sie überhaupt bauen wollen, eben schlucken müssen. Es geht vielmehr darum, nicht in den Kategorien von Leistung und Gegenleistung zwischen Bürger und Verwaltung zu denken, sondern die Vereinbarung von Folgekosten als das zu sehen, was sie sind: nicht eine direkte Gegenleistung, sondern Aufwendungsersatz. In dieser Hinsicht muß mehr Spielraum gegeben werden – wieder unter dem Gesichtspunkt, daß ein Bauwilliger keine Lasten übernehmen wird, die er nicht für angemessen hält und die er nicht zu zahlen gewillt und in der Lage ist. Schlitzohren die Möglichkeit zu geben, sich nachher hinter ihre gegebenen Versprechungen wieder zurückzuziehen, sollte das Gesetz tunlichst vermeiden. Der Grundsatz der Verhältnismäßigkeit bei Vertragsverletzungen muß im Vordergrund stehen.

Mehr Freiheit für Konsens

Obwohl am Ende des § 6 BauGB MaßnahmenG wie am Ende des neuen § 11 im BROG die Bestimmung steht, daß die Zulässigkeit anderer städtebaulicher Verträge unberührt bleibe, geht die Freiheit zur Vereinbarung noch nicht weit genug. So können – heute wie nach dem vorgesehenen neuen Recht – vertragliche Vereinbarungen zur Deckung des Wohnbedarfs nur geschlossen werden, wenn es um den dringenden Wohnbedarf von Bevölkerungsgruppen mit besonderen Wohnraumversorgungsproblemen oder um den Wohnbedarf der ortsansässigen Bevölkerung geht. Diese Einschränkungen sind nicht sachgerecht. Jeder Mensch muß wohnen, nicht nur der einheimische. Der Gesetzgeber muß Vorsicht walten lassen, daß durch eine solche Bestimmung der Bestrebung mancher Gemeinden, den Zuzug von außen streng zu beschränken, nicht Vorschub geleistet wird. Den Gemeinden aber, die noch bereit sind, neue Bürger aufzunehmen, sollte die Möglichkeit gegeben werden, städtebauliche Verträge auch zur Deckung des allgemeinen Wohnbedarfs schließen zu können. Nur wenn das erlaubt wird, kann zur Senkung der Bodenpreise etwas getan werden.

Dürfen Grundstücke nur an bestimmte Kreise, die sonst nicht zum Zuge kämen, billiger verkauft werden, so führt das tendenziell zu einer Erhöhung des Bodenpreisniveaus. Die Nachfrage nach dem knappen Angebot wird vergrößert. Der Gesetzgeber müßte anerkennen, daß städtebauliche Verträge bodenrechtlich erst dann von allgemeiner Bedeutung sind, wenn sie nicht nur für Sonderfälle gelten. Das könnte zu einer Ausweitung der vertraglichen Modelle führen, so daß diese allgemein bestimmend würden, auch für das

Bodenpreisniveau. Der Gesetzgeber darf nicht immer nur Sonderfälle lösen wollen, sondern sollte sich darüber im Klaren sein, daß Bodenprobleme Probleme weiter Kreise der Bevölkerung sind. Das akzeptiert die LEG-Thüringen, die Grundstücke zum Selbstkostenpreis an jedermann abgibt[2]. Die Bereitstellung von Grundstücken bei städtebaulichen Verträgen ist bisher nur in § 2 Abs. 3 Satz 2 BauGB MaßnahmenG bzw. § 11 Abs. 1 Nr. 3 des geplanten BROG enthalten. Schon jetzt läßt sich aber § 6 Abs. 2 BauGB MaßnahmenG entnehmen, daß, wenn es um Wohnraumversorgungsprobleme geht, auch Grundstücke vertraglich bereitgestellt werden dürfen: anders würde die Bestimmung ja leerlaufen. Auch bei der Neuordnung der Grundstücksverhältnisse und den Maßnahmen, die notwendig sind, damit Baumaßnahmen durchgeführt werden können, kann die Bereitstellung von Grundstücken nötig sein. Die bisher und auch weiterhin vorgesehene Beschränkung der Möglichkeit, Grundstücke bereitzustellen, sollte aufgegeben und deutlich gemacht werden, daß die Bereitstellung von Grundstücken in allen städtebaulichen Verträgen möglich ist. Die Eigentümer werden das häufig verstehen und bereit sein, Grundstücke zur Verfügung zu stellen. Die Gemeinden werden sie auch oft brauchen. Die Einschränkungen im Wortlaut könnten lange nach Abschluß der Verträge zu Rückforderungen und unnötigem Streit führen.

Wenn die Vertragsfreiheit bei öffentlich-rechtlichen Verträgen beschränkt sein muß, dann doch nur soweit, wie das zum Schutze der Bürger wirklich notwendig ist. Zur Steigerung der Effizienz des Handels im Konsens zum Wohle der Bürger wie der Allgemeinheit läßt sich noch manches tun.

---

1 Vgl. dazu VHW – Das BauGB in der Gesetzgebung, Bonn 1996 Rdnr. 25.
2 Vgl. Scholland, Entwicklung preiswerten Wohnbaulandes auf privatrechtlicher Grundlage, in GuG 1990, 280.

Abschöpfung von Bodenwertsteigerungen

Sabine Nakelski

Menschen brauchen Wohnungen – Wohnungen brauchen Bauland – Bauland wird durch die Kommunen bereitgestellt. In den 70er Jahren haben viele Städte und Gemeinden ihre bauliche Entwicklung zunehmend auf die Innenentwicklung verlagert: durch Flächenrecycling und Nachverdichtung auf Baulücken wurden erhebliche Flächenpotentiale für den Wohnungsbau aktiviert. Eine Reihe solcher Potentiale (z.B. Konversionsflächen) steht auch jetzt noch für die Innenentwicklung zur Verfügung. Daneben muß aber angesichts der prognostizierten Bevölkerungszuwächse und der zunehmenden Anzahl der Ein-Personen-Haushalte die Strategie der Innenentwicklung auch um die Ausweisung und Erschließung neuer Baugebiete ergänzt werden.

Die Entwicklung und Bereitstellung preiswerten Baulandes ist ein wesentlicher Bestandteil vorausschauender Wohnungs- und Siedlungspolitik. Es besteht nicht vordringlich ein Defizit an Bauland, sondern vor allem an preiswertem Bauland. Im Bereich des öffentlich geförderten Wohnungsbaues können in den Grenzen der Bewilligungsmieten Grundstückskosten zwischen 150 bis 350 DM/qm getragen werden – je nachdem, ob die Investoren über steuerliche Abschreibungsmöglichkeiten verfügen oder nicht.

In den Ballungskernen bewegen sich demgegenüber die Bodenpreise in einer Größenordnung zwischen 500 DM und 1.000 DM/qm, so daß sozialer Wohnungsbau dort in der Regel nur mit einer kommunalen Spitzenfinanzierung, d.h. mit einer Subvention des Wohnbaulandes möglich ist.

Die öffentlichen Haushalte sind auf Dauer allerdings überfordert, diese hohen Grundstückspreise im Rahmen der Wohnungsbauförderung herunterzusubventionieren. Zielsetzung muß deshalb nicht allein Ausweisung von Bauland, sondern die Bereitstellung preiswerten Wohnbaulandes sein.

Für die Kommunen ist mit der Aufstellung eines Bebauungsplanes und vor allem mit der Erschließung eines neuen Wohngebietes ein erheblicher Aufwand verbunden. Zunächst ist die Planungsleistung zu erbringen, dann Bürgerversammlungen, Behördenbeteiligung, evtl. Gerichtsverfahren etc. durchzuführen, an deren Ende dann ein bestandskräftiger Bebauungsplan entsteht. Diese Verwaltungsleistungen werden vollständig auf Kosten der Kommune erbracht – Gebühren werden nicht erhoben.

Bei der Entwicklung neuer Baugebiete entstehen nun die wesentlichen, die größeren Kosten für Infrastrukturmaßnahmen: Kindergärten, Schulen, Erweiterung oder Neubau von Kanalisation und Kläranlagen, Ausbau des öffentlichen Personennahverkehrs, Straßenbau etc. Alle diese begleitenden öffentlichen Kosten muß eine Kommune finanzieren, wenn sie neue Baugebiete erschließen will. Lediglich die grundstücksbezogenen Kosten sind über Erschließungsbeiträge oder über einen Erschließungsvertrag durch den Erschließungsträger zu finanzieren; die weitergehenden Infrastrukturmaßnahmen sind aus dem üblichen Finanzaufkommen zu bestreiten.

Anders als bei der Ausweisung und Vermarktung von Gewerbeflächen, wodurch die Kommunen höhere Gewerbesteuereinnahmen erzielen, werden durch die Ausweisung neuer Wohnbauflächen keine entsprechenden zusätzlichen Einnahmen erwirtschaftet. Aus diesem Grund sind die Städte und Gemeinden, die häufig keinerlei finanzielle Spielräume in ihren kommunalen Haushalten haben, bei der Ausweisung neuer Wohngebiete deutlich zurückhaltend.

Diese Zurückhaltung ist besonders in den Umlandkommunen der Großstädte vorhanden; wenn hier auch noch erhebliche Flächenpotentiale vorhanden sind, so ist doch der kommunalpolitische Wille zur Ausweisung von Bauland gering, da hiermit erhebliche Folgekosten verbunden sind, ohne daß entsprechende Vorteile für die Kommunen entstehen.

Während die Kosten, die mit Erschließung neuer Wohnbaugebiete verbunden sind, von der öffentlichen Hand, d.h. von der Allgemeinheit zu tragen sind, kommen die Wertsteigerungen, die der Boden hierdurch erfährt, in vollem Umfang dem Eigentümer zugute, ohne daß dieser eine eigene Leistung erbringt.

Die Tatsache, daß derzeit in der Bundesrepublik jeder Grundstückseigentümer planungsbedingte Wertsteigerungen voll realisieren kann, ohne an den Entwicklungskosten in vollem Umfang beteiligt zu sein, hat ihren Ausgangspunkt in Artikel 14 GG. Die dort verankerte Garantie des Eigentums gilt allerdings nicht uneingeschränkt: Die Sozialpflichtigkeit des Eigentums verpflichtet auch! Dementsprechend gab es bereits in der Vergangenheit und gibt es auch derzeit Ausnahmeregelungen bzgl. der Abschöpfung der Planungswertzuwächse. So war z.B. im Städtebauförderungsgesetz die Abschöpfung der planungsbedingten Wertzuwächse vorgesehen; in den §§ 165 ff. des BauGB wird bei städtebaulichen Entwicklungsmaßnahmen ebenfalls eine Abschöpfung des planungsbedingten Mehrwertes vorgenommen. Auch bei der Bemessung von Entschädigungen müssen Werterhöhungen, die lediglich durch die Aussicht auf bestimmte städtebauliche Maßnahmen eingetreten sind, nicht berücksichtigt werden. Durch die Eigentumsgarantie des GG wird also der tatsächliche Zustand, der tatsächliche Wert geschützt, nicht aber die spekulative Aussicht auf eine fiktive Nutzungsänderung. Die Sonderregelung für Entwicklungsmaßnahmen ermöglicht es den Kommunen, aus der Abschöpfung der Wertzuwächse die erforderlichen Infrastrukturmaßnahmen zu finanzieren. Da es sich aber um Sonderfälle neben der üblichen Bauleitplanung handelt, existiert derzeit ein unterschiedliches Bodenrecht in der Bundesrepublik.

Auf der einen Seite gibt es Grundeigentümer, die durch „normale" Bauleitplanung erhebliche Vermögenszuwächse erhalten, auf der anderen Seite gibt es die Grundeigentümer in Entwicklungsmaßnahmen, die diese Zuwächse nicht mehr in vollem Umfang realisieren können. Diese unterschiedliche Behandlung von Planungswertzuwächsen führt zu erheblichen Widerständen gegen die Durchführung von städtebaulichen Entwicklungsmaßnahmen. Um diesen durch die Kommunalpolitik auszutragenden Konflikt zu entschärfen, ist die Einführung eines Planungswertausgleiches sinnvoll. Dieser bietet sich für die Abschöpfung der Planungswertzuwächse zur Finanzierung der erforderlichen Infrastruktur in allen *neuen* Baugebieten an. Die Entscheidung über die Abschöpfung von Wertzuwächsen ist dann nicht mehr dem Einzelfall, z.B. einer Städtebaulichen Entwicklungsmaßnahme zu überlassen, sondern betrifft jegliche Wohnbaulandausweisungen.

Durch ein verändertes Bodenrecht ist es möglich, die Städte und Gemeinden an den planungsbedingten Wertsteigerungen partizipieren zu lassen und dadurch die Kommune finanziell in die Lage zu versetzen, entsprechende Infrastruktureinrichtungen bereitzustellen, die wiederum Voraussetzung für neue Baulandausweisungen sind, oder aber durch aktive Bodenvorratspolitik preisdämpfend auf den Wohnbaulandmarkt einzuwirken.

Da im Regelfall nicht nur ein ausreichendes Flächenangebot, sondern sogar ein Überangebot für gewerbliche Nutzung vorhanden ist und die Kommunen schwerpunktmäßig ein Instrument zur Entwicklung neuer Wohnbaugebiete benötigen, ist die Einführung des Planungswertausgleichs nur erforderlich bei Flächen, die einer Wohnbebauung zugeführt werden sollen. Hierbei wird – wie in den Niederlanden – quasi davon ausgegangen, daß bei anhaltendem Wohnungsmangel die Entwicklung von Wohnbauland dem Wohl der Allgemeinheit zugute kommt. Die Eigentumsgarantie des Art. 14 GG verbietet

es, eine solche Planungswertabschöpfung bei Grundstücken vorzunehmen, für die bereits jetzt gem. § 30, § 34 oder § 35 BauGB Baurecht besteht.
Zur Einführung einer Abschöpfung planungsbedingter Wertzuwächse bieten sich deshalb folgende prinzipielle Regelungen an:

Der Eigentümer eines Grundstücks, das in einem durch einen rechtsverbindlichen Bebauungsplan festgesetzten Baugebiet i.S.d. §§ 2 - 4a und 6 der Baunutzungsverordnung gelegen ist, hat an die Gemeinde einen Ausgleichsbetrag in Geld zu entrichten, der der durch die Planfestsetzung bedingten Erhöhung des Bodenwertes des Grundstücks entspricht. Die Beschränkung auf Gebiete, in denen entsprechend der Baunutzungsverordnung Wohnbebauung vorrangig möglich ist, erlaubt die Erhebung eines Ausgleichsbetrags nur dort, wo ein tatsächlicher Mangel vorhanden ist, und zwar: im Bereich des Wohnbaulandes.
Dem Eigentümer verbleibt der Wert seines Grundstücks; lediglich der durch die Leistung der Gemeinde entstehende Wertzuwachs wird abgeschöpft.

Die durch die Planfestsetzung bedingte Erhöhung des Bodenwertes des Grundstücks besteht aus dem Unterschied zwischen dem Bodenwert, der sich für das Grundstück ergeben würde, wenn eine Überplanung des Grundstücks nicht erfolgt wäre, und dem Bodenwert, der sich für das Grundstück im Vergleich zu vergleichbaren Baugrundstücken der Gemeinde ergibt. Die Eigentumsgarantie des Art. 14 GG wird hierdurch nicht berührt, da die faktisch bestehenden Besitzstände gewahrt bleiben.
Eine Beschränkung auf die Erhebung der Ausgleichsabgabe auf Flächen, die im Rahmen eines Bebauungsplanverfahrens zu Wohnbauland entwickelt werden, bietet den Grundeigentümern im Rahmen des Beteiligungsverfahrens die Möglichkeit, seine individuellen Interessen im Rahmen der Bedenken und Anregungen einzubringen. Somit wird bei der Abwägung zu berücksichtigen sein, welche betriebswirtschaftlichen Konsequenzen, z.B. für einen landwirtschaftlichen Betrieb, entstehen können.
Die noch ohne konkrete planerische Leistung aufgetretene Wertsteigerung der Bewertung von landwirtschaftlicher Fläche zu Bauerwartungsland (z.B. durch die Flächennutzungsplandarstellung) muß dem Eigentümer verbleiben, damit es sich nicht um eine unzulässige Enteignung handelt. Wenn die Gemeinde einen Bebauungsplan nicht aus einem Flächennutzungsplan entwickelt, sondern entweder einen sog. selbständigen Bebauungsplan aufstellt oder parallel mit der Aufstellung des Bebauungsplanes einen Flächennutzungsplan aufstellt, ändert oder ergänzt, wird im Wertermittlungsverfahren

festgestellt, inwieweit in dem Anfangswert eine Bauerwartung zu berücksichtigen ist.

Für die Entwicklung neuer Wohngebiete dürfte dieses Parallelverfahren die „interessanteste" Variante darstellen, da hier spürbar höhere Planungswertzuwächse entstehen.

Bei der Ermittlung der jeweiligen Verkehrswerte besteht eine langjährige Verwaltungspraxis. Die Wertermittlung dürfte deshalb kein nennenswertes Problem darstellen. Als Eingangswert ist der Grundstückswert zum Zeitpunkt des Bekanntwerdens der städtebaulichen Planung zu berücksichtigen; der Ausgangswert ist zum Zeitpunkt des Satzungsbeschlusses der städtebaulichen Planung zu ermitteln.

Die Pflicht zum Ausgleich des Planungswertausgleiches entsteht für den Grundeigentümer dann, wenn ein Bauvorhaben tatsächlich zulässig ist, d.h. wenn die Erschließung gesichert ist.

Der erhobene Ausgleichsbetrag ist von den Gemeinden zweckgebunden zur Entwicklung des Baugebietes, zur Bereitstellung der Infrastruktur für dieses Baugebiet und zur Verbilligung von Wohnbauland einzusetzen.

Im Gegensatz zu einer Baulandsteuer können diese Mittel also nicht zur allgemeinen Haushaltssanierung der Kommunen dienen. Sie versetzen aber die Kommunen in die Lage, trotz angespannter Haushaltslage die Entwicklung von Wohnbauland zu forcieren. Die Kommunen verfügen über eine eingespielte, langjährige Verwaltungspraxis bei der Erhebung von Erschließungsbeiträgen. Die Erhebung einer Ausgleichsabgabe dürfte deshalb nicht zu neuem, zusätzlichem Verwaltungsaufwand führen, sondern relativ unproblematisch umsetzbar sein.

Die Abschöpfung von Bodenwertsteigerungen durch einen Planungswertausgleich stellt eine kurzfristig durchsetzbare Möglichkeit zur Entwicklung neuen Wohnbaulandes dar. Zwar hat die Baulandsteuer C möglicherweise einen größeren mobilisierenden Charakter, aber die Einführung einer neuen Steuer scheint derzeit nicht durchsetzbar zu sein. Der Planungswertausgleich ist im Rahmen des bestehenden Planungssystems realisierbar, ohne dieses System von Grund auf in Frage zu stellen. Insoweit handelt es sich um einen pragmatischen Ansatz, die Mobilisierung und Entwicklung von Wohnbauland durch die Kommunen kurzfristig zu unterstützen. Ein entsprechender Gesetzesantrag des Landes Nordrhein-Westfalen wurde im Oktober 1996 in den Bundesrat eingebracht. Sein Wortlaut im einzelnen:

Entwurf
eines Gesetzes zur Änderung des Baugesetzbuches

Der Bundestag hat mit Zustimmung des Bundesrates das folgende Gesetz beschlossen:

Artikel 1
Das Baugesetzbuch in der Fassung der Bekanntmachung vom 08. Dezember 1986 (BGBl. I S. 2253), zuletzt geändert durch Gesetz vom 23. November 1994 (BGBl. I S. 3486), wird wie folgt geändert:
1. Nach § 28 werden folgende Zwischenüberschrift und folgende §§ 28 a und 28 b eingefügt:

Vierter Abschnitt. Planungswertausgleich

§ 28 a Ausgleichsbetrag des Eigentümers

(1) Der Eigentümer eines Grundstücks, das in einem durch einen rechtsverbindlichen Bebauungsplan festgesetzten Baugebiet im Sinne der §§ 2 bis 4 a und 6 der Verordnung über die bauliche Nutzung der Grundstücke gelegen ist, hat an die Gemeinde einen Ausgleichsbetrag in Geld zu entrichten, der der durch die Planfestsetzung bedingten Erhöhung des Bodenwertes des Grundstücks entspricht; Miteigentümer sind im Verhältnis ihrer Anteile an dem gemeinschaftlichen Eigentum heranzuziehen.
(2) Die durch die Planfestsetzung bedingte Erhöhung des Bodenwertes des Grundstücks besteht aus dem Unterschied zwischen dem Bodenwert, der sich für das Grundstück ergeben würde, wenn eine Überplanung des Grundstücks durch den Bebauungsplan nicht erfolgt wäre (Anfangswert), und dem Bodenwert, der sich für das Grundstück im Vergleich zu anderen erschließungsbeitragspflichtigen Baugrundstücken der Gemeinde aus der Gesamtheit der verkehrswertbeeinflußenden rechtlichen Gegebenheiten und tatsächlichen Eigenschaften, der sonstigen Beschaffenheit und der Lage des Grundstückes ergibt (Endwert). Beitragspflichten für Erschließungsanlagen bleiben bei der Ermittlung von Anfangswert und Endwert unberührt.
(3) Der Ausgleichsbetrag ist zu entrichten, wenn die Erschließung gesichert ist. Die Gemeinde fordert den Ausgleichsbetrag durch Bescheid an; der Betrag wird einen Monat nach der Bekanntgabe des Bescheides fällig. Vor der Festsetzung ist dem Ausgleichspflichtigen Gelegenheit zur Stellungnahme und Erörterung der für die Wertermittlung des Grundstücks maßgeblichen Ver-

hältnisse zu geben. § 155 Abs. 5 ist entsprechend anzuwenden. Der Beitrag ruht als öffentliche Last auf dem Grundstück.

(4) Die Gemeinde kann im Einzelfall von der Erhebung des Ausgleichsbetrages ganz oder teilweise absehen, wenn dies im öffentlichen Interesse geboten ist. Ein öffentliches Interesse liegt insbesondere vor, wenn die Fläche als Baugrundstück für den Gemeinbedarf, Verkehrs-, Versorgungs- oder Grünfläche festgesetzt ist oder für sonstige öffentliche Zwecke benötigt wird oder wenn die Gemeinde bei diesem Grundstück ihrer Verpflichtung aus § 1 des Zweiten Wohnungsbaugesetzes durch Bereitstellung von Wohnbauland für breite Schichten des Volkes nachkommen will. Zur Vermeidung unbilliger Härten kann die Gemeinde den Ausgleichsbetrag in ein Tilgungsdarlehen umwandeln; § 154 Abs. 5 ist entsprechend anzuwenden.

§ 28 b Zweckbindung

(1) Die Gemeinde ist verpflichtet, die Einnahmen aus dem Planungswertausgleich für ihre Ausgaben zur Entwicklung dieses Baugebietes, unverzüglichen Bereitstellung der Infrastruktur und zur Verbilligung von Wohnbauland in diesem Baugebiet einzusetzen.

(2) Ergibt sich nach vollständiger Erschließung des Baugebietes und nach Fertigstellung der für das Baugebiet vorgesehenen Infrastruktur ein Überschuß der erzielten Einnahmen über die hierfür getätigten Ausgaben, so ist dieser Überschuß auf Antrag den Eigentümern der im Baugebiet gelegenen Grundstücke entsprechend dem Verhältnis des geleisteten Ausgleichsbetrages zum Gesamtaufkommen zu erstatten. Maßgebend sind die Eigentumsverhältnisse beim Inkrafttreten des Bebauungsplanes. Ist nach diesem Zeitpunkt das Eigentum gegen Entgelt übertragen worden, so steht der auf das Grundstück entfallende Anteil dem früheren Eigentümer zu, der zu einem Ausgleichsbetrag herangezogen worden ist.

2. Nach § 245 b wird folgender § 245 c eingefügt:

§ 245 c Überleitungsvorschrift für den Planungswertausgleich

Die §§ 28 a und 28 b sind erstmals anzuwenden auf Baugebiete, für die der Bebauungsplan nach dem 31.12.1996 in Kraft getreten ist.

(Artikel 2 – Inkrafttreten – Dieses Gesetz tritt am 01. Januar 1997 in Kraft.)

Grundlagen und Auswirkungen einer Bodenwertsteuer

Fritz Andres

I. Gegenstand und Aufbau der Untersuchung

Der Vorschlag, den reinen Boden, also ohne die Bauwerke, nach seinem Wert mit einer Steuer zu belasten (Bodenwertsteuer), ist nicht neu. Seine Befürworter versprechen sich von ihrer Einführung vor allem eine Verbesserung der Lenkungswirkungen unserer Bodenordnung. Sie halten also die derzeit erzielten Lenkungsergebnisse für verbesserungswürdig. Unsere heutige Bodenordnung beruht im wesentlichen auf einer Steuerung durch Preise. Diesen würde durch eine Bodenwertsteuer ein weiteres Steuerungsinstrument zur Seite gestellt. Um die von beiden ausgehende Gesamtwirkung verstehen zu können, werden in diesem Beitrag zunächst einmal die Wirkungsweisen der beiden Steuerungselemente, denen der Boden dann unterliegen würde, getrennt dargestellt (Abschnitte IV und V) und dann in einem weiteren Schritt die aus beiden Betrachtungen gewonnenen Erkenntnisse zusammengeführt (Abschnitt VI)[1]. Zunächst erscheinen jedoch einige Vorüberlegungen angebracht (Abschnitte II und III).

II. Vorüberlegungen

1. Bodenrente und Bodenabgaben

Die Preise produzierter Güter hängen von Angebot und Nachfrage, letztlich also von ihrem Herstellungsaufwand einerseits und von ihrem Verbrauchsnutzen andererseits und damit in jedem Fall von endlichen Größen ab. Zur Erklärung von Bodenpreisen sind diese beiden Faktoren jedoch offensichtlich ungeeignet, denn der Herstellungsaufwand des Bodens ist gleich Null und sein Nutzen in der Zeit unendlich. Boden hat keine Produktionskosten, und sein *Gebrauch* führt – anders als bei den Waren – nicht zu seinem

Verbrauch, so daß im Prinzip eine ewige Nutzung möglich ist. Da die Grundstücksnutzung nur in der Zeit realisiert werden kann, aber ohne zeitliche Begrenzung möglich ist, findet ihre ökonomische Bewertung ihren *unmittelbaren* Ausdruck in laufenden Nutzungsentgelten, die den Nutzungsvorteilen entsprechen. Volkswirtschaftlich nennt man den ökonomischen Wert der laufenden Nutzungsvorteile die Bodenrente. Sie wird sichtbar im Ertrag, den der Eigentümer erzielen kann, wenn er sein Grundstück dem meistbietenden Pächter, Erbbauberechtigten usw. zur Nutzung überläßt bzw. in dem, was er im Falle der Eigennutzung als ersparte Kosten in seine Rechnung einstellen kann[2]. Die Bodenrente zeigt die marktmäßige Bewertung der Vorteile der Grundstücksnutzung und damit ihrer Knappheit an. *Bodenabgaben* stellen daher stets eine Minderung dieser Vorteile und eine mehr oder minder hohe Abschöpfung der *Bodenrenten* dar.

2. Bodenrenten und Bodenpreise

Wie aus den im Prinzip ewig fließenden Bodenrenten endliche Preise werden, ist aus der Bodenordnung heraus nicht zu erklären. Die Übersetzung von ewigen Renten in Preise bzw. endliche Kapitalsummen ist ein Schritt, der nur auf dem Kapitalmarkt durchgeführt werden kann, denn nur er liefert im Zins den Kapitalisierungsfaktor, mit dem das Kunststück zuwege gebracht werden kann, einen ewigen Strom in ein endliches Gefäß zu bannen. Auf dem Kapitalmarkt entspringt einer endlichen Kapitalsumme eine ewige Reihe von Erträgen (Zinsen), deren Höhe sich nach dem Zinssatz richtet. Der ewigen Reihe von Erträgen, die aus einem Grundstück, etwa als Pacht, zu erwarten ist, entspricht daher bei gegebenem Zinssatz auch eine bestimmte Kapitalsumme (Bodenpreis), die bei sinkendem Zinssatz steigt und bei steigendem Zinssatz sinkt, weil bei sinkendem Zinssatz eine höhere und bei steigendem Zinssatz eine niedrigere Kapitalsumme erforderlich ist, um einen der Pacht entsprechenden Zinsertrag auf dem Kapitalmarkt zu erreichen. Dabei ist der jeweilige Realzins, d.h. der Zins nach Abzug des Inflationsanteils maßgebend. Ändert sich der Realzins auf dem Kapitalmarkt merklich, so steigen oder sinken die Bodenpreise, ohne daß sich an dem Verhältnis des Angebots zur Nachfrage auf dem Bodenmarkt irgend etwas geändert zu haben braucht. Bodenpreise hängen also zwar einerseits von einem bodenbezogenen Faktor, den erwarteten Bodenerträgen (Bodenrenten) ab, andererseits aber mit dem Zinssatz auch von einer Größe, die mit der Bodenordnung so gut wie nichts zu tun hat, sondern sich im wesentlichen aus Angebot und Nachfrage auf dem Kapitalmarkt und damit aus der Kapitalknappheit ergibt. Es bleibt daher festzuhalten, daß Bodenpreise keine reinen Phänomene der Bodenordnung sind.

3. Wechselseitige Abhängigkeiten von Bodenabgaben und Bodenpreisen

Belastet die Abgabe auf den Boden seinen Ertrag und stellt der Preis die Kapitalisierung eben dieses Ertrages dar, so streiten beide offenbar um die gleiche Beute. Eine Abgabe, die einen Teil des Ertrags des Bodens erfaßt, die den Ertrag also mindert, läßt entsprechend weniger zum Kapitalisieren übrig, so daß der Preis des Bodens, gleichbleibende Höhe des Zinssatzes vorausgesetzt, sinkt. Erfaßt die Abgabe den vollen Bodenertrag, so bleibt nichts mehr zur Kapitalisierung übrig und der Preis des Bodens fällt auf Null.[3] Gibt es andererseits keine Abgabe auf den Boden, so steht der ungeschmälerte Ertrag für die Kapitalisierung zur Verfügung: der Bodenpreis stellt dann den vollen Wert des Bodenertrags auf dem Kapitalmarkt dar.

III. Das Lenkungsziel

Betrachtet man den Boden vom Ausgangspunkt her als ein knappes, öffentliches Gut, das jedoch in der Regel der privaten Nutzung zugeführt werden muß, so kann das Lenkungsziel der Bodenordnung nur in einer Optimalverteilung des Bodens nach seiner tatsächlichen und rechtlichen Nutzbarkeit auf die Nutzer nach ihren Fähigkeiten bestehen – im „Wandern des Bodens zum besten Wirt", wie man das einmal bildhaft ausgedrückt hat.
Es zeigt sich dabei, daß das Lenkungs*ziel* nie als ein für allemal erreicht angesehen werden kann, daß das Lenkungs*system* vielmehr so eingerichtet werden muß, daß Nutzungsrechte am Boden immer nur „auf Bewährung" zugeteilt und nur unter der Voraussetzung laufender Bewährung aufrechterhalten werden können. Denn sowohl die Fähigkeiten der Nutzer als auch die Nutzbarkeit der Grundstücke unterliegen dem Wandel. Eine heute erreichte Optimalverteilung der Nutzer auf die Grundstücke kann schon morgen vom Optimum mehr oder weniger abweichen. Das Lenkungssystem sollte daher so eingerichtet sein, daß Abweichungen vom Verteilungsoptimum möglichst von selbst die Kräfte wachrufen, die seine Wiederherstellung bewirken.

IV. Grundzüge einer abgabengesteuerten Bodenordnung[4]

1. Allgemeine Betrachtungen zum Bodenmarkt[5]

a) Zur Abgabenhöhe: Bei einer reinen Abgabensteuerung erfaßt die Abgabe die erzielbare Bodenrente voll. Für unbebaute Grundstücke wird dann keine über der Abgabe liegende Pacht bzw. beim Verkauf kein Preis mehr erzielt, bebaute Grundstücke werfen bei Verpachtung oder Verkauf nur noch den Gegenwert des Bauwerks ab.
Für die Frage der Ermittlung der Bodenrenten sei daran erinnert, daß der Boden schon heute originär nur aufgrund seines Ertrags, d.h. aufgrund der Bodenrente bewertet werden kann. Aus den Mietspiegeln lassen sich Rückschlüsse auf die Bodenrenten ziehen. Nutzungsentgelte, die der Staat beim eigenen Grundbesitz in Form von Pacht- und Erbbauzinsen erzielt, können weitere Anhaltspunkte liefern. In ähnlicher Weise wie heute von den Gutachterausschüssen aus solchen und anderen Beobachtungen *Bodenrichtwertkarten* abgeleitet werden, lassen sich auch *Bodenrentenkarten* erstellen, aus denen die Höhe der erzielbaren Bodenrenten und damit die Höhe der zu erhebenden Abgaben unmittelbar abgelesen werden kann.

b) Das abgabenbelastete Bodeneigentum als entkapitalisiertes Nutzungsrecht: Bringt die Bodenrente die marktmäßige Knappheit des Bodens zum Ausdruck, so nimmt eine Abgabe in Höhe der Bodenrente dem Boden seinen Knappheitswert. Bei Preisen von Null ist das Bodeneigentum nur noch ein Nutzungsrecht ohne Kapitalwert. Der Zugang zum Bodeneigentum setzt dann nicht mehr eigenen oder geliehenen Kapitalbesitz voraus, sondern ausschließlich eine Nutzung, durch die die Bodenrente erwirtschaftet und die Abgabe daher gezahlt werden kann. Zugleich beschränkt die Abgabe das Interesse des Erwerbers auf die von ihm nach Größe, Qualität und Lage wirklich benötigte Fläche (flächensparende Nutzung). Schon vom Zugang her ist so die beste Voraussetzung dafür geschaffen, daß im Rahmen einer Gesamtverteilung jedem das Grundstück zugänglich wird, für das er der beste Nutzer ist. Eine unmittelbare Nutzungsorientierung der Bodenordnung ist damit von Anfang an gewährleistet.

c) Vergleichende Bemerkungen zu Waren- und Bodenmärkten:
(1) Marktcharakteristik: Bei den Waren spielt sich der Ausgleich zwischen Angebot und Nachfrage letztlich zwischen Herstellungsaufwand und Verbrauchsnutzen ab, die dahinter stehen. Es ist die Spannung zwischen zwei

Polen, die durch den Preis ausgeglichen wird, – einen Preis, der die Produktion zur Hervorbringung derjenigen Herstellungsmengen anreizt, auf die er zugleich die Nachfrage zurückdrängt. Beim Boden handelt es sich dagegen nicht um den Ausgleich zwischen zwei Polen, sondern um das Finden des Gleichgewichtspunkts im Optimum der Verteilung, der gegeben ist bei bestmöglicher Zuordnung der Nutzer mit ihren unterschiedlichen Fähigkeiten zu den Grundstücken mit ihrer unterschiedlichen Nutzbarkeit (siehe III). Es handelt sich dabei um einen Zustand, der durchaus die Bezeichnung eines Gleichgewichts verdient, sofern nur bei jedem Abweichen aus ihm selbst heraus die Kräfte hervorgerufen werden, die die Abweichung korrigieren und zum Optimum, zum Lenkungsziel zurückführen.

Kann man Angebot und Nachfrage auf dem Warenmarkt mit einer Waage vergleichen, so ist der Bodenmarkt eher durch einen Kreisel zu versinnbildlichen, der einen Gleichgewichtspunkt hat, auf dem er steht, der aber eine ständige Rotation zur Gleichgewichtsbedingung hat, in der er durch den Peitschenschlag erhalten werden muß. Unter der Voraussetzung ausreichender Rotation findet der Kreisel auch bei Gleichgewichtsstörungen, die z.B. durch Unebenheiten des Untergrundes verursacht werden, stets wieder zum Gleichgewichtspunkt zurück. Die Abgabe auf die Bodennutzung entspricht dem Peitschenschlag bzw. der Rotation, weil sie – wie wir sehen werden – von selbst im Falle von Abweichungen die korrigierenden Kräfte hervorruft, die das Gleichgewicht wieder im Zustand des Verteilungsoptimums stabilisieren.

(2) Punktuelles und kontinuierliches Lenkungsziel: Mit dem genannten Unterschied zwischen Waren- und Bodenmärkten hängt ein anderer, ebenfalls charakteristischer, eng zusammen. Der Ausgleich von Angebot und Nachfrage ist auf den Warenmärkten für die vorhandenen Waren eine einmalige, punktuelle Angelegenheit. Die Preise haben zwar für die weiteren Planungen der Produzenten und Konsumenten eine Orientierungsfunktion, aber genau besehen kommt es hier auf die Preis*erwartungen* an. Die *jeweiligen* Preise haben zunächst einmal ihre Aufgabe erfüllt, wenn sie bezahlt sind und der Umsatz getätigt, die Produktion der Periode abgesetzt ist. Die Ware verschwindet dann aus dem Wirtschaftskreislauf, sie wandert ab in den Verbrauch.

Im Unterschied zur Ware verschwindet der Boden aber nie aus dem volkswirtschaftlichen Prozeß. Er geht nicht den Weg vom Hersteller zum Verbraucher, seine Strecke ist keine endliche. Er war vielmehr schon immer da, der Mensch kann ihn nur nutzen; ein Nutzer löst den andern ab, der Boden bleibt.

251

Es genügt daher auch nicht und ist jedenfalls nicht sachgemäß, wenn die Knappheit des Bodens nur punktuell gemessen wird. Die kontinuierliche Nutzungsmöglichkeit, die er bietet, und die laufende Veränderung der marktmäßigen Bewertung dieser Nutzungsmöglichkeit macht vielmehr einen kontinuierlich arbeitenden Knappheitsmesser, einen Strömungsmesser wünschenswert, der die Knappheit der Grundstücke *laufend* anzeigt.

Auch muß das Lenkungsziel der Bodenordnung – im Prinzip – darin bestehen, eine Optimalverteilung der Grundstücke auf die Nutzer *dauernd* zu bewirken, d.h. in einem dynamischen Prozeß Besitz und Nutzung *laufend* zur optimalen Deckung zu bringen (siehe III). Wo dieses Ziel erreicht ist, ist ein effektives Spiel von Angebot und Nachfrage überflüssig; es genügt, wenn diese beiden Kräfte latent (potentiell) im Hintergrund vorhanden sind.

Laufende Abgaben in Höhe der erzielbaren Bodenrenten führen auf ökonomischem Wege dieses Lenkungsziel *laufend* herbei. Denn sobald und in dem Maße, wie die effektive Nutzung nicht oder nicht mehr den tatsächlichen und rechtlichen Möglichkeiten, die das Grundstück bietet, entspricht, tut sich unter dem Einfluß der Abgabe eine Spannung zwischen Angebot und Nachfrage auf: Der Nutzer wird die Abgabe nicht mehr erwirtschaften können und deshalb, sofern er sie nicht aus anderen Einkommensquellen zahlen will, das Grundstück zum Angebot bringen, das auf dem Markt auch Nachfrage findet, da es ja die marktmäßige Bewertung der Nutzungsvorteile des Grundstücks ist, die die Höhe der Abgabe bestimmt. Das bedeutet, daß das Verteilungsergebnis *rechtlich* zwar ohne zeitliche Begrenzung festgeschrieben werden kann, jedoch zugleich nur unter dem *Vorbehalt laufender ökonomischer Bewährung* zugesprochen wird, damit es einer laufenden Optimierung zugänglich bleibt. Der Bodenordnung wird so eine Tendenz zur kontinuierlichen, nutzungsbezogenen Umverteilung und Neuzuordnung der Grundstücke eingepflanzt, die überall dort wirksam wird, wo die tatsächliche hinter der möglichen Nutzung deutlich zurückbleibt. Zwar wird die Aufgabe des Grundstücks durch den Nutzer in diesen Fällen oft nicht zwingend sein, da er die Abgabe ganz oder teilweise auch aus anderen Einkommensquellen oder durch Verminderung seiner Ausgaben aufbringen kann. Aber es geht auch gar nicht um einen bodenpolitischen Perfektionismus, der mit der Freiheit des Einzelnen nicht vereinbar wäre, sondern um die Etablierung des öffentlichen Interesses an einer funktionsfähigen Bodenordnung, dem sich der Einzelne, z.B. zur Vermeidung einer persönlichen Härte, in gewissem Umfang durchaus entziehen kann, sofern er an anderer Stelle zu entsprechenden Einschränkungen und Opfern allein oder mit fremder Hilfe bereit und in der Lage ist (zur finanziellen Ausstattung der Nutzer siehe Fußnote 6).

(3) Marktausgleich: Wo der Markt bestimmt wird von Herstellung und Verbrauch, vollzieht sich der Ausgleich durch Transaktionen. Wo sich jedoch, wie beim Boden, lediglich eine optimale Zuordnung einspielen und laufend bewähren muß, ist die Transaktion nur dort erforderlich, wo Zuordnungen sich im Laufe der Zeit vom Optimum entfernen und sich nicht anders als durch Transaktion wieder dorthin zurückführen lassen. Solange das Lenkungsziel erreicht ist, kann man daher auch ohne oder bei nur wenigen Transaktionen von Marktausgleich sprechen, wenn nur gewährleistet ist, daß jede Abweichung das potentielle Spiel von Angebot und Nachfrage zu einem aktuellen werden läßt. Entscheidend ist, daß durch die Abgabe so der *gesamte Grundstücksbestand* und die *Gesamtheit der Nutzer* in den Gleichgewichtsprozeß einbezogen werden.

(4) Markträumung: Wenn Warenpreise sich unter Wettbewerbsbedingungen bilden, führen sie zur Räumung des Marktes, d.h. sie pendeln sich auf einer Höhe ein, auf der die Nachfrage gerade das gesamte Angebot aufnimmt. Wären die Preise höher, bliebe ein Teil des Angebots liegen, wären sie niedriger, ginge ein Teil der Nachfrager leer aus.

In ähnlicher Weise sorgt eine Abgabe in Höhe der Bodenrente für eine Deckung von Angebot und Nachfrage auf dem Bodenmarkt. Liegt die Abgabe über der Bodenrente, so zieht sich die Nachfrage so weit zurück, bis die Bodenrente der dann noch genutzten Fläche dadurch, d.h. durch die Kontraktion der Nachfrage, auf das Niveau der Abgabe steigt. Es bleiben dann planerisch ausgewiesene Flächen ungenutzt. Liegt umgekehrt die Abgabe unter der Bodenrente, so findet entweder die über das Angebot hinausgehende Nachfrage ein Ventil in sich bildenden Bodenpreisen oder es geht ein Teil der Nachfrager leer aus, was Druck auf die Planungsinstanzen zum Ausweis weiteren Baulands bzw. zur Erweiterung der zulässigen Nutzung bereits ausgewiesener Flächen bedeutet.

Bodenabgaben in Höhe der erzielbaren Bodenrenten begrenzen also die Nachfrage auf die zur Nutzung ausgewiesenen Flächen, bringen diese Flächen aber auch voll in die Nutzung. Die ökonomische und die planerisch-ökologische Nutzungsgrenze werden zur Deckung gebracht. Die Bodenordnung ist in diesem wesentlichen Punkt planungsneutral!

Eine Abgabe, die die volle Bodenrente erfaßt, erfüllt nach den bisherigen Feststellungen auf dem Bodenmarkt im wesentlichen die Funktionen, die von den Preisen bei Wettbewerb auf den Warenmärkten bekannt sind. Sie ist daher das adäquate Lenkungsinstrument zur Erreichung des Lenkungsziels (III).

2. Die Lenkungswirkungen der Abgabensteuerung

Die von der Abgabe ausgehenden Lenkungswirkungen wurden im wesentlichen bereits beschrieben. Sie lassen sich wie folgt zusammenfassen:
a) Der kapitalfreie Zugang zur Bodennutzung: Ist der Boden ohne Kapitaleinsatz, nämlich nur unter der Voraussetzung der laufenden Abgabenzahlung zugänglich, so bedeutet das im Zugangsbereich eine reine Nutzungsorientierung der Bodenordnung (siehe IV.1.b).
b) Die laufenden Lenkungswirkungen: Die Abgabensteuerung erreicht nicht nur die Begrenzung der Gesamtnachfrage auf das Gesamtangebot (siehe IV.1.c.(4)), sondern auch im einzelnen die optimale Zuordnung der Grundstücke nach ihrer zulässigen Nutzung zu den Nutzern nach ihren Fähigkeiten, d.h. das Verteilungsoptimum, das eigentliche Lenkungsziel (siehe IV.1.c.(2)).

3. Die Planungsneutralität

Bestimmt die Planung Art und Umfang des Nutzungsrechts und liefert der Markt in der Bodenrente seine Bewertung, so macht eine Abgabe, die die Bodenrente abschöpft, die Bodenordnung planungsneutral.
Wir sind der Planungsneutralität der am Boden hängenden Interessen schon begegnet, als wir feststellten, daß eine Abgabe in Höhe der Bodenrente den Druck zum Ausweis immer neuer Nutz- und Bauflächen von den Planungsinstanzen nimmt, weil sie die Nachfrage auf die bereits ausgewiesenen Flächen begrenzt (siehe IV.1.c.(4)). Dieser Effekt an der Peripherie kann natürlich nur eintreten, weil auch im Bestands-Innern die Abgabe entsprechend begrenzend auf die Nachfrage wirkt, indem sie zur boden- (weil abgaben-)sparenden Nutzung anhält.
Aber auch in der vom Planungsrecht zu entscheidenden Frage der Art und des Ausmaßes der zulässigen Nutzung macht die Abgabe die Bodenordnung planungsneutral. Denn auch jede Erweiterung der Nutzbarkeit der Grundstücke, deren ökonomischer Wert heute den Eigentümern ohne Leistung zugute kommt, wird durch die Abgabe ökonomisch neutralisiert. Dem Interesse an der Beeinflussung der Planung ist daher durch die Abgabe im Prinzip der ökonomische Boden entzogen. Auch mindert die von der Abgabe ausgelöste, nutzungsbezogene Mobilisierung des Bodens, sein „Wandern zum besten Wirt", das Motiv der Nutzer, Druck auf die Planungsinstanzen auszuüben mit dem Ziel, die zulässige Nutzung ihres derzeitigen Grundstücks ihren Wünschen anzupassen, denn ihre Chance wächst, ein anderes Grundstück zu finden, das die von ihnen beabsichtigte Nutzung schon jetzt zuläßt.

Eine abgabengesteuerte Bodenordnung ist demnach sowohl quantitativ, d.h. hinsichtlich des Umfangs der für die verschiedenen Nutzungen ausgewiesenen Flächen, als auch qualitativ, d.h. hinsichtlich der zulässigen Nutzung bereits ausgewiesener Flächen planungsneutral. Das kommt nicht nur der Qualität der Planung zugute, die nun problemlos in offenen, demokratischen Prozessen ihre Legitimation suchen darf und nicht mehr durch intervenierende Interessen verzerrt wird, sondern auch der Bodenordnung, die nicht mehr durch Spekulation auf bestimmte Planungen gestört wird.

4. Die Einkommens- und Vermögensneutralität

Im Vordergrund dieser Untersuchung stehen die Lenkungswirkungen einer Bodenwertsteuer, nicht ihre Auswirkungen auf die Einkommens- und Vermögensverteilung. Zur Abrundung der Darstellung einer abgabengesteuerten Bodenordnung sei jedoch nochmals darauf hingewiesen, daß die Abgabe dem Bodeneigentum mit der Bodenrente den Vermögenswert entzieht, was sich in Preisen von Null zeigt (siehe dazu IV.1.a und b). Einkommens- und vermögensmäßige Überlegungen und darauf gerichtete Interessen, Fragen der Wertsteigerung und der Spekulation sind in einer solchen Bodenordnung mit dem Eigentum dann nicht mehr verbunden[6].

5. Das Bodeneigentum in neuer Sicht

Das Bodeneigentum hat zwei Komponenten: Es ist ein Nutzungsrecht, und es stellt einen Vermögenswert dar. Als Nutzungsrecht wird es vom Planungsrecht her nach Art und Umfang definiert, sein Vermögenswert hängt von der Knappheit der damit geschaffenen Position, d.h. von deren marktmäßiger Bewertung durch die Nachfrager und potentiellen Nutzer ab. Entzieht man dieser Position durch die Abgabe ihren Knappheitswert, so erreicht man
– die Neutralität des Eigentums und damit der Bodenordnung zur Kapitalseite hin. Das Eigentum wird ein reines (entkapitalisiertes) Nutzungsrecht, das die volle Nutzungsorientierung der Bodenordnung ermöglicht:
– die Neutralität des Eigentums und damit der Bodenordnung zur Planungsseite hin (Planungsneutralität).
Die Abgabe gibt so dem Bodeneigentum – bei voller Aufrechterhaltung seines rechtlichen Inhalts und Umfangs – eine deutliche Orientierung hin auf das Ziel einer optimalen Bodenverteilung und -nutzung.[7]

V. Die preisgesteuerte Bodenordnung

1. Allgemeine Betrachtungen zur Preissteuerung auf dem Bodenmarkt

Eine preisgesteuerte Bodenordnung beläßt dem Bodeneigentum die ungeschmälerte Bodenrente und damit seinen vollen Vermögenswert. Da der Vermögenswert in kapitalisierten Bodenrenten besteht, die ihrerseits eine marktmäßige Bewertung der Nutzungsmöglichkeiten des Bodens darstellen, liegt auch dieser Steuerung mittelbar durchaus eine gewisse Nutzungsorientierung zugrunde. Aber es ist nicht zu verkennen, daß die Vermögenskomponente des Bodeneigentums in vielfacher Hinsicht von seiner Nutzungsorientierung ablenkt.
Charakteristisches Merkmal der Preissteuerung ist ihr punktueller Ansatz. Sie bewirkt – wie bei der Ware – eine einmalige Transaktion, ohne daß der Boden allerdings, wie diese, danach vom Feld des ökonomischen Geschehens verschwindet. Er entgleitet nur der ökonomischen Steuerung und fällt gewissermaßen aus dem sozialen Zusammenhang heraus. Denn wenn die Zuordnung erst einmal vollzogen ist, so besteht kein unmittelbarer Zusammenhang mehr zwischen der weiteren Entwicklung der erzielbaren Bodenrente des Grundstücks, seiner tatsächlichen Nutzung und der aus dem Erwerb resultierenden Last. Im Falle der Kaufpreisfinanzierung aus eigenen Mitteln entgeht dem Eigentümer nur ein möglicher Gewinn, wenn er das Grundstück nicht oder nicht ausreichend nutzt (sog. Opportunitätskosten[8]); im Falle der Fremdfinanzierung besteht zwar ein laufender Nutzungsdruck, da der Aufwand für Zins und Tilgung in der Regel aus dem Grundstücksertrag aufgebracht werden muß, aber dieser Aufwand steht ein für allemal fest, findet mit der Kredittilgung sein Ende und hängt nicht mehr von den Möglichkeiten der Grundstücksnutzung und deren Veränderungen ab.
Die Zuordnung der Grundstücke unterliegt so nur zum Zeitpunkt des Erwerbs einer – wenn auch unter Nutzungsgesichtspunkten unvollkommenen – sozialen Kontrolle durch den Wettbewerb. Von diesem Zeitpunkt an ist das Grundstück aus dem sozialen Zusammenhang herausgelöst. Das Steuerungssystem der Preise liefert weder eine rechtliche noch eine ökonomische Gewähr dafür, daß eine bestehende Verteilung, die bei ihrer Einführung richtig gewesen sein mag, dem Lenkungsziel auch weiterhin fortlaufend entspricht. Denn Abweichungen vom Lenkungsziel rufen keine korrigierenden Kräfte mehr wach, die zum Verteilungsoptimum zurückführten. Unteroptimal genutzte Grundstücke kommen nicht ins Angebot, jedenfalls gibt es keinen ökonomischen Druck in diese Richtung.

Hier zeigt sich ein weiterer, gravierender Nachteil der Steuerung der Bodennutzung durch Preise: Indem sie, vom Zeitpunkt her und auf das einzelne Grundstück bezogen, nur punktuell greift, mißt sie nur die Knappheit der tatsächlich angebotenen Grundstücke im Verhältnis zur effektiven Nachfrage. Dadurch ergeben sich Preise und Preisschwankungen, die aus dem Verhältnis des Gesamtbestands an Grundstücksflächen zum Gesamtbedarf nicht zu erklären und für dieses Verhältnis auch nicht repräsentativ sind. Preisbestimmend ist nur ein relativ kleiner Teil der Grundstücke, der gerade im Angebot ist, so daß Änderungen der Nachfrage sich in unverhältnismäßig großen Preisausschlägen äußern können. Löst eine aus irgendwelchen Gründen vergrößerte Nachfrage dann die Erwartungen von Preissteigerungen aus und kommt es als Reaktion darauf zur Zurückhaltung der Angebotsseite, so steigen die Preise auch effektiv in unverhältnismäßiger Weise, obwohl sich an der Relation des Gesamtbestands zum Gesamtbedarf nichts geändert zu haben braucht.

Wir haben es also mit einer *Marktspaltung* zu tun, die bei einer preisgesteuerten Bodenordnung notwendigerweise eintritt, weil die Kontrolle durch den Wettbewerb hier nur punktuell wirkt und den größten Teil des Bodens aus dem Marktzusammenhang und aus der marktmäßigen Bewährung herausfallen läßt. Sie bedeutet, daß ein mangels Bewährungsdrucks unzureichend genutzter Bestand den tatsächlich angebotenen Grundstücken eine Nachfrage gegenüberstellt, die größer ist, als sie bei optimaler Bestandsnutzung wäre, und die daher nur zu Preisen befriedigt werden kann, die über dem Niveau liegen, das sich bei einer Gegenüberstellung von Gesamtbestand und Gesamtbedarf ergeben würde.

Schließlich kann man feststellen: Auf den Warenmärkten *realisiert* sich das Lenkungsziel in Transaktionen, die durch Preise gesteuert werden. Die Preissteuerung der Bodenordnung tut so, als wäre dies beim Boden nicht anders. Sie übersieht, daß Transaktionen beim Boden nicht das Lenkungsziel erfüllen, sondern nur Abweichungen korrigieren können. Das Lenkungsziel selbst, das nur als laufender Optimierungsprozeß verstanden werden kann, ist mit einer Preissteuerung, die nur punktuell greift, aus strukturellen Gründen letztlich nicht erreichbar.

2. Die Lenkungswirkungen der Preissteuerung

Aus dieser Situation ergeben sich die wesentlichen Steuerungsmängel unserer heutigen Bodenordnung:

a) Der Zugang zur Bodennutzung erfolgt über – eigenen oder geliehenen – Kapitalbesitz. Damit ist schon eine wichtige Abweichung von der Nutzungsorientierung der Bodenordnung gegeben. Denn Kapitalbesitz kann auf früherer Fähigkeit und Tüchtigkeit beruhen, die beim Erwerb heute nicht mehr vorzuliegen brauchen. Wir haben es dann bestenfalls mit einem dem Peter-Prinzip verwandten Verfahren zu tun (Beförderung auf Grund von bisheriger Bewährung anstatt von zu erwartender, künftiger Bewährung). Kapitalbesitz kann ferner ohne Leistung zustande gekommen sein, z.b. aus Zinseinkommen oder Erbschaft. Die Einmaligkeit des Kapitalaufwands beim Erwerb verführt überdies zu eher reichlich bemessenen Grundstückskäufen, deren vorerst nicht benötigter Teil dann einstweilen als Kapitalanlage angesehen wird. Daß damit schon im Bereich des Zugangs zum Boden keine optimale Nutzungsorientierung des Lenkungssystems gegeben ist, liegt auf der Hand.

b) Nutzungswillige, die ein Grundstück suchen, sehen sich nicht ausreichend zur flächensparenden Nutzung angehalten; sie sind beim Erwerb zu wenig veranlaßt, sich hinsichtlich Größe und Wert auf die wirklich benötigte Fläche zu beschränken. Nutzer, die ein Grundstück haben, sind nicht oder zu wenig genötigt, es auch (ausreichend) zu nutzen oder, wenn sie dies nicht wollen oder können, sich von ihm zu trennen. Damit ist noch einmal ausgedrückt, daß das Angebot kleiner und die Nachfrage größer, der Preis also höher ist, als dies angesichts des Gesamtbestands an Grundstücken und den vorhandenen Nutzungsinteressen sein müßte.

c) Behalten gegenwärtige Besitzer ihre Grundstücke, obwohl sie sie nicht oder nicht ausreichend nutzen, so finden noch nicht etablierte Nutzungsinteressenten nicht die Grundstücke, die sie brauchen. Eine preisgesteuerte Bodenordnung konserviert die Ergebnisse mehr oder weniger lang zurückliegender Steuerungsvorgänge. Sie verzerrt die Chancen- und Wettbewerbsgleichheit zwischen denen, die schon da sind, und denen, die hinzukommen, also vor allem zwischen den Generationen. Sie bevorzugt die Etablierten und ihre Erben, auch wenn sich diese nicht (mehr) bewähren, anstatt ihnen eine angemessene Rücksichtnahme abzuverlangen.

3. Preisgesteuerte Bodenordnung und Planung

Von einer preisgesteuerten Bodenordnung geht in der Regel ein beständiger Druck aus auf Ausweitung insbesondere der zur baulichen Nutzung zugelassenen Flächen sowie z.t. auch auf Ausweitung der zulässigen Nutzung schon ausgewiesener Flächen. Wie in einem System kommunizierender Röhren führt die Unternutzung der Flächen im Bestand zu einer Übernachfrage dort, wo Grundstücke angeboten werden, und zugleich zu einem Druck auf die Planungsinstanzen zur Vergrößerung dieses Angebots durch Ausweisung und Erschließung neuen Baulands. Die Bodenpreise im Bestand bewirken nicht, daß die Nachfrage von selbst auf das zur Nutzung ausgewiesene Gesamtareal zurückgedrängt wird: ökonomische und planerisch-ökologische Grenze kommen nicht zur Deckung. Verstärkt wird dies dadurch, daß planungsbedingte Bodenrentensteigerungen dem Eigentümer verbleiben, so daß er ein elementares Interesse daran hat, die Planungen im Sinne einer solchen Steigerung zu beeinflussen. Die Preissteuerung der Bodenordnung verhindert damit ihre Planungsneutralität.

4. Preissteuerung und Einkommens- bzw. Vermögensinteressen

Solange der Boden einen Kapitalwert hat, verbinden sich mit ihm Erwartungen, die auf ein Steigen oder Sinken dieses Werts gerichtet sind. Wer Kapital in Boden anlegt, ist häufig nur an der Differenz zwischen Kauf- und Verkaufspreis, nicht so sehr an einer zwischenzeitlichen Nutzung interessiert. Die Kapitalanlage in Boden ist auch ohne Nutzung meist ein gutes Geschäft. Der Boden wird dann oft gerade der besseren, jederzeitigen Verkäuflichkeit wegen der Nutzung vorenthalten.
Werden steigende Bodenpreise erwartet, so trennt sich ein kaufmännisch denkender Eigentümer nicht von seinem Boden, denn er will diese Preissteigerung mitnehmen. Seine Zurückhaltung bedeutet aber eine weitere Verknappung des Angebots, die ihrerseits die Preise nach oben treibt und so den Eigentümer in seiner Zurückhaltung bestärkt.
In vielen Fällen ist es nicht unbedingt bewußte Spekulation, sondern einfach das Bewußtsein einer wertgesicherten Anlage, das die Eigentümer an ihrem Boden festhalten läßt, auch wenn sie ihn nicht nutzen und auch in absehbarer Zeit nicht zu nutzen beabsichtigen – ein Zustand, der sich allerdings nicht selten über Jahrzehnte hinzieht.

VI. Auswirkungen einer Bodenwertsteuer

1. Allgemeine Betrachtungen

Die Ausführungen in den Abschnitten IV und V haben gezeigt, daß die Lenkungsprobleme der Bodenordnung durch eine Abgabensteuerung vom Grundsatz her optimal gelöst werden können, während eine Preissteuerung das Lenkungsziel (III) in mehrfacher Hinsicht verfehlt. Die Problematik

einer Preissteuerung beim Boden besteht im Kern darin, daß den laufenden Nutzungsvorteilen des Bodens keine laufende Last zur Seite steht, so daß Abweichungen vom Lenkungsziel zwar in der Regel Opportunitätskosten, nicht aber reale Kosten verursachen. Reale Kosten wären aber notwendig, um Abweichungen vom Lenkungsziel laufend zu korrigieren und eine kontinuierliche Erreichung des Verteilungsoptimums zu gewährleisten.
An dieser offenen Flanke der Preissteuerung setzt die Bodenwertsteuer ein. Indem sie die Kapitalisierung der Bodenrenten im Preis teilweise auflöst bzw. rückgängig macht und in eine laufende Last verwandelt, ergänzt sie die Preissteuerung und korrigiert von der Tendenz her deren Lenkungsmängel.

2. Die Lenkungswirkungen

Die Lenkungswirkungen einer Bodenwertsteuer hängen natürlich ganz wesentlich von ihrer Höhe ab. Eine 100%ige Steuer, d.h. eine vollständige Abschöpfung der erzielbaren Bodenrente wurde in Abschnitt IV geschildert, eine minimale Steuer würde an den Resultaten einer reinen Preissteuerung (V) kaum etwas ändern. Gehen wir von dem aus, was als erste Stufe politisch die größte Realisierungschance hat: einer aufkommensneutralen Umwandlung der derzeitigen Grundsteuer, die Boden und Bauwerke erfaßt, in eine reine Bodenwertsteuer. Die Auswirkungen sind nach den bisherigen Darlegungen von der Tendenz her unschwer vorhersehbar[9]:
a) Die Bodenwertsteuer wird die Preise tendenziell senken bzw. ihren Anstieg verlangsamen; das senkt den Liquiditätsbedarf des Erwerbers, während es in der Regel den Ertrag des Nutzers nicht steigert, denn die Preissenkung hat ihre Ursache in der Abgabe, die der Nutzer nun statt dessen zahlen muß (siehe II.3.).
b) Die Bodenwertsteuer wird Grundstücke, die nicht oder – gemessen an den bestehenden Möglichkeiten – wenig genutzt werden, in die Nutzung durch den jetzigen Eigentümer oder aber ins Angebot bringen (siehe IV.2.b).
c) Sie wird Interessenten veranlassen, nur die wirklich benötigten Flächen zu erwerben (flächensparende Nutzung) (siehe IV.1.b).
Größeres Angebot (b) und geringere Nachfrage (c) verstärken die dämpfende Wirkung auf die Preise (a). Sie senken damit die Hürde des Kapitalbesitzes als Zugangsvoraussetzung zur Bodennutzung und verbessern im Zugangsbereich die Nutzungsorientierung der Bodenordnung.
d) Die Bodenwertsteuer trägt als laufende Last auch nach dem Erwerb dazu bei, eine ausreichende Nutzung des Bodens dauerhaft zu gewährleisten. Es kann hier auf die Ausführungen zu den Lenkungswirkungen einer reinen

Abgabensteuerung verwiesen werden (siehe IV): die dort geschilderten Wirkungen werden von der Tendenz her auch bei der Einführung einer Bodenwertsteuer eintreten. Das bedeutet, daß die Nutzungsorientierung der Bodenordnung insgesamt wesentlich verstärkt, der Vermögensaspekt dagegen von der Tendenz her zurückgedrängt wird.

3. Das Verhältnis zum Planungsrecht

Der sparsamere Umgang mit dem Boden im Bestand (siehe 2.) führt tendenziell zu einer Entlastung der Planungsinstanzen vom Druck an den Grenzen, und zwar
- sowohl an der Peripherie, nämlich vom Druck zur Ausdehnung der bisherigen Nutzungsgrenzen, insbesondere zur Umwandlung von Acker- in Bauland (siehe IV.1.c.(4))
- als auch hinsichtlich der zulässigen Nutzung bereits ausgewiesener Grundstücke, da für erweiterte Nutzungswünsche geeignete Grundstücke eher im Angebot sind und im übrigen Erweiterungen der zulässigen Nutzung auch die Belastung aus der Bodenwertsteuer erhöhen (siehe IV.3.).

Die Bodenwertsteuer bewirkt so einen Schritt hin auf das Ziel der Planungsneutralität. Sie bringt uns damit sowohl einer von Interessen nicht durchkreuzten Planung als auch einer durch Spekulation auf Planungsgewinne nicht gestörten Bodenordnung etwas näher. Je weniger durch Planungsentscheidungen Vermögensinteressen der Bodeneigentümer berührt werden, weil die Bodenwertsteuer nach oben und nach unten einen gewissen, automatisch wirkenden, laufenden Planungswertausgleich darstellt, desto eher werden auch offene, demokratische Planungsverfahren möglich (siehe IV.3.).

4. Die Einkommens- und Vermögenskomponente

Das Bodeneigentum bietet heute einen Ansatz sowohl für Nutzungs- als auch für Vermögensinteressen. Die reine Abgabensteuerung bewirkt, indem sie den Boden entkapitalisiert, eine nahezu vollständige Nutzungsorientierung der Bodenordnung, die Preissteuerung bringt zusätzlich eine Vermögensorientierung mit ins Spiel, die die Nutzungsorientierung vielfach beeinträchtigt. Die Bodenwertsteuer baut diese Beeinträchtigung tendenziell wieder ab. Sie stellt damit einen ersten, aber wichtigen, heute fälligen Schritt zur Behebung der Mängel unserer Bodenordnung dar.

VII. Schlußbemerkung

Hat man begriffen, was die Kapitalisierung des Bodens bedeutet, wie sie der Bodenordnung mit den Preisen Elemente einpflanzt, die dieser ganz fremd sind, so muß es von vorherein methodisch als ein zweifelhaftes Unterfangen erscheinen, die Steuerung der Bodenordnung auf dieser Grundlage aufzubauen. Die Bodenwertsteuer könnte neben ihren praktischen Auswirkungen und gerade durch diese einen ständigen Anstoß dazu geben, daß wir die geistige Sackgasse, in der wir uns in bezug auf unsere Bodenordnung befinden, als solche erkennen.

---

1 Im Vordergrund dieser Untersuchung stehen die Lenkungswirkungen einer Bodenwertsteuer, nicht ihre Auswirkungen auf die Einkommens- und Vermögensverteilung. Jedoch sind es nicht selten vom Nutzungsinteresse abgekoppelte Einkommens- und Vermögensinteressen, die die Lenkung und Verteilung des Bodens maßgeblich beeinflussen. Insofern sie für die Lenkungsmechanik der Bodenordnung von Bedeutung sind, werden sie daher mitbehandelt.
2 An dieser Betrachtung ändert sich nichts dadurch, daß es neben der kommerziellen Nutzung des Bodens insbesondere im Wohnungsbereich auch eine konsumtive Nutzung gibt. Wer ein Eigenheim bauen will, macht bei der Beurteilung des Kaufpreises keine Rechnung auf, in der er die Bodenrente des Grundstücks kapitalisiert. Aber auch er wird sich überlegen, ob die Nutzungsvorteile des in Aussicht genommenen Grundstücks im Vergleich zu anderen Grundstücken einerseits, aber auch zu anderen Möglichkeiten der Kapitalverwendung nicht zu teuer bezahlt sind. Diese Vorteile gehen insofern durchaus in seine Rechnung ein. Auch in der Abwägung zwischen eigenem Bewohnen oder Vermieten eines Hauses ist eine marktmäßige Bewertung der Bodennutzungsvorteile zwangsläufig enthalten. Schließlich wird der Eigenheimbauer für denselben Boden nicht mehr bezahlen als ein kommerzielles Unternehmen des Mietwohnungsbaus, das darauf achtet, daß seine Investition zumindest die Rendite vergleichbarer Anlagen auf dem Kapitalmarkt erreicht. Daraus ergibt sich, daß die konsumtive Nutzung des Bodens letztlich von den gleichen Gesetzen beherrscht wird wie die kommerzielle,

auch wenn die Bodenrente nicht als Zahlungsstrom, sondern als laufender Nutzungsvorteil, also „in natura" als sogenannte Konsumentenrente anfällt.
3 Der Ausdruck „Bodenwertsteuer" ist insofern nicht richtig, als die Steuer primär die Bodenrente erfaßt (s. II.1.). Solange die Abgabe und daher auch ihr Einfluß auf die Preise gering ist, kann sie zwar durchaus in Prozentsätzen von Bodenpreisen oder -werten, d.h. von kapitalisierten Restrenten erhoben werden. Je höher sie jedoch ist, desto mehr macht sich ihr Einfluß in sinkenden Preisen bemerkbar, so daß diese nicht mehr als Anknüpfungspunkt für die Steuer geeignet sind, was am Extremfall eines Sinkens der Bodenpreise auf Null bei voller Erfassung der Bodenrente durch die Steuer besonders deutlich wird. Der Ausdruck „Bodenrentensteuer" wäre zwar sachlich zutreffend, ist jedoch mit dem Nachteil belastet, daß der Schlüsselbegriff der Bodenrente leider nicht allgemein als bekannt vorausgesetzt werden kann. „Bodensteuer" wäre zwar nicht falsch, empfiehlt sich aber nicht, nachdem der Vorschlag einer Bodenflächensteuer immer mehr in die Diskussion gebracht wird. So bleibt es wohl am besten – bei allen Vorbehalten – bei der Bezeichnung „Bodenwertsteuer".
4 Eine abgabengesteuerte Bodenordnung kann hier nur in einigen groben Zügen skizziert werden. Es geht um die Darstellung ihrer Hauptwirkungen, aus denen der Einfluß einer Bodenwertsteuer abgeleitet werden kann. Die Voraussetzungen ihrer Funktionsfähigkeit im einzelnen und ihre Wirkungen auch unter Einkommens- und Vermögensaspekten sind in dem Beitrag von Jobst v. Heynitz in diesem Band und in der dort angegebenen Literatur näher beschrieben.
5 Die Ausführungen dieses Abschnitts werden Zweifel daran wecken, ob es richtig ist, beim Boden von einem Markt zu sprechen. Zu sehr verbinden wir mit diesem Begriff einen Leistungsaustausch, der beim Boden nicht stattfindet. Andererseits gibt es Angebot und Nachfrage! Wir verwenden also den Ausdruck nur unter Vorbehalt.
6 Auch Streit und Krieg um Boden und Bodenschätze sind – soweit ökonomisch bedingt – kaum mehr denkbar, sofern die Vorteile der Nutzung laufend abgeschöpft werden. – Der Frage der *Verwendung* der Abgabe nachzugehen, würde den Rahmen dieser Untersuchung sprengen. Es sei hier nur darauf hingewiesen, daß, wenn man ein gleiches Recht aller Menschen an der Erde und ihren Schätzen anerkennt, eine gleichmäßige Rückverteilung der Abgabe pro Kopf der (Welt-)Bevölkerung die ökonomische Realisierung dieses Rechts bedeutet. Wer dann nicht mehr und nicht weniger Boden als der Durchschnitt aller Mitmenschen nutzt, hat diese Nutzung im Ergebnis kostenlos, da der auf ihn entfallende Anteil aus der Rückverteilung der von ihm zu zahlenden Abgabe entspricht (siehe zu den Einzelheiten auch den Beitrag von v. Heynitz in diesem Buch). Damit ist zugleich einer der wichtigsten Faktoren bezeichnet, der die strenge Nutzungsorientierung einer reinen Abgabensteuerung sozial erträglich macht, ohne sie in ihrer Effizienz zu beeinträchtigen.
7 Aus den Ausführungen dieses Abschnitts ergibt sich auch, warum eine reine Flächensteuer (gleiche DM-Belastung pro m^2 ohne Rücksicht auf die Höhe der Bodenrente bzw. des „Bodenwerts"), wie sie z.Z. vielfach gefordert wird, eine ganz undurchdachte Angelegenheit ist.
8 Es ist eine in der Ökonomie weitverbreitete Oberflächlichkeit, den Unterschied zwischen Opportunitätskosten (entgangenen Gewinnen) und realen Kosten (Verlusten) zu vernachlässigen. Dabei braucht man nur die Brücke zum Vermögen, um dessen Mehrung oder Minderung es ja auch geht, zu schlagen, um zu sehen: Gewinne kann man sich in beliebiger Höhe entgehen lassen, ohne real ärmer zu werden, durch ständige Verluste wird jedoch jeder früher oder später arm. Reale Kosten haben daher eine wesentlich größere und übrigens auch qualitativ andere Antriebswirkung als Opportunitätskosten.
9 Siehe dazu im einzelnen: „Vorschlag zur Wohnbaulandmobilisierung", Bericht der Unabhängigen Arbeitsgruppe des Deutschen Volksheimstättenwerks e.V., Bonn 1995 und „Wohnungspolitik auf dem Prüfstand", Gutachten der Expertenkommission Wohnungspolitik, im Auftrag der Bundesregierung erstellt, vorgelegt 1994.

VIII
Zum Bild einer künftigen Bodenordnung

Ordnungspolitische Leitlinien und konkrete Gestalt einer künftigen Bodenordnung[1]

Jobst v. Heynitz

I. Grundlegende Erwartungen an eine künftige Bodenordnung

Der Begriff „Bodenordnung" lenkt den Blick auf die Erde mit ihren nutzbaren Flächen und Bodenschätzen. Dabei werden einige Betrachter die vielfältigen und einmaligen Wesenszüge der Erde vor Augen haben und erwarten, die Bodenordnung möge sie im Interesse der Menschheit und jedes einzelnen Menschen wirksam bewahren und verteidigen. Andere werden vielleicht an Kämpfe und Kriege um Raum und Bodenschätze und die dahinter stehenden wirtschaftlichen Interessen denken und erwarten von der Bodenordnung – im Sinne eines Minimalkonsenses – einen friedlichen Ausgleich gemeinschaftlicher und individueller menschlicher Interessen an der Nutzung der Erdoberfläche und der Bodenschätze und an den dabei zu erzielenden Erträgen.
Mit der Bodenordnung verbinden sich daher drei grundlegende Erwartungen: Zum ersten geht es um den Schutz und die Erhaltung der Erde, der Natur und ihrer Schätze und in diesem Rahmen um die Festlegung ihrer Nutzung, zum zweiten geht es um die damit verträgliche Verteilung ihrer nutzbaren Flächen und Bodenschätze und zum dritten um die Verwendung der dabei anfallenden Erträge.

II. Eine Geschichte rechtlich verfestigter Sondervorteile am Boden

Die Geschichte der Bodenordnung ist eine Geschichte der mit dem Boden rechtlich verfestigten Sondervorteile. Ziel der auf Sondervorteile gerichteten Interessen ist der ökonomische Ertrag aus der Bodennutzung, in wirtschaftswissenschaftlicher Terminologie: die Bodenrente[2]. Ansatzpunkt, um diesen Ertrag zu einem stabilen Sondervorteil zu machen, ist der Erwerb eines Rechts, das den Ertrag möglichst lange und kostengünstig sichert.

Auch heute noch leistet sich die Menschheit auf der klein gewordenen Erde eine von partikularen Interessen bestimmte Bodenordnung mit rechtlichen Sondervorteilen. So verfügen z.b. die einzelnen Staaten kostenlos über die innerhalb ihrer Grenzen gelegenen Bodenschätze und sind nach Räubermanier bestrebt, ihre Grenzen möglichst weit in das Meer hinauszuverlegen, um Erdöl und andere Bodenschätze aus dem Meeresgrund fördern zu können, ohne die Erträge aus diesem Raub mit anderen teilen zu müssen[3].

Ansatzpunkt für Sonderinteressen innerhalb der Nationalstaaten sind – wie im internationalen Bereich – möglichst kostengünstig erwerbbare und möglichst langfristig ausnutzbare Bodennutzungs- und -verwertungrechte. Mit zeitlich völlig unbeschränkten Bodennutzungs- und -verwertungsrechten hat man Teil am Ewigkeitscharakter des Bodens, der fortlaufend gebraucht, aber nicht verbraucht werden kann[4], und an dem aufgrund seiner Knappheit ewig fließenden Bodenrentenstrom[5]. Zeitlich unbeschränkte Bodennutzungs- und -verwertungsrechte gibt es in verschiedener Gestalt. Ein Verwertungsrecht eigener Art war das historische Obereigentum der Lehnsherren. Heute gehören dazu Bodeneigentum, zeitlich unbefristete Erbbaurechte oder durch Aufhebung oder Einschränkung der Kündbarkeit „verewigte" Miet- oder Pachtrechte[6].

Beim Kauf wird mit der einmaligen Zahlung des Kaufpreises ein zeitlich unbeschränktes (ewiges) Recht zur Bodennutzung und am Bodenrentenstrom erworben. Das unterscheidet den Kauf deutlich vom Erwerb von Bodennutzungsrechten über Nutzungsentgelte, z.B. Pacht-, Erbbau- oder Mietzinszahlungen, mit denen diese Rechte nur für die Zeit der Entgeltzahlung erworben werden. Aber auch diese zeitlich beschränkten Bodennutzungsrechte gewähren Sondervorteile, wenn die Nutzungsentgelte unter der marktgemäßen Bodenrente liegen; dann bleibt die Differenz zur marktgemäßen Bodenrente als Quasi-Eigennutzungsertrag in der Hand der Bodennutzungsberechtigten und bereichert sie[7].

Entscheidend für das Ausmaß des Sondervorteils sind daher zwei Dinge:
1. die Art des Rechts,
2. die Differenz zwischen den Erträgen aus den marktgemäßen Bodenrenten und dem Erwerbsaufwand für das Recht.

Bodennutzungs- und -verwertungsrechte ohne zeitliche Beschränkung sind am vorteilhaftesten, weil damit der *unendliche* Bodenrentenstrom vollständig erworben wird. Die größten Sondervorteile werden erzielt, wenn solche Rechte kostenlos oder zu (endlichen) Kosten erworben werden, die nur zeitlich begrenzt anfallen, z.B. ein Kaufpreis aus eigenen Mitteln oder Kosten aus

Krediten für den Kauf von Boden, die aus Bodenrentenerträgen oder anderen Quellen getilgt werden.

III. Eine gespaltene Welt und gespaltene Gesellschaften

Eine Welt, in der einige Länder wertvolle Bodenschätze ihr eigen nennen und andere nicht, ist eine gespaltene Welt. Den Ländern, die über Ausbeutung oder Nichtausbeutung ihrer Bodenschätze entscheiden und Erträge aus ihnen erzielen, stehen jene gegenüber, die Rohstoffverbraucher sind. Ein Teil ihrer gezahlten Rohstoffpreise füllt den Bodenrenten-Ertragsstrom zu den Rohstoffländern; sie sind von ihnen abhängig und ihrer Willkür ausgesetzt, gemäßigt nur bei vorhandenem Wettbewerb unter den Bodenschatzanbietern. Wo, wie etwa in Deutschland, alles Land gekauftes oder kostengünstiger erworbenes Bodeneigentum ist, ist die Gesellschaft in zwei Teile gespalten. Auf der einen Seite stehen alle Bodeneigentümer mit dem Privileg ihres zeitlich unbeschränkten Bodennutzungs- und -verwertungsrechts. Wie die Flüsse in das Meer, so strömen ihnen die Nutzungsentgelte fremdgenutzter Grundstücke und die Bodenrenten als Erträge eigengenutzter Grundstücke ewig in die Kassen. Auf der anderen Seite stehen Pächter, Erbbauberechtigte und Mieter, die beim Zugang zu einem Bodennutzungsrecht von der anderen Seite abhängig und ihrer Willkür – nur gemäßigt durch den Wettbewerb unter den Anbietern – ausgesetzt sind. Sie speisen den ewigen Strom der Nutzungsentgelte zum anderen Teil der Gesellschaft, soweit nicht sozialpolitisch motivierte Gesetze, z.B. Mieterschutzgesetze, Grenzen setzen. – Abhängig und der Willkür ausgesetzt sind in gleicher Weise auch Kaufwillige, die Kaufpreise an die andere Seite der Gesellschaft zahlen, danach aber der privilegierten Seite der Gesellschaft angehören.

IV. Ordnungspolitische Mängel der heutigen Bodenordnung

Eine die Welt und die Gesellschaften spaltende Bodenordnung weist auch eine Reihe ordnungspolitischer Mängel auf. Einige möchte ich benennen.

1. Mängel beim Schutz der Bodenschätze und der Umwelt

Zu den drängendsten Problemen unserer Zeit zählt weltweit die Aufgabe, die Ausbeutung der Bodenschätze und den Umweltmißbrauch zu begrenzen. Denn Rohstoffvorräte und Umwelt sind Erbteil der gesamten Menschheit; künftige Generationen dürfen nicht eine geplünderte und verwüstete Erde

vorfinden. Drei miteinander zusammenhängende Aufgaben sind zu lösen[8]:
1. Wie bei der örtlichen Festlegung von Umfang und Art der Grundstücksnutzung müssen Organe der Gesamtmenschheit (wohl bei den UN) weltweit den Umfang der Nutzung von Bodenschätzen und Umwelt im Interesse künftiger Generationen begrenzen und die Art der Nutzung festlegen.
2. Die Kosten für die Nutzung von Bodenschätzen und der Umwelt müssen durch Begrenzung der Nutzung steigen, damit ressourcensparende Prozesse über das heutige Maß hinaus in Gang kommen.
3. Die durch Verknappung steigenden Erträge aus der Rohstoffgewinnung und der Umweltnutzung müssen so verteilt werden, daß die Ergebnisse der unter 1. und 2. beschriebenen Aufgaben nicht durch die Art der Verteilung beeinträchtigt werden.

Die Welt ist auf diesem Felde weit davon entfernt, ordnungspolitisch auf der Höhe der Zeit zu sein. Unabhängige Organe, die weltweit Umfang und Art der Nutzung von Bodenschätzen und Umwelt festlegen, fehlen weitgehend[9]. In vielen Rohstoffländern werden Rohstoffe in unvertretbaren Mengen und zum Teil in einer die Umwelt verwüstenden Weise gefördert, so daß die Rohstoffpreise weltweit zum Teil gefallen sind, aber auch dort, wo sie gestiegen sind, – gemessen am notwendigen sparsamen Verbrauch von Bodenschätzen – viel zu niedrig sind[10].

2. Pressionen auf raumordnende und vergleichbare Prozesse

Der Aufgabe, Umfang und Art der Nutzung von Grundstücken, Bodenschätzen und Umwelt festzulegen, muß die Erkenntnis vorausgehen, was denn an Nutzung notwendig und verträglich ist. Der Erkenntnis- und der folgende Entscheidungsprozeß werden gestört, wenn Ertragsinteressen ihn beeinflussen.

Die Höhe der Bodenrenten hängt vom Umfang und von der Art der Grundstücks- und Umweltnutzung und der Rohstoffausbeutung ab. Die dafür maßgeblichen Erkenntnis- und Entscheidungsprozesse sind daher heute massiven, von Ertragsinteresse motivierten Einflüssen ausgesetzt. Ordnungspolitisch sind diese für die Erkenntnis- und Entscheidungsprozesse schädlichen Einflüsse nicht hinnehmbar.

3. Wettbewerbsmängel und Wohlstandsverluste

Von Märkten erwartet man einen zügigen Ausgleich von Angebot und Nachfrage und eine optimale Allokation der Ressourcen. Bodenangebot, -nachfrage und -preise sind in Deutschland frei. Grundstücke bleiben aber viele Jahre ungenutzt oder unzureichend genutzt liegen, obwohl Makler und Nachfrager danach Schlange stehen. Erwartete Preissteigerungen verstärken die Zurückhaltung und wirken – im Gegensatz zu anderen Märkten – nicht angebotsmehrend. Das Angebot wird kartellähnlich verknappt mit der Folge überhöhter Preise. – Investoren müssen vielfach, weil sie Grundstücke an optimalen Standorten nicht erwerben können, auf weniger geeignete Standorte ausweichen. Damit sind Produktivitäts-, Wachstums- und Wohlstandsverluste verbunden, die z.b. für den im weltweiten Wettbewerb stehenden Standort Deutschland kein Ruhmesblatt sind.

Insgesamt herrscht auf Bodenmärkten eine Tendenz zum Marktversagen statt zum Marktausgleich. Diese mangelnde Effizienz ist besonders schädlich, weil Boden prinzipiell unvermehrbar ist, so daß Verschwendung nicht an anderer Stelle ausgeglichen werden kann. Ökonomische Allokations- und Wohlstandsdefizite dieses Ausmaßes sind ordnungspolitisch in keiner Weise akzeptabel. Eine wesentliche Ursache für diese Mängel ist: Inhaber von Bodeneigentum und anderer zeitlich unbeschränkter Bodennutzungsrechte haben es, wenn sie keine Kosten decken müssen, schlicht nicht nötig, sich der Nachfrage anzupassen. Sie können warten, und ihr Warten kann sehr ertragreich sein, wenn Bodenrenten und Bodenverkaufswerte steigen. Sie stehen nicht unter Wettbewerbsdruck wie Anbieter auf anderen Märkten, sondern versperren anderen den Zutritt zum Bodenmarkt. Das ist mit der dem fairen Wettbewerb und dem freien Zutritt zu allen Märkten verpflichteten marktwirtschaftlichen Ordnung nicht vereinbar und ein schwerer ordnungspolitischer Mangel der gegenwärtigen Bodenordnung, auch wenn er gern verdrängt oder verniedlicht wird.

Der allgemeine Mieterschutz und der spezielle des sozialen Wohnungsbaus in Deutschland gewährt den Inhabern von Mietwohnungen das Privileg zeitlich weitgehend unbeschränkter Nutzungsrechte und erschließt ihnen durch gestoppte Mieten kostenlos Teile der Bodenrentenerträge. Wohnungszurückhaltung, Wohnflächenverschwendung, Immobilität, ein kartellähnlich verknapptes Mietwohnungsangebot, gefördert durch die mieterschutzbedingte Zurückhaltung potentieller Investoren beim Mietwohnungsbau, mit überhöhten Mieten usw. sind die Folge. Die Nachteile haben – wie die Nachfrager auf den Bodenmärkten – die ungeschützten Nachfrager nach Mietwohnungen zu tragen. Die Mietergesellschaft wird in etablierte Habende und Ausgeschlossene gespalten. Auch diese den Bodenmärkten völlig gleichartigen Allokationsdefizite und Mängel an Wettbewerbselementen sind ordnungspolitisch unerträglich und werden daher zu Recht kritisiert[11].

4. Ökologische und städtebauliche Effizienzmängel

Wer zeitlich unbeschränkte Bodennutzungsrechte kostenlos oder kostengünstig im Vergleich zu den Erträgen innehat, hat es nicht nötig, mit seinem Boden flächensparend umzugehen. Er kann z.b. auch städtebaulich nutzbare Grundstücke ohne Nachteile – abgesehen von entgangenen Gewinnen (Opportunitätskosten) – ungenutzt oder nur unzureichend genutzt als Baulücken liegen lassen. Mieter großer Wohnungen mit untermarktgemäßen Mieten, die sie dem Mieterschutz oder freundlichen Vermietern verdanken, können sich – wie Bodeneigentümer – Wohnflächenverschwendung leisten. Diese Verhaltensweisen zwingen zur Ausweisung zusätzlicher städtebaulich nutzbarer Flächen weiter draußen mit höherem Verkehrsaufkommen und stehen städtebaulichen Verdichtungsbestrebungen aus ökologischen, verkehrspolitischen oder Lärmvermeidungsgründen entgegen. Die ökonomischen Effizienzmängel der heutigen Bodenordnung unter Einschluß des Mieterschutzes sind also zugleich die Quelle ökologischer und städtebaulicher Effizienzmängel. Die heutige Bodenordnung ist auch insoweit ordnungspolitisch nicht auf der Höhe der Zeit.

5. Belastende Verbindung zwischen Kapital- und Bodenmärkten

Die Entwicklung der Bodenrenten hängt ab von der Nachfrage nach und dem Angebot an Bodennutzungsrechten. Die Kapitalzinsentwicklung richtet sich nach Angebot und Nachfrage auf den Kapitalmärkten. Die Angebots- und Nachfrageentwicklung auf beiden Märkten und die sich auf ihnen ausgleichenden Knappheiten haben wenig miteinander zu tun. Kapitalzinsen und Bodenrenten können sich daher gleichgerichtet, aber auch in verschiedener Richtung entwickeln. Aber trotzdem hängen sie insofern zusammen, als man Kapitalmarktzins- und Bodenrenteerträge miteinander vergleichen, über den Kauf und Verkauf von Bodeneigentum gegeneinander tauschen und deshalb Kapital dort anlegen kann, wo es jeweils höhere Erträge bringt. Der Zusammenhang entsteht dadurch, daß Boden(kauf)preise unmittelbar vom realen Kapitalmarktzins abhängen[12]; denn es läßt sich erst über den Zinssatz eine ewige Rente wie die Bodenrente in einem Kapitalbetrag (Barwert) ausdrücken: der Bodenpreis sagt als Kapitalwert aus, welche Summe an Kapital auf dem Kapitalmarkt notwendig ist, um ein der Bodenrente entsprechendes Zinseinkommen zu erzielen[13]. Sinken die realen Kapitalmarktzinsen, so steigt rein rechnerisch bei gleichen Bodenrenten der Bodenpreis, weil der Kapitalbetrag, der nötig ist, um beim gesunkenen Zins

den gleichen Zinsertrag wie beim höheren Zins abzuwerfen, größer sein muß[14]. Bei sinkendem Realzinsen sind aus dem Bodeneigentum höhere Erträge als aus an Kapitalmärkten angelegtem Kapital zu erwarten; infolgedessen steigt die Neigung, Bodeneigentum zu erwerben und zurückzuhalten; es steigt die Nachfrage danach, zugleich vermindert sich das Angebot. Daher steigen bei sinkendem Zins nicht nur rechnerisch, sondern auch real die Bodenpreise, wobei dieser Prozeß bereits einsetzt, wenn sinkende Zinsen und ihnen folgend steigende Bodenpreise erwartet werden. Umgekehrt wirken sich steigende Realzinsen und entsprechende Erwartungen aus: rechnerisch fallen die Bodenpreise, wie die Tabelle in Fußnote 14 zeigt; um an den steigenden Kapitalzinserträgen teilzuhaben, steigt auch real die Neigung, Bodeneigentum abzugeben; daher steigt das Angebot, ohne daß die Nachfrage mitsteigt, so daß die Bodenpreise real fallen.
Ordnungspolitisch fragwürdige Belastungen der Bodeneigentumsmärkte aus der Kapitalmarktentwicklung sind z.B.:

1. *Scheinbare und reale Kreditrisiken:* Den Banken drohen Erlöseinbußen bei der Verwertung hypothekarisch verpfändeter Grundstücke, wenn reale Kapitalmarktzinssteigerungen erwartet werden und deshalb die Bodenpreise fallen, z.b. beim Zinsanstieg von 2 % auf 4 % um 50 %. D.h.: ihre Sicherheiten für Hypothekenkredite an Unternehmen der Wohnungs- und Gewerbegebäudewirtschaft und private Häuserbauer geraten ins Rutschen. Kündigen sie deshalb Hypothekenkredite, so treiben sie, weil die Verkaufserlöse beim zinsanstiegsbedingten Bodenpreisverfall die Kreditrückzahlung in der Regel nicht ermöglichen, ihre Kreditnehmer und möglicherweise auch sich selbst ohne Not in Pleiten. Das ist ordnungspolitisch ein unerträgliches Ergebnis, weil der Zinsanstieg die Ertragskraft nutzungsbezogener Kreditnehmer-Investitionen, z.b. ihre Mieteinnahmen und Haus- und Boden-Nutzungserträge, nicht beeinträchtigt und sie daher die bisherigen, fest vereinbarten Zins- und Tilgungsleistungen weiter erfüllen können, ihre Kredite also nur ein scheinbares Risiko sind. Nur Kredite, die nicht mit dem Blick auf nutzungsbezogene Erträge, sondern in Spekulation auf weiter steigende Bodenpreise bei niedrigen realen Kapitalmarktzinsen gegeben werden, sind beim zinsbedingten Preisverfall nicht mehr sicher[15]. Der Kapitalmarkteinfluß auf die Bodenpreise verführt daher auch zu gefährlichen Kreditvergaben mit realen Kreditrisiken.

2. *Verstärkte Allokationsdefizite:* Der Mobilitätsgrad der Bodeneigentumsmärkte steigt bzw. fällt mit der Erwartung steigender bzw. fallender realer

Zinsen. Die Bewegungen auf den Kapitalmärkten vergrößern daher die ökonomischen, ökologischen und städtebaulichen Allokationsdefizite der Bodenmärkte im beträchtlichen Umfang.

3. *Refeudalisierung der Gesellschaft:* Bei niedrigen realen Kapitalmarktzinsen ist der Bodeneigentumserwerb ökonomisch vorteilhaft, die Bodeneigentumsabgabe nachteilig, da die Erträge aus dem Bodeneigentum im Vergleich zu den auf den Kapitalmärkten erzielbaren höher sind. Zinssätze von unter 1 % oder gar nahe 0 % würden daher die Neigung, Bodeneigentum zu erwerben und zurückzuhalten, im hohen Maße steigern, was sich in unermeßlich hohen Bodenpreisen, beim Zinssatz von Null – rechnerisch – in unendlichen Bodenpreisen ausdrückt. Sollten sich die Zinsen auf Dauer auf diesem niedrigen Niveau bewegen, so würde die Neigung, Bodeneigentum abzugeben, völlig ersterben. Ursache der extremen Zurückhaltungstendenzen ist allein die Verbindung zwischen Kapital- und Bodeneigentumsmärkten. Sie raubt den Bodeneigentumsmärkten ausgerechnet bei konjunkturpolitisch höchst willkommenen, niedrigen Zinssätzen den letzten Rest an Mobilität und führt zur Refeudalisierung der Gesellschaft. Denn ein Teil der Gesellschaft wäre vom Zugang zum Bodeneigentum so perfekt ausgesperrt, wie die Bodenvorrechte des Adels im Feudalismus den nichtadeligen Teil der Gesellschaft beim Zugang zum Boden ausgesperrt haben. Eine solche Aussperrung widerspricht diametral den elementaren Spielregeln marktwirtschaftlicher Ordnung, den Prinzipien eines fairen Wettbewerbs und dem freien Zutrittsrecht zu allen wichtigen Märkten.

Aus welchem Blickwinkel man auch immer die Verbindung zwischen Kapital- und Bodeneigentumsmärkten betrachtet, sie erweist sich als eine schwere ordnungspolitische Hypothek der heutigen Bodenordnung, weil sie deren allgemeine Defizite noch vergrößert.

6. Verteilungspolitische Mängel

Verteilungspolitische Mängel sind im Abschnitt III. über die Spaltung der Welt und der Gesellschaften bereits angesprochen. Es sind vor allem
- der kostenlose (privilegierte) Zugang eines Teils der Länder zu den Bodenschätzen und
- der kostenlose oder kostengünstige (privilegierte) Zugang eines Teils der Gesellschaft zu zeitlich unbeschränkten Bodennutzungs- und -verwertungsrechten mit der Folge,

– daß ihnen die Bodenrenten als Eigennutzungserträge oder die Bodenrentenanteile in den Rohstoffpreisen und Bodennutzungsentgelten in einem breiten Strom aus den Taschen der Rohstoff- und Bodennutzer zufließen. Steigt die Knappheit von Bodenschätzen und Bodenflächen, womit zu rechnen ist, so verschärft sich dieser Verteilungskonflikt weiter und gefährdet den Welt- und den innerstaatlichen Frieden.

V. Ordnungspolitische Leitlinien einer künftigen Bodenordnung

Die ordnungspolitischen Leitlinien einer künftigen Bodenordnung sind bei der Mängelbeschreibung der gegenwärtigen Bodenordnung, die Mieterschutzordnung eingeschlossen, bereits sichtbar geworden. Es sind, zusammengefaßt, für die innerstaatliche Bodenordnung folgende Leitlinien:
– Soll die Festlegung von Umfang und Art der Nutzung von Grundstücken, Bodenschätzen und Umwelt den dabei zu berücksichtigenden Zusammenhängen und Interessen angemessen sein, so sind unabhängige Urteile von unabhängigen Leuten nach Verfahrensregeln gefragt, die das sichern. Die notwendigen Erkenntnis- und Entscheidungsprozesse müssen daher soweit wie möglich frei von Einflüssen oder gar Eingriffen aus Interesse an Bodenrentenerträgen sein.
– Für Bodennutzungs- und -verwertungsrechte muß ein Verteilungsinstrument gefunden werden, das ökonomisch effizient den Boden mobilisiert und in die Hände jener Nachfrager lenkt, die damit am wirtschaftlichsten umgehen. Es muß zur optimalen Allokation beitragen[16]; es muß Baulücken schließen, städtebauliche Angebote zügig umsetzen helfen und ökologisch effizient wirken, z.B. Anreize zum sparsamen Verbrauch von Flächen und Bodenschätzen schaffen, und schließlich die unheilvolle Verbindung zwischen Bodenmärkten und Kapitalmärkten lösen.
– Die Spaltung in der Gesellschaft muß überwunden werden. Daher darf es keinen privilegierten Zugang zu Bodennutzungsrechten aller Art geben, der anderen den Zugang erschwert. Auch Bodeneigentum muß breit gestreut erwerbbar sein. Außerdem muß der Strom der Bodenrenten so umgelenkt werden, daß nicht ein Teil der Gesellschaft davon profitiert und der andere nur zahlt.

Diese ordnungspolitischen Leitlinien für die innerstaatliche Bodenordnung sind zu einem Teil auch jene für die weltweite Bodenordnung.

VI. Verteilung von Nutzungsrechten über Bodenrenten-Entgelte

Die zentrale Ursache für die ordnungspolitischen Mängel ist nach allem leicht zu diagnostizieren: Es ist die kostenlose oder kostengünstige Verteilung von Nutzungs- und Verwertungsrechten an Boden, Bodenschätzen und Umwelt, vorherrschend vor allem in kommunistischen Ländern, aber gleichermaßen die kostengünstige Verteilung dieser Rechte über Kaufpreise oder gestoppte Mieten und Pachten, vorherrschend in den kapitalistischen Ländern. Sie ist besonders schädlich, wenn auf diesem Wege zeitlich unbeschränkte Rechte erworben werden[17].

Schaut man sich um, so gibt es heute in Deutschland nur noch ein Beispiel, an dem gezeigt werden kann, wie das therapiegeeignete Verteilungsinstrument aussehen muß: die gewerblichen Mietverhältnisse. Für sie gibt es (noch) keinen Mieterschutz[18]. Mieten sind frei vereinbar. Die gewerblichen Mieten können sich frei entwickeln. Sie haben in der Regel marktgemäße Höhe. In Ballungsräumen sind sie höher als auf dem Lande. Die Kosten der Errichtung, Unterhaltung, Reparatur und Abschreibung gewerblicher Gebäude unterscheiden sich in den Ballungsräumen nicht so wesentlich von denen außerhalb, so daß die Differenz der Mieten zwischen Ballungs- und ländlichem Raum nur der höhere Bodenrentenanteil ist.

Betrachtet man die Entwicklung auf diesem im wesentlichen von der Höhe der Bodenrenten gelenkten Mietsektor, so läßt sich folgendes beobachten:

- Wer gewerblich nutzbare Räume mieten möchte, findet immer schnell welche, meistens auch am optimalen Standort[19].

- Ist das Gewerbe nicht ertragreich genug, um Mieten in zentralen guten Lagen zu zahlen, so werden die Räume schnell verlassen oder man verkleinert die in Anspruch genommene Raumfläche.

- Der Grad der Mobilität gewerblicher Nutzer ist hoch.

- Es gibt keine gespaltenen Mietmärkte wie im Mietwohnungsbereich.

- Gewerbliche Mieter haben gegenüber der städtebaulichen Planung auch Wünsche auf Ausweisung von Gebieten, die sie für ihr Gewerbe benötigen, und versuchen, dafür auch Druck zu machen. Aber es spielen dabei nur Nutzungsinteressen eine Rolle, keine Bodenrentenertragsinteressen, solange die Bodenrenten allein den Vermietern zuströmen.

Diese noch verlängerbare Liste von Verhaltensweisen gewerblicher Nutungsentgeltzahler legt die Vermutung nahe, daß eine Verteilung von Bodennutzungsrechten, auch des Bodeneigentums, über Entgelte, die an die marktgemäße Entwicklung der Bodenrenten – wie die gewerblichen Mieten – laufend angepaßt werden, das leisten, was Kostenlosigkeit und Kostengünstigkeit, z.b. Kaufpreise, als ökonomische Verteilungsinstrumente für Bodennutzungs- und -verwertungsrechte nicht leisten. – Was ist zu erwarten, wenn jeder Bodennutzer – auch jeder Bodeneigentümer – ein Entgelt in der Höhe der marktgemäßen Bodenrente des genutzten Bodens zahlen muß?

• Wenn alle künftigen Bodenrenten abfließen, lohnt sich die Einflußnahme auf Erkenntnis- und Entscheidungsprozesse des Städtebaus, der Umweltnutzung und Rohstoffausbeutung allein aus dem Ertragsinteresse an Bodenrenten nicht mehr. Sie werden frei von Einflüssen aus Ertragsinteressen an Bodenrenten. Nur noch Nutzungs- und -verwertungsinteressen wirken legitimerweise auf die Erkenntnis- und Entscheidungsorgane ein.

• Da alle Bodenrenten – vom Bodennutzer aus betrachtet – im Entgelt voll abfließen, lohnt sich das Festhalten an Bodennutzungs- und -verwertungsrechten nur solange, wie das Entgelt aus der Nutzung oder Verwertung erwirtschaftet oder, z.b. beim Wohnen, aus dem übrigen Einkommen bezahlt werden kann. Ist das nicht möglich oder zu teuer, so wird das Recht abgegeben oder der Umfang des in Anspruch genommenen Bodens reduziert werden. Das alleinige Halten oder der dauernde Zuerwerb von Bodeneigentum oder ähnlichen Rechten, z.B. von Baulücken, allein aus dem Interesse an künftig steigenden Verkaufswerten wird völlig unterbleiben.

• Rechte am Boden werden daher nur noch in Anspruch genommen, wenn Nutzungs- und Investitionsinteressen damit verbunden sind. Bodeneigentum wird breiter gestreut sein als heute.

• Das Entgelt mobilisiert alle Märkte für Bodennutzungsrechte, mobilisiert den Boden und lenkt ihn effizient in die Hände jener Nachfrager, die damit am wirtschaftlichsten umgehen und die höchsten Entgelte zahlen können. Nachfrager können daher wesentlich leichter das optimale Objekt am optimalen Standort erwerben als heute, weil bisherige Nutzer für sie nicht mehr optimale Standorte unter der Last des Entgelts abgeben. Das Entgelt trägt zur optimalen Allokation bei, schließt Baulücken, hilft städtebauliche Angebote zügig umsetzen und wirkt ökologisch effizient, weil es Anreize zum sparsamen Verbrauch von Flächen, Umwelt und Bodenschätzen schafft[20].

• Wenn alle Bodenrenten abfließen, ist ein Bodennutzungs- und -verwertungsrecht eine reine Zahllast, so daß es und mittelbar der Boden keinen

Vermögenswert mehr hat. Damit erstirbt auch jegliches Kapitalanlageinteresse am Boden; Kapital wird aus dem Boden heraus in die Kapitalmärkte gelenkt. Die Bodenmärkte lösen sich von den Kapitalmärkten[21].

Entgelte in Höhe marktgemäßer Bodenrenten – im folgenden „Bodenrenten-Entgelte" genannt – leisten daher die gesuchten Dienste und empfehlen sich daher aus ordnungs- und verteilungspolitischer Sicht als Verteilungsinstrument für Rechte zur Nutzung und Verwertung von Boden, Umwelt und Bodenschätzen, auch für das Bodeneigentum[22]. Ausnahmen von der Entgeltzahlung dürfen jedoch nicht zugelassen werden. Denn Ausnahmen vom Prinzip der marktgemäßen Vollentgeltlichkeit für diese Rechte sind die Ursache für die ordnungs- und verteilungspolitischen Mängel. Das lehrt die heutige Bodenordnung.

VII. Bodenrenten-Entgelte und sozialer Ausgleich

1. Ausschüttung an Bürger

Es bleibt noch die Frage zu beantworten, wem die Bodenrenten-Entgelte zustehen. Traditionellerweise stellt man sich die öffentliche Hand als Empfänger von Bodenrentenabgaben vor. Aber die Erfahrungen mit dem gefräßigen Steuerstaat legen solche Vorstellungen nicht gerade nahe. Auch die Erfahrungen der Menschen in den kommunistischen Ländern, die in Boden- und Wohnungsangelegenheiten total vom Staat abhängig waren, sprechen dagegen, Bodenrenten-Entgelte der öffentlichen Hand zu überlassen und damit in ihre Abhängigkeit zu geraten.
Meines Erachtens führt eine andere Betrachtung sehr viel näher an eine sachgemäße Antwort auf die gestellte Frage heran: Wer ein Bodennutzungsrecht in Anspruch nimmt – sei es für Wohnzwecke, für gewerbliche oder Freizeitzwecke usw. –, schließt durch seine Nutzung des Bodens notwendigerweise alle anderen Menschen von der Nutzung dieses Stücks Erde aus. Daher liegt es nahe, von ihm zu verlangen, er möge den Nutzungswert des von ihm beanspruchten Bodens gegenüber allen Menschen ausgleichen, die er von der Nutzung ausschließt, also ihnen ein Entgelt in Höhe der marktgemäßen Bodenrente zahlen. Da er alle Menschen gleichermaßen ausschließt, müßte das Entgelt ihnen zu gleichen Anteilen zustehen. Denkt man diese Idee zu Ende, so zahlt jeder Bodennutzer sein Bodenrenten-Entgelt an alle Menschen, so daß der jährliche Ertrag aller Bodenrenten-Entgelte an alle Menschen – vom Baby bis zum Greis – nach gleichen Kopfbeträgen aus-

geschüttet wird, zunächst an die Bürger eines Landes, das sich auf eine solche Bodenordnung einläßt, künftig einmal weltweit.
Der Wert einer gleichmäßigen Ausschüttung an alle Bürger liegt in folgendem:
1. Sie löst die verteilungspolitischen Mängel der heutigen Bodenordnung und hebt die Spaltung der Gesellschaft auf.
2. Sie setzt alle Bürger, unabhängig von ihrem sonstigen Einkommen, in die Lage, marktgemäße Bodenrenten-Entgelte für ein Nutzungsrecht an einem durchschnittlichen Grundstück aufzubringen. Nutzer von Grundstücken, die nach Größe, Lage und anderen Faktoren genau dem Durchschnitt aller Grundstücke entsprechen, bezahlen jährlich soviel an Bodenrenten-Entgelt wie sie zurückerhalten und nutzen den in Anspruch genommenen Boden zum Nulltarif, und zwar unabhängig davon, ob die Bodenrenten steigen oder fallen. Damit wird im Ergebnis das gleiche Recht aller Menschen im Verhältnis zur Erde und ihren Gütern Realität[23].
3. Die Ausschüttung stört die ökonomische und ökologische Effizienz der Bodenmärkte in keiner Weise. Die Bodenrentenentwicklung bleibt frei und richtet sich nach Angebot und Nachfrage. Es gehen von der Ausschüttung auch keine störenden Einflüsse auf die Erkenntnis- und Entscheidungsprozesse städtebaulicher und ähnlicher Art aus.

2. Nur Privilegiensymmetrie oder sozialer Ausgleich und Effizienz der Ordnung?

Der Mieterschutz nach dem Wohnraumkündigungsschutz- und Miethöhegesetz und nach den Bestimmungen des sozialen Wohnungsbaues ist der Versuch, in der heutigen deutschen Bodenordnung einen gewissen sozialen Ausgleich zu schaffen. Er hat aber keinen wirklichen sozialen Ausgleich im Bereich der Bodenordnung geschaffen; sein Ertrag ist nur eine *Privilegiensymmetrie*. Denn er stellt dem herkömmlichen Privileg des Bodeneigentums ein gleichartiges Privileg zu Lasten Dritter an die Seite: der geschützte Mieter ist ähnlich wie ein Bodeneigentümer kostengünstig Inhaber eines zeitlich weitgehend unbeschränkten Bodennutzungsrechts[24].
Erst die Ausschüttung der jährlichen Erträge aller Bodenrenten-Entgelte an alle Bürger in gleicher Höhe (die sozialpolitische Komponente einer künftigen Bodenordnung) schafft den notwendigen sozialen Ausgleich und macht die ausnahmslose Erhebung marktgemäßer Bodenrenten-Entgelte als Verteilungsinstrument für Bodennutzungs- und -verwertungsrechte sozial erträglich. Aber nicht nur das. Sie ist zugleich die Voraussetzung für die ökonomische, ökologische und städtebauliche Effizienz der künftigen Bodenord-

nung und für die davon ausgehenden Produktivitäts-, Wachstums- und Wohlstandsimpulse. Denn jede andere Verteilung der Bodenrenten – das hat diese Untersuchung ergeben – ist nicht nur unsozial, sondern hochgradig kontraproduktiv, sei es die Verteilung an Bodeneigentümer, an Bodennutzer in kommunistischen Ländern, an die öffentliche Hand oder an geschützte Mieter.

Sozialer Ausgleich muß daher keineswegs im Widerspruch zu Effizienz, Produktivität, Wachstum und Wohlstand stehen, wie viele heute mangels ordnungspolitischer Phantasie glauben machen wollen[25]. Im Gegenteil: Wirklicher sozialer Ausgleich oder, um es mit einer Forderung der französischen Revolution zu sagen, Brüderlichkeit bei der Verteilung ökonomischer Erträge ist die ordnungspolitische Bedingung für die Effizienz einer Ordnung, für Produktivität, Wachstum und Wohlstand. Man muß freilich ausgetretene Pfade im Denken verlassen, um das zu erkennen.

Allerdings: Ohne Einsicht in die ordnungspolitischen Zusammenhänge sozialen Ausgleich zu wollen und irgendetwas zu machen, was sozialpolitisch gut aussieht, muß schief gehen. Im besten Fall gelingt es, eine gewisse Privilegiensymmetrie herzustellen, aber zu einem zu hohen Preis. Denn damit schafft man nur ordnungspolitisches Chaos, ruiniert Reste an Effizienz und verfehlt deswegen den gewollten sozialen Ausgleich[26].

VIII. Weltweite Bodenordnung?

Die Fragen, die sich für die weltweite Bodenordnung stellen, unterscheiden sich sachlich nicht wesentlich von denen der innerstaatlichen Bodenordnung. Aber die Dimensionen sind gänzlich andere, und die zu überwindenden Widerstände aufgrund unterschiedlicher Geschichte, Kultur, Traditionen, Lebensgewohnheiten usw. in der Welt wesentlich größer als im innerstaatlichen Bereich, wo sie auch bereits riesig sind. Ohne Akzeptanz in breiten Schichten der Bevölkerung zu finden, läßt sich die Bodenordnung weltweit so wenig wie innerstaatlich verändern. Trotzdem bleibt die Aufgabe reizvoll, sich dafür einzusetzen. Denn die Welt wartet letztlich auf Fortschritte in diesen Fragen, weil sie große Bedeutung für die Menschheit und das künftige Bild der Erde und den Frieden in der Welt haben.

1 Der Beitrag beruht auf Vorarbeiten zur Bodenordnung des Seminars für freiheitliche Ordnung e.v., Badstr. 35, 73087 Bad Boll, erstmals angesprochen im Beitrag des Seminars „Reform der Bodenordnung", Fragen der Freiheit (FdF) Heft Nr. 215 (März/April 1992), S. 10, zu beziehen beim Seminar.
2 Die Bodenrente und ihre Höhe sind allein ein Phänomen der Knappheit des Bodens, die er aufgrund seiner Lage, seiner natürlichen Beschaffenheit und anderer Faktoren, z.b. nach Art und Umfang städtebaulicher Nutzbarkeit, hat (vgl. Manfred Ziercke, Artikel Faktorpreisbildung im Handwörterbuch der Wirtschaftswissenschaften, Band 2, Stuttgart, Tübingen, Göttingen 1980, S. 549 und S. 551). Für die Bodenrenten der Bodenschätze gilt das auch; denn kein Mensch hat sie in den Boden gebracht und dafür Mühen und Aufwand geopfert.
Bodenrenten lassen sich als Ausdruck der Knappheit des Bodens nach Lage usw. nicht beseitigen (vgl. Manfred Ziercke a.a.O., S. 563, siehe auch S. 555). Sie entstehen in jeder Wirtschaftsordnung, auch ohne Geldwirtschaft und Märkte. Daher ist es eine Illusion zu glauben, bei verstaatlichtem oder kommunalisiertem Boden oder einem moralisch-sozialpolitischen Umgang mit dem Boden entstünden Bodenrenten nicht.
Bodenrenten fallen als ökonomischer Ertrag der Bodennutzung immer in der Hand der Bodennutzer an – seien sie Bodeneigentümer, Erbbauberechtigte, Pächter, Mieter oder Bodennutzungsberechtigte kraft staatlicher Vergabe in kommunistischen Ländern. Sie
– verwandeln sich in *Fremdnutzungserträge*, wenn Eigentümer ihren Boden Pächtern, Mietern und anderen *Fremdnutzern* überlassen und Nutzungsentgelte in Höhe der marktgemäßen Bodenrenten oder auch weniger verlangen und erhalten,
– werden *Eigennutzungserträge* in der Hand der Eigentümer, die eigenen Boden kostenlos nutzen,
– werden *Quasi-Eigennutzungserträge*, wenn Fremdnutzer den Boden wie eigenen kostenlos oder zu unter-marktgemäßen Entgelten nutzen dürfen, weil z.b. der Staat – wie in kommunistischen Ländern – Boden kostenlos zur Nutzung vergibt oder weil Eigentümer freiwillig oder aufgrund gesetzlichen Zwangs keine oder nur unter-marktgemäße Nutzungsentgelte verlangen.
3 Eine Ausnahme ist das noch zu erprobende UN-Seerechtsübereinkommen vom 16.11.1982 (Bundesgesetzblatt Teil II 1994, S. 1798 ff.) mit Nebenabkommen, das Regeln über den Tiefsee-Bergbau enthält und dem die Bundesrepublik Deutschland mit anderen Industriestaaten 1994 beigetreten ist.
4 Grundstücke können freilich durch schädliche Stoffe oder durch eine unangemessene Verwendung unbrauchbar werden, wie viele historische und gegenwärtige Beispiele lehren.
5 Bodenschätze werden durch ihre bestimmungsgemäße Nutzung verbraucht; ihr Bodenrentenstrom ist daher endlich.
6 Die Zahlung hoher Ablösesummen für die Bereitschaft, eine kündigungsgeschützte Mietwohnung aufzugeben, ist ein Ausdruck dieses Phänomens.
7 Dieser Zusammenhang und der Begriff Quasi-Eigennutzungsertrag sind in Fußnote (FN) 2 erklärt.
8 Vgl. dazu Eckhard Behrens, Ökologische Rohstoffwirtschaft, Eine ordnungspolitische Studie, FdF (FN 1) Nr. 222 (Mai/Juni 1993), S. 56 ff. Auf dieser Studie baue ich im folgenden auf.
9 Die Behörde für den Tiefseebergbau ist ein erstes Organ dieser Art.
10 Der wesentlichste Grund dafür ist schlicht der Umstand, daß es jedem Roffstoffland überlassen ist, wieviel es fördern möchte. Unsichere politische Verhältnisse in den Rohstoffländern sind ein weiterer Grund: auch schmale Gewinne der Besitzer der Rohstofflager sind auf Schweizer Konten sicherer als das politisch unsichere Recht, im Boden belassene Rohstoffe künftig bei besseren Preisen auch weniger umweltschädigend auszubeuten. Ein anderer Grund

ist der Versuch, Arbeitsplätze zu erhalten oder der weltweit im Wettbewerb stehenden Wirtschaft im eigenen Land den Wettbewerbsvorteil billiger Rohstoffe zu verschaffen.
11 Vgl. etwa den Bericht der Expertenkommission Wohnungspolitik vom Jahre 1994, Bundestagsdrucksache 13 159, S. 90 ff. und 138 ff. Paradoxerweise halten aber die Experten, die zu Recht den einseitigen Bestandsschutz der Mieter und seine Immobilitätsfolgen zulasten der Mietwilligen entschieden kritisieren (Textziffer 5111 und 5133), die Flächenzurückhaltung der Bodeneigentümer aus Gründen der Vorratshaltung für tolerierbar (Textziffer 4120). Hier, bei den Bodeneigentümern haben die Experten, so scheint mir, ihre sonst entschieden vorgetragene ordnungspolitische Leitlinie aus den Augen verloren. Warum?
12 Realzins ist der Zinsanteil, der nach Abzug der Inflationsrate vom Nomimalzins übrig bleibt.
13 Vgl. hierzu den Beitrag von Fritz Andres, Grundlagen und Auswirkungen einer Bodenwertsteuer, Abschnitt II. 2, in diesem Buch, S. 237 f.
14 Die rechnerische Abhängigkeit zwischen Bodenpreisen und Kapitalzins läßt sich an folgender Tabelle ablesen:

Bodenrente in DM jährlich	realer Kapitalzins in % jährlich	Bodenpreis in DM
1.000	10	10.000
1.000	5	20.000
1.000	1	100.000
1.000	0,5	200.000
1.000	0,1	1.000.000
1.000	0	Unendlich

15 Japan mit seinen aufgrund der Bodenknappheit hohen Bodenrenten und insofern auch hohen Bodenpreisen war vor wenigen Jahren von dieser Krise betroffen, als der langfristig niedrige Kapitalmarktzins etwas kräftiger anstieg, die Bodenpreise nach jahrelangen, scheinbar sicheren Angestieg schlagartig zusammenbrachen und auf steigende Bodenpreise gegebene Kredite faul wurden.
16 Vgl. zu den Voraussetzungen dafür Fritz Andres, Grundlagen und Auswirkungen einer Bodenwertsteuer, Abschnitt IV., in diesem Buch S. 239 ff.
17 Die Schäden beschreibt im einzelnen Fritz Andres, Grundlagen und Auswirkungen einer Bodenwertsteuer, Abschnitt V., in diesem Buch S. 245 ff.
18 Eine Ausnahme sind die in diesem Zusammenhang unschädlichen §§ 571 ff. im Bürgerlichen Gesetzbuch.
19 Engpässe gibt es nur, wo – wie in touristisch geprägten Orten – nicht genügend Gewerberaum ausgewiesen ist.
20 Das Bodenrenten-Entgelt ist also auch Umweltschutzabgabe.
21 Der Zusammenhang der Wohnungs- und Gewerbegebäudewirtschaft mit den Kapitalmärkten bleibt dagegen erhalten. Denn die Kapitalanlage in Bauten bleibt – wie heute bei Erbbaurechten mit marktgemäßen Erbbauzinsen – rentabel; Bauten können wie beim Erbbaurecht gekauft und verkauft werden.
22 Siehe dazu Fritz Andres, Grundlagen und Auswirkungen einer Bodenwertsteuer, Abschnitt IV. Unterabschnitte 2. bis 4., in diesem Buch S. 243 f.
23 Eine wachsende Familie erhält pro Kind den jährlichen Kopfbetrag, kann sich daher mehr Wohnfläche leisten. Ziehen Kinder aus, so nehmen sie ihren Anspruch mit, und die Restfamilie muß daher, wenn sie anderes Einkommen nicht einsetzen kann, Wohnfläche aufgeben. Das ist die familienpolitische Komponente der künftigen Bodenordnung.

24 Nur eines ist klar: Solange die ordnungspolitischen Mängel der heutigen Bodenordnung nicht beseitigt werden, bleibt der ordnungspolitisch zwar mangelhafte Mieterschutz aus Gründen der Privilegiensymetrie unentbehrlich. Das ist die Kernaussage der ständigen Rechtsprechung des Bundesverfassungsgerichts zum Mieterschutz.

25 Manche Leute, die sich für Vertreter freiheitlicher Ordnung, Marktwirtschaft und vergleichbarer Ordnungswerte halten, können sich unter Ordnung nur den Dschungel mit dem Kampf um die besten Plätze an der Futterkrippe vorstellen, bei dem der Kräftigere, Listigere im Wettbewerb obsiegt.

26 Außer dem Mieterschutz gibt es viele weitere Beispiele für solche mißlungenen Versuche, z.B. steuerliche Anreize für dieses und jenes im Wohnungsbau. Einer der größten gescheiterten Versuche dieser Art von mehr als 70 Jahren Dauer war die Boden- und Wohnungspolitik der kommunistischen Länder. – Man hofft, daß aus diesen Erfahrungen ein Bewußtsein dafür entsteht, auf welchen ordnungspolitischen Wegen ernsthaft sozialer Ausgleich in der Boden- und Wohnungspolitik geschaffen werden kann, der nicht nur allen Effizienzkriterien wirtschaftspolitischer Art gerecht wird, sondern die Effizienz in der Wirtschaft und anderswo erhöht. Nur so ausgestattet ist man in der Lage zu erkennen, wo wirtschafts- und sozialpolitisch in der Boden- und Wohnungspolitik angesetzt werden muß und wirklich etwas bewegt werden kann.

Die Autoren

Notiz
Als ich, besorgt über die rapide zunehmenden Ungleichgewichte zwischen unseren boden- und planungsrechtlichen Bestimmungen und den Praktiken einer rücksichtslos sich selbst bedienenden Landnahme, mir die Publikation einer – unaufgeregten – Streitschrift in dieser Sache vorgenommen hatte, wähnte ich mich mit diesem Vorhaben fürs erste nahezu allein. Das Thema schien längst stillschweigend begraben und keiner öffentlichen Regung mehr wert zu sein. Doch ich habe mich geirrt. Ein fast schon resigniert geführtes Gespräch mit Marlene Zlonicky, bis vor kurzem Vorsitzende des Bundes Deutscher Architekten im Land Nordrhein-Westfalen, brachte mich zu Hans-Dieter Krupinski ins NRW-Ministerium für Bauen und Wohnen. Dort feilte man gerade am endgültigen Text des hier auf Seite 245 ff. abgedruckten Novellierungsvorschlags für das Baugesetzbuch; in eben dieser existentiellen Angelegenheit, die da Bodenrecht heißt. Und schon war auf Dr. Krupinskis Betreiben hin eine siebenköpfige Arbeitsgruppe an einem langen Tisch versammelt, um darüber noch hinausführende *Neue Perspektiven des Bodenrechts* ins Auge zu fassen. Das wäre indessen erst einmal pure Fernsicht geblieben, hätten nicht Beate und Hartmut Dieterich den Fortgang des Handelns, vor allem aber auch die inhaltliche Strukturierung der geplanten Schrift an sich gezogen; nach Kräften ermutigt von uns übrigen in der Runde, von Sabine Nakelski, Marlene Zlonicky, Hans-Dieter Krupinski, Jochen Kuhn und mir. Beim zweiten Treffen schon hatten sich auf dem Papier weitere Mitwirkende eingefunden, so daß für das erste und einzige Zusammentreffen fast aller Autoren am 11. September vorigen Jahres bereits ein Sitzungssaal in Beschlag genommen werden mußte. Mit einem Wort, den Herausgebern der *Fundamente,* Peter Neitzke und mir, begegnete das Glück, einmal wieder, nach langen Jahren, auf ein einhelliges Echo und dann gleich auch auf breiten Konsens in einer längst überfälligen, weil mit Zähigkeit aus dem öffentlichen Gespräch verdrängten Frage zu stoßen. Wir fielen sozusagen in offene Türen.

Wir danken allen Autoren für Ideen, Hilfe und Tat. Vor allem danken wir Beate und Hartmut Dieterich, die unsere Anregung zu ihrer Sache gemacht haben. *UC.*

Fritz Andres, Jg. 1946. Studium der Rechtswissenschaft. Vorstandsmitglied beim Seminar für freiheitliche Ordnung e.V., Bad Boll.
Anschrift: Dhaunerstraße 180, 55606 Kirn/Nahe

Peter Conradi, MdB, Jg. 1932. Dipl.-Ing., Architekt; Oberregierungsbaudirektor. Handwerkliches Praktikum, Studium der Sozialwissenschaften und der Architektur. Assistent an der Uni Stuttgart. Tätigkeit in staatlichen und kommunalen Hochbauämtern. Seit 1958 in der SPD politisch engagiert. MdB 1972. Mitglied des Ältestenrats und Sprecher der SPD in der Baukommission des Bundestages.
SPD-Bundestagsfraktion, Bundeshaus, 53113 Bonn

Beate Dieterich-Buchwald, Jg. 1932. Assessorin/Rechtsanwältin. Studium der Rechtswissenschaft in Tübingen, Hamburg, Kiel. Mutter von vier Kindern. Seit 1977 Freie Wiss. Mitarbeiterin.
c/o Institut für Bodenmanagement, Hohe Straße 28, 44139 Dortmund

Hartmut Dieterich, Jg. 1931. Prof. Dr. jur. Studium in den USA und in Tübingen und Kiel. Tätigkeit als Anwalt und in staatlichen und kommunalen Verwaltungen. 1977 Professur für Vermessungswesen und Bodenordnung an der Uni Dortmund, langjähriges Mitglied des Senats, 1984/85 Dekan des Fachbereichs Raumplanung. Gastprofessur in Newcastle upon Tyne. Seit Herbst 1986 emeritiert. Mitinhaber des Instituts für Bodenmanagement (IBoMa) in Dortmund.
c/o Institut für Bodenmanagement, Hohe Straße 28, 44139 Dortmund

Egbert Dransfeld, Jg. 1962. Dr.-Ing. Studium im Fachbereich Raumplanung der Uni Dortmund, wiss. Angestellter am dortigen Lehrstuhl für Vermessungswesen und Bodenordnung. Promotion 1993. Mitinhaber des Instituts für Bodenmanagement, Stadtforschung, Planung, Bodenordnung, Wertermittlung in Dortmund.
c/o Institut für Bodenmanagement, Hohe Straße 28, 44139 Dortmund

Franziska Eichstädt-Bohlig, MdB, Jg. 1941. Dipl.-Ing., Stadtplanerin/Architektin. Studium der Architektur und des Städtebaus in Hannover und Berlin. Zwei Kinder. Acht Jahre lang Geschäftsführerin des „alternativen" Sanierungsträgers STATTBAU in Berlin; 1989/90 Stadtbaurätin von Kreuzberg. Seit 1993 Mitglied von Bündnis 90/Die Grünen. MdB seit 1994.

Obfrau und wohnungspolitische Sprecherin der Bundestagsfraktion Bündnis 90/Die Grünen.
Bundestagsfraktion Bündnis 90/Die Grünen, Bundeshaus, 53113 Bonn

Tanja Finkbeiner, Jg. 1973. cand. ing., Studium der Raumplanung an der Uni Dortmund. Seit 1994 stud. Hilfskraft am dortigen Lehrstuhl für Bodenpolitik, Bodenmanagement und kommunales Vermessungswesen.
Schlehenkamp 9, 45699 Herten

Wolfang Göllner, Jg. 1961. Dipl.-Ing., Assessor. Studium der Geodäsie an der Uni Bonn. Mitarbeiter im Bereich Research der WestProject & Consult GmbH (Westdt. Immobilienbank).
Dellwiger Straße 284, 44388 Dortmund

Helmut Güttler, Jg. 1938. Dipl.-Ing., Dr. Ing. Tätigkeit an der Uni Dortmund, Fachbereich Raumplanung. Seit 1981 in der Bundesforschungsanstalt für Landeskunde und Raumordnung, Bonn; dort seit 1991 Leiter des Referats Grundsatzfragen des Städtebaus.
Mainzer Straße 269, 53179 Bonn

Jobst v. Heynitz, Jg. 1938. Notar. Studium der Rechtswissenschaft, Vorbereitungsdienst. Seit Mitte 1972 Notar in München.
Isartorplatz 5, 80331 München

Burkhard Hintzsche, Jg. 1965. Dipl.-Verwaltungs-Wiss. Studium der Verwaltungswissenschaft. Referent im Deutschen Städtetag.
c/o Deutscher Städtetag, Lindenallee 13-17, 50968 Köln

Dietmar Kansy, MdB, Jg. 1938. Dr.-Ing., Bauingenieur. Studium des Bauingenieurwesens in Berlin und Hannover. An Planung und Entwurf im Lippeverband Dortmund und bei der Stadt Hannover tätig. Promotion 1979. Politische Aktivitäten als Mitglied der CDU seit 1966: Ratsherr in Garbsen, Kreistagsmitglied, stellv. Landrat. MdB seit 1980. Vorsitzender der Arbeitsgruppe Raumordnung, Bauwesen und Städtebau der CDU/CSU-Bundestagsfraktion.
Bundestagsfraktion der CDU/CSU, Bundeshaus, 53113 Bonn

Hans-Dieter Krupinski, Jg. 1940. Dr.-Ing. Studium der Architektur und Stadtplanung in Berlin und Karlsruhe. Leiter der Abteilung für Wohnungsbau, Wohnungs- und Siedlungsentwicklung im Ministerium für Bauen und Wohnen des Landes Nordrhein-Westfalen.
c/o Ministerium für Bauen und Wohnen NRW, Elisabethstraße 5-11, 40217 Düsseldorf

Franz-Josef Lemmen, Jg. 1960. Dr.-Ing. Geodäsie-Studium in Bonn, Referendarausbildung in NRW, Wiss. Angestellter im Fachbereich Raumplanung der Uni Dortmund. Heute Projektleiter bei der LEG Landesentwicklungsgesellschaft NRW GmbH.
Ostpromenade 29, 41812 Erkelenz

Sabine Nakelski, Jg. 1958. Dipl.-Ing. Studium der Raumplanung in Dortmund. Ministerialrätin im Ministerium für Bauen und Wohnen des Landes Nordrhein-Westfalen.
c/o Ministerium für Bauen und Wohnen NRW, Elisabethstraße 5-11, 40190 Düsseldorf

Frank Steinfort, Jg. 1957. Dr. jur. Ausbildung zum Bankkaufmann und Studium der Rechtswissenschaft. Referent im Deutschen Städtetag.
c/o Deutscher Städtetag, Lindenallee 13-17, 50968 Köln

Monika Teigel, Jg. 1965. Dipl.-Ing. Studium der Geodäsie an der Uni Bonn. Wiss. Angestellte an der Uni Dortmund, Fachbereich Raumplanung, Fachgebiet Bodenpolitik, Bodenmanagement und kommunales Vermessungswesen.
Feldherrnstraße 18, 44147 Dortmund

Winrich Voß, Jg. 1957. Dr.-Ing. Geodäsiestudium in Aachen und Bonn, Vermessungs-Referendariat in Münster/W. Tätigkeiten in der ländlichen Bodenordnung NRW und an der Uni Dortmund. Jetzige Tätigkeit: Baulanderschließung, städtebauliche Entwicklungs-/Sanierungsmaßnahmen. Prokurist und Abt.-Leiter der DSK Deutsche Stadtentwicklungsgesellschaft mbH.
c/o DSK, Strubbergstraße 70, 60489 Frankfurt am Main

Klaus-Jürgen Warnick, MdB, Jg. 1952. Lehre als Elektromechaniker. Einrichter und Schichtleiter im CVO-Teltow. 1975 bis 1990 als Rundfunkme-

chaniker tätig. 1990 bis 1992 Länderbeauftragter des Deutschen Mieterbundes in Brandenburg, heute dessen stellv. Vorsitzender und u.a. Vorstandsmitglied in Selbsthilfe-Vereinigungen restitutionsbedrohter Nutzer. Parteilos. MdB seit 1994.
Bundestagsfraktion der PDS, Bundeshaus, 53113 Bonn

Marlene Zlonicky, Jg. 1932. Dipl.-Ing., Stadtplanerin/Architektin. Drei Kinder. Nach naturwissenschaftlichen und künstlerischen Studien und Praktika Studium der Architektur sowie politischer und betriebswirtschaftlicher Inhalte an der TH Darmstadt. Stadtplanerische Tätigkeit in Brasilien, Gastprofessur und Lehrauftrag an der Uni Mainz. 1994 bis 1997 Landesvorsitz BDA Nordrhein-Westfalen. Seit 1963 freiberuflich als Stadtplanerin tätig.
Semperstraße 17, 45138 Essen

Bildnachweis
Zeichnung auf Seite 8 von Marie Marcks; aus „Stadtbauwelt". Fotos: S. 12 Gerhard Ullmann; S. 17 und 77 Katalog Städtebau-Ausstellung der Bundesrepublik Deutschland in Belgrad 1972; S. 93 Ralph Erskine/Eternit AG; S. 265 Waldthausen; alle übrigen und Umschlagfotos von Beate und Hartmut Dieterich.

Bauwelt Fundamente
(lieferbare Titel)

1 Ulrich Conrads (Hrsg.), Programme und Manifeste zur Architektur des 20. Jahrhunderts
2 Le Corbusier, 1922 – Ausblick auf eine Architektur
3 Werner Hegemann, 1930 – Das steinerne Berlin
4 Jane Jacobs, Tod und Leben großer amerikanischer Städte
12 Le Corbusier, 1929 – Feststellungen
14 El Lissitzky, 1929 – Rußland: Architektur für eine Weltrevolution
16 Kevin Lynch, Das Bild der Stadt
20 Erich Schild, Zwischen Glaspalast und Palais des Illusions
24 Felix Schwarz und Frank Gloor (Hrsg.), „Die Form" – Stimme des Deutschen Werkbundes 1925 – 1934
36 John K. Friend und W. Neil Jessop (Hrsg.), Entscheidungsstrategie in Stadtplanung und Verwaltung
40 Bernd Hamm, Betrifft: Nachbarschaft
50 Robert Venturi, Komplexität und Widerspruch in der Architektur
51 Rudolf Schwarz, Wegweisung der Technik und andere Schriften zum Neuen Bauen 1926 – 1961
53 Robert Venturi, Denise Scott Brown und Steven Izenour, Lernen von Las Vegas
56 Thilo Hilpert (Hrsg.), Le Corbusiers „Charta von Athen". Texte und Dokumente. Kritische Neuausgabe
57 Max Onsell, Ausdruck und Wirklichkeit
58 Heinz Quitzsch, Gottfried Semper – Praktische Ästhetik und politischer Kampf
60 Bernard Stoloff, Die Affaire Ledoux
65 William Hubbard, Architektur und Konvention
67 Gilles Barbey, WohnHaft
68 Christoph Hackelsberger, Plädoyer für eine Befreiung des Wohnens aus den Zwängen sinnloser Perfektion
70 Hernry-Russell Hitchcock und Philip Johnson, Der Internationale Stil – 1932
71 Lars Lerup, Das Unfertige bauen
72 Alexander Tzonis und Liane Lefaivre, Das Klassische in der Architektur

73 Elisabeth Blum, Le Corbusiers Wege
74 Walter Schönwandt, Denkfallen beim Planen
75 Robert Seitz und Heinz Zucker (Hrsg.), Um uns die Stadt
76 Walter Ehlers, Gernot Feldhusen und Carl Steckeweh (Hrsg.), CAD: Architektur automatisch?
78 Dieter Hoffmann-Axthelm, Wie kommt die Geschichte ins Entwerfen?
79 Christoph Hackelsberger, Beton: Stein der Weisen?
82 Klaus Jan Philipp (Hrsg.), Revolutionsarchitektur
83 Christoph Feldtkeller, Der architektonische Raum: eine Fiktion
84 Wilhelm Kücker, Die verlorene Unschuld der Architektur
85 Ulrich Pfammatter, Moderne und Macht
87 Georges Teyssot, Die Krankheit des Domizils
88 Leopold Ziegler, Florentinische Introduktion
89 Reyner Banham, Theorie und Gestaltung im Ersten Maschinenzeitalter
90 Gert Kähler (Hrsg.), Dekonstruktion? Dekonstruktivismus?
91 Christoph Hackelsberger, Hundert Jahre deutsche Wohnmisere – und kein Ende?
92 Adolf Max Vogt, Russische und französische Revolutionsarchitektur 1917 · 1789
93 Klaus Novy und Felix Zwoch (Hrsg.), Nachdenken über Städtebau
94 Mensch und Raum. Das Darmstädter Gespräch 1951
95 Andreas Schätzke, Zwischen Bauhaus und Stalinallee
96 Goerd Peschken, Baugeschichte politisch
97 Gert Kähler (Hrsg.), Schräge Architektur und aufrechter Gang
98 Hans Christian Harten, Transformation und Utopie des Raums in der Französischen Revolution
99 Kristiana Hartmann (Hrsg.), trotzdem modern
100 Magdalena Droste, Winfried Nerdinger, Hilde Strohl, Ulrich Conrads (Hrsg.), Die Bauhaus-Debatte 1953
101 Ulf Jonak, Kopfbauten. Ansichten und Abrisse gegenwärtiger Architektur
102 Gerhard Fehl, Kleinstadt, Steildach, Volksgemeinschaft
103 Franziska Bollerey (Hrsg.), Zwischen de Stijl und CIAM (in Vorbereitung)
104 Gert Kähler (Hrsg.), Einfach schwierig
105 Sima Ingberman, ABC. Internationale Konstruktivistische Architektur 1922 – 1939 (in Vorbereitung)
106 Martin Pawley, Theorie und Entwurf im zweiten Maschinenzeitalter (in Vorbereitung)

107 Gerhard Boeddinghaus (Hrsg.), Gesellschaft durch Dichte
108 Dieter Hoffmann-Axthelm, Die Rettung der Architektur vor sich selbst
109 Françoise Choay, Die Allegorie des Erbes (in Vorbereitung)
110 Gerd de Bruyn, Die Diktatur der Philantropen
111 Alison und Peter Smithson, Italienische Gedanken
112 Gerda Breuer (Hrsg.), Arts & Crafts (in Vorbereitung)
113 Rolf Sachsse, Bild und Bau
114 Rudolf Stegers, Rudolf Schwarz (in Vorbereitung)
115 Niels Gutschow, Ordnungswahn (in Vorbereitung)
116 Christian Kühn, Architekturtypologie und CAAD (in Vorbereitung)
117 Gerd Albers, Zur Entwicklung der Stadtplanung in Europa (in Vorbereitung)
118 Thomas Sieverts, ZWISCHENSTADT zwischen Ort und Welt, Raum und Zeit, Stadt und Land
119 Hartmut Dieterich, Boden. Wem nützt er? Wen stützt er?

Christoph Hackelsberger

**Hundert Jahre
deutsche Wohnmisere –
und kein Ende?**

Baupolitik/Wohnungsbau

Band 91 der Bauwelt Fundamente.
214 Seiten mit 49 Abbildungen

ARCHITEKTUR ■ BEI VIEWEG

Christoph Hackelsberger

Plädoyer für eine Befreiung des Wohnens aus den Zwängen sinnloser Perfektion

Hausbau/Wohnungswesen

Band 68 der Bauwelt Fundamente.
2. Auflage 1985. 118 Seiten mit 32 Abbildungen

ARCHITEKTUR ■ BEI VIEWEG

Bei Fragen zur Produktsicherheit wenden Sie sich bitte an:
If you have any questions regarding product safety,
please contact:

Birkhäuser Verlag GmbH
Im Westfeld 8
4055 Basel, Schweiz
productsafety@degruyterbrill.com